法学学科新发展丛书
New Development of Legal Studies

行政法的新发展

周汉华\主编

中国社会科学出版社

图书在版编目（CIP）数据

行政法的新发展/周汉华主编. —北京：中国社会
科学出版社，2008.10
（法学学科新发展丛书）
ISBN 978 - 7 - 5004 - 7287 - 2

Ⅰ. 行…　Ⅱ. 周…　Ⅲ. 行政法学 – 研究 – 中国
Ⅳ. D922.101

中国版本图书馆 CIP 数据核字（2008）第 156476 号

出版策划　任　明
特邀编辑　张　兰
责任校对　石春梅
封面设计　杨　蕾
技术编辑　李　建

出版发行　中国社会科学出版社
社　　址　北京鼓楼西大街甲 158 号　　　邮　编　100720
电　　话　010 - 84029450（邮购）
网　　址　http：//www. csspw. cn
经　　销　新华书店
印　　刷　北京奥隆印刷厂　　　　　　装　订　广增装订厂
版　　次　2008 年 10 月第 1 版　　　　印　次　2008 年 10 月第 1 次印刷
开　　本　710×980　1/16
印　　张　20　　　　　　　　　　　　插　页　2
字　　数　336 千字
定　　价　30.00 元

目　录

1. 行政法学研究概述

2. 行政法总论

3. 部门行政法与行政法实务

4. 行政争议解决

5. 附录

1. 行政法学研究概述

中国行政法学三十年

江 菁

绪 论

随着社会主义新中国的建立，党和国家废除了国民党时期以"六法全书"为代表的旧法统，主要依照苏联模式建立起一套社会主义法律制度。相应地，法学研究百废待兴。在当时的历史背景下，中国的法学研究主要是以学习、介绍苏联的法学为主。而按照苏联的法学体系安排，行政法学并没有自己的独立地位，只是作为国家法学的一部分而存在。[①] 在 1957 年以后，行政法学与其他部门法学一样，在当时占上风的"法律虚无主义"的恶劣政治环境中被抛弃，其发展受到了严重阻碍，二十余年几无进展。

1978 年，中国共产党第十一届三中全会召开，全会决定把全党全国的工作重心转移到社会主义现代化建设上来，把民主和法制建设提到重要的议事日程，从而结束了包括行政法学在内的法学学科停滞不前的状态，使新中国的行政法和行政法学得到了恢复和发展。[②]

从 1978 年到今天，重生的中国行政法学走过了 30 年的发展历程，本文试图忠实地记录这 30 年来中国行政法学的发展历程。笔者将摒弃主观偏好、秉着客观的精神，按照以下十个主题，力求全面、清晰地展示中国行政法学各个研究领域的研究发展状况。但由于水平和篇幅的限制，遗漏、偏颇之处在所难免，敬请各方大家指正、批评。

在介绍行政法学研究的具体内容之前，首先简单描述一下这 30 年来中国行政法学的成长过程或许是有益的。根据学者们的观点，可以将这 30 年

---

① 参见陈泉生《中国行政法之回顾与展望》，载中国行政法学研究会编《中国行政法之回顾与展望——"中国行政法二十年"博鳌论坛暨中国法学会行政法学研究会 2005 年年会论文集》，中国政法大学出版社 2006 年版。

② 参见熊文钊《回顾方知一路艰辛 展望更觉任重道远——新中国行政法学 20 年发展进程管窥》，载中国行政法学研究会编《中国行政法之回顾与展望——"中国行政法二十年"博鳌论坛暨中国法学会行政法学研究会 2005 年年会论文集》，中国政法大学出版社 2006 年版。

大致分为以下几个阶段。①

第一阶段：行政法学的恢复、起步阶段（1978—1988 年）。

1978 年之后，行政法学研究在经过了较长时间的停滞后得以恢复，学者们开始围绕着我国行政法学的调整对象、基本原则、内容体系以及我国行政法规范的体系、行政立法的权限划分与程序等问题，进行了一系列的探索和研究，并于 1983 年正式出版了第一本全国统编的行政法学教材《行政法学概要》②。尽管现在看来，该教材的较多内容与论述显然已经过时，但是该书当时的出版，促使全国的一些重点高校恢复并开设了行政法学课程，同时也促进了行政法学研究的进一步发展。第一个阶段的行政法学更多的是以当时译介的苏联和东欧的行政法学著述为蓝本，渗透着浓厚的行政管理学色彩。在 1989 年《中华人民共和国行政诉讼法》（以下简称《行政诉讼法》）颁布之前，更多的行政法学论题都是在行政管理法制化的主题下展开的，当时行政法学对行政组织法、公务员法、行政行为的探讨，还未能完全摆脱行政学的藩篱。

第二阶段：行政法学的快速发展阶段（1989—2000 年）。

这个阶段的开始应以 1989 年 4 月《行政诉讼法》的颁布为标志。该法的颁布不仅标志着我国社会主义民主与法制建设取得了长足的进步和发展，而且也表明了行政法学理论的研究开始逐渐趋于成熟。围绕《行政诉讼法》以及最高法院的司法解释③，针对行政审判实践中出现的问题，在当时已经译介的一些外国行政法著述的影响下，学者们开始建构和讨论"行政行为"、"行政主体"、"行政相对人"、"行政法律关系"、"滥用职权"、"违反法定程序"等一系列概念，从而逐步建构起中国行政法学体系。这实现了行政法学由行政科学向法律科学的转向，促使行政法学的研习者能够更好地以法律思维和法律方法来探讨行政的问题，更好地开始职业法律生涯。同时，行政法学界围绕行政法律制度建设的重大理论与实践

---

① 参见彭贵才《行政法学二十年来的反思与前瞻》，载《行政与法》2006 年第 5 期；杨建顺：《中国行政法和行政法学 20 年的回顾与展望》，载《法学家》1999 年第 1—2 期；熊文钊：《回顾方知一路艰辛　展望更觉任重道远——新中国行政法学 20 年发展进程管窥》；朱新力、宋华琳：《现代行政法学的建构与政府规制研究的兴起》，载《法律科学》2005 年第 5 期；叶必丰：《二十世纪中国法学的回顾与定位》，载《法学评论》1998 年第 4 期。

② 王珉灿：《行政法学概要》，法律出版社 1983 年版。

③ 主要是 1991 年的《最高人民法院关于贯彻执行〈中华人民共和国行政诉讼法〉若干问题的意见（试行）》和 1999 年的《最高人民法院关于执行〈中华人民共和国行政诉讼法〉若干问题的解释》。

问题开展了许多学术研讨活动。例如，就《行政诉讼法》的贯彻实施，行政法学的基础理论，行政行为的理论与实践，市场经济与行政法的关系，行政处罚法和立法法的制定，地方立法、行政执法的主体及其程序，依法行政与规范政府行为，行政许可、行政强制、行政指导、行政合同行为，行政审判困境与改革思路，行政执法和机构改革，行政程序制度建设等诸多问题召开了一系列学术研讨会，取得了丰富的理论成果，大大推动了我国行政法学的研究水平。

第三阶段：行政法学的进一步发展阶段（2001—2008 年）。

进入新世纪以来，随着中国改革开放的进一步深化（以中国加入世界贸易组织为主要标志），中国行政法学面临着全球化、信息化、市场化与民主化等世界趋势的新挑战。在第二阶段发展的基础上，行政法学的研究进一步深入发展。表现在：（1）在行政法主体、行政行为、行政程序、行政救济等传统行政法领域，涌现出一大批集大成的、水平更高的专题性研究成果。专门对外国行政法和比较行政法的研究成果也大大增加。（2）行政法学研究成果从总论拓展到分论，已出版二十余种关于部门行政法的著作。特别是在近几年，政府规制（管制）领域成为行政法学研究中的新热点。（3）行政法学者们在研究中借鉴和应用了来自其他学科的研究方法，比如公共选择理论、博弈论、利益衡量理论、社会调查方法等政治学、经济学、社会学的研究方法，新的研究方法的运用拓展了行政法学的研究范围，提高了行政法学的研究水平。可以说，我国的行政法学研究正处于良好的快速发展阶段。

主题一：行政法学一般理论研究[①]

（一）基本概念研究

行政法学最重要的基本概念有三个，即行政、行政法、行政法律关系。

1. 行政

关于行政的概念，自始至终学界都存有许多观点，但始终未能形成共识，代表性的观点有：扣除说、目的说、组织管理说。[②] 无论从哪个角度下定义，都必须将此概念与公行政、私行政、国家行政、非国家行政等概念结

---

① 本主题基本对应于一般行政法学教材中的"行政法绪论"或"行政法概论"部分。
② 应松年主编：《行政法学新论》，中国方正出版社 2004 年第 3 版，第 1—3 页。

合起来予以考察，才能达到概念清晰明辨之目的。①

2. 行政法

关于行政法的概念，几乎每一本行政法著作都会从行政法的目的、性质、内容、形式以及行政法在整个法体系中的地位对其予以界定。姜明安教授在其 1985 年所著的《行政法学》和近几年出版的《行政法与行政诉讼法》中都曾收集了中外学者关于行政法的多种定义并予以分类，在此探讨分析的基础上给出了自己关于行政法的界定。② 有学者借鉴西方法理学的新发展，跳出目前国内学者界定行政法的"规范说"藩篱，提出了重新界定行政法概念的基本思路。③

3. 行政法律关系

行政法律关系即为行政法所确认和调整的行政关系。传统的行政法律关系界定承袭了法理学关于法律关系的理论，认为在平权型与隶属型法律关系中，行政法律关系属于典型的隶属型法律关系，并由此界定行政法律关系的基本范围和基本特征。但随着研究的深入和人们认识范围的拓展，学界已经出现革新的观点。除了在行政法律关系的范围上各持己见外，还有学者提出要区分行政法关系、行政法律关系、监督行政法律关系三个概念。④

（二）基本原则研究

行政法基本原则作为人们认识和把握纷繁复杂的行政法现象的纲领性标识，是建构行政法学理论大厦的基本支柱。⑤ 三十余年来，中国行政法学对于行政法基本原则的认识以及对外国行政法原则的概括和吸收取得了明显的进展，大致经历了如下几个阶段：

第一阶段：将宪法基本原则以及行政管理的原则直接视为行政法的基本原则。新中国第一部行政法学教材《行政法概要》将其称为"国家行政管

---

① 参见姜明安主编《行政法与行政诉讼法》（第二版），北京大学出版社、高等教育出版社 2005 年版，第 1—4 页。

② 参见姜明安著《行政法学》，山西人民出版社 1985 年版，第 6—12 页；姜明安主编：《行政法与行政诉讼法》（第二版），第 14—27 页。

③ 参见杨解君《论行政法概念的哲学视野》，载《东南大学学报》（哲学社会科学版），2001 年 5 月第 3 卷第 2 期。

④ 参见应松年主编《行政法学新论》，第 38—51 页；李见刚、王晓丹：《对传统行政法律关系的再认识及思考》，载《行政论坛》2004 年第 1 期；罗豪才主编：《行政法学》，北京大学出版社 1996 年版，第 16—17 页。

⑤ 熊文钊：《回顾方知一路艰辛　展望更觉任重道远——新中国行政法学 20 年发展进程管窥》。

理的指导思想和基本原则"，这种归纳方式政治色彩浓厚，带有明显的计划经济时代的烙印。

第二阶段，从20世纪80年代末开始，行政法的基本原则逐渐独立出来。这一时期，我国行政法蓬勃发展，对行政法基本原则的认识逐步加深，逐渐脱离了政治、行政管理等的羁束。罗豪才教授将行政法基本原则概括为行政法治原则，包括合法性原则和合理性原则。这一观点在当时几成通说。直至今日，仍有学者持此看法，但对其内涵的研究有了进一步的发展，认为行政合法性原则包括法律的规范创造力原则、法律优位原则、法律保留原则和行政应变原则，行政合理性原则包括平等原则、比例原则、正常判断和没有偏私。

第三阶段，近几年来，我国学者对行政法的基本原则又开始了更多的反思，并对其加以补充和完善。姜明安教授在继承上一阶段经验的基础上将行政法的基本原则总结为行政法治原则、行政公正原则、行政公开原则和行政效益原则。在后两个阶段都涌现出一批专门研究行政法基本原则的论文、著作。[1]

总的来说，行政法治原则基本上得到了学者的认同。但不同时代，法治原则的内涵并不完全相同：传统行政法治更多注重的是法治的形式，主要强调政府依法行政；政府管理有法可依、有法必依和公民在法律面前人人平等，从而与封建专制社会的人治相对立。现代行政法治则注入了越来越多的实质内容，有学者归纳如下：（1）以合理性原则补充合法性原则，承认行政自由裁量权并加以控制。（2）以比例原则、信赖保护原则补充依法行政原则，限制政府滥用权力。（3）放弃或限制"主权豁免"原则，确立国家侵权赔偿责任。（4）以程序法治补充实体法治，保护公民的"正当程序权利"。[2]

（三）行政法理论基础研究

1983年，应松年教授首先提出了行政法理论基础的研究问题，[3] 但直到

---

① 比如，胡建淼：《关于中国行政法上的合法性原则的探讨》，载《中国法学》1998年第1期；周佑勇：《行政法基本原则研究》，武汉大学出版社2005年版，等。

② 参见石柏林、祁丽《中国行政法基本理论发展趋势述评》，载中国行政法学研究会编《中国行政法之回顾与展望——"中国行政法二十年"博鳌论坛暨中国法学会行政法学研究会2005年年会论文集》，中国政法大学出版社2006年版；应松年主编：《行政法学新论》，第27—29页。

③ 参见应松年、朱维究、方彦《行政法学理论基础问题探讨》，载《中国政法大学学报》1983年第2期。关于这一主题还有"行政法基础理论"的称谓，参见周佑勇《行政法理论基础诸说的反思、整合与地位》，载《法律科学》1999年第2期。这两种称谓之争也构成了本次争论的一部分。

罗豪才、袁曙宏、李文栋于 1993 年发表《现代行政法的理论基础——论行政机关与相对人一方的权利义务平衡》① 一文之后，我国行政法学界才掀起了一场关于行政法学理论基础的讨论。这场持续近十年的争论热烈而开放，呈现出"百花齐放、百家争鸣"的局面，形成了若干具有代表性的学说、观点，诸如"平衡论"、"控权论"、"公共利益本位论"、"服务论"、"公共权力论"、"职责本位论"、"政府法治论"等十余种学说。各种学说的提出、交锋、论证、修正以及学者们对行政法基本范畴的提炼和理论体系的构建，都大大提升了中国行政法学整体的研究水平，标志着我国行政法学已经冲破传统的规范分析，正在走向理性思维的发展阶段，它对于促进"我国行政法学研究的深化和人文精神的弘扬"无疑具有极其重要的意义。具体而言，这场争论的主要贡献表现在：（1）确立了行政法学的基本范畴。本学科的一些核心范畴：包括行政、行政权、行政法律关系、行政主体、行政相对人、行政行为、行政程序、行政违法、行政责任、行政救济、司法审查等概念都已基本定型。（2）更新了行政法学的理论体系。行政法理论基础的一项重要使命就是为构建行政法学的理论体系提供立足点，各种学说几乎都宣称以该论为起点能够构建起"科学的"行政法学理论体系。（3）开启了对行政法学的哲学思考。学者们在从事行政法学研究的过程中已经不再拘泥于对行政法规范进行简单的解释或专注于对策性的探讨，相反地，他（她）们已经自觉地从哲学的高度对诸如什么是行政法、行政法的本质是什么、行政法的价值导向是什么、行政法应当具有哪些内容和功能、以什么样的视角和方法去研究行政法、行政法制度建设和理论体系应当以何种理念作为指导等深层次问题进行了不懈探索。②

---

① 载《中国法学》1993 年第 1 期。

② 这场争论中的论文、论著不胜枚举。参见武步云《行政法的理论基础——公共权力论》，载《法律科学》1994 年第 3 期；陈泉生：《论现代行政法学的理论基础》，载《法制与社会发展》1995 年第 5 期；杨解君：《关于行政法理论基础若干观点的评析》，载《中国法学》1996 年第 2 期；王锡锌、沈岿：《行政法理论基础再探讨》，载《中国法学》1996 年第 4 期；叶必丰：《行政法的理论基础问题研究》，载《法学评论》1997 年第 5 期；郭润生、宋功德：《控权——平衡论》，载《中国法学》1997 年第 6 期；皮纯协、冯军：《关于"平衡论"疏漏问题的几点思考》，载《中国法学》1997 年第 12 期；孙笑侠：《部门法理论基础"析要"》，载《法学》1997 年第 10 期；周佑勇：《行政法理论基础诸说的反思、整合与定位》，载《法律科学》1999 年第 2 期，等。本部分写作还参考了章志远：《回顾与展望：中国行政法学理论基础研究之评析》，载《贵州警官职业学院学报》2004 年第 3 期；沈开举、王红建：《当代中国行政法理论基础问题研究的回顾和展望》，载中国行政法学研究会编《中国行政法之回顾与展望——"中国行政法二十年"博鳌论坛暨中国法学会行政法学研究会 2005 年年会论文集》，中国政法大学出版社 2006 年版。

近几年，关于行政法理论基础的讨论虽然已不多见，但仍有行政法学者继续着艰深的理论创新和努力。其中，袁曙宏教授和罗豪才教授分别从"公法"的宏大视野出发，先后提出了超越行政法、但与行政法研究紧密相关的"统一公法学"理论和"软法"理论，为行政法理论基础研究的进一步发展提供了新的动力、做出了新的贡献。①

（四）行政法学体系研究

中国行政法学理论体系的研究涉及行政、行政权、行政法关系、行政主体、行政行为、行政程序、行政诉讼等诸多领域，涉及中心观念、理论基础、基本原则等诸多理论范畴，行政法学理论体系的成熟程度反应了行政法学学科本身的成熟程度。中国行政法学研究恢复以来，与行政法基本原则类似，行政法学理论体系也经历了一个从宪法学体系和行政学体系中逐渐独立的过程。进入 20 世纪 90 年代以来，学界开始自觉地寻找和探讨行政法学理论体系。北京大学法律系行政法教研室和中国法学会行政法学研究会分别于 1991 年和 1994 年召开了以行政法学体系为主题的研讨会，促进了这一领域的深入发展。有学者总结了中国行政法学理论体系所经历或面临的以下几组关系的选择和判断：（1）行政法学与行政诉讼法学，即是否应把行政诉讼法置于行政法之外，成为与行政法相对应的独立的法律部门。学界对这个问题直至今天仍存有分歧，以"行政法学是否包含行政诉讼法学"为标准，分别形成了"大行政学体系"和"小行政学体系"。（2）行政法学总论与分论。这一关系相对简单，人们的观念亦为一致。总论系指行政法各领域普遍适用的规则与原理，分论则指行政法规则和原理在各个具体行政管理领域的运用。（3）单线体系与双线体系。"单线体系"是指以行政权为主线，侧重研究行政主体及行政权运行过程的法律调整的理论体系。在中国，大多数教材和著作采用"单线体系"。"双线体系"是指以行政法关系作为主线，

---

① 关于"统一公法学"，可参见袁曙宏《建立统一的公法学》，载《中国法学》2003 年第 5 期；袁曙宏：《建立统一公法学的时代意义——兼答"统一公法学"可能遭遇的质疑》，载《现代法学》2005 年第 5 期；袁曙宏：《统一公法学的基本理论架构》，载《法学论坛》2007 年第 4 期；袁曙宏、宋功德：《统一公法学原论——公法学总论的一种模式》，中国人民大学出版社 2005 年版。关于"软法"理论，可参见罗豪才等著《软法与公共治理》，北京大学出版社 2006 年版；罗豪才：《认真对待软法——公域软法的一般理论及其中国实践》，载《中国法学》2006 年第 2 期；姜明安：《软法的兴起与软法之治》，载《中国法学》2006 年第 2 期；翟小波：《"软法"及其概念之证成——以公共治理为背景》，载《法律科学》2007 年第 2 期。

研究行政法关系双方相对人及其行为的法律调整过程的理论体系。"单线体系"和"双线体系"各有所长，前者能分清主次，突出国家行政权的中心，后者能充分展开行政法律关系，研究问题比较全面。如何在共同的理论基础之上，将两个体系中的基本范畴串联起来，建立起内在逻辑统一、具有中国特色的现代行政法理论体系或许是行政法学界共同努力的方向。以上三组关系是中国行政法学理论体系所涉及的最主要的几个关系，另外，该学者还讨论了"制度（静态）行政法学体系与原理（动态）行政法学体系"、"宏观、微观与中观行政法学体系"、"内线体系与外线体系"等几对有关行政体系的模式。①

主题二：行政法主体理论研究

（一）行政主体理论

1. 行政主体

行政主体是中国行政法学中的一个极为重要的基本范畴，它不仅是行政组织法领域的核心概念，也是行政行为、行政程序以及行政诉讼领域的基本问题。西方国家对于行政主体的界定与创设，不管是否直接采用了行政主体的概念，均包含一种"行使公权力并独立承担法律后果的法律人格"。我国行政法学界对行政主体理论的研究始于80年代初，在早期的行政法学研究中，学者们以行政机关或行政组织为基点，阐述、探讨有关行政管理主体及有关的行政法问题，并得出下列结论：行政权的行使主体是国家行政机关；行政法律关系的一方必须是行政机关；行政行为是行政机关实施的行为；行政诉讼是以行政机关为被告的诉讼等。有学者将此称为"行政机关范式"，并认为这正是"公共行政属国家专属职能"假设的逻辑结果。② 随着行政法的发展，人们发现，在行政法学上使用"行政机关"一词存在如下缺陷：（1）不能统领在实践中享有行政管理资格的组织。（2）不能区分行政机关在不同法律关系中的不同身份和法律地位。为了克服以上缺陷，同时基于行政诉讼理论和实践、建立责任行政原则和法学术语简练的需要，我国行政法学界在考察了一些国家和地区情况的基

---

① 参见胡建淼《中国行政法学理论体系的模式及评判》，载《中国法学》1997 年第 1 期；熊文钊：《回顾方知一路艰辛　展望更觉任重道远——新中国行政法学 20 年发展进程管窥》。

② 参见沈岿《重构行政主体范式的尝试》，载《法律科学》2000 年第 6 期。

础上，借鉴了法国的做法，在 20 世纪 80 年代末引入了"行政主体"概念，并结合我国的实际情况，对该概念进行了相应的改造，使之具有了本土化的特定内涵。通过对中外行政主体的概念进行比较分析，行政法学界明确了行政主体作为行政法上的独立法律人格的实质涵义，将我国行政法学上的行政主体予以正确定位，并理顺了行政法中行政主体、行政机关、行政机关构成人员三者之间的关系，从而形成了全方位、深层次、多角度的研究行政主体的理论。

对于行政主体的定义，各位学者的表述各有不同，但其基本内核一致：（1）行政主体是一种组织，而不是个人。这种组织包括国家行政机关和法律、法规授权的组织两大类。（2）行政主体是指依法拥有行政职权并以自己的名义行使行政职权的组织。是否拥有行政职权是界定行政主体的重要标准。（3）行政主体是指能承担自己行为所产生法律责任的组织。这主要表现为以自己名义参加行政诉讼并能成为行政诉讼的被告。①

另一方面，对于目前的行政主体理论，学者们也进行了反思。有学者指出，把行政主体定位于行政管理主体，会造成这一概念内涵与外延的冲突以及行政主体理论研究的狭隘化、浅层化，具体表现在：行政主体理论研究的角度和范围比较狭隘；不利于行政组织的统一协调；造成行政主体概念内涵与外延之间的矛盾；片面强调行政职能部门的对外管理职能，忽视了对行政主体、公务员的整体控制。因此，要完善我国行政主体理论研究，必须明确行政主体作为独立法律人格的实质含义，将行政主体予以正确定位；理顺行政法学中行政主体、行政机关、行政机关构成人员三者之间的关系；全方位、深层次、多角度地研究行政主体理论，不仅要从公、私法的共性出发、借助私法的方法来研究，也要在静态的组织体系中研究；不仅要从行政权力外部作用上、也要从行政主体内部构造中完善行政主体理论。② 有学者指出，行政主体理论当下面临的困境：在确定行政诉讼被告资格方面的不足；实体行政权和行政责任的归属难以确认；无法适应国家权力向社会公共权力

---

① 参见应松年主编《行政法学新论》，第 58—62 页；李昕：《中外行政主体理论之比较研究》，载《行政法学研究》1999 年第 1 期；李积霞：《浅析我国行政主体理论及其实践意义》，石佑启、孙雪：《论我国行政主体理论的发展——从国家行政向公共行政转换的视角》，载中国行政法学研究会编《中国行政法之回顾与展望——"中国行政法二十年"博鳌论坛暨中国法学会行政法学研究会 2005 年年会论文集》，中国政法大学出版社 2006 年版。

② 参见刘翠霄《一九九九年中国法学研究回顾——行政法学研究述评》，载《法学研究》2000 年第 1 期。

转化的大趋势。① 还有学者以国家行政和公共行政作为模型，对两种不同背景下的行政主体理论做了类型化的分析、比较，并主张从国家行政主体理论向公共行政主体理论的转化。②

除了行政主体的界定外，行政主体理论的其他基本内容还包括行政主体的范围和分类、行政主体的职权和职责、行政主体的资格及其确认等。

2. 行政授权

按照通说，我国行政主体包括行政机关和法律、法规授权的组织。因此，行政法学界的主流观点认为，行政法学中的授权（行政授权）仅指法律、法规授权，而不是行政机关的授权，行政机关只能进行委托而不能授权，③ 从而，中国行政法学者只是在研究行政诉讼被告（或行政复议被申请人）的同时附带地讨论行政授权问题，并在此基础上讨论行政授权和行政委托的区别。但也有少数学者认为，行政授权不是法律、法规的授权，行政机关不仅能委托，而且也能基于法律、法规和规章的规定，通过法定的程序和形式，将自身行政职权全部或部分转让给有关组织，后者据此以自己的名义行使该职权，并承受该职权行为效果。④ 还有具有实务经验的学者尝试从行政审判的实践出发，反思中国的行政授权的理论和现实问题。⑤

3. 公务员

对于行政机关中的组成人员，即公务员，行政法学界的研究并不深入，而且一般都是从行政组织学的角度、按照以前的《国务院公务员暂行条例》和现在的《中华人民共和国公务员法》对公务员制度给予描述和介绍。而从行政法学意义上研究公务员的法律地位、公务员与国家之间的国家公职关系的著述较少。⑥

---

① 高文英、李琳琳：《行政主体理论的回顾与重构》，载中国行政法学研究会编《中国行政法之回顾与展望——"中国行政法二十年"博鳌论坛暨中国法学会行政法学研究会 2005 年年会论文集》，中国政法大学出版社 2006 年版。

② 石佑启、孙雪：《论我国行政主体理论的发展——从国家行政向公共行政转换的视角》。

③ 许崇德、皮纯协主编：《新中国行政法学研究综述》，法律出版社 1991 年版，第 166 页；罗豪才主编：《行政法学》，北京大学出版社 1996 年版，第 76 页；薛刚凌：《行政授权与行政委托之探讨》，载《法学杂志》2002 年第 3 期。

④ 参见胡建淼《有关中国行政法理上的行政授权问题》，载《中国法学》1994 年第 2 期；胡建淼主编：《行政法学》，法律出版社 1998 年版，第 242 页。

⑤ 参见耿宝建《行政授权新论——走出理路与现实困境的一种认知尝试》，载《法学》2006年第 4 期。

⑥ 参见应松年主编《行政法学新论》，第 96—119 页；姜明安主编：《行政法与行政诉讼法》（第二版），第 149—159 页；杨临宏著：《公务员法要义》，华龄出版社 2005 年版。

（二）行政相对人理论

在 20 世纪 70 年代末我国行政法学恢复、初创之时，行政法的基本观念是强化行政管理，行政法被认为是有关行政管理的法，是被作为行政管理的有效工具来认识的。行政法的这种价值取向，导致了行政法学以行政主体及其行政权力为重点。行政相对人作为受支配的一方，其法律地位上的被动性使其不具有更多的研究价值。因此，学界直接阐述行政相对人问题的论著可谓凤毛麟角，对其进行系统研究的更是付诸阙如。有行政法学者曾明确指出："传统的行政法理论，在主体上只限于对行政主体的研究，相对人被冷落一旁……只囿于对行政行为的研究，相对人行为被行政法学拒之门外。"[1] "传统的行政法学大多以行政权或行政主体的作用为主要研究对象，不重视行政相对方在行政过程中的作用。"[2] 但随着当代行政法从传统的以权力制约行政权力的模式，逐步发展为强化以行政相对人的程序权制约行政权力，从早期单一的秩序行政逐步发展到当代福利国家秩序行政、给付行政的多元化，传统权力色彩淡化的行政合同、行政指导等行政行为方式被广泛加以运用，调动行政相对人积极参与的行政民主做法备受青睐。在我国，政治、经济体制改革和行政法治的发展，也使相对人的地位有了很大提高，这给行政法学研究行政相对人提供了实证基础和契机。而在 90 年代关于行政法基础理论的争论中，"平衡论"强调行政机关与相对一方之间的权利义务平衡，也为正确认识行政相对人及其法律地位提供了重要思路。因此，这一时期出现了我国第一部系统研究行政相对人的著作，即方世荣的《论行政相对人》。该书初步搭建了行政相对人这一行政法基本范畴的理论框架，探讨研究了行政相对人的概念、资格、类型、地位、权利、行为等各种相关的法律问题，并对其中具有规律性的现象做出了科学的理论总结。[3]

在该书出版前后所发表的行政法学论文中，大多数作者都围绕相对人的法律地位、程序权利等问题进行了进一步的探讨。而在近几年有关公众参与的理论探讨中，行政法学人卓有成效地讨论了行政立法、行政决策等行政行

---

[1] 张焕光、胡建淼著：《行政法原理》，劳动人事出版社 1989 年版，第 371 页。转引自方世荣《论行政相对人》，中国政法大学出版社 2000 年版，前言第 2 页。

[2] 罗豪才主编：《行政法学》，北京大学出版社 1996 年版，第 99 页。转引自方世荣《论行政相对人》，前言第 2 页。

[3] 参见方世荣《论行政相对人》，前言第 4—6 页。

为中的相对人参与行政过程的权利、程序、救济等问题。①

主题三：行政行为研究

从某种意义上说，行政法学的基本理论（特别是从传统上来讲）主要是行政行为的理论，因为行政法的任务是规制行政主体的行政行为，确保行政行为的合法性和合理性。中国行政法对于行政行为的研究可以大致分为两个方面：第一，行政行为总论。主要包括对行政行为定义、效力和分类的研究；第二，行政行为分论，即具体研究类型化的行政行为。由于行政行为与一国的行政体制紧密联系，因此，这方面的研究也具有强烈的中国特色，我国行政法学界在行政行为的类型化以及行政处罚、行政复议、行政许可、行政强制等领域的法律制定与实施等方面具有自己的独创性。② 以下分别述之。

（一）行政行为总论

1. 行政行为的概念

关于行政行为的概念，从行政法学研究恢复至今，一直是学界激烈争论的领域，对于行政行为的界定一般有最广义、广义、狭义、最狭义四种观点。其中，目前成为主流观点的行政行为概念是：行政行为是指国家行政机关以及法律、法规授权的组织依法实施行政管理，直接或间接产生法律效果的行为。③ 另外，学者们还研究了行政行为的特征、模式等问题。

2. 行政行为的效力

关于行政行为的效力，在20世纪90年代之前学界的通说认为：行政行为具有确定力、拘束力和执行力。④ 90年代中，叶必丰教授在这个领域用力

---

① 近年来，有关行政相对人的代表性论文如方世荣《论行政相对人行为及其效力》，载《法商研究》2000年第1期；张晓光：《行政相对人在行政程序中的参与权》，载《行政法学研究》2000年第3期；王锡锌：《行政过程中相对人程序性权利研究》，载《中国法学》2001年第4期；方世荣：《对当代行政法主体双方地位平等的认知——从行政相对人的视角》，载《法商研究》2002年第6期；石佑启：《论行政相对人法律地位的提升》，载《上海交通大学学报（哲学社会科学版）》2003年第5期；关保英：《论行政相对人的行政创意权》，载《华东师范大学学报（哲学社会科学版）》2005年第3期，等。

② 熊文钊：《回顾方知一路艰辛　展望更觉任重道远——新中国行政法学20年发展进程管窥》。

③ 参见许崇德、皮纯协主编《新中国行政法学研究综述》，第176—179页；应松年主编：《行政法学新论》，第123—124页。

④ 张尚鷟主编：《走出低谷的中国行政法学》，中国政法大学出版社1991年版，第153—154页。

颇深，相继发表了《行政行为确定力研究》、《论行政行为的公定力》和《论行政行为的执行力》① 三篇论述行政行为效力的论文，并于 2002 年出版了其研究行政行为效力问题的集大成之作——《行政行为的效力研究》②。此外，其他学者也有对此问题的真知灼见，③ 而且还有学者初步探讨了与行政行为相对的相对人行为的效力问题。④

3. 行政行为的分类

在我国第一部高等学校行政法学教材《行政法概要》中，行政行为被区分为抽象的行为（制定抽象的规范）和具体的行为（处理具体事件的行为，一般称为行政措施）。而在王名扬先生的《法国行政法》一书中，将法国行政法中的行政行为分为两类：一是普遍性的行为，二是具体的行为。从名称上讲，将行政行为一分为二，表述为抽象行政行为与具体行政行为是我国特有的概念名称，但这种分类并不是自发生成的，而是在国外有关理论的启发下产生的。由于在《行政诉讼法》及其先后两个相关司法解释中，都涉及具体行政行为和抽象行政行为的界定和区分，因此，对这一对概念的研究成为行政行为研究中的热点问题之一。学者们主要围绕着抽象行政行为和具体行政行为的区分标准、抽象行政行为的种类和可诉性等问题进行了探讨和争论。⑤

除了抽象行政行为和具体行政行为这一对范畴之外，行政法学学者们还着力探讨了内部行政行为与外部行政行为、依职权行政行为与依申请（声请）行政行为、羁束行政行为与裁量行政行为、行政作为与行政不作为、要式行政行为与不要式行政行为、授益行政行为与负担行政行为、中间行政行为与最终行政行为、行政法律行为与行政事实行为、合法行政行为与违法行政行为、无效行政行为等多组范畴。⑥

---

① 这三篇文章分别发表于《中国法学》1996 年第 3 期，《法学研究》1997 年第 5 期，《行政法学研究》1997 年第 3 期。

② 中国人民大学出版社 2002 年版。

③ 比如，周佑勇：《行政行为的效力研究》，载《法学评论》1998 年第 3 期；刘莘：《具体行政行为效力初探》，载《中国法学》1998 年第 5 期；沈军：《论具体行政行为之构成要件效力》，载《行政法学研究》2001 年第 3 期；张治宇：《行政行为效力理论之检讨》，载《河北法学》2004 年第 10 期。

④ 方世荣：《论行政相对人行为及其效力》，载《法商研究》2000 年第 1 期。

⑤ 关于这些问题的各家观点和研究深度，参见胡建淼主编《行政行为基本范畴研究》，浙江大学出版社 2005 年版，"第一章抽象行政行为与具体行政行为"。

⑥ 参见胡建淼主编《行政行为基本范畴研究》，各对应章节。

（二）行政行为分论研究——对典型行政行为的研究

1. 行政立法

作为典型的抽象行政行为，学者们对这个领域的研究主要集中在行政立法的概念和种类、权限、程序、可诉性以及具体的行政立法，即行政法规、行政规章的制定，以及行政立法行为与其他抽象行政行为的区别等问题上。而全面研究行政立法的专著则不多见，就笔者视野所及，只有刘莘的《行政立法研究》①、《法治政府与行政决策、行政立法》② 和曾祥华的《行政立法的正当性研究》③ 等几部著作。《行政立法研究》填补了专门研究的空白，该书将之前有关行政立法研究的规范和论述广为收集，并加以比较分析；④《法治政府与行政决策、行政立法》则在中国社会转轨和变型的大背景下，通过分析政府的角色和定位，探讨了法治对政府决策和行政立法的要求。《行政立法的正当性研究》则选取了一个比较新的角度，从研究行政立法正当性的角度进行研究，对行政立法提出了根本性的价值追问。⑤ 近几年，随着地方行政规章制度实践的丰富展开，学者又将行政立法的制定与公众参与结合起来加以研究。

2. 行政处罚

一方面，行政处罚是国家行政管理的有效手段，另一方面，行政处罚又是最可能侵犯行政相对人权利的行政行为之一，因此，对行政处罚的研究自始至终都是行政法学研究的重点。有关行政处罚的论著数量相当可观。无论是在《中华人民共和国行政处罚法》（以下简称《行政处罚法》）颁布之前、还是之后，学者们围绕行政处罚的概念、原则（尤其是一事不再罚原则）、设定、主体、管辖、种类（尤其是劳动教养）、程序（尤其是听证程序）以及相关的行政违法责任，对《行政处罚法》的反思等问题，进行了深入的探讨。⑥ 另外，相关学者还深入到各个部门行政法当中，将行政处罚研究与部门行政法的研究结合起来，讨论更具专业性和技术性的部门行政处

---

① 刘莘：《行政立法研究》，法律出版社 2003 年版。

② 刘莘：《法治政府与行政决策、行政立法》，北京大学出版社 2006 年版。

③ 曾祥华：《行政立法的正当性研究》，中国人民公安大学出版社 2007 年版。

④ 刘莘：《行政立法研究》，序。

⑤ 曾祥华：《行政立法的正当性研究》，序。

⑥ 具有代表性的著作有胡锦光《行政处罚研究》，法律出版社 1998 年版；冯军：《行政处罚法新论》，中国检察出版社 2003 年版；杨小君：《行政处罚研究》，法律出版社 2002 年版，等。

罚问题，比如宋功德的《税务行政处罚》①、石宗政的《治安行政处罚通论》② 等。

3. 行政许可

作为典型的授益行政行为，行政许可在行政法学界也是从一开始就受到学者关注的。在 1983 年的《行政法概要》中，就出现了对行政许可的最初定义："……许可和免除是行政措施的下位概念，……其中，许可为对一般禁止的行为，对于特定人或关于特定事而解除其禁止的行政措施。许可需要相对人的申请，是审批行为内容的一种。"③ 不过该书中关于许可的界定，特别是对许可与认可、确认、证明等概念的区分并不清楚。同时，在《中国大百科全书》（法学卷）中，也有对"许可"的定义，④ 后来人们在论述、研究行政许可时，多以此为基础。但在整个 80 年代，由于国家仍然处于计划经济的体制之下，因此，对于行政许可这一具有典型市场经济特色的行政行为，学者们的研究并不多、也不够深入。直到 1994 年，在我国确立了建设社会主义市场经济体制的道路之后，学界才出现了第一部全面研究行政许可的著作，即马怀德的《行政许可》。⑤ 之后，在各种教科书中，行政许可的内容大幅增加，有关行政许可的论著也层出不穷。而在 2001 年中国加入 WTO 之后，由于 WTO 规则对国内行政许可提出了相当大的挑战，而且国家做出了相应的"入世"承诺，并开始着手进行行政许可的立法工作，因此，对于行政许可的研究成为一时显学。学者多围绕行政许可的概念、性质、分类、设定、实施机关、实施程序、监督检查、收费、法律责任等问题进行了探讨。而在《中华人民共和国行政许可法》（以下简称《行政许可法》）正式颁布之后，学者们除了对行政许可立法做出解读、阐释，对行政许可实务予以指导之外，更难能可贵的是，一些学者还能从行政许可出发、但跳出行政许可之外，分析指出《行政许可法》背后所蕴含的有关法治进路、个人自由等更为深远的命题和意义。比如，有的学者分析了《行政许可法》所面临的实践挑战，提出了进一步实施的政策建议，并指出我国立

---

① 宋功德：《税务行政处罚》，武汉大学出版社 2002 年版。
② 石宗政：《治安行政处罚通论》，中国人民公安大学出版社 2002 年版。
③ 王珉灿主编：《行政法概要》，第 114—115 页。转引自张兴祥著：《中国行政许可的理论和实务》，北京大学出版社 2003 年版，第 1 页。
④ 《中国大百科全书》（法学卷），中国大百科全书出版社 1984 年版，第 671 页。转引自张兴祥著：《中国行政许可的理论和实务》，第 2 页。
⑤ 马怀德：《行政许可》，中国政法大学出版社 1994 年版。

法中所存在的一种边际效益递减的现象，以及由政治推进法治的进路所导致的法治双重困境。① 有的学者运用分析法学的方法，剖析行政许可的概念本质以及逻辑脉络，阐述行政许可背后的个人自由、权利的演变和范围。②

另外，还有一些学者将行政许可与部门法结合起来，研究各行政部门的行政许可问题，比如余凌云的《警察许可与行政许可法》③。

4. 行政强制

浙江大学在这一领域的研究走在了全国的前沿。由胡建淼教授主持的有关"行政强制"的国家社科基金项目出版了一系列研究行政强制的著作。其中，胡建淼主编的《行政强制法研究》④ 系统探讨、研究了有关行政强制的理论和立法问题；金伟峰主编的《中国行政强制法律制度》⑤ 系统研究了中国行政强制检查、强制检疫防疫、强制保全、强制取缔15项制度，并比较研究了中国港、澳、台三地区各自的行政强制制度。朱新力主编的《外国行政强制法律制度》⑥ 主要选择了行政强制法律制度较为成熟的西方发达国家来介绍，既展示了各国行政强制法律制度的概貌，又突出了各国行政强制法律制度独有的特色。章剑生组织编写的《中外行政强制法研究资料》⑦ 为行政强制研究提供了坚实可靠、实用便利的文献基础。此外，余凌云专门研究了公安部门的行政强制理论与实践，⑧ 王天星专门研究了行政紧急强制制度。⑨

5. 行政合同

当代行政法与传统行政法有着很大的不同，随着经济的发展、民主的发扬、福利国家的产生，行政法由专制的工具到管理的手段、再发展到对行政权的控制和对公民合法权益的维护与保障，在行政法领域出现了许多新的制度。而学者们在继续深入研究传统行政法的规制手段的同时，也越来越关注

① 参见周汉华《行政许可法：观念创新与实践挑战》，载《法学研究》2005年第2期。

② 参见陈端洪《行政许可与个人自由》，载《法学研究》2004年第5期；朱新力、余军：《行政许可概念的逻辑结构——分析法学视角的解读》，载刘恒主编《行政许可与政府管制》，北京大学出版社2007年版。

③ 余凌云：《警察许可与行政许可法》，中国人民公安大学出版社2003年版。

④ 胡建淼主编：《行政强制法研究》，法律出版社2003年版。

⑤ 金伟峰主编：《中国行政强制法律制度》，法律出版社2003年版。

⑥ 朱新力主编：《外国行政强制法律制度》，法律出版社2003年版。

⑦ 章剑生主编：《中外行政强制法研究资料》，法律出版社2003年版。

⑧ 余凌云：《警察行政强制的理论与实践》，中国人民公安大学出版社2003年版。

⑨ 王天星：《行政紧急强制制度研究》，知识产权出版社2007年版。

那些日益对人们生活发生着不容忽视的影响的非权力行政问题，行政合同或行政契约、行政指导、行政规划、行政给付等就是其中值得研究的若干问题。但总体说来，与对传统行政手段的研究相比，我们对后面几种行政行为方式的研究仍然不够深入。在 20 世纪 90 年代后半期，国内陆续出现了几本填补相关领域研究空白的著作，其中在行政合同领域的论著就是余凌云的《行政契约论》。该书对行政契约的概念、行政契约与依法行政理念的调和、民法规律和原理在行政契约中的援用、行政契约的实体权利义务的配置以及程序规范、行政契约的救济制度等基本理论问题作了较为深入细致的探讨，建立了有关行政契约理论的基本框架，并对具体行政契约形态作了典型性例证研究。①

6. 对其他具体行政行为的研究

对于行政司法，最早提出"行政司法"概念的著作和论文是 1986 年出版的《行政管理学简明辞典》和《中国法制报》登载的《行政司法刍议》一文。之后出版的行政法论著几乎无一例外的把行政司法作为行政行为之一加以详细论述，但学者们对行政司法的概念和范围的认识并不一致。② 学者对行政司法的研究的主要内容包括：行政司法的涵义、性质、强度、原则；具体的行政司法制度；行政司法与行政诉讼的关系；行政司法的比较研究，尤其是对包括英国行政裁判所、日本行政争讼制度、美国行政法官制度、德国行政复议制度以及我国台湾地区行政诉愿制度的比较研究等。

对于行政奖励和行政物质帮助或行政给付的研究，国内学者除了引入、借鉴国外的相关制度、学说之外，还主要研究了行政给付的基本理论（概念、性质、功能、原则、存在形态），行政给付的权利基础和权利化，行政机关在行政给付中的义务内容、属性，行政给付中的具体行为，以及行政给付的实证分析等问题。③

对于行政指导，国内最早作专门、系统研究的是郭润生、宋功德所著的《论行政指导》④。在该书中，著者跨越与行政指导制度相关的经济学、政治学、行政学、法学（包括宪法学、法理学、行政法学和经济法）等多个领域，较为系统地探讨了行政指导的基本理论、系统结构、行政指导与法治的

---

① 参见余凌云《行政契约论》，中国人民大学出版社 2000 年版、2006 年第 2 版。
② 张尚鷟主编：《走出低谷的中国行政法学》，第 272—289 页；许崇德、皮纯协主编：《新中国行政法学研究综述》，第 385—446 页；应松年主编：《行政法学新论》，第 305—331 页。
③ 参见柳砚涛《行政给付研究》，山东人民出版社 2006 年版。
④ 郭润生、宋功德著：《论行政指导》，中国政法大学出版社 1999 年版。

关系等，并对外国实践与中国行政指导制度进行了较为深入而全面的考察，尤其值得一提的是，著者还能较为冷静地剖析了日本、韩国及东南亚各国金融危机与行政指导的关系。① 之后莫于川出版了《行政指导论纲》和自己的博士论文《行政指导要论——以行政指导法治化为中心》，他综合采用资料分析、比较研究、交叉研究、案例研究、实证研究、对策研究等社会科学方法，对行政指导进行了系统而有重点的研讨。② 而最新的成果则是莫于川带领自己的硕士生撰写的《法治视野下的行政指导》③ 一书。

关于行政补偿的问题，在 20 世纪 80 年代基本无人问津，90 年代则出现了数篇研究文章，④ 进入 21 世纪之后，随着姜明安《行政补偿制度研究》⑤ 一文的发表，行政补偿研究逐渐在行政法学界兴起，不仅论文的数量增加，而且研究的广度和深度都远远超过前人。各位学者不仅开始研究行政补偿的标准、范围、程序等具体问题，还将行政补偿与行政征用、私产保护、环境受害、城市拆迁等问题结合起来加以研究。⑥ 近几年还出版了有关行政补偿的几部专著。⑦ 最近的一部是夏军所著的《论行政补偿》，⑧ 该书运用实证分析、价值分析、比较分析和逻辑分析的方法系统研究了行政补偿的概念界说与历史成因、功能、理论基础、基本原则、义务和权利主体、类型和方式、归责原则、标准和程序、救济、立法构想以及实例分析等问题。

主题四：行政程序研究

在我国行政法学界，行政程序法的研究一直是近十几年来最热门的话

① 郭润生、宋功德著：《论行政指导》，序，第 3 页。

② 参见莫于川《行政指导论纲》，重庆大学出版社 1999 年版；莫于川：《行政指导要论——以行政指导法治化为中心》，人民法院出版社 2002 年版。

③ 中国人民大学出版社 2005 年版。

④ 可参见曾祥瑞《日本行政损失补偿要论》（载《行政法学研究》1993 年第 3 期）、刘嗣元《我国行政补偿制度初探》（载《行政与法》1995 年第 3 期）等文章。

⑤ 姜明安：《行政补偿制度研究》，载《法学杂志》2001 年第 5 期。

⑥ 代表性论文有杨解君《公益收用之界定与行政补偿之完善》（载《湖南社会科学》2005 年第 1 期）、熊文钊《试论行政补偿》（载《行政法学研究》2005 年第 2 期）、沈开举《论行政补偿的标准》（载《河南社会科学》2005 年第 1 期）、莫于川《私有财产权的保护与行政补偿法制的完善》（载《浙江工商大学学报》2005 年第 2 期）等。

⑦ 比如，王太高：《行政补偿制度研究》，北京大学出版社 2004 年版；沈开举：《行政补偿法研究》，法律出版社 2005 年版；季怀才：《行政补偿要件研究》，法律出版社 2006 年版，等。

⑧ 中国地质大学出版社 2007 年版。

题，有关行政程序法的著述如雨后春笋般面世。行政程序法成为各种高规格行政法学术研讨会的主题，行政法学者利用各种渠道积极建言献策，行政程序立法工作取得了重大进展，程序违法行为不断得到纠正。在行政法学者的鼓吹和推动下，行政听证、行政公开等新型行政程序制度逐渐为国人所熟知，整个社会对行政程序的认识和需求都大大提高，有学者称：行政程序法时代正在悄悄地来临。①

在回顾行政程序法研究的历程时，有学者尝试将 1978 年之后中国行政程序法的嬗变之路从总体上划分为三个阶段，并作出了较为全面的分析：②

（1）1978 年前后至 1989 年《行政诉讼法》实施前后为"初始阶段"。这一阶段的特点是：国内行政法学界对于行政程序制度的研究还未引起足够的重视，个别学者的研究亦仅处于对外国行政程序制度非系统化或简单、零散的介绍阶段。

（2）1989 年《行政诉讼法》实施之后到 1996 年《行政处罚法》实施前后为"前成熟阶段"。《行政诉讼法》的实施标志着中国行政法的发展进入一个崭新的阶段，在新法律的催促下，理论界对于监督行政主体权力行使过程的行政程序制度给予了前所未有的关注，涌现出大量有见地的专著、论文③。这一阶段总体呈现出的特点是：虽然中国行政法学界对于行政程序制度的研究进入了更高阶段，但总体水平仍停留在介绍国外经验以及浅层次的比较层面上。尽管有个别学者已经提出程序正义的观点，但程序工具主义思想仍然占主流地位，这是该阶段中国行政法学界对于现代法治国家的行政程序制度理解上的一些褊狭认识的反映。

（3）1996 年《行政处罚法》出台前后至今为"逐步成熟阶段"。《行政处罚法》是中国第一部规范行政行为运作过程的专门立法，中国加入"WTO"和中国行政程序立法提上议事日程也给行政程序法的研究提供了强大的动力。在这一阶段中，学界对于行政程序法的研究开始向更深、更广的领域发展。对于行政程序的研究进入了相对系统化的成熟阶段，"程序正

---

① 熊文钊：《回顾方知一路艰辛 展望更觉任重道远——新中国行政法学 20 年发展进程管窥》。

② 王成栋：《中国行政程序法理论与实践 20 年之回顾与反思》，载中国行政法学研究会编《中国行政法之回顾与展望——"中国行政法二十年"博鳌论坛暨中国法学会行政法学研究会 2005 年年会论文集》，中国政法大学出版社 2006 年版。

③ 例如，应松年：《论行政程序法》，《中国法学》1990 年第 1 期；季卫东：《法律程序的意义》，载《中国社会科学》1993 年第 1 期。

义"的理念已为更多的研究人员所接受。① 研究的视角亦从早期的以规范行政主体行使权力之过程为基点扩展至对于行政行为实施过程中相对人程序性权利的研究。② 此外，在对行政程序制度基本原理继续深入研究的同时，行政法学界亦将法律经济学、博弈论等方法论引入行政程序制度的研究过程当中。同时，对于国外程序制度的比较分析亦进入了实证性的研究阶段。③ 各个高校在这一阶段都有学者专门从事行政程序的研究且硕果累累，比如，应松年教授所主持的国家社科基金项目"行政程序法研究"，出版了系列研究成果；浙江大学章剑生教授继《行政程序法学原理》④ 之后，又出版了《行政程序法比较研究》⑤。再如苏州大学杨海坤教授的《中国行政程序法典化：从比较法角度研究》⑥，中国人民大学皮纯协教授的《行政程序法比较研究》⑦，中国政法大学马怀德教授的《行政程序立法研究：〈行政程序法〉草案建议稿及理由说明书》⑧ 等都是这一研究领域中的优秀代表，其他相关论文更是不胜枚举。王锡锌教授的《行政程序法理念与制度研究》、《公众参与和行政过程》⑨ 两书则是研究行政程序和公众参与的最新著作。前者从法治政府与法律程序之间的关系入手，对程序正义的基本观念和要素、程序价值、程序性权利等行政程序理论问题进行了比较系统的介绍和探讨，在这一理论探讨的基础上，作者通过比较、借鉴行政程序制度相对发达国家的经验，对我国行政决定程序和行政立法程序进行了深入分析，既总结经验、又指出不足，并提出了一系列建议。后者则从法律和行政相结合的角度，考察了行政法的模式变迁，分析了现代行政过程中公众参与的意义，并结合我国实际，提出了完善我国公众参与制度的一些观点和建议。

---

① 例如，陈端洪：《法律程序价值观》，载《中外法学》1997 年第 6 期。

② 例如，王锡锌：《行政过程中相对人程序性权利研究》，载《中国行政法学精粹》（2002卷），机械工业出版社 2002 年版。

③ 例如，王万华：《外国行政法适用范围研究》，载《行政法学研究》1998 年第 4 期。

④ 中国政法大学出版社 1994 年版。

⑤ 杭州大学出版社 1997 年版。

⑥ 法律出版社 1999 年版。

⑦ 中国人民公安大学出版社 2000 年版。

⑧ 中国法制出版社 2000 年版。

⑨ 两本书均由中国民主法制出版社于 2007 年出版。

主题五：行政法律责任研究

行政法律责任理论是行政法学理论的重要组成部分，有学者勾勒了我国行政法学界对这一问题的研究过程：[①] 1983 年王珉灿先生主编的《行政法概要》没有直接论述行政法律责任的内容；1988 年应松年主编的《行政法学教程》和 1989 年姜明安主编的《行政法与行政诉讼法》开始阐述行政法律责任问题；1990 年，任志宽撰写的《行政法律责任概论》[②] 出版，这是我国第一部有关行政法律责任问题的专著；1995 年中国法制出版社出版了《法律责任适用全书（行政法卷）》；之后越来越多的行政法学教科书开设专章（节）介绍行政法律责任的基本理论。进入新世纪，一批专门研究行政法律责任问题的力作相继问世，如姚锐敏、易凤兰所著的《违法行政及其法律责任研究》[③]，朱新力主编的《行政法律责任研究：多元视角下的诠释》[④]，杨解君主编的《行政责任问题研究》[⑤] 等。

学界对行政法律责任进行研究的主要内容可以概要如下：

（1）行政法律责任的概念。目前主流的观点是：行政法律责任是行政法律关系的主体因违反行政法律义务，由国家行政机关依法追究或主动承担的否定性法律后果。杨建顺、李元起主编的《行政法与行政诉讼法学教学参考书》中将行政法律责任的概念归纳为九种观点。[⑥] 行政法律责任概念的内核是行政法律责任的性质，行政法学界对此存在不同见解，其中具有代表性的观点为制裁说、后果说和义务说。

（2）行政法律责任的根据，即行政法律责任的构成要件。关于这个问题，目前有六种观点。[⑦] 通说认为，行政法律责任的构成要件包括：主体要件、行为要件、结果要件、主观要件。

---

① 参见梁津明《行政法律责任问题研究的回顾与思索》，载中国行政法学研究会编《中国行政法之回顾与展望——"中国行政法二十年"博鳌论坛暨中国法学会行政法学研究会 2005 年年会论文集》，中国政法大学出版社 2006 年版。

② 人民出版社 1990 年版。

③ 中国方正出版社 2000 年版。

④ 法律出版社 2004 年版。

⑤ 北京大学出版社 2005 年版。

⑥ 杨建顺、李元起主编：《行政法与行政诉讼法学教学参考书》，中国人民大学出版社 2005 年版，第 385 页。

⑦ 同上书，第 399 页。

（3）行政法律责任的方式。根据效果的不同，可以将行政法律责任的方式分为惩罚性的方式和补救性的方式两种；根据主体的不同，可以将行政法律责任的方式分为行政主体、国家公务员以及行政相对人承担行政法律责任的方式。

主题六：行政救济研究

行政法学恢复、发展这 30 年，以《行政诉讼法》、《中华人民共和国国家赔偿法》（以下简称《国家赔偿法》）、《中华人民共和国行政复议法》（以下简称《行政复议法》）的制定和实施为契机，学界在行政救济制度领域的研究有了长足发展，这表现在：在先后出版的一系列行政法教科书、行政法专著和论文中，行政救济都在其中占有重要分量。[①] 我们可以将行政救济研究大致分为总论和分论两个部分。

（一）总论

在关于行政救济的研究著述中，学者的研究对象主要集中于分论部分的行政复议、行政诉讼和行政赔偿研究，相对而言，行政救济的总论研究并不是重点。长期以来，行政法学界学者大都较少使用行政救济这个概念，也鲜有著述加以专门讨论，一些较有影响的行政法教科书、专著都采用监督行政、行政监督、行政法制监督、对行政的监督等概念以专章或专编进行论述。不过，近年来已有一些中青年行政法学者借鉴英、法等国行政法学理论，在自己的著述中开始使用行政救济这一概念。[②] 学界对于总论部分的研究范围也未形成统一的观点，有的学者主要研究行政救济（或称为监督行政、行政法制监督等）的概念、特征、模式、分类，但有的学者还将关于

---

① 石柏林、石亚男：《中国行政救济法 20 年发展之回顾与展望》，载中国行政法学研究会编《中国行政法之回顾与展望——"中国行政法二十年"博鳌论坛暨中国法学会行政法学研究会 2005 年年会论文集》，中国政法大学出版社 2006 年版。

② 石柏林、石亚男：《中国行政救济法 20 年发展之回顾与展望》。最早以"行政救济"为名的专著是刘恒的《行政救济制度研究》，法律出版社 1998 年版。近年来以"行政救济"为名的著作渐多，如林莉红《中国行政救济理论与实务》，武汉大学出版社 2000 年版；曾祥瑞：《行政救济论》，人民出版社 2002 年版；袁明圣、罗文燕主编：《行政救济法原理》，中国政法大学出版社 2004 年版；宋雅芳主编：《行政救济法学》，郑州大学出版社 2004 年；毕可志：《论行政救济》，北京大学出版社 2005 年版。

行政违法和行政责任的研究也纳入进来。①

（二）分论

我们分别从行政诉讼、行政复议、行政赔偿三个方面来看这 30 年来的研究发展状况。

1. 行政诉讼

两年前，已经有学者对我国行政诉讼法学研究的过程作了一个很好的历史性回顾，② 该文作者认为，这一过程带有明显的阶段性特征，并将其划分为以下三个阶段：

第一阶段是行政诉讼法学研究的起步阶段（80 年代中期至 1989 年《行政诉讼法》颁布）。学界主要针对行政诉讼法建立的必要性、意义以及行政诉讼法的主要内容和制度等问题展开讨论，讨论的目的就是为了回答"能否在我国建立行政诉讼制度"以及"如何初步建构行政诉讼制度"两个重大问题。这段时期的行政诉讼法学研究为《行政诉讼法》的颁布直接提供了理论支持，但从学界所讨论问题的深度来看，行政诉讼法学研究还显得相当不成熟。

第二阶段是注释法学和实证法学研究阶段（1989 年至 20 世纪末）。伴随《行政诉讼法》在我国的颁布，行政诉讼法学诸课题成为了法学界讨论的热点问题。学界针对《行政诉讼法》在实施过程中出现的问题以及立法规范本身的问题展开了广泛讨论，其主题主要集中在：行政诉讼的受案范围、具体行政行为的概念及其可诉性、行政诉讼的举证责任、原告资格、庭审方式、行政判决的适用、行政诉讼第三人、行政附带民事诉讼等方面。而实践中存在的问题，尤其是老百姓"不愿告"、"不敢告"、"执行难"等问题已经成为这段时期讨论最多的话题。这段时期我国行政诉讼法学研究尤为突出的特点在于，学界较为普遍采用的是一种注释式和较为肤浅的实证研究方法。他们热衷于分析立法在实践中存在的不足，而很少就其中的理论问题展开有深度的讨论。这段时期学界对实践问题的研究成果较为集中地反映在2000 年 3 月最高人民法院发布的《关于执行〈中华人民共和国行政诉讼法〉若干问题的解释》（以下简称《若干问题的解释》）里。可以说，《若干问题的解释》是对这段时期学界研究成果的总结，也是当时实证法学与注释

---

① 参见应松年主编《行政法学新论》，第 371—391 页。

② 杨海坤、曹达全：《渐进发展中的中国行政诉讼法学研究》，载《浙江学刊》2006 年第 6 期。

法学相结合研究方式的最好见证。在这段时期学界出版了大量的行政诉讼法教材，但这些教材都具有一个共同特点，即都依据《行政诉讼法》的体例加以编排。学界在这段时期翻译或者编著的有关国外行政诉讼制度的专著或教材，也更多的停留在对国外行政诉讼制度的简单介绍上，而对国外有关行政诉讼法学理论的高水平研究成果则引进不足。

第三阶段是行政诉讼制度走向深入研究的阶段，也可称为行政诉讼基础理论初步构建的阶段（《若干问题的解释》颁布以后至今）。《若干问题的解释》的颁布与实施并不意味着行政诉讼法学研究的终结，恰恰推动了行政诉讼法学研究的进一步开展。一方面，在这段时期，伴随《行政诉讼法》遗留下来的相关问题以及《若干问题的解释》引发的实践中新问题的出现，人们对行政诉讼制度的注释式法学研究走向一个新的高潮；另一方面，由于《若干问题的解释》进一步完善了《行政诉讼法》，并落实了许多学界当时的研究成果，学界开始转移注意力，逐步加强了对行政诉讼具体制度产生背景、原因和利弊的研究，并开始关注行政诉讼的基础理论问题。这段时期最为突出的特点是：学界的研究方法已经从简单的注释法学和实证法学走向研究方法的多样化，研究的重心也从关注《行政诉讼法》规范以及在实践中的实施状况开始转向对现存的行政诉讼具体制度的利弊、存废、完善等深层次的分析研究。在这段时期，理论联系实际的研究方法得到了较为广泛的运用，如对受案范围、原告资格、审判体制、撤诉等问题的讨论基本是围绕其实践问题而展开；学界也开始意识到行政诉讼制度与其他制度之间的关联性，形成了跨领域研究行政诉讼制度的基本态势。如考察 WTO 制度对行政诉讼制度的影响，从宪政角度研究行政诉讼制度等；比较研究的方法在学界得到了较为广泛的运用；部分学者也在有意识地采用经济分析的方法、价值分析的方法等多种手段考察行政诉讼制度。可以说，对于行政诉讼制度的研究在深度与广度上都有了显著的进步。尤其是在这段时期，学界开始关注行政诉讼法学的基础理论问题，如行政诉讼权、行政诉讼的价值、行政诉讼的利益、行政诉讼类型化、司法审查的强度与审查标准问题等。一批较高质量的专著、博硕士论文以及学术期刊论文等相继问世。应该说，这段时期学界对行政诉讼法学基础理论问题的研究相较于前一个阶段有较大的发展，但是，基础理论研究仍然没有能够成为这段时期的主色调。

该文作者根据上述分析，得出如下的结论：（1）我国的行政诉讼法学研究经历了一个从较为简单研究行政诉讼制度的成立条件，到较为理性的反思我国行政诉讼制度的生存基础，再到开始关注行政诉讼法学基础理论研究的逐步推进过程。到目前为止，行政诉讼法学研究已经取得了阶段性成果，这不仅表现为研究方法已经走向多样化，研究视角的拓宽，而且表现为学界已经开始展开行政诉讼基础理论的研究，并有进一步深入之势。（2）但我们也应当清醒地意识到，我国行政诉讼法学研究任重而道远，这不仅表现为我国行政诉讼法学基础理论研究的严重不足，而且表现为行政诉讼法学学科建设也没有在真正意义上全面展开。（3）据此，如果将今后一段时期作为一个新的阶段的话，可以将其作为行政诉讼法学基础理论深入研究与学科全面建设的阶段。

　　另外也有学者指出了目前行政诉讼法学研究中存在的问题与困难：（1）至今尚未形成一个超越于立法体系、相对成熟、稳定的理论体系，缺乏理论研究应有的批判和反思能力。（2）比较法的研究一直未能真正有效地开展，行政诉讼法学的研究缺乏基本的国际视野。（3）过分注重对现行立法和司法解释进行注解、论证，而漠视实务取向的研究，对实务中的需要也不能有效地回应，造成理论与实务的严重脱节。（4）真正有效的学术交流与对话不多，一方面是普遍存在的低层次重复研究，另一方面在重大的理论问题上又迟迟难以突破。①

　　2. 行政复议

　　"行政复议"一词是随着我国行政法学的兴起，行政法学界对国家行政机关审查和裁决行政争议这种特定的法律现象所作的抽象和概括。② 对于行政复议的定位，有的学者将其放在"行政行为"中"行政司法"的主题下予以研究，③ 有的学者将其放在"行政救济"的主题下予以研究。④ 笔者认为，这两种定位都没有错，反映了学者们关注行政复议的不同角度，体现了行政复议的多重性质。但总的说来，越来越多的学者现在趋向于将行政复议作为行政救济的一种手段予以研究。

　　在1990年《中华人民共和国行政复议条例》（以下简称《行政复议条例》）颁布之前，学者主要围绕行政复议的概念和特征、要件、限制、原则、行政复议具体制度（包括参加人、复议机关与机构、管辖、受理范

---

①　林莉红、赵清林：《回顾与反思：7年来我国行政诉讼法学的新发展》，载中国行政法学研究会编《中国行政法之回顾与展望——"中国行政法二十年"博鳌论坛暨中国法学会行政法学研究会2005年年会论文集》，中国政法大学出版社2006年版。

②　参见应松年主编《行政法学新论》，第313页。

③　例如许崇德、皮纯协主编的《新中国行政法学研究综述》。

④　例如姜明安主编的《行政法与行政诉讼法》（第二版）。

围、种类、程序、复议裁决的效力），以及行政复议与相关概念的区别、尤其是与行政诉讼的区别和联系等问题进行了研究和探讨，这些研究推动了《行政复议条例》的出台。而随着《行政复议条例》的颁布实施以及1996年《行政复议法》的正式出台，学者对行政复议的研究一方面在理论上更加深入，另一方面更加关注行政复议实施中出现的问题。① 此外，一些学者还将更加具体地关注和研究特定部门或领域的行政复议制度。②

3. 行政赔偿

我国的行政赔偿研究比行政法和行政诉讼法的其他部分的研究起步要晚。在90年代之前，有关行政赔偿的专著不多，只是在关于行政法与行政诉讼法的专著中有较为系统阐述行政赔偿的章节，对行政赔偿具体问题的深入、细致研究比较少见。有学者在90年代初分析了其中的原因。③ 自从1994年颁布、并于1995年开始实施《国家赔偿法》之后，学者对行政赔偿的研究不论是在广度还是深度上都有了显著进展，学者的关注点主要集中在行政赔偿的范围、标准、原则以及最近讨论甚多的《国家赔偿法》的修改方面。不过从整体而言，有分量的学术论文和著作数量仍然较少。④

主题七：部门行政法研究

前几个主题的研究构成了我国行政法学的总论部分，而分论部分就是部门行政法，又称为专门行政法，是指行政法规则和原理在各具体行政管理领域的运用，是我国行政法律体系的重要组成部分。部门行政法研究的深入研究，不仅有助于行政法学总论研究的丰富和深入，也有助于行政法学学科体系更趋致密完备。⑤ 因此，对部门行政法展开深入系统、分门别类的研究对于我国行政法学学科的建设具有极其重要的意义。

我国部门行政法的研究，可发端于1983年王珉灿主编的《行政法概

---

① 例如，周汉华主编：《行政复议司法化：理论、实践与改革》，北京大学出版社2005年版；徐劲著：《行政复议办案实务解析》，武汉大学出版社2007年版。

② 例如，李石山、杨桦编著：《税务行政复议》，武汉大学出版社2002年版；刘敬东、姚臻主编：《反倾销案件行政复议、司法审查制度的理论与实践》，中国人民公安大学出版社2004年版。

③ 参见张尚鷟主编《走出低谷的中国行政法学》，第579页。

④ 代表论文有马怀德《行政赔偿责任的构成特征》（上、下），载《政法论坛》1994年第3、4期；章志远：《我国行政赔偿制度完善之构想》，载《贵州警官职业学院学报》2005年第2期。

⑤ 参见宋华琳、邵蓉《部门行政法研究初探》，载《浙江省政法管理干部学院学报》2000年第2期。

要》一书。该书的体系为绪论、总论和分论三部分，分论部分概述了军事、公安、国民经济运行、教科文卫等部门行政法，开创了部门行政法研究之先河。此后，尽管大多数行政法学论著都认为部门行政法是行政法学的当然组成部分，但都未曾对此详加讨论，行政法学者在具有较强专业色彩和技术色彩的部门行政面前往往驻足不前。此后，我国部门行政法研究进入了"散兵游勇"的分散研究阶段，各行政领域的实务工作者在各自行政领域的刊物上自觉或不自觉地发表了一些不系统的、零碎的部门行政法研究成果。值得一提的是，在余书通任顾问、罗豪才任主任的高等学校部门行政法编委会的组织下，一批行政法学者和国家各部委局的法律实务工作者于 90 年代出版了包括《海关行政法》、《工商行政法》、《民政行政法》、《审计行政法》、《环境行政法》在内的约 15 部"部门行政法系列教材"，对部门行政法研究起到了一定促进作用。但这套书侧重于对具体部门行政法律制度的介绍，尚未达到"部门行政法研究"的高度。因此，部门行政法研究远远滞后于现实社会生活，反过来又掣肘了部门法的进一步发展，我国当前部门立法及部门执法中的种种不尽如人意之处，也与此不无关系。①

近年来，随着行政活动法制化的加强，行政法学界对行政法分论领域的各个问题的研究也日渐深入，一些部门行政法学的论著开始问世。比如，公安行政法、工商行政法、土地行政法、税务行政法、环境行政法等部门行政法领域的研究都取得了一定的成果。它们从各个角度对国家行政活动领域的法律问题作了系统的探讨，对于我国行政法学体系的逐步完善起到了积极的推动作用。② 在教育行政法方面，由于实践的推动，关于高校的行政法律地位、司法审查与大学自治的关系的研究，以及对学生诉高校的司法审判的实证研究方面也结出了累累果实。③

主题八：政府监管（规制）研究

政府监管（规制）研究与部门行政法学的研究有着紧密的联系。我国对政府监管问题的关注和研究起步较晚。大约在 90 年代初，经济学界开始

---

① 参见宋华琳、邵蓉《部门行政法研究初探》，载《浙江省政法管理干部学院学报》2000 年第 2 期。

② 陈泉生：《中国行政法之回顾与展望》。

③ 程雁雷：《高等教育领域行政法问题研究之回顾与前瞻》，载《行政法学研究》2006 年第 1 期。

了对管制经济学的研究，之后，随着经济体制改革的不断深化，政府机构改革问题日益紧迫，法学和政治学领域才开始关注监管问题。浙江大学的朱新力教授、中山大学的刘恒教授、华东政法大学的朱芒教授、清华大学的于安教授、中国人民大学的杨建顺教授，以及中国社会科学院法学研究所的周汉华教授是国内较早从行政法的视角关注政府规制的学者。而宋华琳博士、董炯博士、于立深博士、高秦伟博士、马英娟博士、苏苗罕博士等都对政府监管的相关问题有所建树。①

在上述学者的努力研究和带动下，近两年来，对政府监管（规制）的研究，以及在行政法学研究中对实证方法和法社会学的运用成为了行政法学界的一个亮点。同时需要指出的是，现代行政法学对政府规制理论和方法的引入，对行政过程的关注，并不会引起"行政法学的终结"，相反还可以为行政法学研究增加新的生机和活力。例如，在政府规制理论中，规制基本上被视为是政府、企业和消费者三方相互结盟并讨价还价的过程，因此可以促使我们去反思传统的行政相对人及行政法律关系理论；而诸多独立规制机构的涌现，又促使我们去检讨和修正传统的行政主体及行政组织法理论；而现代社会出现的不胜枚举的崭新的政府规制形式，又会促使我们去对行政行为型式化以及非正式行政活动理论予以反思和重构。政府规制理论不应与传统行政法学成为不相往来的单行道，相反这些研究有助于我们去革新传统行政法的概念架构和学理体系，从而逐步建立起对真实世界行政过程有解释力的现代行政法学体系。② 新近出版的刘恒教授主编的"公法与政府管制丛书"（北京大学出版社）是行政法学界学者对这个领域的研究成果。

主题九：外国行政法与比较行政法研究

中国当代行政法学研究素来重视对域外行政法学的借鉴，阅读西方论著、吸收和移植西方行政法律制度并借此批判和建构中国行政法治，是学界的光荣传统。③ 从 80 年代至今，我国翻译和介绍外国行政法的著作、译介

---

① 参见马英娟著《政府监管机构研究》，北京大学出版社 2007 年版，导论，第 11—13 页。

② 朱新力、宋华琳：《现代行政法学的建构与政府规制研究的兴起》，载《法律科学》2005年第 5 期。

③ 于立深：《世纪之交行政法学研究的五年回顾与展望》，载《法制与社会发展》2001 年第 1 期。

或者讨论外国行政法的文章数不胜数,① 在行政法论文中引用外国文献也蔚然成风。但总体而言,学界对外国行政法的译介还存在几个明显的薄弱环节。从类型上看,对外国行政法学的翻译多为教科书型的著作,而专题性的论著依然寥寥;从国别看上,这些译介的作品基本限于英、美、法、德、日五国,因而存在明显的盲区。例如,对俄罗斯等前社会主义国家在转型时期的行政法,仍然缺乏了解;从时效上看,与国外的最新发展之间存在明显的"时间差"。例如,王名扬的《法国行政法》缺少可以替代的理想著作,以致他的著作出版近二十年后还是常引之书。可以说,在比较行政法研究上,中国当代法学无可置疑地存在着一个"王名扬时代",但他的著作至今仍然保持那么高的引用频率,说明我们还没有走出"王名扬时代"。②

有学者从一个"航拍者"的角度,研究了1978年以来域外行政法学对我国行政法学发展的影响。该文作者把中国行政法学的发展过程比喻为造房子,将这种影响大致分为三个时期:1978年至1989年为"打地基、搭框架"时期,这一时期行政法学处于初创阶段,学科框架初步确立,域外行政法学的引入以宏观体系的介绍为主。1989年至1998年为"砌砖墙、建主楼"时期,行政法学从宏观体系的介绍转向具体制度的构建,行政法学理论逐步走向成熟,域外行政法学的引入以立法为主轴,尤其以服务于司法审查为特色。1999年至今为"精装修、图革新"时期,行政法学研究走向繁荣,学科体系框架进一步确立,域外行政法学的研究呈现"百花齐放"的场面,大量的译著、文章被介绍到中国,并推动行政法学的发展朝着更关注行政过程、行政法分论的方向发展。③

---

① 其中有重要影响的著作除了王名扬先生的《英国行政法》(中国政法大学出版社1987年版)、《法国行政法》(中国政法大学出版社1988年版)、《美国行政法》(中国法制出版社1995年版)之外,还包括:龚祥瑞著:《比较宪法与行政法》,法律出版社1985年版;〔美〕施瓦茨著、徐炳译:《行政法》,群众出版社1986年版;胡建淼著:《十国行政法:比较研究》,中国政法大学出版社1993年版;〔英〕韦德著、徐炳译:《行政法》,中国大百科全书出版社1997年版;〔法〕莫里斯·奥里乌著、龚觅等译:《行政法与公法精要》,春风文艺出版社、辽海出版社1998年版;〔日〕盐野宏著、杨建顺译:《行政法》,法律出版社1998年版;〔德〕毛雷尔著、高家伟译:《德国行政法总论》,法律出版社2001年版;以及罗豪才主编、商务印书馆出版的"公法名著译丛"中的若干著作等。

② 参见应松年《行政法学的新面相:2005—2006年行政法学研究述评》,载《中国法学》2007年第1期。

③ 朱新力、骆梅英:《前行没有路障——比较行政法与中国当代行政法学的发展》,载中国行政法学研究会编《中国行政法之回顾与展望——"中国行政法二十年"博鳌论坛暨中国法学会行政法学研究会2005年年会论文集》,中国政法大学出版社2006年版。

主题十：对行政法学研究的反思和展望

　　尽管我国行政法学走过这 30 年的历程，取得了令人瞩目的、巨大的成就，不仅取得了一大批的科研成果，形成了一支较为稳定的教学科研队伍，极大地推动了有关行政法制建设的发展，而且也使其在整个法学体系中的地位越来越凸显，作为部门法在实践中的作用也越来越重要。但是，从行政法学者的研究主题、采取的思维方式和研究成果的具体内容来看，我国行政法学的研究还存在一定的缺陷和不足。罗豪才教授等学者在十余年之前对行政法学研究状况的批评在很大程度上仍然适用于今日之情况：（1）高水平学术成果尚不多见，低层次的重复研究现象却相当严重；（2）研究领域展开不够，科学的学科体系尚未最终形成；（3）缺乏深入讨论的空气，学科队伍的总体素质亟待提高。①

　　如今，一些学者们也回顾、分析了行政法学研究的历史过程和现状，并对目前存在的问题提出了自己的看法，其中一位学者对行政法学研究现实困境的分析比较全面，也具有代表性，略述如下：

　　（1）研究内容的严重失衡：①总论研究与分论研究的失衡。绝大多数行政法学者的研究成果都是围绕行政法学的一般原理和制度展开的，其他部门行政法的研究几乎是一片空白，这种失衡大大削弱了行政法学理论对丰富的部门行政法制实践的影响力，也是不少实际部门工作者批评行政法学研究成果"流于空泛"的重要原因。②基础理论研究与应用对策研究的失衡（立法法学、对策法学，基础理论研究不够、水平不高）。③行政法学研究与行政诉讼法学研究的失衡。④宏观、微观研究与中观研究失衡。行政法学研究课题的大小本无可非议，但如果分布不均甚至出现过度的偏好，学科的整体效应就难以形成。相比之下，当前立足于真实的行政法世界而又超越具体制度的"中观性"行政法学基本原理的研究非常缺乏。这种失衡导致了行政法学研究时常在"重学轻术"与"重术轻学"之间摇摆不定。

　　（2）研究视域的过度狭窄。其突出表现是学界对"新行政法"问题的视而不见。新行政法问题的产生源自我国近年来在环境、药品、民航、电信

---

　　① 罗豪才、姜明安、湛中乐、陈端洪：《行政法学研究现状与发展趋势》，载《中国法学》1996 年第 1 期。

等诸多行政领域所展开的规制改革。伴随着政府规制改革的兴起，类似于政府规制职权的配置、规制机构的内部架构、规制形式的选择以及监管程序的设计等新问题急需纳入到行政法学的分析视野之中，从而不断革新传统行政法学的概念架构和理学体系，逐步建立起对真实世界行政过程有解释力的现代行政法学体系。

（3）研究方法的致命缺陷。先哲有言：工欲善其事、必先利其器。但我国行政法学的研究方法主要局限于理论联系实际、比较（包括横向和纵向）分析以及价值分析等方法。而在公共选择、博弈理论、利益衡量理论、社会调查等政治学、经济学、社会学研究方法的引入上，与国外行政法学界同行相比存在很大差距，这也在一定程度上阻碍了中外行政法学的交流和对话。

（4）学术争鸣的极度匮乏。除了在行政法的理论基础及行政主体等极少数课题上曾经出现过的几次观点交锋之外，学界在其他绝大多数课题的研究中都缺乏深层次的学术对话，不是自说自话，就是重复建设。

据此，该学者提出了 21 世纪中国行政法学发展的路径选择：

（1）在继续反思和重构的基础上，尽快就行政法学的基本范畴达成广泛共识，建立起概念清晰、逻辑严密的行政法学基础理论体系；并建立起适应时代需要和符合中国国情的行政法哲学。（2）通过细致入微的实地调查和定量分析，关注真实世界的行政法问题，逐步拓展以问题意识为导向的部门行政法研究。（3）结合行政程序法、行政强制法等法律的制定及《行政诉讼法》、《国家赔偿法》等法律的修改，对行政法具体制度的设计、调整进行"解剖麻雀"式的研究。（4）在系统掌握第一手资料的基础上，通过高质量的译介，深化外国行政法学的研究，在此基础上适时推进比较行政法学研究。（5）加强对行政法律制度实施状况的调研，在社会各方力量的博弈中考察影响法律制度实际运作的相关因素，建立起中国的行政法社会学。（6）加强行政法学与相邻学科关系的研究，努力汲取其他学科的研究成果和研究方法，通过对话与合作不断提升行政法学学术及社会的现实影响力。（7）在充分运用多种研究方法开展行政法学研究的基础上，建立科学的方法论体系，推动行政法学方法论的研究。[①]

---

① 章志远：《现实困境与路径选择：中国行政法学研究之省思》，载《河南省政法管理干部学院学报》2006 年第 1 期。

2. 行政法总论

论行政法上的信赖保护原则

李洪雷

一、导　言

对"信赖"（Vertrauen，reliance）的概念可以从心理学、伦理学与社会学等多个角度加以观察。一般认为，信赖是比单纯的希望（Hoffnung）更强烈，却比确信（Zuversicht）较微弱的期待（Erwartung，expectation）。[①] 信赖是人类共同生活、组织社会的重要前提，如果缺乏信赖或信任，则人际交往与合作的广度与深度将受到极大的限制，整个社会的繁荣与发展也无法实现。因此，促成信赖并保护正当的信赖，即成为法律秩序的基本任务之一。

在传统上，信赖的价值主要是在民法中得到贯彻，如对信赖责任[②]和信赖利益赔偿[③]的承认。其他如表见代理、无权代理、缔约过失等具体的民事规则，也都体现了保护当事人信赖的原理。但民法上的信赖责任原则是以私法自治为基础，适用于具有对等地位者之间，而典型的行政法关系具有权力服从的色彩，这导致信赖原则长期以来并未得到承认和发挥作用。仅是在第二次世界大战以后，伴随着对公民基本权利保障的加强，信赖价值才逐渐在行政法上得到承认。

行政法上的信赖保护原则，是指行政机关所实施的某项行为导致一定法律状态的产生，如果私人因正当地信赖该法律状态的存续而安排自己的生产生活。国家对于私人的这种信赖应当提供一定形式和程度的保护。信赖保护原则的宗旨在于保障私人的既得权，并维护法律秩序的安定性。[④]

---

① 参见林合民《公法上之信赖保护原则》，台湾大学法律学研究所硕士论文（1985 年），第 7 页。

② ［德］拉伦兹著，陈爱娥译：《法学方法论》，五南图书出版公司 1996 年版，第 391—392 页。

③ 参见上书，第 391—392 页；林诚二：《信赖利益损害赔偿之研究》，载《民法理论与问题研究》，中国政法大学出版社 2000 年版；王泽鉴：《信赖利益之损害赔偿》，载《民法学说与判例研究》（二），中国政法大学出版社 1998 年版。

④ 从逻辑上说，行政法上的信赖问题本应包括国家（行政机关）对私人的信赖以及私人对行政机关的信赖两个方面，但由于对国家信赖的保护，可以由国家根据其公权力采取措施来保障，并无特别加以讨论的必要，因此行政法上的信赖保护，通常仅指私人对国家的信赖。

二、典型法域中的信赖保护原则

自 20 世纪 50 年代信赖保护原则在德国开始作为一个独立的法律原则出现，越来越多的法律体系逐渐趋向于承认这一原则，包括荷兰、瑞士、意大利、丹麦、希腊、葡萄牙、欧洲联盟和英国等。下面以德国法、欧盟（欧共体）法和英国法为例，追溯信赖保护原则在几个典型法域中的演进。

（一）德国法

1. 信赖保护原则的产生与发展

联邦德国是信赖保护原则的起源之地。这一原则的最初出现是要对行政机关依职权撤销违法、授益行政处理的权力加以限制。传统的行政法理论基于依法行政的原则，认为行政机关可以无条件撤销违法的行政处理，以回复合法的状态。1956 年，联邦德国西柏林高级行政法院对一个案件的判决改变了传统的观念。在该案中，西柏林内政部书面承诺将给予民主德国一个公务员的寡妻以一定数额的生活补助，随即她从民主德国迁徙至西柏林。在她到达后，内政部即开始给予其安寡金。但是后来事实证明她并不符合法定的条件，因而给予其安寡金是违法的。内政部于是决定停止对她发放补助，并且通知她归还业已取得的补助。柏林高级行政法院作出了支持该寡妇的判决（该判决后来得到西德联邦行政法院的支持，BverwGE 9，251ff.）。法院认为，在本案中，依法行政原则和法律安定性原则发生了冲突：给予津贴的决定确实是违法的，然而该寡妇又有正当的理由信赖这样的决定是合法有效的。法院认为，这两个原则都是法治国原则（Rechtsstaatpringzip）的要素，没有哪一个原则自然地优越于另一个原则，要作出决定，必须对依法行政原则所保障的公共利益和保护私人对行政行为合法性的信赖的需要进行衡量。只有在前者对后者占据优势时，才可以撤销原行政处理。①

这一案例引起了学界的广泛关注，在 1973 年 10 月召开的德国法学者大会上，"行政上的信赖保护"被确定为第二次议题的主题，这使得信赖保护原则得到更加广泛的讨论和重视，并得到学者的普遍赞同。此后，信赖保护原则在德国许多成文法中被明确加以规定，特别是联邦行政程序法第 48—49 条（关于授益行政处理的撤销与废止的规定）、租税通则第 176 条、联邦

---

① C. F. Forsyth, *The Provenance and Protection of Legtimate Expectation*, CLJ, 47（2），p. 243.

建设计划法第 44 条等条文。

2. 信赖保护原则的适用领域

（1）授益行政处理的依职权撤销与废止。信赖保护原则最常适用、发展得也最为成熟的领域，是对授益行政处理职权撤销与废止的限制。

其一，违法授益行政处理的依职权撤销。在违法授益处理的撤销中，涉及依法行政原则与信赖保护原则的紧张：依法行政原则要求撤销一切违法的行政处理；而信赖保护原则则要求保护私人对行政处理所造成的状态的信任，维持违法的行政处理。因此在判断是否撤销违法授益的行政处理时，行政机关应当斟酌个案的各种情况，对依法行政原则和信赖保护原则进行权衡。联邦行政程序法第 48 条确立了这一方面的具体规则。私人具有重大值得保护的信赖时，原授益处理如果是给付裁决，即为受益人提供一次性或连续性的金钱给付、可分的实物给付以及其他类似给付，如住房津贴、助学金和补贴等，则不得撤销；如为其他授益处理，则由行政机关裁量决定是否撤销，但如果撤销，则应补偿私人所受损失。在判断是否适用信赖保护时，应当审查下列问题：受益人是否信赖该行政处理；是否存在排除信赖的原因。行政处理的违法性如果在客观上可归责于受益人（例如以诈欺、胁迫或贿赂的方法使行政机关作成行政处理），或为其所知悉并能预见被撤销的可能的，应拒绝给予信赖保护。受益人的信赖利益与公共利益权衡后是否占优势。权衡时应当考虑的因素有：撤销对受益人的影响，不撤销对社会和第三人的影响，行政处理的种类和程序（行政处理的程序越正式，受益人信赖该行政处理的程度就越高），行政处理违法的严重程度，行政处理成立后时间的长短等。权衡的结果既影响是否有权撤销（在给付裁决）或应否给予补偿（在其他授益处理），还影响到撤销在内容或时间上的限制以及补偿的数额等。

其二，合法授益行政处理的依职权废止。合法的授益行政处理，基于法律安定与信赖保护的要求，原则上不能废止。根据德国联邦行政程序法第 49 条第 2 款的规定，只有在下列特定条件下才可以废止授益处理：法规允许废止；原授益处理附有废止保留；私人未履行负担；事实状况改变；行政处理所依据的法规事后发生变更；为了避免或消除对公共福利的重大危害。此外，即使没有上述废止原因，但为了防止或去除对公益的重大危害时，也可以废止原行政处理。在行政处理附有废止保留或私人未履行负担而废止的情形不涉及信赖保护，不存在对受益人损失进行补偿的问题。但在因事实或法律状态发生变化，或因有重大公共利益而废止合法授益处理时，则涉及信赖保护。当事人对行政处理的存在具有值得保护的信赖，并因废止而受到损害时，有权得到补偿。

（2）法律效力的不溯及既往。法律的溯及效力涉及为适应社会生活而对法律加以发展和对人民、对法律秩序安定性的信赖加以保护间的紧张。

德国联邦宪法法院将法律溯及效力分为"真正的溯及效力"（echte Rueckwirung）和"不真正的溯及效力"（unrechte Rueckwirtung）两种，并适用不同的规则。① 区分真正溯及效力与不真正溯及效力的标准在于，新法所规范的要件事实在新法施行时是否已经终结。如果将新法的法律效果赋予施行前已终结的要件事实，则为溯及效力；而如果新法施行时其所规范的要件事实仍然存续尚未终结，则新法的适用为不真正溯及效力。德国法上对真正溯及效力和不真正溯及效力予以不同的处理。

其一，真正溯及效力。根据联邦宪法法院的判决，具有真正溯及效力的法律因为违反法治国家的法律安定性原则——对人民而言主要即信赖保护原则，原则上构成违宪而属无效；只有在少数例外情形中，人民无值得保护的信赖存在时，才允许法律具有真正的溯及效力。根据德国联邦宪法法院的判例，这些例外情形有：①人民能够预期某法律具有真正溯及效力；②原来的法律状态本身混乱、不明确或违反体系；③旧法本身为无效；④具有真正溯及效力的法律的制定具有重大公益的要求，人民的信赖应退居次要地位；⑤法律的真正溯及效力对人民只造成细微的损害甚至根本不生损害。可见信赖保护原则构成了具有真正溯及效力法律合宪性的界限。

其二，不真正溯及效力。由于具有不真正溯及效力的法律，并不发生溯及效力，而且人民对于法律状态永不变更并无正当信赖存在，因此德国联邦宪法法院一向承认具有不真正效力的法律原则上为合宪。但不真正溯及效力的法律所规范的要件事实横跨于新旧法之间，新法对于已经过去的要件事实（只是尚未终结）仍然发生效力，因此不免会造成既存法律关系的变动。对于这种变动当然仍须遵循法治国家的原则，不得逾越人民可以合理预期的范围。否则也可能因违反信赖保护原则而构成违宪。为了防止不真正溯及效力的法律发生违宪情形，德国联邦宪法法院特别指出，如果这种法律造成既存法律关系的重大变动，则立法者应在该法中附设"过渡条款"，缓和其所可能造成的冲击，如果缺乏这一过渡条款，即可能构成违宪。以上关于法律不

① 参见陈雍之《法律溯及效力问题之解决途径暨"我国"实务之省思》，载《宪政时代》第19卷第1期。

溯及既往的规则着眼的是在法律有明确规定时对其合宪性的认定，如果法律对其是否溯及既往未作明确规定时，执法与司法机关即应根据以上规则作为法律适用的标准。

（3）行政计划效力的确保。行政计划中存在稳定性与灵活性的紧张关系：一方面，为了保障私人对行政计划的稳定预期，促使其自觉遵循行政计划，行政计划应当保持稳定；另一方面，行政计划是行政机关根据当时现实存在或所预测未来将出现的政治、经济与社会环境而制定，如果形势发生大的变化或行政机关的预测有重大失误，就应及时调整计划。计划确保问题的中心即在于如何在计划主体与相对人之间分配计划的废弃、变更与不维持所产生的风险。

从信赖保护原则出发，私人在行政计划领域享有下列权利。其一，计划存续请求权，这是要求维持计划，反对计划的废弃或变更的请求权。对于采取法律形式的行政计划，应当考虑联邦行政法院根据信赖保护原则建立的有关法律溯及力的界限；采取行政处理形式的行政计划，适用有关行政处理的撤销规则；其他行政计划的变更或废弃，原则上属于行政机关的计划形成自由，私人不存在计划存续请求权，除非行政机关因特别的承诺或契约性协议而使得这种自由受到限制。其二，计划遵行请求权，指要求遵守与执行计划，反对违反计划的请求权。只有具有法律拘束力的计划，而且执行该计划的义务至少也同时为私人的利益而存在时，私人才具有执行计划请求权。其三，过渡规定与调整扶助请求权。根据计划采取措施的私人，可能因为计划的变更或废弃而受到财产上的损害，为既能满足修正计划的公益需要，又能保护私人对计划的信赖，排除修正计划的障碍，在立法政策上可以采取过渡规定，对计划的变更或废弃在一定的时间前予以预告，或分阶段进行；计划主体有时也可以采取调整扶助的方式，对因为计划的变动而受到不利影响的私人给予辅助和指导，帮助其逐渐适应新情况。在法律对此作有明文规定时，私人才具有过渡规定或调整扶助的请求权。

（4）行政机关所作的行政法上承诺（Zusage）的履行。联邦行政法院于1966年6月24日判决中指出："承诺依其内容乃对于一个嗣后作为或不作为之带有拘束意思为之高权的自我课以义务。"这一概念的要素主要是三个方面：其一，承诺的内容仅能在未来发挥作用，承诺涉及的是一个现在尚未作出的未来的措施；其二，承诺是行政机关带有拘束意思的表示，即行政机关在作出表示时即有愿为此表示而自我受拘束的意思；其三，承诺是行政机关自我课以义务，即行政机关通过一个意思表示而对于作出一个特定的行为负有义务。①

在承诺制度中与信赖保护有关的问题点是：其一，关于作成有效承诺的主体，是否限于依组织法规定具有管辖某事务权限的机关（或行政首长），还是也包括单纯被分派处理该事务的机关（或公务员）。德国通说认为应按"事实公务员"的法理解决，亦即当作成承诺主体，外观上足以令人民误认为具有权限时，即使依组织法该主体本无权限存在，此时为了保护人民之信赖，也应肯定该承诺之适当性。其二，关于违法承诺的效力。行政机关作成承诺如果违反合法性要件，该承诺即属违法，违法的承诺是否仍具有拘束力，行政机关是否仍有依承诺内容履行一定行为之义务？学说上有不同看法。按照德国行政程序法第 38 条第 2 款的规定，对此应比照违法行政处理之效力，也即仅当承诺的违法性达到重大且明显的程度时，该承诺始告无效，否则违法之承诺仍具拘束力，只是可撤销；行政机关若欲撤销违法之承诺，必须补偿人民的信赖损害。

（二）欧盟法

1. 信赖保护原则的产生②

在欧共体法中，信赖保护原则最初寄生于法律安定性（legal certainty）原则之中。法律安定性在欧洲法院的早期判例中既已得到确认。在欧洲法院的判决中，这一原则被视为"在适用条约时应加以恰当考虑的法律规则"、"作为共同体法律秩序内在要求的法律安定性原则"、"基本原则"、"基础原则"或一个"一般法律原则"。法律安定性原则在确定对授益行政处理加以废弃（revocation）的容许性问题上具有重要作用，法院也用这一原则来决定加负担行政行为的形式有效性问题。它也被用来为行政程序设定时限，以及限制行政规章的"真正"溯及既往效力。

信赖保护原则的承认是在法律安定性原则之后的很长的时间。然而正当信赖的概念在早期的判例法中既已出现，当时是作为法律安定性原则或既得权保护原则的自然产物，这特别表现在有关判断对行政措施加以废弃的容许性上的第一批重要判决中。根据法院在 Algera 案的判决，发挥对合法授益行政处理的废弃的限制功能的正是"对其所创设的法律状态稳定性的信任"。根据法院在 SNUPAT 案的判决，在决定对此种行为的废弃是否具有容

---

① 参见陈传宗《论行政法上之承诺》，载《宪政时代》第 16 卷第 3 期，第 64 页以下。

② Schwartze, *European Administrative Law*, Sweet and Maxwell, 1992, p. 871.

许性时，应平衡法律安定性原则和行政合法性原则，此时应予考虑的是若私人因信赖这一地位的持续性而安排自己事务，这对行为的废弃将对其影响的程度。

从 20 世纪 70 年代开始，在处理规则的"不真正"溯及既往时信赖保护原则也开始具有特别的重要性。被认为揭示了这一原则的具有经典意义的案件是欧洲法院审理的 Re Civil Sevice Salaries：E. C. Commission v. E. C. Council 案。① 此案的事实是：欧洲经济理事会在其所制定的一个规章中，对此前供公布的有关决定共同体雇员薪金的指导纲要作了调整。法院称，"私人对这种政府承诺的权威的正当信赖（confidence）② 应当予以保护，这个规则要求这一决定（指导纲要）限制理事会将来的行为"。从此以后，这一原则已得到法院明确的支持。现在信赖保护已被欧洲法院视为"一个共同体的基本原则"，"共同体法律秩序的有机组成部分"，以及用总检察长的话来说，"以保护个人目的的、共同体法律秩序中一个具有优越地位的规则"。

2. 信赖保护原则的适用

（1）行政处理的废弃。③ 一方面如果没有特别规定，合法设权性行政处理（administrative acts establishing rights）原则上不得废弃（revocked）。因为在此情形，当事人对行政行为造成的状态将会存续的正当信赖相对于行政通过改变法律状态获得的利益占据优势地位。根据 Alger 案的法院判决，合法设权性行政处理仅向将来废弃也是不允许的。这是否也无保留地同样适用于合法宣告性行政处理在目前的判例法中还不清楚。

另一方面，违法行政处理原则上可以撤销。"一个措施如果缺乏客观的法律基础，则必然会对当事人的个人权利产生。"法院在判决一个与设权性行政处理废弃有着密切联系的案件时认为，这样的废弃"至少在合理期限内"是允许的。在 1982 年的 Alpha Steel 案④中，法院并未、至少未以明确的语言对宣告性行政处理的废弃给行政机关施加保障正当信赖的义务。但欧洲法院认为，在违法行政处理的溯及废弃和向将来废弃间应作出明确的区别。在前者，行政机关必须考虑对行政行为合法的正当信赖。对行政行为作

① Case 81/72 Commission v. Council〔1973〕E. C. R. 575 at 584.

② 现在经常使用的是期待（"expectation"）而非信赖（"confidence"）。Forsyth，p87.

③ Schwartze，pp. 1024—1025.

④ Case 14/81 Alpha Steel v. Commission〔1982〕E. C. R. 749.

将来的撤销则没有任何影响，此时如果和法律安定性发生冲突，特别的重要性应给予依法行政的原则。至少在宣告性行政处理，向将来撤销一般没有保留的是得到允许的，在某些情形下甚至是强制性的。这与正当信赖并无关系。然而对违法宣告性行政处理的无条件撤销是否同样适用于设权性行政处理在现有的判例法中尚不明确。根据 Alger 案①的判决，将可撤销性限制于"合理期限"内的规则在此类案件中也同样的适用于向后废弃。最近的案例继续强化了这一结论，即法院对违法设权性行政处理的存续比之于单纯的宣告性处理给予了更大程度的保护。

（2）规章（regulation）的溯及效力。根据《欧共体条约》第 189 条和《欧洲原子能共同体条约》第 161 条中的规定，"规章"是由欧盟（欧共体）部长理事会和欧盟（欧共体）委员会制定的立法性文件的一种。②在欧共体法中对于立法者（legislator）在执行其任务时应受信赖保护原则（以及法律安定性原则）的拘束已经不再有任何疑问。例如，在一个申请撤销欧洲委员会规章的诉讼中，争论的焦点问题即在于规章是否违反了信赖保护原则，法院判决认为，信赖保护原则"是共同体法律秩序的一个部分，任何侵犯信赖保护原则的行为都属于'对应予适用的条约或法律规范的违反'"。③欧洲法院第一次运用信赖保护原则（以及其他辅助性的考虑）撤销一个立法是在 1973 年的职员薪水案中。而在随后发生的著名的 Westzucker 案④中，法院更加明确地表达了共同体立法者应受信赖保护原则拘束的观点。在法院判决中，对于欧洲委员会和理事会的规章（regulation），在适用信赖保护原则问题上并未作出区别。信赖保护原则的作用常常体现在为请求违反这一原则的立法行为申请赔偿提供依据，但法院并未局限于此，它认为对信赖保护原则的侵犯在恰当的时候完全可以作为撤销一个立法行为的依据。⑤①真正溯及效力（actual retroactivity）。对于真正溯及效力，法院的判决认为："在原则上，法律安定性原则不允许共同体的行为自其公布之日前的某一时点生效。"但是，这并非没有例外："如果与该法的目的相一致，并且当事人的正当期待得到了恰当的尊重"，则可以允许真正溯及效力的发生。②不真正

---

①　Joined Cases 7/56 3—7/57 Algera et al. V. Common Assembly ［1957 - 1958］ E. C. R. 39.

②　邵景春著：《欧洲联盟的法律与制度》，人民法院出版社 1999 年版，第 55 页以下。

③　Case 112/77 A. Toerfer v. Commission ［1978］ E. C. R. 1019 at 1032.

④　Case 1/73 Westzucker GmbH v. Einfuhr - und Vorratsstelle fuer Zucker ［1973］ E. C. R723 et seq.

⑤　Case 112/77 A. Toerfer v. Commission ［1978］ E. C. R. 1019 at 1032.

溯及效力（apparent retroactivity）①。对此，欧洲法院的判决认为："根据普遍接受的原则，对法定条款的修改可以适用于在旧法之下发生但在新法实施之日尚未终结的事项。"法院认为，法律授予了共同体机构选择实现其政策的手段的裁量空间，立法者可以自由地向未来改变企业运作的基本法律条件，即使这一改变对特定的企业不利，在某些情形下甚至对某一工业部门所有的企业不利。这一原则的例外情形是，大量的交易者为主体的抽象法律关系已经在一定程度上得以具体化。但这种具体化并不要求必须存在一个具体的行政行为（从而相关的利益已经成为一个完全个人化、特定化的法律利益或既得权），而仅要求存在有关机关所施加的具体义务、规定的具体条款或者所作的特定保证。在这些情形下才发生适用信赖保护原则的问题。对于涉及不真正溯及效力问题的案件，也需要对相互冲突的各种利益进行平衡。但法院在此问题上往往对正当信赖的存在提出较高的标准。而且这种衡量与在真正溯及效力的案件中又有不同，只有在真正溯及效力存在占优势的公共利益的要求时才具有允许性，而在涉及不真正溯及效力的情形，对规章就过去事件发生效力的排除要求存在占优势的正当信赖利益。②

（3）行政的自我拘束。行政机关所受到的拘束除了正式的行为以外，还可能因一些非正式的行为而产生。例如，行政惯例（administrative practice）、行政内部的指示（行政规则，internal directive）、信息（information）与解释（explanation）、承诺（undertakings）与保证（pledges）等。这些行为对行政机关的拘束的根据可能有多个，但是信赖保护在其中也是一个重要的因素。在法院的一些案件中，也已将信赖保护原则作为这些非正式的行为对行政机关发生拘束力的根据。③

（三）英国法

在英国行政法上，与德国信赖保护相当的概念为正当期待（legitimate expectation，英国学者一般将此作为德文"信赖保护"的对译词），此外禁反言原则也涉及信赖保护的问题。

---

① 欧洲法院并未运用不真正溯及效力这一术语，它仅在 CNTA 案中提及一个没有"恰当意义上的溯及效力"的规章。因此在本文中所言的真正溯及效力与不真正溯及效力只是在运用德国法上的分类对欧洲法院判决进行观察的产物。

② Schwartze，p. 1145.

③ Ibid.，pp. 1079—1093.

1. 正当期待

正当期待的概念是目前英国行政法讨论的一个热点问题,① 且还处于发展过程中。1969 年,正当期待概念因 Schmidt v. Secretary of State for Home Affairs 案首次出现于英国法中。② 丹宁勋爵在该案中指出,如果某外国人曾获许可进入英国居留一定时期,则其就获得在该段时间内被允许居留的正当期待,因此,如果要在"规定期限终了前撤销(这一许可),就应当给予(该外国人)向(部长)陈述意见的机会"。此后,"正当期待"已经在英国和英联邦(尤其是澳大利亚)的众多案件中扮演了重要的角色。

对正当期待的保护可以分为实体上的保护与程序上的保护。程序上的保护是指私人因为公共机构某一行为而导致产生了正当期待,从而得以享有自然公正、公平等一定种类的程序权利,并且可以以正当期待受到侵犯作为请求司法审查的资格依据。Schmidt v. Secretary of State for Home Affairs 案在自然正义的背景中引入了正当期待的概念,后来的判决也证明了这是发展的最主要潮流。而实体上的保护是指,为了保护正当期待,除了在例外的情形下,公共机构应当以特定方式行使其裁量权,从而私人可以以其具有正当期待为由要求公共机构向其提供实体上的利益,这一利益可能是福利利益,也可能是许可其他形式的利益。英国行政法实务与理论界传统的主流观点认为,私人对于公共机构的行政行为所产生的正当期待,只能提供程序上的保护,而不能提供实体上的保护。因为一些人认为,这将意味着法院而非行政机关成为公共利益的决定者,而且这将是对行政机关根据客观事实对政策加以变化的权力的不正当的干预。但克雷格认为,这种思考因两个相互联系的理由是错误的。一方面,既然程序权利仅具有有限的功效,私人在单纯的程序权利外必须获得更多的保障。因为我们显然可以设想公共机构在提供听证机会时完全是在敷衍:虽然他给当事人提供了听证的机会,而实际上已决定对该当事人不适用既定的政策,即使适用并不会给公共利益造成损害。在这

---

① C. Forsyth, *"The Provenance and Protection of Legitimate Expectations"* [1988] *C. L. J.* 238; P. Elias, *"Legitimate Expectation and Judicial Review"*, *New Direction in Judicial Review*, (Jowell and Oliver, eds., 1988); P. Craig, *"Legitimate Expectations: A Conceptual Analysis"* (1992) 108 *L. Q. R.* 79; R. Sing, *"Making Legitimate Expectations"* (1994) 144 *N. L. J.* 1215; P. Craig, *"Substantive Legitimate Expectations in Domestic and Community Law"* (1996) *C. L. J.* 55 (2); Yoav Dotan, *"Why Administrators should be Bound by their Policies"*, *Oxford Journal of Legal Studies*, Vol. 17; Ganz, *"Legitimate Expectations,"* in *Public and Politics* (ed. Harlow, 1986).

② [1969] 2CH. 149.

样的案件中，我们难道能说法院没有权力进行干预吗？在行政法充满了程序权利和实体权利之间相互支持的例子，这仅是其中的一例。另一方面，对实体性正当期待程序得出并不会导致法院成为公共利益的决定者。法院并不是要对公共利益到底要求采取何种措施作出决定，它要做的是：听取公共机构为其对当事人偏离既定政策的必要性所作的论证，并对这一论证从实体的角度看是否应予支持作出判断。

虽然英国多数判决的总基调是反对实体保护的，但现在很多英国学者都已认识到，英国法常常不能对那些被公共机构误导的人提供充分救济；对正当期待的实体保护或许有助于弥补这一缺憾。从目前的情形来看，对私人的正当期待应给予实体性的保护已经得到学界的普遍承认。不仅如此，也可以寻找到直接与间接两个方面的承认实体性正当期待的先例。根据英国法院在Ruddock[①] 等案的判决，如果公共机构对私人作出了某种形式的允诺并导致私人对之的期待，则前者如若要对原来的政策加以变化，就必须听取该私人的意见，并且在客观上确实存在要求对政策加以改变的更为重要的公共利益。这一方法显然包括两个部分：在程序方面应满足听证的要求，实体方面应存在支持对特定私人背离既定政策的公共利益。

2. 禁反言（estoppel）与裁量

禁反言的基本涵义为，如果某人通过其先前的语言或行为而主张一定的事实状态，从而导致了他人对该主张正确性的合理信赖并从而改变了其生活状态，则即使这一主张并不真实，根据禁反言原则，主张者也不能在此后的法律程序中否定该主张的真实性。这一原则最初仅限于对事实的主张，然而在近几十年的发展中，它已经延伸到对未来行为（future conduct）的主张。这即是所谓的"允诺禁反言"原则。[②]

行政法领域对禁反言原则的引进是为了保障私人对行政机关主张的信赖，防止行政机关反复无常的行为给私人权益造成损害。但禁反言原则在英国行政法中的适用受到很大的限制[③]，首先是越权原则的限制。如前所述，越权原则被认为是英国行政法的基本或核心原则，它坚持只要一个公共机构的行为没有法律基础则属于违法行为。禁反言原则不能使行政机关免除其所

---

① R. v. Secretary of State for the Home Department, ex p. Ruddock（1987）.

② B. L. Jones, *Garners' Administrative Law*, p. 142.

③ B. L. Jones, *Garners' Administrative Law*, pp. 143—144. Craig, *Administrative Law*, pp. 559—587. Wade, *Administrative Law* pp. 261—264.

负的法定义务，也不能允许其采取越权的行为。涉及禁反言原则的案例仅有极少一部分背离了严格的越权原则。这其中多数又和相对人因信赖行政机关提供的错误信息而受到损失有关。对禁反言原则的另一个重要限制是禁反言原则不能阻碍行政机关行使裁量权，"这一原则也不允许行政机关通过针对未来行为作出承诺的方法，使得其所具有的裁量权的事项转化为一个具有拘束力的允诺"。用 Lawton L. J. 在 Rootkin v. Kent County Council① 案中的话说，正统观点是，除了个别例外："一般的法律原则是，禁反言原理不能用以阻止地方政府②行使制定法所要求的法定裁量。"例如在某一个时期政府确定了鼓励某项产业发展的政策，从而为较多的申请举办该产业的人颁发了许可证，并为原许可证持有人延长了许可期限。但后来由于经济形势的变化，政府制定了该项产业发展的政策，不得不取消某些许可或缩短某些期限。对此，相对人不得以禁反言为由反对政府政策的变化。

在英国行政法上，对禁反言原则适用的严格限制遭到了很多知名学者，如韦德和克雷格等的严厉抨击。克雷格曾引用美国行政法学家施瓦兹教授的话说，通过越权原则对禁反言原则的限制"具有所有的逻辑上的美丽和正义上的丑陋"，其在正义上的丑陋主要体现在对私人信赖利益的忽视。③ 克雷格认为，"细察管辖权原则（the jurisdictional principle）（禁反言原则不起作用）会发现，它是有缺憾的。防止公共机构扩张权力的目的显然是正确的，但是该原则（禁反言）在实践中被用错了地方。在有关故意扩张权力的为数不多的案例中，它被用来打击错误的对象既无辜的被陈述人，而不是公共机构。在较为普遍的有关疏忽或无意识地扩张权力的案例中，对于公共机构的任何威慑性作用都是极少的。如果允许禁反言原则发挥作用，一个不言自明的假设必定是：实际上在任何时候扩张公共机构的权力，对于公共利益的损害都比对于相对人的任何不利重要得多，而公共利益是越权原则（ultra vires principle）的受益者。"韦德和克雷格均认为，通过对因信赖行政机关主张的私人所遭受的损失提供补偿是解决此悖论的妥当做法。这相当于德国信赖保护中的财产保护。另一建议是法院应采取一种衡量的程序，在此程序中，法院对不允许私人信赖该陈述所导致的私人损失和允许该陈述约束给公共利益造成的损害之间加以衡量。如果前者超过了后者，则可认为若

---

①　[1981] 1 W. L. R. 1186 at 1195.

②　同一个原则显然也适用于其他的公共机构。

③　见 P. P. Craig, *"Representations by Public Bodies"* (1977) 93 *L. Q. R.* 398。

不执行该陈述即意味着裁量权的滥用。在英国法院的判决中存在着采取这种方法的例证，这实际上相当于德国行政法上信赖保护方式中的存续保护。

英国法中的禁反言原则与正当期待概念在原理上是相通的，其价值均在于信赖保护。但从目前来看，英国法官与学者对二者的讨论基本上还处在一种各自为战的状态。笔者认为，英国行政法要充分发挥对私人利益的保障功能，将适用二者的原理、历史渊源和判例等结合起来，建构一个统一的信赖保护原则，是一个可取的方向。

三、信赖保护的类型

（一）抽象的信赖保护与具体的信赖保护

这是根据信赖基础的不同所作的分类。① 在抽象的信赖保护类型，作为信赖基础的是国家（包括立法机关与行政机关）的立法活动及其所产生国家现存的法律秩序。立法的目的在于规范社会共同生活，法律一旦产生即会导致私人的信赖，如果国家随后对现存法秩序作出不可预期的重大改变，则必然会对私人生活产生重大影响，损害私人对现行法的信赖，因此理应对之进行保护。而在具体的信赖保护类型，可以成为信赖基础的是行政机关的具体行为，如授益行政处理、行政计划或承诺等，还有可能是行政机关的持续的行政实践或惯例以及行政机关的不作为，如对某一行政权力的长期不行使。通过行政机关具体行为所创设的"法律外观"，正是私人信赖的基础。构成信赖基础的行政行为，并不限于合法的行为，违法的行为只要没有达到无效的程度，则仍然可以作为信赖的基础。

属于具体的信赖保护的案型有授益行政处理的撤销与废止、行政法上的承诺等；属于抽象的信赖保护的案型有法律（包括行政法令②）的溯及效力、行政规则的变更和计划担保等。

（二）存续保护和财产保护

这是根据保护方式的不同而作的分类。存续保护又称为完全的信赖保

---

① 林合民将抽象信赖保护与具体信赖保护的划分标准定位为信赖表现（前揭第14页），笔者认为不妥，信赖表现的区别实际仅是信赖基础不同的结果，因而不应本末倒置。

② 我国行政法学者大多将作为一种活动的行政立法与作为该种活动结果的规范性文件不作区别，一概称之为行政立法，笔者以为不妥。在本文中将行政立法活动产生的规范性文件称之为行政法令。

护，是指当私人对行政机关存在正当的信赖时，行政机关应保证该信赖基础的存续，如果行政机关的行为违反了私人的信赖，则应将其撤销甚至宣告无效。在德国，早期的学说和判决一直以存续保护作为信赖保护的主要方式。例如在违法授益行政处理的撤销案型中，学说和判例斟酌的重点是：是否撤销这一行政处理？如果撤销将造成人民所不能预料的重大损害，基于信赖保护原则则不得撤销，而应允许该行政处理继续存在。但采取这种保护方式，法院经常面临着一个两难的困境：如果为了保护人民的信赖而任凭违法的行为存续，固然保护了人民的权益，但却损害法律所追求的维护公益的目的；反之，如果为了贯彻法律规定而径行撤销该违法授益处理，则又对人民造成了不可预期的损害。这种不是公益就是私益的"零或全部"式的选择困境，正是因为仅考虑到存续保护这样一种保护方式所致。因此，德国从 1963 年行政程序法草案中即开始提出用补偿人民损失的方式来保护人民的信赖，以兼顾公益与私益，此即所谓的财产保护。

财产保护又称为补偿的信赖保护，是指虽然存在正当的信赖，但由于公益的需要又必须对原法律秩序加以变更，为解决这一矛盾，一方面允许行政机关变更原法律秩序，但同时要求行政机关对私人因信赖原法律秩序存续所受的损失予以补偿。财产保护的方式虽然可以避免存续保护零或全部的僵硬，但也并非全无问题。首先，财产保护并不能适用于所有的信赖保护案型，特别是抽象的信赖保护案型，由于在此案型中私人的信赖是推定的，究竟有多少人产生信赖，信赖利益如何，都无法估量，从而难以适用财产保护。其次，在具体的信赖保护案型，例如违法授益行政处理的撤销，也并非均适宜采用财产保护的方式，如授予国籍的行政处理事后发现违法，如若将其撤销则对私人的信赖利益也是无法用金钱加以估量的。另外，如果一个国家并无特别的立法明确地为财产保护提供法律基础，则如何寻找给予私人以财产保护的法律基础也成为问题。

存续保护与财产保护既然各有利弊，因而应当根据不同情况加以取舍。首先在抽象的信赖保护案型，信赖保护采取存续保护的方式较为适宜，而对具体的信赖保护类型，笔者认为在我国目前以财产保护的方式更加符合实际。因为在我国对私人正当信赖的保护尚未形成共识，此时如果径直以存续保护作为主要的保护案型，将违法的行政行为予以维持可能很难得到普遍接受，用财产补偿的保护方式更具有可行性；但是如果撤销原行为将给私人造成重大不可忍受的损害时，即应选择存续保护方式。

（三）程序保护与实体保护

这是在英国行政法中对信赖保护所作的分类。英国行政法实务与理论界传统的主流观点认为，私人对于公共机构的行政行为所产生的信赖，只能提供程序上的保护，而不能提供实体上的保护。程序上的保护是指私人因为公共机构某一行为而导致产生了正当信赖，从而得以享有自然公正、公平等一定种类的程序权利，并且可以以正当信赖受到侵犯作为请求司法审查的资格依据。而实体上的保护，是指私人以其具有正当信赖而要求公共机构向其提供实体上的利益，这一利益可能是福利利益，也可能是许可其他形式的利益。①

四、信赖保护原则适用的条件

行政法上的信赖保护原则在性质上属于一般条款（Generalklauseln），其内涵具有模糊性和不确定性。下面分析信赖保护原则的适用要件，以获得对信赖保护原则内涵的进一步认识。当然此处所讨论的仅限于信赖保护原则的一般要件，其在个案中的具体适用则应斟酌各方面的因素再判断是否尚需满足其他的条件。

（一）信赖基础（Vertrauensgrundlage）

信赖保护的首要条件在于信赖基础的存在，也即导致信赖产生的行政机关的一定行为。这一基础行为有抽象与具体两种。在抽象的信赖保护类型，作为信赖基础的是因国家立法行为而产生的现存法律秩序，不需要国家的具体行为。在具体的信赖保护类型，可以成为信赖基础的则是行政机关的具体行为，如授益行政处理、行政计划或承诺等，还有可能是行政机关的持续的行政实践或惯例以及行政机关的不作为，如对某一行政权力的长期不行使。通过行政机关具体行为所创设的"法律外观"（Rechtsschein），正是私人信赖的基础。构成信赖基础的行政行为，并不限于合法的行为，违法的行为只要没有达到无效的程度，则仍然可以作为信赖的基础。

---

① Craig, *Substantive Legitimate Expectations in Domestic and Community Law*, *Cambridge Law Journal* (*CLJ*), 55 (2), p. 290.

（二） 信赖表现 （Manisfestierung des Vertrauens）

关于信赖表现，也应区别具体的信赖保护与抽象的信赖保护。在具体的信赖保护，私人必须基于信赖而作出一定的处分行为，才合乎信赖表现的要求。所谓处分行为 （disposition），是指财产的安排、使用、处置等发生法律变动的行为，但德国法院对处分行为的概念有从宽认定的倾向，例如联邦行政法院曾经在判决中指出，对于持续性行为，如果授益处理的相对人已经对其生活方式作了"深刻且持久的变更"时，该处理即不再允许撤销。另外，这种处理行为也包括不作为在内，例如私人因信赖某行政处理的合法有效而对第三人不行使请求权。

在抽象的信赖保护类型，由于信赖基础本身属于抽象性质的法秩序，自然无法要求私人具有信赖的表现。事实上，私人对于现存法秩序的信赖一般只有在法律状态发生变动时才能够察觉，因此这种信赖可以说是一种推定的存在，不能要求私人必须作出具体的处分行为。

另须注意，在信赖基础与信赖表现之间必须存在因果关系。

（三） 正当的信赖 （值得保护的信赖，berechtigte Vertrauen，legitimate expectation）

应予保护的信赖必须具有正当性。所谓正当，是指私人对行政机关的行为或其创造的法律状态深信不疑，并且对信赖基础的成立为善意且无过失；如果信赖的成立是因可归责于私人的事由所导致，则此信赖不值得保护。从法理上来看，下列信赖不值得保护：（1）信赖基础基于当事人恶意欺诈、胁迫或其他不正当方式而获得。其依据在于"任何人均不得因自己的违法行为而获益"的法谚。（2）当事人对重要事项作了不正确或不完全的说明。（3）当事人明知或因重大过失而不知信赖基础违法。（4）显然错误或附有变更保留的行政处理。后者在其作出时即排除私人的信赖，因此一般并无适用信赖保护原则的余地，但如果行政机关长期不行使该变更权导致私人有正当理由信赖行政机关不会再行使该权力，后来行政机关又突然行使而造成对私人不可预测的损害时，则应对私人信赖予以保护。

有关正当信赖这一要件具有争议的是是否必须斟酌公益与私人信赖利益，只有在信赖利益明显大于公益时才承认存在正当信赖？对此很多学者持肯定答案。如林锡尧认为："所谓值得保护的信赖……更需斟酌公共利益，如公益之要求强于信赖利益，则信赖不值得保护。惟如行政处理受益人已使用行政处理提供的给付，或已作不能恢复原状、或只能在不可期待之损失下始能回复之财产上处理者，通常可认为信赖值得保护。"[1] 在欧共体法院的判决中，法官对正当信赖的确认也须经过一个对当事人的利益和公共利益进行衡量的过程，除非对于合法授益行政措施加以具有溯及力的废止，因为在此情形，一般认为对信赖利益必然优于公共利益。[2] 在英国有关正当期待的判例中，Sedley 法官认为，要决定一个期待是否为正当时，应通过一个衡量的过程：正当性不是绝对的，它是"一个功能性的概念，提示存在着因政府行为而引起的期待以及妨碍其践履的政策性考量"。这样正当期待的概念不仅要求该期待是合理的，而且要求"法院经衡量政策变化的要求后认为仍应保证该期待的实现"。可见 Sedley 法官确定正当期待是否存在的方法的标准有两个方面，其一是原告应显示该期待在所有情形下都是合理的，其次要显示妨碍践履诺言的政策性考量不足以挫败对其的保护。[3]

我们认为这种观点并不妥当，应将信赖的正当性问题和是否存在更为重要的背离该信赖的公共利益问题区别开来。这有两个优点，一方面它更符合实际。如果对公共机构的信赖存在合理的理由，即使更为重要的公共利益要求背离这种信赖，我们在心理上也不能接受这一期待不是正当信赖的说法。另一方面，它可以使概念更为明确，即将行为本身的正当性和它在与公共利益衡量后是否必须作出退让的问题区别开来。

林锡尧等人的观点与有关信赖保护的实际制度也是背离的。例如在授益行政处理的撤销上，如果当事人对信赖保护的其他条件都已满足，仅在利益衡量后发现公共利益优于其信赖利益，此时如根据林锡尧等的观点，这种信赖是不值得保护的，则无论是存续保护还是财产保护都没有适用的余地。但实际上通说认为，在此情形虽然可以撤销该授益行政处理，但应当给当事人提供财产补偿。林锡尧等人观点的错误主要在于受传统上将信赖保护等同于存续保护的影响，他们虽然在划分信赖保护的方法类型时已经注意到财产保护的问题，但在确定信赖保护的要件时却又落入了传统观点的窠臼。

---

① 林锡尧：《行政法要义》，1999 年自版，第 56 页。

② Schwartze, pp. 952—953.

③ Craig, "*Substantive Legitimate Expectations in Domestic and Community Law*"（1996）*C. L. J.* 55（2），p. 294.

五、信赖保护原则的理论依据

信赖保护原则的理论依据对于明确信赖保护原则的价值、确定其实质内容和法律位阶具有重要意义，是行政法上的信赖保护原则所首先要面对的问题。①

（一）法律安定性原则说

根据德国法哲学家 H. Coing② 的概括，法律安定性原则（Prinzip der Rechtssicherheit）的内涵有两个方面：其一是法律文字中权利义务规定的明确性。其宗旨在于保障法律效果的可预见性。其二是法律关系与法律状态的安定性。其宗旨在于保障既存的法律关系或状态，使其免于权力恣意运作的侵害。

支持法律安定性原则为信赖保护原则依据的学者认为，信赖保护的对象，无非是私人对旧法律状态持续性的信赖，并防止事后溯及地破坏私人行为的基础。并且根据德国宪法法院的一贯见解，对私人而言法律安定性原则主要即指信赖保护，也即是要求私人对国家可能的干预，可以事先得知并据此作出安排。③

反对者则认为，首先，法律安定性原则中的法律不可破坏性与恒久性只有行政行为合法时才能得到保证，其与信赖保护原则保护私人对违法行政行为存续的信赖相冲突。其次，如果以法律安定性原则作为信赖保护原则的依据，那么一切旧的法律状态都应予以维持，而不必区别原来的违法行政处理为授益处理还是负担处理，这样显然不合理。最后，以法律安定性作为信赖保护原则的依据，一切旧的法律状态都应予以维持，而不考虑人们是否具有正当的信赖，也不必衡量公益与私益的冲突，否则即属于法律不安定的情形，显然也不合理。

---

① 林合民《公法上之信赖保护原则》，第 21 页。

② Helmut Coing, Grundzuege der Rechtsphilosophie, 2. Aufl. Berlin 1969, S. 143—144. 转引自邵曼璠《论公法上之法律安定性原则》，载城仲模主编《行政法之一般法律原则》（二），三民书局 1997 年版，第 277 页。

③ 许多德国学者也认为，法律安定性具有"法律和平"和"信赖保护"双重意义。（1）法律和平（Rechtsfrieden）的意义在于息止纷争。在现代国家，仅国家才具有实力并专责维护法律和平。因此国家对法律上的争议必须予以调停。（2）信赖保护。对人民而言法律安定的首要意义即在于信赖保护。参见陈敏《行政法总论》，三民书局 1997 年版，第 378 页。

在信赖保护原则发展过程中，法律安定性原则贡献最巨。在前述德国 1956 年具有里程碑意义的判决中，法院的推理实际上就是在法律安定性原则和依法行政之间展开，而对私人信赖的保护被认为是法律安定性原则的一个附带要求与结果；而根据德国联邦宪法法院的一贯立场，法律安定性原则对于人民来说即意味着信赖保护①。在欧共体（欧盟）行政法中，法律安定性原则与信赖保护原则也经常同时加以引用，在信赖保护原则于 20 世纪 70 年代作为一个独立的法律原则开始出现以前，欧洲法院的判决也并非忽视对人民信赖的保护，那时主要即是通过适用法律安定性原则实现的。在英国，对在行政法领域适用信赖保护原则提倡最有力的克雷格，也是将信赖保护作为法律安定性原则的当然结果。这两个原则适用的案型也存在着很多重合之处，如有关法律的溯及效力与授益行政处理的废弃问题等，都是法律安定性原则和信赖保护原则共同作用的领域，也即是说在这些领域中法律安定性原则相辅相成，共同发挥着保障私人正当信赖的作用。可见，将法律安定性原则作为信赖保护原则的法律依据自有其强有力的根据。在否定法律安定性原则的诸多理由中，有一些并无说服力。例如说法律安定性原则只有在国家行为合法时才有其适用的余地，并无根据，如在民事判决的既判力主要根据即是法律安定性原则，而具有既判力的判决绝不仅限于合法判决，违法判决只要未达到无效程度同样具有既判力；且以为适用法律安定性原则将导致对一切旧的法律状态均加以维持，这种顾虑也是多余的，因为法律安定性原则作为一个原则，是"应尽力实现的诫命"，而并非必须像规范一样予以全有或者全无的适用，它对问题的解决仅能提供一个初步的论证，在具体适用于个案时必须和其他的原则加以衡量，因此并不会导致这样一种后果。

但信赖保护原则与法律安定性原则仍然有其差别，因为信赖保护原则强调的是对私人信赖利益与信赖状态的保护，具有强烈的主观色彩，而在法律安定性原则，强调的是法律状态的安定性与和平性，完全是一个客观的标准，缺少一种对个人利益的关怀；从这两个原则适用的目的来看，在案件中适用信赖保护原则是为了作出对私人的判决，而法律安定性的适用案型既可能对私人有利也可能对私人不利；而在承认信赖保护原则的国家，一般说来，法律安定性原则发挥作用的领域主要即是那些一旦将其适用即对私人不利的领域。

---

① 参见邵曼蟠前引文，第 288 页。

（二）诚实信用原则说

诚实信用原则是民法的重要原则，甚至被认为是民法中的"帝王条款"。对于诚实信用原则能否在行政法中加以适用，有不同的观点。有学者从公私法的二元分离为出发点，认为行政法为公法，与作为私法的民法不同。私法多为任意性规定，公法多为强行性规定，私法上的意思自治原则却不被公法所允许，因为公法强调的是对国家权力的羁束和限制，国家机关必须严格遵守法律规定。诚实信用原则在民法上的主要作用即是补充法规的缺陷，如果适用于公法则将破坏公法规范的严格性。但也有学者认为，法律内有所谓"一般法律原则"（allgemeiner Rechtsgrundsatz），虽然具体表现为民法的规定，但其性质如同各法律的总则规定，可适用于各法律领域，因此可以直接适用于公法。诚实信用原则即为此种一般法律原则。德国法院实务与学术界通说即采此见解，我国台湾地区"行政法院"也采用这一见解，其在 1981 年判字第 975 号判决中称："按公法与私法，虽各有其特殊性，但二者亦有共通之原理。私法规定表现一般法理者，应亦可适用于公法关系，私法中诚信公平原则，在公法上当亦有其适用。"日本的学说和实务受德国影响，向来即积极肯定诚实信用原则可直接适用于公法关系，第二次世界大战后更受英美法上禁反言原则的影响，坚定其将诚实信用原则作为一般法律原则直接适用于公法（行政法）的立场。此外在英美法国家，对于在行政法领域不适用的禁反言原则的传统立场，近来也已遭到诸多著名学者的批评，大有取代传统观点的趋势。笔者也认为将诚实信用原则作为一般法律原则在行政法加以适用是妥当的。

关于诚实信用原则能否作为信赖保护原则的理论依据，肯定说认为：首先，从字面上看，诚信原则的德文是 Treu und Glauben，其中所谓的 Treu，是指值得依凭的秩序，另一方当事人即对之寄予 Glauben，而 Glauben 即 Vertrauen，有信赖之意。① 在行政法关系上，行政机关负有合法行为的义务，而相对人则信赖该行政行为为合法，此后如果行政机关基于行政行为的违法性而否认其效力，则因未顾及相对人的信赖而违反了诚实信用原则。其次，诚实信用原则在适用上以具体法律关系的存在为前提，而行政法的关系是具体关系，适合诚实信用原则的适用。

---

① 吴坤城：《公法上信赖保护原则初探》，载城仲模主编《行政法之一般法律原则》（二），三民书局 1997 年版，第 243—244 页。

否定说的理由是①：首先，将信用（Glauben）与信赖（Vertrauen）二字视为等同，固然有助于人们认识诚实信用原则和信赖保护原则的相似之处，但如果因此而得出诚实信用原则为信赖保护原则的结论，则较为牵强，有玩弄文字游戏之嫌。其次，在某些信赖保护原则适用的领域，以诚实信用原则为依据是妥当的，但在关于法律溯及力的信赖保护，则无法说明，因为在此缺陷立法机关与人民之间并不存在具体的法律关系，无法适用诚实信用原则；并且行政法上的信赖保护原则仅指私人对国家的信赖而言，对国家信赖的保护不在讨论之列，如果单以诚实信用原则作为信赖保护原则的法律依据，则对此无法说明。再次，信赖保护原则是具有宪法位阶的法律原则，而诚实信用原则并不具有宪法的位阶，具有宪法位阶的原则显然不能以不具有宪法位阶的原则为依据。最后，对诚实信用原则的概念与功能的掌握，本身就较为困难，将其作为信赖保护原则的理论依据，将增加信赖保护原则理解与适用的困难。

信赖保护原则与诚实信用原则之间无疑存在密切的联系，因为从诚实信用原则的本来涵义看，对一方当事人信赖的保护无疑是这一原则的核心内容，二者在行政法领域所适用的案型上也有一些共同之处。在德国行政法院的判例中，也经常以诚实信用原则作为承认信赖保护原则的依据。但是我认为，由于诚实信用原则在民法中的涵义本身就是众说纷纭，在此条件下将诚实信用原则作为信赖保护原则的法律依据，无疑将会增加人们对这一原则内涵理解的困难，这与寻找信赖保护原则法律依据的初衷显然是违背的，而且在今日很多学者更是从利益衡量的角度对诚实信用原则加以理解，信赖的因素在诚实信用原则中间已经不再具有中心的地位，这与信赖保护原则所关心的中心问题显然并不一致，虽然在具体适用信赖保护原则时需要将其与其他的原则，如依法限制原则加以衡量，这一衡量的实质（信赖保护原则）所承载的个人利益与（依法行政原则所承载的）公共利益加以衡量，但利益衡量本身并非信赖保护原则的内涵，毋宁是"应予衡量原则"这一独立的行政法原则的要求②。但这并不意味着笔者反对将诚实信用原则作为信赖保护原则的法律依据"之一"的地位加以肯定，恰恰相反，考虑到诚实信用原则的本来涵义与信赖保护原则的相似性，诚实信用原则在民法中的悠久历史和重要地位所积累的重要成果对行政法中信赖保护原则的借鉴价值，以及

---

① 林合民，前引书，第31页。吴坤城，前引书，第244页。

② 关于行政法中应予衡量原则，参见马纬中《应予衡量原则之研究——以行政计划为中心》，载城仲模主编《行政法之一般法律原则》，第499页以下。

二者在历史上一定的渊源关系，笔者认为，将诚实信用原则作为信赖保护原则的一个理论依据是妥当的。

（三）社会法治国原则说

社会法治国原则是法治国与社会国原则的合称。根据德国公法学通说，法治国（Rechtsstaat）的概念不仅具有形式上的内涵，也是一个具有价值判断和要求的概念，必须参考如下要件才能验证一个国家是否属于真正的法治国①：（1）宪法国家原则，即将宪法作为一般法律的基础规范，并使其成为具有国家最高位阶的法规范。（2）人性尊严、自由、权利平等原则。（3）分权制衡的原则。（4）法拘束性原则。即以法（Recht，即广义的法规范）作为国家运作的基础，并以其作为国家行为的界限。②（5）法院保障原则。即由独立的法院通过法定的程序提供广泛有效的权利保障途径。（6）赔偿体系原则。即建立国家机关责任的体系，在机关实施违法行为时，由国家对人民所受的损害予以赔偿。（7）比例原则。此外，法律安定性原则也是法治国的重要内涵。关于社会国原则的概念至今尚未有一致性的看法，但一般认为有以下几方面的内涵：（1）实现社会正义，即扶持经济上的弱者并分担社会风险。（2）建立社会安全制度。（3）建构社会平等秩序，以及着重利益的均衡与照顾，进而对弱者加以保护。

关于社会法治国能否作为信赖保护原则的理论依据，肯定说认为，公法关系以权力服从关系为内容，基于国家的权威性质，极易使人民产生信赖，对于这种信赖国家应当给予法律保护，才符合国家受"法"之拘束的法治国要求。而由于经济弱者与特别需要保护者对服务行政的信赖应予保护，此即将社会国原则与信赖保护原则发生关联。否定说认为，以法治国原则作为信赖保护原则代理的理论基础，虽然掌握了信赖保护原则从公法关系中产生的本质，但因为法治国原则是宪法的最高原则具有高度抽象性，如果采取这种观点，无异于将公平正义等抽象原则作为依据，对认识信赖保护原则的内容和性质并无帮助。而由于依法行政原则亦是法治国原则之一，如果将信赖保护原则的基本建立于法治国原则之上，则无异于将法治国原则视作魔术箱，所有法律原则，包括相互冲突的原则均可以在其中找到依据，实际上是对法治国概念的滥用。而将社会国原则作为信赖保护的依据，亦不妥当。③

---

① 彭国能：《法治国之基本理念》，载城仲模主编《行政法之一般法律原则》（一），第399页以下。
② 德国基本法第20条第3款规定，执行权应受法律（Gesetz）和法（Recht）的拘束。
③ 林合民，前引书，第39—40页。

其一，社会国家原则的目的在于积极的协助、给予以及拯救危险，此与信赖保护原则在本质上不存在太大的关联；其二，社会国家原则着重于对社会弱者的保护，信赖保护的对象则涵盖于一般的私人。

将社会法治国原则作为信赖保护原则的基础，否定说与肯定说都有其强有力的根据。但笔者认为，问题的关键不在于否定社会法治国原则是信赖保护原则的依据，而在于明确社会法治国原则仅为信赖保护原则的依据之一，在此之外还应寻求其他恰当的依据。否定说认为以法治国原则作为信赖保护原则是对法治国概念的滥用，笔者不敢苟同。法治国原则作为一个具有高度抽象性的最高宪法原则，其所负载的价值因素具有多重性和复杂性（这些因素甚至可能发生冲突）是完全正常的。如果仅将依法行政原则作为法治国原则的要求，否认信赖保护原则与这一最高宪法价值之间的联系，则必将削弱信赖保护原则的功能。

（四）基本权利保障说

德国学术上近年来为克服前述学说的困难，出现了将信赖保护原则的基础诉诸于基本权利的保障的理论。但此基本权利所指究竟为何，也存在财产权说与自由权说不同的观点。

信赖保护与财产权之间的关联，是随着公法上的信赖保护关联或制度建立以后而受到重视，甚至发展出以财产权作为信赖保护基础的学说。主张本说者认为，宪法保障基本权利的目的在于保护人民有利的法律地位，以对抗国家的侵害，并且不论这种侵害是面向未来的还是溯及既往的，也不论人们的利益是合法还是非法取得的。这些宪法上的保障均可以通过财产权的保障与征收补偿规定作最终的保障。同时宪法上所保障的财产权并非只保护已经取得的财产权（过去的），同时也保护将取得的财产权（将来的），只要后者是前者转换（Unweg）而来的即可。因此人们因信赖旧法律状态而造成的侵害，可以经由财产权的保障、征收补偿的规定加以保障。由此可知，信赖保护原则是以财产权的保障为依据。但反对者认为，对许多信赖，特别是对不具财产价值的信赖的保护，财产保障说不能提供适当的说明。[①] 而且用财产权保障作为保护私人信赖的依据，则将导致"财产权"概念的大大扩张，并不妥当。[②]

---

① 吴坤城，前引书，第247—248页。
② 林合民，前引书，第37页。

主张自由权说者认为，宪法上自由权的概念不仅指私人可以要求国家不得侵害其权利，也包含国家对个人意愿的不干预，以及保障人们的行为可能性，以此来提供私人自由活动的领域；也即自由权包括人们因信赖法律、行政处理等而实现其行为的可能性，如果将法律、行政处理等加以撤销，即侵害了自由权，因此信赖保护乃是对自由权的保护。但反对者认为宪法所保障的自由权并不提供人民进行不合法行为的可能性，宪法也不保障人民享有违法利益或优惠地位的基本权利，因此在信赖保护的适用类型之一的违法行政处理的撤销上，自由说无法加以适切的说明。而且宪法上有关自由权保障的规定虽然很多，但其中是否当然保护对私人信赖的保护这一理念则并非没有疑问。

笔者认为，财产权说与自由权说均指明了信赖保护原则对保护私人基本权利的价值，并将其提升到宪法原则的地位，有其重要价值。将基本权利作为信赖保护的理论依据，展现了信赖保护原则的实质在于对个人主体地位的尊重与个人正当利益的保障，而从历史的逻辑来看，信赖保护原则的得到承认与广泛适用与基本权利日益得到尊重是如影随形，不可分离。但财产权说与自由权说均有其适用的界限，例如将对法律溯及力问题即可用自由权保护作为提供信赖保护的基础，而在补偿的信赖保护，财产权说也较具说服力。

（五）小结

综上所述，各个依据皆既有其价值也有其缺陷，因此笔者认为，对于信赖保护原则的理论依据的探寻不应停留在某一个原则之上，而是应将这些原则均作为信赖保护原则的共同依据。从另一个角度来看，信赖保护原则依据的多样性和复杂性，实际上恰恰是信赖保护原则功能的广泛性和地位的重要性的表征。它对于说明信赖保护原则作为一个独立的宪法原则和一般行政法原则也有一定的价值。但由于法律安定性原则与信赖保护原则从逻辑到历史的密切联系，可以将其作为信赖保护原则的主要依据。

六、信赖保护原则与中国行政法

（一）信赖保护原则与实事求是、有错必纠——以违法授益行政处理的撤销为中心

克雷格在对英国法中忽视对私人正当信赖的实体保护进行批评时指出：

"我们最初构想一个问题的方式对法律规则的建构具有显著的影响，这虽几成陈词滥调，但却揭示了真理，而且我们甚至往往无视它。理由很明显：我们对一个问题的最初构想包含了对于何种价值将在既定的领域发挥作用的认识，而将来所选择的法律结果（规则）将尽力以最有效的方式满足这些价值。这样确保我们对一个问题最初的思考方式为正确就极为重要，不如此则可能导致我们所创设的法律规则是有瑕疵的。"考诸我国法制，克雷格的这一论断确为的论。

我国法学界一贯重视将实事求是、有错必纠作为指导立法、执法、司法的圭臬，在实践中的一个消极后果是罔顾人民的正当信赖和法律安定性的价值。在诉讼法中体现为对再审程序的发动条件设置极为宽松，导致程序的终结性和安定性无由实现。在行政法领域，实事求是的政治原则和对依法行政原则的形式理解，在二者的共同作用下对行政处理的撤销的限制问题少有人问津。实事求是作为政治原则固然有它的价值，对于法律制度的发展也具有它一定程度的作用，但是应当承认，它在诸多方面与法律的基本原理以及法学的思维方式是存在冲突的。实际上，从我国法学的发展来看，几乎在每建立或引进一个先进的制度规则时总有人会以实事求是原则作为反对理由，例如非法证据的排除规则，对启动再审程序的限制，对无罪推定原则的承认。在诉讼法领域，这种反思已经取得了一定的成果①，但在行政法领域则刚刚开始。对依法行政原则的机械理解，从根本上来说是实事求是原则的一个体现：既然实事求是，当然有错必纠，违法的行为当然更要撤销。而从法学的角度来看，依法行政原则作为一个法律原则并不具有绝对的价值。法律原则是一个"应尽力实现的诫命"②，虽然我们应当在个案中尽最大的努力将其贯彻，但是同时还必须注意其他相关的原则，这些原则可能与依法行政原则是互相冲突的，此时并不能绝对地说某一个原则就优越于另一个原则，而是在应当结合个案进行具体的衡量以后才能判断哪一个原则优先，哪一原则应当退让。从另一个角度，信赖原则如果要在一个国家的法律秩序中发挥作

---

① 参见何家宏主编《新编证据法学》，法律出版社 2000 年版，第 22 页以下。

② 德国著名宪法学家阿历克谢认为，原则与规则的根本差异在于：原则要求某一特定的法益在法律与事实的可能范围应当尽最大可能加以实现。因而原则这种规范可以在不同的程度上加以满足，也即原则在个案中必须在于其他相关原则的竞争中寻求最大限度所谓实现。而规则只能二择一，或者有效或者无效。当有效时，就必须完全依照其所规范的内容去做，不多也不少，也即是说，规则在事实与法律可能的范围内具有"确定"的作用。参见严厥安《法与道德——由一个法哲学的核心问题检讨德国战后法思想的发展》，载《政大法学评论》，第 47 期。

用，一个很重要的前提在于个人的正当权益得到重视，而非仅为公共利益的附属物。信赖保护原则之所以能够在第二次世界大战后的德国，通过学者和实务的共同努力成长为一个独立宪法与行政法原则，并在诸多领域发挥重要作用，一个前提性的条件在于德国人对于纳粹在公共利益的大旗之下对私人权益的侵犯的反思，痛定思痛，对公民的基本权利和私人利益给予了足够的重视。很难想象在一个对个人利益未予足够重视的法律体系中，能够容忍可以与维护公共利益的依法行政原则相抗衡的信赖保护原则的存在。而我国的立法者和学者往往正是将公共利益和私人利益的关系视为一种对立的关系，而且赋予公共利益以天然的优越地位，缺少对二者之间关系的严谨逻辑分析，缺少对个人利益的深切关怀。实际上公共利益是由个人利益所组成的，不仅"不确定多数人"的利益可以成为公益，某些特别重要的个人利益本身就是公益，如公民的生命权和健康权。而且并非所有的公共利益都天然的比个人利益神圣，公共利益与私人利益都具有分量的维度，在发生冲突时，必须要根据个案的具体情况对各自的分量进行衡量才能作出取舍。而即使要求个人利益对公共利益退让，也必须符合比例原则，并为正当的个人利益的牺牲提供补偿。①

《行政许可法》在行政许可的废止与撤销问题上已经体现了信赖保护原则的要求，② 但现有规则也有一定的缺陷，即没有明确存续保护。从现有法

---

① 陈新民：《公共利益的概念》，《论宪法人民基本权利的限制》，均载氏著《宪法基本权利之基本理论》（上）。Aileen McHarg, Reconciling Human Rights and the Public Interests: Conceptual Problems and Doctrinal Uncertainty in the Jurisprudence of the European Court of Human Rights, The Modern Law Review, Vol. 62.

② 关于合法行政许可的废止，《行政许可法》第 8 条规定："公民、法人或者其他组织依法取得的行政许可受法律保护，行政机关不得擅自改变已经生效的行政许可。行政许可所依据的法律、法规、规章修改或者废止，或者准予行政许可所依据的客观情况发生重大变化的，为了公共利益的需要，行政机关可以依法变更或者撤回已经生效的行政许可。由此给公民、法人或者其他组织造成财产损失的，行政机关应当依法给予补偿。"关于违法行政许可的撤销，《行政许可法》第 69 条规定："有下列情形之一的，作出行政许可决定的行政机关或者其上级行政机关，根据利害关系人的请求或者依据职权，可以撤销行政许可：（一）行政机关工作人员滥用职权、玩忽职守作出准予行政许可决定的；（二）超越法定职权作出准予行政许可决定的；（三）违反法定程序作出准予行政许可决定的；（四）对不具备申请资格或者不符合法定条件的申请人准予行政许可的；（五）依法可以撤销行政许可的其他情形。被许可人以欺骗、贿赂等不正当手段取得行政许可的，应当予以撤销。被许可人基于行政许可取得的利益不受保护。依照前两款的规定撤销行政许可，可能对公共利益造成重大损害的，不予撤销。依照本条第一款规定撤销行政许可，被许可人的合法权益受到损害的，行政机关应当依法给予赔偿。"这里的"赔偿"，准确地说应是"补偿"，因为行政机关撤销违法的行政许可，是合法的行为，因此而给被许可人造成的损失应进行补偿而非赔偿。

条来看，只要公共利益需要或者行政许可违法，就可以撤销或废止（只是需要给予补偿）。实际上，信赖保护原则提供的不仅仅是补偿保护，而且包括存续保护，在确定是否撤销或废止行政许可时，就应当对公共利益和私人利益加以比较衡量，只有在撤销或废止行政许可的公共利益超过私人因维持行政许可效力而可得的收益时方可以撤销或废止。此外，从信赖保护原则出发，除了相对人因欺诈、胁迫等方式取得行政许可的以外，行政机关依职权撤销行政许可应当有期限的限制（其性质为除斥期间），在德国这一期限为一年，而《行政许可法》中对此未作规定。

（二）转型中国的信赖保护原则——陈有球等55人与深圳市社会保险管理局关于补发、续发退休金行政争议案

1. 案件情况

根据《深圳市社会保险暂行规定》（深府〔1992〕128号文）和《深圳市社会保险暂行规定职工养老保险及住房公积金实施细则》（深府〔1992〕179号文）的相关规定，在其于1992年8月1日生效后，深圳市企业职工在养老期间领取离退休金和支取养老生活费的标准，应当由社会保险管理机构根据本市职工生活费用价格指数及社会生活水平提高的实际情况进行调整，但这一规定并未得到实际贯彻，实践中深圳市社会保险管理局仍然是套用特区机关和事业单位的提高工资标准的规定，并且依据相关规定多次调整了企业离退休人员的基本养老金。这种做法也未引起争议。

1995年3月30日深圳市人民政府作出《关于企业职工退（离）休待遇计发工作的通知》（深府〔1995〕68号文）第五条规定："对我市所有退休（退职）人员的养老保险待遇建立正常调整机制，凡1994年7月31日以前已退休的人员，从1994年8月1日起不再随机关事业单位工作制度进行调整，而根据我市居民生活费用价格指数上涨幅度及职工月平均工资增长的一定比例，于每年7月进行调整。"该通知正式确立了深圳市企业职业养老金保险待遇的调整机制，终结了套用特区机关和事业单位提高工资标准的做法。

1995年10月24日深圳市政府发布的《深圳经济特区机关事业单位工资改革实施办法》和《深圳经济特区机关事业单位特区津贴实施办法》（深府〔1995〕255号），对深圳经济特区机关事业单位的工资制度进行了改革，开始按月发放特区津贴，并且特区津贴标准列入计发离退休费的基数，退休人员按其退休时的特区津贴档次所对应的津贴标准，以本人计发退休费的比例折算。这次改革的结果，全市机关事业单位退休人员随机关套改大幅调整退休金（仅"特区津贴"和"保留津贴"两项，人均每月增加 1000 元以上）。由于全国机关、事业单位工资改革是从 1993 年 10 月 1 日起实施，因此，尽管深圳机关、事业单位的工资改革批准时间是 1995 年，但也执行国务院的规定从 1993 年 10 月 1 日起实施。

这一次工资改革的实惠，深圳市企业的离退休人员未能得到，并且从 1995 年起，他们已享受了 7 年的每年 4 个月工资额的生活补贴也被扣发。深圳市的企业离退休老人从 1995 年起不断找深圳市社保局和政府，要求解决问题，但一直未获解决。1999 年初，深圳市陈有球等 2003 名企业退休老人以深圳市社保局为被告，提起行政诉讼。此案经过福田区法院、深圳市中院和广东省高院三级审理，原告的诉讼请求均未获支持。

2. 争议焦点

本案争议的焦点是：根据（深府［1995］68 号文），企业退休职工养老金待遇"自 1994 年 8 月 1 日起不再随机关和事业单位工资制度进行调整"，现在（深府［1995］255 号）《深圳经济特区机关事业单位特区津贴实施办法》溯及至 1994 年 8 月 1 日之前的 1993 年 10 月 1 日生效，其是否应当适用于此前离退休的企业工作人员？

陈有球等 55 人认为：《关于退休基金统筹前后退休费发放标准问题的请示报告的批复》（深府复［1985］200 号文）、《关于印发深圳经济特区企业退（离）休干部计发退（离）休费基数的暂行办法的通知》（深府办［1991］168 号文）以及深圳市政府常务会议 19 号纪要（深府常纪［1991］19 号）都规定了企业退休金按机关标准计发的办法。1995 年 3 月 30 日，深圳市人民政府作出《关于企业职工退（离）休待遇计发工作的通知》（深府［1995］68 号文）第五条规定："……凡 1994 年 7 月 31 日以前已退休的人员，从 1994 年 8 月 1 日起不再随机关事业单位工资制度进行调整，而根据我市居民生活费用价格指数上涨幅度及职工月平均工资增长的一定比例，于每年 7 月进行调整。"确认了上述文件中规定的统筹单位的企业退休职工按机关标准计发退休金的事实。由于（深府［1995］255 号）文规定的特区津贴执行效力溯及至 1993 年 10 月 1 日起，这正是陈有球等人可以随机关工资改革调整退休金的时间内，因此 1994 年 7 月 31 日前退休的统筹单位企业退休人员都可以适用（深府［1995］255 号文），享受相当特区津贴的退休金待遇。而且（国发［1995］6 号文）和（国发［1997］26 号文）规定按原来的方式发放。只有这样，统筹单位企业的退休金基数才能与机关同职同

级人员持平。综上所述，上述深圳市政府发布的规范性文件，就是其领取从
1993 年 10 月 1 日起执行特区津贴的法律依据，也就是请求补发、续发退休
金的法律依据。

　　深圳市社会福利管理局和两审法院认为，根据《国务院关于企业职工
养老保险制度改革的决定》（国发［1991］33 号文）、《深圳市社会保险暂
行规定》（深府［1992］128 号文）和《深圳市社会保险暂行规定职工养老
保险及住房公积金实施细则》（深府［1992］179 号文），自 1992 年开始深
圳市企业职工退休金的调整就应当根据深圳市职工生活费用价格指数及社会
生活水平提高的实际情况进行调整，而非套用机关事业单位职工工资的调整
办法。虽然相关规定没有落实，但不能否认其法律效力。从而自 1993 年 10
月 1 日开始执行的机关和事业单位工资改革方案，则当然不适用于此前已经
离退休的企业工作人员。至于 1995 年 3 月 30 日深圳市人民政府作出的《关
于企业职工退（离）休待遇计发工作的通知》（深府［1995］68 号文）将
1994 年 7 月 31 日作为截止日期的规定，广东省高院认为，由于其与国务院
《关于企业职工养老保险制度改革的决定》（国发［1991］33 号文）相抵
触，不应适用。广东省高院认为，深圳市社保局在 1991 年 6 月 26 日（国发
［1991］33 号文）之后一段时间内，未严格贯彻国务院规定，根据城镇居民
生活费用价格指数增长情况，参照在职职工工资增长情况对企业职工的退休
金进行调整，而是考虑其他一些因素，仍然参照机关事业单位调整工资的方
法调整了企业职工的退休金，这是不符合依法行政的要求的。对于该实际做
法的评判，应坚持保护行政管理相对人合法权益原则。如果被上诉人套用机
关工资标准调整的退休金数额少于按《深圳市社会保险暂行规定》第三十
条规定调整的数额，上述人有权请求按《深圳市社会保险暂行规定》第三
十条规定计算不足退休金。如果算出来的退休金数额多于第三十条规定调整
的数额，根据信赖保护原则，已调整发给的退休金不再变动。但上诉人主张
从 1993 年 10 月 1 日起机关事业单位工资改革所增加的特区津贴等工资待遇
应纳入企业职工退休金调整的范围，请求法院判令深圳市社保局补发、续发
该项工资待遇，这一主张不能支持。

　　3. 评论

　　本案是社会保障制度改革过程中发生的案件。广东省高院认为，1995
年 3 月 30 日深圳市人民政府作出的《关于企业职工退（离）休待遇计发工
作的通知》（深府［1995］68 号文）将 1994 年 7 月 31 日作为截止日期的规
定，与《国务院关于企业职工养老保险制度改革的决定》（国发［1991］33

号文）相抵触，不应适用。这种观点从法律角度来看是有道理的。不仅如此，该通知与深圳市政府《深圳市社会保险暂行规定》（深府［1992］128号文）、《深圳市社会保险暂行规定职工养老保险及住房公积金实施细则》（深府［1992］179 号文）的规定也不一致。

但从实践来看，1991 年《国务院关于企业职工养老保险制度改革的决定》是养老保险制度改革的前期成果，其中许多是原则性、指导性的规定，如 1995 年国务院《关于深化企业职工养老保险制度改革的通知》（国发［1995］6 号文）所指出的，《国务院关于企业职工养老保险制度改革的决定》发布后，企业职工养老保险制度改革仍处于探索阶段。后一通知要求各地区应当建立基本养老金正常调整机制，也表明 1991 年决定中对建立基本养老金正常调整机制的要求在实践中普遍未得到落实。《深圳市社会保险暂行规定》（深府［1992］128 号文）、《深圳市社会保险暂行规定职工养老保险及住房公积金实施细则》（深府［1992］179 号文）尽管规定废止套用特区机关和事业单位的提高工资标准，但一直并未付诸实践。深圳市的实践，长期以来都是套用机关事业单位职工工资，效果很好。广东省高院提出："对于该实际做法的评判，应坚持保护行政管理相对人合法权益原则。如果被上诉人套用机关工资标准调整的退休金数额少于按《深圳市社会保险暂行规定》第三十条规定调整的数额，上诉人有权请求按《深圳市社会保险暂行规定》第三十条规定计算不足退休金。如果算出来的退休金数额多于第三十条规定调整的数额，根据信赖保护原则，已调整发给的退休金不再变动。"表面上看来对相对人的合法权益予以了充分的重视和保护，但实际上，因为在 1994 年 7 月 31 日之前深圳市根本未建立一套根据该市职工生活费用价格指数及社会生活水平提高的实际情况调整企业离退休人员养老保险待遇的方案，相对人根本无法进行比较，根本不具有可操作性，各方当事人对此也没有发生争议。

《国家公务员暂行条例》第 60 条规定："国家公务员工资水平与国有企业相当人员的平均工资水平大体持平"；国务院 1993 年颁布的《关于机关和事业单位工作人员工资制度改革问题的通知》（国发［1993］79 号）第 2条规定："机关与企业事业单位实行不同的工资制度，机关工作人员的平均工资水平要与企业相当人员的平均工资水平大体持平，保持合理的比例关系。"这些规定虽然都针对的是在职职工，但其原则同样也适用于离退休职工。从而，在未实际建立基本养老金正常调整机制的情况下，根据本市机关事业单位退休人员的养老金待遇是一个确立离退休职工养老金待遇的相对比较合理的参照系。深圳长期以来套用机关事业单位职工工资，实际效果也很好。反之，如果改革的结果导致企业离退休人员的养老金待遇与机关事业单位离退休人员相差过多，则这一改革显然是不公正的，也必然会导致社会的不稳定。

广东省高院的判决明确承认信赖保护原则的效力，这一点值得赞许，但对信赖保护原则适用有避重就轻之嫌。高院判决的重心，是在 1991 年 6 月 26 日（国发〔1991〕33 号文）之后一段时间内，相对人根据套用机关事业单位职工工资方案实际取得的退休金，与法定的根据该市职工生活费用价格指数及社会生活水平提高的实际情况调整企业离退休人员养老保险待遇的方案相比，二者所导致离退休金的差别。但对于这一问题当事人并未发生争议，真正发生争议并且与信赖保护原则也密切相关的，是深圳市人民政府作出的《关于企业职工退（离）休待遇计发工作的通知》（深府〔1995〕68 号文）是否有效，而广东省高院过于简单化地处理了这一问题。笔者认为，在其效力的判断问题上，不应局限于形式法治的思考，认为其与国务院的上位规定以及深圳市有关规章相抵触而无效，而应考虑到社会转型与制度变革时期的实际情形，平衡依法行政原则与法律安定性原则、信赖保护原则和诚实信用原则的不同要求。既然在《国务院关于企业职工养老保险制度改革的决定》（国发〔1991〕33 号文）、深圳市政府《深圳市社会保险暂行规定》（深府〔1992〕128 号文）、《深圳市社会保险暂行规定职工养老保险及住房公积金实施细则》（深府〔1992〕179 号文）公布后很长一段时间中，在养老金调整问题上深圳市社保局都未执行相关规定，而在机关事业单位工资调整后突然变化，突然转而执行这些规定，显然违背法律安定性原则、信赖保护和诚实信用原则。

行政法上的意思表示与法律行为

李洪雷

行政法上的意思表示（verwaltungsrechtliche Willenserklärlung），是指行政机关或私人旨在直接发生一定的行政法上法律效果的表示行为。[①] 意思表示的功能在于促使法律规定的法律效果出现，从而具体实现法律。

意思表示与以意思表示为其核心要素的法律行为（Rechtsgeschäft）本是民法与民法学中的概念，而作为公法的行政法与作为私法的民法在基本构造上存在重大差异，行政法学与民法学的基本理念与理论体系也同样如此，因此在行政法学界也有许多学者从公法与私法制度构造的差异出发，认为法律行为与意思表示是专属于私法的概念，从根本上反对在行政法学中将其引入。但目前大陆法系行政法学多数说的主张是，可以在行政法学中运用这些概念，同时应根据行政法领域的实际状况对其内涵与相关规则加以重大调整。

为了分析的方便，本文将行政法上的意思表示分为：只能由行政机关作出的意思表示；只能由私人作出的意思表示；以及行政机关与私人均可作出的意思表示。

一、专由行政机关作出的意思表示

（一）行政处理

行政处理长期以来一直是大陆法系行政法学的核心概念与中心问题。以德国为代表的大陆法系国家行政法（学）的发展，在一定程度上即体现为行政处理概念的精确化及其相关制度的完善化，诸如行政处理与民法上法律行为和意思表示的关联性，行政处理的效力，行政处理的无效与可撤销的界线及各自条件，瑕疵行政处理的转换与补正等，无不与行政法（学）的发达如影随形，同步演进。

---

① Erichsen, Hans – Uwe（Hrsg.），*Allgemeines Verwaltungsrecht*，Berlin 1994，10. Aufl，§ 22，Rdnr 1. 在 Erichsen 教授主编的此书中，专辟一节介绍行政法上的意思表示。

1. 德国

（1）行政处理与法律行为和意思表示

行政处理是德国 19 世纪行政法理论的产物，其德文为 Verwaltungsakt①，最早是由行政法学鼻祖 Otto Mayer（奥托·梅耶）译自法文 acte administratif。但法文中的 acte administratif 是泛指依据公法或私法的各种行政措施，而 Mayer 在创造 Verwaltungsakt 一词时将其限定于公法领域的具体行政措施。Mayer 在 1895 年出版的《德国行政法》第 1 卷中对行政处理所下的定义是：

> 行政在个案中对属民所为，决定何者为法之要求的官方表示（ein der Verwaltung zugehôriger obrigkeitlicher Ausspuch, der dem Unterthanen gegenüber im Einzelfall für ihn Rechtens sein soll）。

在 Mayer 之后，学者 Kormann（柯尔曼）受到 Laband（拉班德）的影响，希望借民法理论来解决公法上的问题。他起初对行政处理概念采取最广义的界定，将国家机关或公共团体的所有行为包括进来。后来则将私法行为与事实行为，以及公证、通知等所谓的准法律行为排除，而仅以具有意思表示，即有法效意思的行为，视为行政处理。在 1910 年出版的《国家行为中的法律行为制度》（*System der rechtsgeschaeftlichen Staatakte*）一书，他建立了一个以民法上的法律行为与意思表示概念来说明公法领域内行政处理的理论体系。他认为行政处理是具有法律行为性质的国家行为，而称其为"国家行为中的法律行为"。他认为这种国家行为中的法律行为与民法上的法律行为，并没有原则上的差异。国家机关的行为属于私法上的法律行为还是公法上的法律行为，区分的标准在于表意人是以私法上的权利主体还是公法上的权利主体作出意思表示。Kormann 的观点得到了德国许多学者的赞同。Fleiner（弗莱纳）即接受了其理论，认为行政处理是行政机关利用官方权威所作出的、以发生法律效果为目的的行为。但同时也将公证与通知等所谓的准法律行为纳入行政处理的范围。魏玛时代的著名公法学家 Jellinek（耶里内克）主张，行政处理是"行政机关对特定人所为，具有公权力之意思表示"，仍使用意思表示来对行政处理加以界定，但他同时认为，以民法上的

---

① 新中国成立前以及目前台湾地区的学者译为"行政处分"，大陆学者多译为"行政行为"，如［德］毛雷尔著、高家伟译：《德国行政法总论》，法律出版社 2000 年版；于安编著：《德国行政法》，清华大学出版社 1999 年版。

营利业务（Geschaeft）① 来说明行使公权力并不妥当，尤其质疑将警察处理、征收处理与征税处理等视为法律行为。此后，一直有学者反对用民法上的法律行为与意思表示来说明公法上的行政处理等行为。② 例如，德国著名民法学者 Werner Flume（弗卢梅）对行政处理与民法法律行为的差异作了细致的区分。他认为，私法上的法律关系通常需要复数的法律行为共同作用而形成，而公法上的法律关系通常都是通过单方行为而形成，因此他认为行政处理并非（民法上所称的）法律行为。具体而言，二者的区别包括：①民法上法律行为是私法自治的体现，而行政处理形成的法律关系通常是单方要求相对人必须接受，其正当性直接来自于法律而非私人意思，并且需要遵循依法行政原则。②民法上法律行为既然以自我决定为前提，则必然关注是否存在意思表示瑕疵与法律行为能力欠缺等影响自我决定的问题，但行政处理的关键则在于内容是否符合法律保留与法律优位原则。③行政处理虽然也与民法上的法律行为一样具有目的指向性，但这是法律的要求，而非受制于行政的意思要素（Willensmoment）。当具备一定法律构成要件的事实存在时，公务员即应作出一定行政处理，其在此并无创造性以及合乎自我意思的形成空间。④行政机关的主观要素有时也具有重要性，例如在行政机关具有裁量空间时。但这与民法上法律行为中的自我决定仍有不同。因为行政裁量并非自由裁量，尽管在裁量范围内公务员可以根据自己的意志作出决定，但必须进行合义务的裁量并要以实现公益为目的，否则将构成裁量瑕疵。⑤行政处理具有高权性。行政处理本身可以作为强制的执行名义，而民法上法律行为的强制执行有赖于法院的裁判。行政处理违法原则上被撤销前仍未有效，无效为例外；而民法上的法律行为如果违反强制规定，即不具效力。行政处理也比民法上法律行为更为严格地受到信赖保护原则的限制。⑥行政处理的内容基本上受限于法律的规定，而民法上法律行为中表意人拥有对于法律行为内容的形成自由，从而对于后者内容的确定要比前者困难得多。③

---

① 法律行为之德文为 Rechtsgeschäft，该词由 Rechts 与 Geschäft 组合而成，前者为法律，而后者具有营利业务、交易行为或事务的含义。

② 关于德国行政法学引入法律行为与意思表示建构行政行为概念体系的学说史，参见翁岳生《论行政处分之概念》，载所著《行政法与现代法治国家》，该书于 1976 年 1 月初版，所引用者为 1989 年 10 月版。

③ Vgl. Werner Flume, *Allgemeiner Teil des bürgerlichen Rechts*, Bd. 2, 1965, S. 41 f. 转引自程明修《行政法上之意思表示、法律行为与行政处分》，载所著《行政法上之法律行为与法律关系理论》，新学林出版股份有限公司，第 81 页以下。

德国现行《联邦行政程序法》对行政处理所作的定义是：

> 行政机关在公法领域中，为规制个别事件，以直接对外发生法律效果为目的，所作的各种处置、决定或其他公法措施。

这一界定在用语上强调了行政处理是一种"规制"（Regelung），并且以直接对外发生法律效果为"目的"，在其中尽管没有出现法律行为与意思表示的概念，但在解释上则完全可以将这一内涵纳入。目前德国许多通行的行政法教科书，如 Maurer、Wollf、Erichsen，Battis 等人的教科书，均从意思表示的角度对法定的行政处理规制要件加以界定。例如 Maurer 认为：

> 行政处理具有规制的属性。规制是一种具有法律拘束力的命令，是一种以实现某种法律效果为目的的意思表示（或相互协调一致的多个意思表示）。法律效果表现为法律权利或者义务的设定、变更废弃，或者具有法律拘束力的确认，或者——如果承认对物的行政行为——决定物的法律地位。①

在德国行政法学者看来，规制的实质即为意思表示，在他们看来，只有通过引入规制或者意思表示的要素，才能将行政处理与行政上的事实行为（Realakte）区分开来。

行政处理属于意思表示，但它与行政机关的其他意思表示在法律效果上存在区别，例如在法律救济上，对行政处理不服应提起撤销诉讼或课以义务诉讼，而对于其他意思表示则应提起一般给付诉讼。因此，除了应将与双方意思表示一致产物的行政契约区分开来以外，还应与其他的"单纯的"行政法上的意思表示区分。①在规制作用方面，行政处理是行政机关单方规制作用，而单纯的行政法上意思表示不具有单方规制性质。②在强制执行方面，下命性行政处理具有执行力，可以作为执行名义，而单纯行政法上意思表示不具有执行力。③在主体方面，行政处理的主体只能是行政机关，而单

---

① ［德］毛雷尔：《行政法学总论》，第 183 页。本译文据原文略有改动。

纯的行政法上意思表示主体比较多样。④在法律效果上，行政处理必须对外直接发生法律效果，而单纯的行政法上意思表示可能仅对内部产生法律效果。

德国学者根据行政处理规制的内容，一般将行政处理分为下命处理、形成处理和确认处理。①下命处理(befehlende Verwaltungsakte, Verfügungen)，即是以命令或禁止的形式对相对人设定特定作为、不作为或容忍义务的行政处理。下命处理所设定的行为义务，相对人如果不执行即无法达成目的，因而具有强制执行的必要。在各种行政处理也仅有下命处理由强制执行的问题。②形成处理（gestaltende Verwaltungsakte），即用以设定、变更或废止具体法律关系的行政处理。广义而言，命令或禁止也是形成处理的形式。但对形成处理一般采取狭义的理解，将以命令与禁止形式出现的行政处理排除在外，其最典型的形式是行政许可。③确认处理（feststellende Verwaltungsakte），指确认权利或义务，或确认在法律上具有重要性的人或物的法律性质的行政处理。德国传统行政法学上将行政机关的确认行为归于准法律行为之中，而根据现在的观点，确认处理虽然仅说明有关事项根据法律规定所原应有的效力，但因其人具有法律拘束力，具有规制的性质，因此属于行政处理。例如对依法律规定成立的公法金钱给付义务一旦经过行政处理（给付裁决，Leistungsbescheid）的确认，即产生如下法律效果：在确认存在时，行政机关不得拒绝给付或者要求退回所确认的给付；在行政具有裁量空间的情况下，确认处理可以强化私人的权利。可见确认处理也具有某些创设效力（konstitutive Wirkung），其与形成处理的不同在于不以变更实质的法律地位为目的。

德国行政法学上对行政处理的讨论，除了其概念内涵与分类外，主要涉及的问题还有无效行政处理与可撤销行政处理的区别，行政处理的效力（如存续力、构成要件效力和确认效力、执行力）等。

（2）行政处理与行政事实行为

行政事实行为（Verwaltungs-Realakte, Verwaltungstathandungen），源于W. Jellinek 在 1931 年所提出的单纯高权行为（schlichte Hoheitsverwaltung）的概念，其中包括建设街道、铺设绿地、兴建垃圾焚化炉、排除交通障碍等。行政事实行为没有规制内容，也无拘束力。Erichsen 认为：

　　行政事实行为是行政主体所采取的一系列行为方式的总称，其与行政处理和意思表示的界限在于，并非旨在最终产生一定的法律效果

（Rechtsfolg），而是直接产生某种事实上的效果（Tatsaechlicher Erfolg）。①

德国行政法学上一般将事实行为区分为观念通知与单纯的事实作业，前者是具有通知或评估性质而不直接产生法律效果的宣告行为，如答复、警告、报告与鉴定等，均属提供资讯的"知之表示"（Wissenserklärung）；后者如警察清除交通路障、城市露天游泳池的养护，驾驶公务车辆等。Maurer认为事实行为包括：①公共警告，即行政机关或者其他政府机构对居民公开发布的声明，提示居民注意特定的工商业或者农业产品，或者其他现象，如所谓的青少年性行为。②非正式行政活动，主要是指行政决定作出时或者作出前，行政机关与公民之间进行协商或者其他形式的接触的行为。②

Klaus F. Rähl 在其所著的《一般法学》中则认为：

行政的事实行为（Realakte der Verwalung）与法的行为（Rechtsakte）不同。他们被分成规范引导的事实行为和其他事实行为。规范引导的事实行为（Normgeleitete Realakte）是指，不能与行政处理一样引起法律状态变化的行为，它们仅仅表现为公法规范的实现以及对公民的事实上效果。至于规范引导事实行为之外的事实行为，人们可以举出的例子是，市长的公务旅行，公共街道的维修或者是记者招待会。许多所谓的新的国家行为形式，例如对于对怀孕有危险的食物的公共警告，被归于规范引导的事实行为。对于这种行为不能提起行政法院法第42条规定的撤销诉讼。但根据基本法第19条与行政法院法第40条所规定的一般条款，行政法院在必要的情形中对此必须提供法律保护。③

在德国行政法学上，对于即时强制行为，包括对人的管制、对物的扣留等的性质存在争议。有学者认为，这类行为虽然与单纯的事实作业在外观上相似，但因为其实施本身蕴涵着科处相对人容忍义务的意思，因此也应认定为行政处理。④ 但有学者认为，在以前行政诉讼的受案范围限于行政处理的

---

① Erichsen, Hans – Uwe（Hrsg.），*Allgemeines Verwaltungsrecht*，§30，Rdnr 1.

② ［德］毛雷尔：《行政法学总论》，第391页以下。

③ Klaus F. Rähl, *Allgemeine Rechtslehre*, Carl Heymanns Verlag KG, 2001, 2. Aufl, S. 455.

④ Mayer/Kopp, *Allgemeines Verwaltungsrecht*, 1985, S. 39. 转引自许宗力《行政处分》，载翁岳生编《行政处分》，中国法制出版社2002年版，第647页。

情况下，将即时强制理解为法律行为与行政处理，有助于对私人权利的保护，但在基本法时代行政诉讼的受案范围已经超过了法律行为的范围，只要是对公民的权利义务造成影响，即使是事实行为也同样可以提起行政诉讼，事实行为与法律行为的区分只是影响诉讼类型而不涉及权利保护的必要性，因此应更多考虑概念本身的逻辑性。既然在实施即时强制的很多场合中相对人尚不明确，将其定性为行政处理，不是创造出一个没有相对人的行政处理类型，就是必须等事后通知相对人时才能生效，但这两种结果都很牵强，因此不如就将其定性为事实行为。①

事实行为虽然不以直接发生法律效果为目的，但也必须符合法律的规定。法律行为以发生法律效果为目的，因此若违法会产生对其法律效力的影响问题。而事实行为既然不以直接发生法律效果为目的，在违法情形即不存在对法律效力的影响问题，但行政机关有义务去除违法事实行为造成的现实，并且在可能的和可预期的范围之内恢复合法的状态。因违法的事实行为而遭受损害的公民享有相应的结果除去请求权和回复原状请求权，还可能产生损害赔偿请求权和补偿请求权。德国行政法院的权利保护不限于行政处理和其他法律行为，事实行为也在其中。②

（3）行政处理与准法律行为

民法学上将法律所允许的构成法律事实（即能够导致法律关系产生、变更与消灭的事实）的行为，分为表意行为与事实行为。其中表意行为，是指将一定的心理状态表现于外部，又可分为：①知之表示，即观念通知或事实通知，包括纯粹观念的表示（如承认他人权利的存在），对事实的主张（如代理人主张代理权的存在），对事实的通知（如债权让与的通知、承诺迟到的通知、买卖标的物瑕疵的告知）等；②情之表示，即对感情的表示；③意之表示，即对意志的表示，包括意思通知（如催告）与意思表示。③ 这些表示中，除意思表示以外的其他表示行为，如果能够导致法律关系的产生、变更与消灭，即构成准法律行为（Geschäftsähniche Handlungen）。准法律行为中的表示行为并非旨在引起一种行为人希望产生的法律后果；在大多数情况行为人根本就没有意思可供表示。准法律行为与事实行为的相同之处即在于，其后果完全产生于法律，因而与行为人的意思无关；而法律行为之

---

① ［德］毛雷尔：《行政法学总论》，第 491 页。
② 同上书，第 392 页。
③ 史尚宽：《民法总论》，中国政法大学出版社 2000 年版，第 305 页。

所以能够产生法律后果，是因为行为人具有引起法律后果的愿望（并将这种愿望表达了出来）。① 这就是为什么法律行为可以成为私法自治的工具而准法律行为则不能的原因。

目前德国行政法学教科书中对于法律行为与事实行为的区分比较重视，而对准法律行为的概念缺乏深入探讨。从一些学者对事实行为的理解来看，似乎将行政机关所作意思表示以外的所有行为都纳入事实行为的范围，从而不再有准法律行为概念存在的空间。② 但在沃尔夫等人的教科书中，对于准法律行为还是作了简略的介绍。该书认为，准法律行为也是依据公法规范产生法律后果的行政上的法律活动，但其法律后果的产生独立于行为主体的认识表达或意思表示。其中包括，①具有直接法律后果的通知。例如关于权利救济的告示，具有是权利救济期限开始的法律后果。②具有变更诉讼证明状态效果的证明或者认证，例如户籍机关出具身份证明，《民法典》第 129 条规定的认证，登记机关等登记等。③有关行政机关的法律意见、法律事实的答复。但这仅限于受答复人已经作了相应处置从而行政机关应受信赖保护原则约束的情况。③

2. 日本

（1）传统学说

在日本，德语中的"Verwaltungsakt"被翻译为"行政行为"。尽管在日语中，行政行为一词存在最广义、广义、狭义与最狭义等多种不同的界定，但通说对行政行为的界定与德国通说基本相同。例如田中二郎将行政行为界定为"行政厅依法行使公权力，就具体事实对国民实施法律规制的行为"，④南博方认为，"所谓行政行为，是指行政厅为了调整具体事实，作为权力的行使，对外部采取的产生直接法律效果的行为"⑤。原田尚彦认为，行政行为是"行政厅依据法律的规定，根据其单方面的判断，具体地决定国民地

---

① ［德］梅迪库斯著，邵建东译：《德国民法总论》，法律出版社 2000 年版，第 159 页。

② 林明锵教授在所著《论型式化之行政行为与未型式化之行政行为》中，在介绍德国形式行政之法律形式学说时，即将行政事实实行明确界定为除意思表示之外之任何行为，载《当代公法理论——翁岳生教授六轶诞辰祝寿论文集》，月旦出版公司 1993 年版，第 135 页。

③ ［德］沃尔夫、巴霍夫、施托贝尔著，高家伟译：《行政法》（第二卷），商务印书馆 2002 年版，第 141—142 页。

④ ［日］田中二郎：《行政法总论》，有斐阁 1979 年版，第 264 页，转引自杨建顺《日本行政法通论》，中国法制出版社 1998 年版，第 362 页。

⑤ ［日］南博方著，杨建顺、周作采译：《日本行政法》，中国人民大学出版社 1988 年版，第 33 页。

权利和义务及其他法律地位的行为"①。这种意义上的行政行为与日本实证法上的"行政厅的处分"概念大体相当，但二者也存在不一致之处。一般这种不一致的主要原因，在于行政处分是日本行政案件诉讼法中所运用的概念，为了有利于公民获得权利救济，在学说和判例上往往对这一概念做扩大的解释，导致其与学理上的行政行为之间存在了一定程度的差异。

日本行政法上以前的通说、现在的多数说，将行政行为依据民法的法律行为论，分为法律行为性行政行为和准法律行为性行政行为。法律行为性行政行为，是指由行政厅作出意思表示的行政行为。而行政厅的意思表示，是指行政厅有希望某种法律效果发生的意识（效果意思），并将这种意思向外部表示的行为（表示行为）。因为是按照行政厅的效果意思而承认法律效果的发生，所以法律可以承认行政厅的行政裁量。并且只要在裁量权的范围内，也可以为其加付款。法律行为性行政行为可分为命令性行为和形成性行为，命令性行为可以分为命令及禁止、许可、免除；形成性行为可分为特许及变更、剥夺权利的行为、认可、代理。

与此相对，所谓准法律行为性行政行为，是指根据行政厅的意思表示以外的判断或认识的表示（"观念表示"），由法律将一定的法律效果结合起来，而形成的行政行为。例如，在选举人簿上登记，是行使选举权的要件，所以只要有了登记，就发生可以行使选举权这样一种法律效果。在这种意义上，登记被称为准法律行为性行政行为。因为准法律性行政行为不是行政厅的意思而导致法律效果发生，"发生或者不发生何种效果，完全由根据法来规定，而不是依据意思表示"，所以其内容没有承认行政厅裁量权的余地，也不能添加附款。准法律行为性行政行为又分为确认（指就特定的事实或法律关系的存在与否，以公共的权威进行判断并予以确定，例如当选人的决定，地方自治团体分界性的裁定，养老保险金的裁定，建筑确认）、公证（是指对公众证明特定的事实或者法律关系存在的行为，例如在户籍上记载，律师与建筑师的登记）、通知（是指对特定人或不特定的多数人通知一定的事项的行为，例如纳税的督促、代执行的告诫、特许申请的公告等）与受理（指将他人的行为作为有效的行为予以接受的行为。例如各种申请、报告、不服申诉的受理）。②

---

① ［日］原田尚彦：《行政法要论》，学阳书房1986年版，第113页，转引自杨建顺《日本行政法通论》，第363页。

② 杨建顺：《日本行政法通论》，第367页以下。

日本行政法学上对事实行为的讨论较少，大多是在讨论行政行为概念时附带予以提及。有学者将事实行为分为精神性表示行为和物理性行为。前者是指不具有直接法效果的对外表示行为，包括行政指导、公证等。日本判例和学理认为，即使形式上是事实行为，但如果对国民的权利义务产生了直接的影响，就可以认可其行政处分性质，从而允许提起撤销诉讼。① 后者是事实作业或者直接对国民的身体、财产等施加实力的行为，例如直接强制和即时执行。

（2）对传统学说之批评

在日本，将行政行为区分为法律行为的行政行为与准法律行为的行政行为自明治宪法时期一直延续至今。但近年来，学界对于这种分类方法多有批评，对其实际意义亦表怀疑。著名行政法学者盐野宏的下述观点颇具代表意见。

盐野宏对将行政行为与民法上法律行为相类比并无质疑：

> 在行政主体和私人之间的权利、义务关系变动时所运用的、包括契约在内的行政性精神作用，有各种各样的形态。在行政法学上，其中之一就是行政行为……现在，通常是在强调与民法上的法律行为相对比的意义上使用狭义的概念，我们在这里也按这种观点来理解。即：行政行为，是指行政活动之中，在具体场合具有直接法效果的行政的权力性行为。②

但他对于将行政行为分为法律行为性行政行为与准法律行为性行政行为予以质疑：

> 以前所采取的依行政行为内容及效果意思进行分类的方法，是依民法的法律行为以及国家和社会的二元区分这种基本的范畴为前提的，所以有其相应的意义，并且，即使在现在，和其细分类的用语一起，在学说上得以广泛采用，所以，有的作为行政法学的知识依然通用。但是，在现代……有人认为，此处所探讨的认可、特许等，与其说是行政行为的分类，倒不如说是对关于私人行为的规制方法的法体

---

① ［日］盐野宏著，杨建顺译：《行政法》，法律出版社 1999 年版，第 324 页以下。
② 同上书，第 80 页。

系分类。主张这种观点的学说更具有说服力。所以，在行政行为这种行为形式阶段维持这种分类，是不适当的。因此，从立足于行政过程论角度的行政的行为形式观点看，我认为倒不如彻底贯彻功能性见解，采取如下所述的命令性行为、形成性行为和确定性行为的三分方法更为适当。①

盐野宏还对传统上归入准法律行为的四类行为分别进行了检讨，基本上否认了将其归入准法律行为的观点：

> 关于确认，如果其所确定的内容产生公定力的话，被解释为具有确定法律关系等内容的行政行为，即具有行政行为内容上的分类之意义。此外，关于公证，判例认为，仅仅有对于公众的证明力，还不能赋予其作为行政行为的资格。与此相对，关于通知行为，具体地说，有的判例将其视同命令性行为，没有将其作为准法律行为独立地予以评价。至于受理，当被具体地赋予法律效果时，到底应不应该作为和命令性行为、形成性行为不同的、独立的行政行为的种类来把握，也是有疑问的。②

3. 中国台湾地区
（1）传统学说

20 世纪 80 年代以前，我国台湾地区行政法学界延续大陆时期的行政法学说（该学说又受到德国与日本学说之深刻影响），均将意思表示作为"行政处分"的概念要素，重要学者如林纪东、管欧、史尚宽和马君硕等均是如此。例如林纪东将行政处分界定为：

> 行政官署就具体事件，为公法上单方的意思表示，依其意思表示，而发生法律效果者。③

---

① ［日］盐野宏：《行政法》，第 86 页。
② 受理的观念，在行政程序法上也不存在。——原作者注。［日］盐野宏：《行政法》，第 86 页。
③ 林纪东：《行政法》，三民书局 1980 年版，第 304 页。

林纪东亦强调行政官署的法律行为与准法律行为之区别：

　　行政作用一语，原包括下列两种行为而言：①为以行政官署之意思表示，为其主要构成要素，依其意思表示之内容，而发生法律效果之行为，是为行政官署之法律，是为行政官署之法律行为，亦称法律行为的行政行为；②为以行政官署意思表示以外之心理表示，为其构成要素，不问行政官署之意思如何，径自发生法律效果之行为，是为行政官署之准法律行为，亦称准法律行为之行政行为。行政处分，则以行政官署之法律行为为限。①

　　……准法律行为的行政行为，则系表示某事之行为，就其需要表示而言，故与普通之行政行为相同，然其所表示者，仅为判断，认识或感情，而无发生法律效果之意思，故纵因而发生形成的效果，然其形成，并非基于行为人之意思，而专基于法律之力，其结果，乃构成准法律行为的行政行为与其他行政行为不同之二种法律上特色。①一般行政行为，系基于效果意思而发生效果者，故如其意思之内容相同，效果亦属相同；至于准法律行为之效果，则非基于行为人之意思，故纵系相同内容之行为，其效果因法律规定而不同。②一般行政行为，因系基于行为人之意思，而发生效果，故得依行为人之意思，限制其效果，从而得为附款之行政行为；准法律行为之效果，则不基于行为之意思，故性质上不能附加附款。②

　　林纪东将准法律行为之行政行为分为确认行为、公证行为、赏罚行为、通知行为及受理行为五种。①确认行为。确认行为是指当特定之法律事实或法律关系之存在有争执或有疑义时，国家以公的权威，判断或认定其争执或疑义，而公告于众的行为。确认行为并非企图发生某种效果，而仅以确定特定之事实或权利存在与否为目的，故非形成的行为而为宣告的行为。确认行为所认定者具有公的权威，除因有正当权限之官署加以推翻外，任何人均不得证明其与事实不合而推翻其确定力。②公证行为。公证是对于特定法律事实或法律关系之存在予以公的证明的行为。公证与确认不同，不属判断之表示，而为认识之表示。公证行为的直接效果在于其所证明之事实发生公的证

①　林纪东：《行政法》，三民书局 1980 年版，第 305 页。
②　同上书，第 354 页。

据力。所谓公的证据力是指在依反证而证明其违反真实以前，无须另求其他证据，即可推定其记载之真实。阿卡见公证与确认不同，并不发生公的确定力，而仅予以证据力。③赏罚行为。① 国家或公共团体对于一定主体可能加以赏罚，其内容如为赋予权利或剥夺权利，则为形成处分，如为科以过怠金等命以义务，则为下命处分；但偶尔也有不具这些实质之内容而仅表彰善行或谴责恶行的。这种表彰或谴责，如非以公定之一定形式行之，则为单纯之事实行为，不应视为行政行为。然如以一定之形式公表，则非单纯之事实行为，而是不以效果意思为要素之准法律行为（观念表示行为）。由此所生的效果是对于公报之申诫等事之记载有忍受之义务，然其效果并非基于当事人之意思而生，而系基于法令规定之结果。④通知行为。即使相关人知晓某事的行为。各种公权力行为要发生效力均有使受其拘束者知悉之必要，故通知为此类行为的共通要素。当通知在这些行为中不另生法律效果之时，仅为事实行为，并非行政行为，但如附带而生一定之法律效果，则为准法律行为之行政行为。⑤受理行为。这是指以他人表示为有效表示而受理之行为，如各种声请书、诉愿书之受理。受理是行政官署的意思行为，因此与单纯到达不同，必须行政官署以其为有效之文件，有依据法令加以处理之意思，才能称为受理。

林纪东亦注意行政处分作为法律行为与事实行为在概念上的区分。他认为：

> 事实行为谓全不发生法律效果，或虽发生法律效果，然其效果之发生，乃系于外界之事实状态，并非由于行政权心理作用之行为。行政作为之为事实行为者，故亦甚多，如道路之筑造，狂犬之扑杀等皆是。事实行为亦不乏发生法律效果者，然其效果之发生，系由于外界之变化，因法规规定而直接发生，非由于行为之结果，故不置于行政作用之列。由于行政处分是行政作用的一种类型，既然事实行为不属行政作用，当然也就不可能为行政处分。②

（2）对传统学说之批判

对传统行政法学区分法律行为的行政作用与准法律行为的行政作用，一

---

① 多数台湾行政法学著作对准法律行为的分类中均不包括这一种类。
② 林纪东：《行政法》，第294页。

直存在一定程度的批评。[①] 留学德国的我国台湾著名行政法学者翁岳生教授在发表于台大法学院《社会科学论丛》（第二十辑）（1970 年 7 月）的一篇经典论文中，对以意思表示和法律行为解释行政处分的传统进行了全面解构。他认为：

> 藉民法上法律行为与意思表示之概念解释公法上之行为，似不妥当。行政机关之行为中，纵使能够发现意思之因素，这种行政机关公法上之意思，亦与民法上之意思表示，有本质上之不同。因此，民法上法律行为与意思表示之规定，不能借以规律行政处分。并且区别"法律行为之行政行为"与"准法律行为之行政行为"亦缺少意义可言：盖观念表示之法律效果，悉依法令之规定为准，而含有意思表示之所谓"法律行为之行政行为"，亦并非完全依表意人之意思为凭，而常须受表示于外部之客观形态或法令之支配。因此之故，行政法上之"法的行为"（Rechtsakt），皆应依其行为，是否发生法律效果为断。纵使非精神行为，如捕杀患有传染病之狗，强制治疗，或强制接种预防痘或预防针等，既发生一定法律效果，是亦属于"法的行为"，而非单纯之"事实行为"（Realakt），叶立尼克将其名之为"要求忍受之行政处分"（Verwaltungsakt auf Duldung），颇有见地。……基于上述说明，行政机关之行为，是否为行政处分，不问其为精神行为或事实行为，皆视其发生法律效果与否而定。

翁亦认为：

> 行政处分排除适用民法有关法律行为与意思表示之结果，做成行政处分者，已不以人之行为为限。如今，由于技术之发达，逐渐以机器代替人之行为，因此产生所谓"机械作成之行政行为"之新观念。[②]

---

① 例如管欧即认为，行政行为究竟是法律行为还是准法律行为，其认定的标准与界限，有时极为困难，例如，作为处分书的"通知"与作为观念表示的"通知"有时难以分清；"证明"行为有时也发生权利义务的得、丧、变更的结果，从而与"确认"行为之间难以区别。管欧著：《中国行政法总论》，自刊十版修订本，第 428 页。

② 翁岳生：《论行政处分之概念》，载所著《行政法与现代法治国家》，第 15 页，该书于 1976 年 1 月初版，所引用本为 1989 年 10 月第 9 版。

　　从上引可见，翁岳生教授全面否定了传统上从民法法律行为角度对行政处分概念所做的界定。他不仅否定了行政法上法律行为（意思表示）与准法律行为（知之表示与观念通知等）之间的界限，甚至已取消了法律行为与发生法律效果之事实行为的界限。翁岳生教授的这一观念产生了重大的影响，许多行政法学者放弃这种分类。①

　　例如陈秀美认为：

　　　　行政处分之定义，依"我国"行政法学者之通说，所谓行政处分系行政机关就具体事件，为公法上单方之意思表示，因而发生法律效果者。依此定义，可知"我国"学者对行政处分之说明，乃借用民法上意思表示与法律行为，解释公法上之行为。此种说明方式，仅于行政处分设定、变更或废止行政机关于人民之间的法律关系时，始有可能。但行政处分之概念内，并不包含有类似民法上之行政机关与人民间之法律关系。因民法上法律关系之本质为权利义务之对等关系，当事人之任何一方不能优越于他方，而行政处分之公法理论，却建立于国家与公共团体优越地位之基础上。故私法上法律行为之意思表示，原则上仅为表意人自己设定义务，而行政处分之本质却是基于法令，以单方之决定强制个人作为或不作为为其要件。同时，意思自由为民法之重大原则，但行政机关之行为则受依法行政原理之拘束，并无意思之自由，纵使行政处分中有意思之存在，但此种公法上意思表示与民法上法律行为之意思并不尽同。例如，在民法上，未成年人或禁治产人所为之意思表示会影响其意思表示效果。而公法上之意思表示，公务员之精神状态未必使机关之意思表示归于无效。故精神失常之公务员于无意识或精神错乱状态所为之行政处分，如该处分客观上已具备合法之要件，其效力并不因而受影响。又如因科技电脑程式所为之处分书，如税单等机械作出之处分书，其操作人等意识状态如何，既非判断行政处分效力之要素。此或为近年来公法学者，趋向于摒弃援用民法上之法律行为或意思表示以说明行政处分之原因。②

---

　　①　实际上，史尚宽在其早期所著《行政法论》（1954 年版）一书中即已指出民法上的法律行为与行政处分之不同有二：其一，民法上的法律行为原则上行为者自负其责，而在行政处分原则上拘束行为人以外之人；其二，行政处分应自团体的立场为之，民法上法律行为可任个人自由。
　　②　陈秀美：《行政诉讼上有关行政处分之研究》，司法周刊社 1989 年版，第 43 页。

目前台湾地区一些教材中根本不提及法律行为与意思表示的概念。有的学者则试图修正传统上所认定为行政处分与意思表示、事实行为的关系。例如陈新民认为：

> 原则上，行政处分是行政机关之成员（公务员）所颁布，以意思表示为主要方式，但亦可为其他之行为，亦即不必依循民法之意思表示，例如"事实行为"依法可产生法律效果时，也可属行政处分。[①]

台湾地区《行政程序法》第92条规定，"本法所称行政处分，系指行政机关就公法上具体事项所谓之决定或其他公权力措施而对外直接产生法律效果之单方行政行为"。其中也未出现法律行为与意思表示等字眼。

（3）新近学说之趋势

但近年来，越来越多的台湾地区行政法学者强调以意思表示与法律行为来分析行政处分概念，并将其与行政法上的事实行为相区分，这似乎已成为台湾地区行政法学的一个新趋势。

陈敏教授引用德国学者Maurer的观点认为：

> 行政处分，乃行政机关单方所为之规制措施。在此所谓之"规制"（Regelung），系以设定法律效果为目的，具体法律拘束力之意思表示。规制之法律效果，在于设定、变更或废弃权利及义务，或对权利义务为有拘束力之确认。行政处分为行政机关之公权力规制措施，亦即根据公法所为之规制措施。行政机关，不仅在外观上具有处理行政事务之公权力，并且以行使公权力之意思而做成之规制，如具备行政处分之其他要件，即为行政处分。行政机关在行政法上所为之意思表示，而非行使公权力者，并非行政处分。
>
> "我国"有关法规之规定以及学理论述，常仅以单方行政行为说明行政处分，未能彰显其为法律行为之本质。采用"规制"或"规定"之用语，虽与一般说明行政处分之方式不同，但可以明确表现行政处分如同行政契约及法规命令一样均属于公行政的公法法律行为。

[①] 例如警察的搜查证件行为、强制打针、即时强制之行为属于事实行为等，既然已使人民产生服从之义务，亦可认为是行政处分。德国学者 W. Jellinek 称之为"强制忍受命令的行政处分"。——此注释为原作所加。参见陈新民《行政法总论》，1997年修订6版，第206—207页。

读者如不习惯"规制"之用语，不妨在观念上径以"意思表示"替换之。①

在陈敏教授所撰写的行政法教科书中，亦仿德国学者 Erichsen，辟专节介绍行政法上意思表示的一般规则。

关于事实行为，陈敏教授采纳德国学者 Wollf 等的观点，将其定义为公行政一切不以发生法律效果为目的、而以发生事实效果为目的的行政措施。他认为行政事实行为不具规制内容，也无拘束力。但陈教授亦接受林纪东教授的传统观点，认为行政事实行为也并非全无法律效果，只不过这一效果并非该行为的目的之所在，而是配合一定的状况而间接产生。例如违法的事实行为也可能产生防御请求权和损害赔偿请求权。他将行政事实行为区分为三种，即知之表示，是各种不以发生法律拘束力为目的，也即不具有法效意思的表示行为，例如提供资讯、警告、建议、报告、鉴定与说明等；执行行为和事实作业。②

吴庚教授考察了德国行政处分的概念发展史，指出在德国自 Kormann在 1910 年开始以民法上的法律行为诠释行政处分概念以后，学者多接受其观点，第二次世界大战以后，行政法学者亟思摆脱民法之影响，而1976 年德国联邦行政程序法对行政处分的定义中也未出现法律行为或意思表示之概念，因此以意思表示解释行政处分的做法日渐减少。③ 但吴庚仍坚持将意思表示作为行政处分的要素，"不仅因为行政程序法及诉讼法以行政行为作为处分之上位概念之故，同时在实务上亦有其实益"。吴庚教授同时也指出，意思表示尽管是公法与私法上法律行为的共同特征，但二者仍有差异。因为私法上意思表示的效力只是本身受其拘束，而形成行政处分的意思表示如果是对相对人课以义务，相对人应受其拘束，与民法上的意思表示大异其趣；并且民法上的意思表示对表意人的识别能力等极为重视，一旦有所欠缺则影响意思表示之效力，而公法上关于行政处分作成之公务员，其个人精神状态并非重要因素。因为行政处分并非公务员个人心理意愿之表示，而是多数公务员共同参与之机关的意思表示，这在合议机关尤其明显，因此精神状态不健全公务员所做的行为，如果内容合法

---

① 陈敏：《行政法总论》，2003 年第 3 版，第 303 页以下。

② 同上书，第 611 页以下。

③ 实际上从笔者掌握的德文文献来看，吴庚教授的这一认识可能并不符合德国的实际情况。

适当即不生瑕疵的问题而视为当然有效。①

吴庚教授对事实行为亦接受德国学者 Erichsen 的定义，强调其为行政主体所为直接发生事实上效果的行为，与对外发生法律效果的行政处分或其他意思表示不同。吴庚将行政法上之事实行为分为四种。（1）内部行为。（2）认知表示。认知表示（Wissenerklaerung）也可称为通知行为（Mittel-ungshandlung），台湾地区行政实务上的观念通知即属此。（3）实施行为。（4）强制措施。② 但吴庚教授在讨论观念通知与行政处分之界限时提出，在公法领域认知表示也可能发生与意思表示相同之法律效果，然则在此情形下它是否还属于事实行为，或是与民法一样属于准法律行为，或者已经构成了一种规制从而属于作为法律行为的行政处分，则未见讨论。③

许宗力教授认为，行政处分必须是行政机关所谓直接发生法律效果的法律行为，也就是对权利与（或）义务产生规制（Regelung）作用，或者说导致权利与（或）义务发生、变更、消灭或者确认的行为。行政处分因则可视为是行政法上的一种意思表示（Willenserkläerung）。④

李惠宗教授认为，根据德国和我国台湾地区行政程序法，行政机关的决定或者其他公权力措施是行政处分的一个要素，这实际是指该行为具有公权力的规制性效果（regelnde Wirkung）。所谓行政决定也属公权力措施的一种形态，是指行政机关针对人民直接依据法规的规定，将抽象的法律规定予以具体化的意思表示。其他公权力措施与一般事实行为（Realakte）不同，应加区辨。区辨行政处分与事实行为之意义在于决定对哪种行为可提起哪种行政诉讼。其他公权力措施是指行政机关的行为，虽未明确将某种法律效果具体化表现于外，但因法规已就特定情形明文规定其法律效果，故该公权力措施即会与各该规定之法律效果自动联结，从而产生规制（Regeln）或形成的作用，例如水资源保护区的划定、计划区域的划定、建筑线的制定、1999 年"九二一大地震"影响下房屋的全倒或半倒的判定等。⑤ 按照李惠宗的理解，其他公权力措施所指的主要即应为传统上所言的准法律行为的行政行为。

---

① 吴庚著：《行政法之理论与实用》，第 200 页。

② 同上书，第 285—286 页。

③ 同上书，第 215 页。

④ 许宗力：《行政处分》，载翁岳生编《行政法》（上），中国法制出版社 2000 年版，第 638 页。

⑤ 李惠宗：《行政法要义》，五南图书出版公司 2002 年版，第 339 页以下。

李建良教授在其于 2002 年所撰长篇论文《论行政法上之意思表示》，亦明确承认行政处分作为行政法上意思表示的性质。①

程明修教授在 2005 年发表论文《行政法上之意思表示、法律行为与行政处分》，对相关问题作了深入探讨。该文的基本立场，是认为援用民法上意思表示的概念来说明行政处分这一法律行为并无不妥，行政处分为行政法上的法律行为，以意思表示为其概念核心，特别是其中的法效意思乃是与行政法上的准法律行为和事实行为的区分基准。该文强调行政处分必须具有规制目的，即通过行政官署的意思来型塑一个法律状态，法律效果的发生正是基于所谓的官署意思，而非单纯地根据法律规定。② 该文对翁岳生教授过度扩大行政处分的概念内涵导致出现准法律为的行政处分与事实行为的行政处分等概念予以批判。对于确认行为这一传统上认为是准法律行为的行为，该文肯定了其行政处理性质，并认为一般的确认行为因为其规制效果而同样具有形成性或创设性的效力，因为它通过具有拘束力的表示而宣示了抽象的相关法律条文在特殊的具体事实上的要求，澄清了具有开放性和不确定性的法规范在个案中的意义，并且行政机关在事实认定与法律解释和涵摄上均具有一定的创造性空间。③

陈爱娥教授认为，行政处分之所以能够与行政法上的事实行为与准法律行为区分开，并不在于它是否对外发生法律效果，而在于它包含了行政法上的意思表示。换句话说，行政处分之所以能够产生一定的法律效果，是因为作成行政处分者拟（gerichtet）产生一定的法律效果并且得到法律秩序的承认。至于行政机关是否拟作成行政处分，其通过行政处分救济要产生什么样的法律效果，取决于行政处分之意思表示的内容。具体而言，首先应从行政处分的主文中去探求，如果主文不清晰，也不排除从理由说明中进行分析。④ 关于直接法律效果，她认为这一要求的内容，是行政机关应在行政处分中指出其所希望达到的法律效果为何。

---

① 李建良：《论行政法上之意思表示》，载《新世纪经济法制之建构与挑战》，元照出版公司 2002 年版，第 205 页以下。

② 程教授还认为，行政处分必须能够对外直接产生法律效果这一直接性特征，与规制的目的性之间存在密切的联系，也即只有当公权力措施所造成的法律效果是行政官署所意欲产生的直接性要件才可能具备。

③ 程明修：《行政法上之意思表示、法律行为与行政处分》，载所著《行政法上之法律行为与法律关系理论》，新学林出版股份有限公司，第 85 页以下。

④ 陈爱娥：《行政处分存否的认定标准与行政法院"适用"大法官解释的方法——行政法院八十九年度判字第一六五八号判决评释》，载《法令月刊》第 51 卷第 10 期，第 227 页以下。

　　另外值得注意的一个现象是，除了陈爱娥、程明修和李震山等极少数的例外，绝大多数台湾行政法学者都不再讨论行政法上的准法律行为，即使他们中的许多仍然用法律行为和意思表示来阐释行政处分的概念。根据笔者的理解，他们似乎大多将传统上的准法律行为纳入了事实行为的范畴。

4. 韩国

　　韩国行政法属于大陆法系的传统，受到日本与德国行政法的深刻影响。目前其多数说仍类推民法上的行为分类，根据是以意思表示为构成要素，还是以意思表示以外的精神作用（意识、判断等）的表示为要素，将行政行为概念分为法律行为性行政行为和准法律行为性行政行为。法律行为性行政行为是指其法律效果伴随行政厅的效果意思的内容而发生的行为，而准法律行为性行政行为则是以行政厅单纯的精神作用的表现为依据，其效果由法令规定所赋予的行为。由于准法律行为性行政行为不是根据行政厅的意思发生法律效果的，所以行政厅不具备有关其内容的判断权（裁量权），此外在其上不能添加附款，这被认为是对二者加以区分的实益。①

　　与日本一样，现在韩国有一些行政法学者亦对于这种分类进行了批判，认为行政厅的意思不是公务员个人的、心理的意思，而是法的运用及执行意思，不过是对法规中具体的、客观的内容的实现。因此把私法上法律行为中的意思要素引进行政行为中是不妥当的。韩国汉城大学著名行政法教授金东熙对这个问题的观点则比较繁复。他既认为这种批判言之有据，不过他同时认为传统的区分在一定范围内仍有其合理性，但接着又对这种区分的实效性提出了怀疑：

　　　　但是有时根据法规的内容会赋予行政厅一定的判断权，并且法律效果要完全与行政厅的判断等精神作用结合在一起。不可否认，在这种情况下，行政厅在其判断权范围内根据其意思内容发生法律效果。而在这种限度内，区分法律行为性行政行为与准法律行为性行政行为并不存在基本的问题，因此这时可暂时用公认的观点来对二者进行区分。但是如果区分两者的实益仅停留在是否认定裁量权或是否允许附款的程度上，那么这只是一个对具体的根据法规进行解释的问题，又何必将行政行为

---

① ［韩］金东熙著，赵峰译：《韩国行政法》，中国人民大学出版社即出，第179页。

划分为上述的两大范畴并加以区分呢?①

韩国行政法学上将准法律行为的行政行为分为:（1）确认。确认是指对于特定事实或法律关系有疑问时，凭借公的权威来判断（确认、确定、宣告）其是否存在以及是否正确的行为。它不同于属于形成性行为的特许，不能设定新的法律关系，而是将既存的事实或法律关系确定为有权的行为。由于确认是判断、确定某事实或法律关系是否存在以及是否正确的行为，所以它具有法的宣告性行为以及广义的司法行为的性质。确认的共通效果就是产生不可变力，这种不可变力不能随意变更有权确定的事实，因此其具体效果要根据各个法律的规定而有所不同。（2）公证。公证是对特定事实或法律关系是否存在进行公的证明的行政行为即关于疑问或无需质疑的事项运用公的权威来证明的行为。原则上公证的性质属于要式行为，由于它是单纯的认识作用，所以只要特定事实或法律关系在客观上存在，就受到必须进行公证的羁束。公证的共通效果在于能产生公的证据力。但是这种公证的证据力仅将其真实性推定到当存在对已证明的行为的反证时。所以存在对它的反证时，可以不等待行政厅的取消就对其证据力提出争辩并将其颠倒。在这种公的证据力以外，还有何种效果发生，根据个别法律的规定而不同。公证可以是权利行使要件（在选举人名册中的登记）、权利成立要件（在房地产登记簿上的登记）和效力要件（在矿业从业人员册上的注册）。（3）通知。所谓通知是指向特定人或不特定的多数人通知特定事实的行为。这里所说的通知其自身是独立的行政行为，这是它与特定的法规命令或行政行为的发生效力的要件——公布、交付或送达的区别。通知有时是通知关于某些事实的观念（特许出愿公告、入籍告示），也有时是通知意思（批准营业的告示、替代执行的诚告、督促纳税）。无论是哪种通知，其效果都不是根据行为人的意思发生的，而不过是法律在通知这种行政厅的作用中结合有一定的法律效果。有时在行政厅的通知行为中没有结合任何法律效果，它只属于事实行为，不是这里所说的通知。（4）受理。受理是指将他人的行为接收为有效行为的行为。受理与到达或接收这两种单纯的事实不同，是行政厅将他人的行为判断为有效行为而接受的被动的意思行为。

在韩国行政法上，对行政法上事实行为的界定，主要来自德国法，即不以发生一定法律效果为目的，而直接带来事实上的结果的行政主体行为方式

① ［韩］金东熙著，赵峰译:《韩国行政法》，中国人民大学出版社即出，第180页。

的整体，也可以称其为与精神作用及其内容无关，对客观的事实或其结果产生一定的法的效果的行为。在这一点上，以效果意思或其他精神作用为要素，根据其内容或是法律规定，可以划分为发生法律效果的行为和其他法的行为。韩国学者将事实行为分为物理性事实行为和精神性事实行为。这是根据相关行为是单纯的物理行为，还是以一定的精神作用为内容的行为对事实行为进行的分类。公共设施（道路、公共建筑）等的设置、维持行为，预防接种行为，代执行的执行行为等属于前者；行政调查、报告、警告、行政指导等都属于后者。①

5. 法国

法国行政法学上，将行政机关的行为分为法律行为与事实行为。所谓法律行为，是根据行政机关的意思直接发生法律效果的行为。行政机关的活动大部分都属于事实行为，例如作出决定前的材料准备行为，和作出决定后的实际执行行为，都是不直接发生法律效果的事实行为。事实行为有的完全不发生法律效果，例如气象局的天气预报。有的虽然发生法律效果，但其效果的发生和行政机关的意思无关，而完全由于法律的规定，或由于外界实施的自然结果所产生。例如海军兵舰撞沉商船，受害人取得损害赔偿权利是由法律规定而产生。又如行政机关在讲卫生运动中捕杀狂犬，发生所有权消灭的结果是由外界事实自然结果所产生的。事实行为的法律效果和行政机关的意思无关，所以不能作为行政活动的法律手段。事实行为本身虽不直接发生法律效果，但它对法律行为的产生过程和实施过程具有重要关系，所以也受行政法的规定。因此，有时在行政程序法中研究这种行为。行政法学研究法律行为和事实行为的重点不同，对于法律行为主要研究它的效力问题，行政法学在行政行为部分中讨论这个问题。事实行为由于不发生是否有效问题，在其违法时可能发生行政主体或行政工作人员的责任问题，例如赔偿责任、惩戒责任等，一般在行政责任和公务员责任或其他有关部分讨论。②

行政处理是行政机关所作的一种法律行为，通过这种行为，行政机关针对具体事件、单方面决定当事人的法律地位，规定当事人的权利义务。行政处理包括创设、废除、变更和确认法律地位的行政处理。③

6. 中国

在中国大陆，尽管行政处理仍仅属于学理上的概念，但具体行政行为则

---

① ［韩］金东熙著，赵峰译：《韩国行政法》，中国人民大学出版社即出，第146页以下。

② 王名扬：《法国行政法》，中国政法大学出版社1989年版，第132页。

③ 同上书，第146页以下。

已经被立法者采纳为立法概念，具体行政行为构成了人民法院和行政复议机关判断是否受理诉讼和复议申请的一个重要标准。大陆学者对行政行为以及具体行政行为概念讨论中所涉及的诸多问题，均与行政处理概念的性质存在密切的联系。①

大陆多数学者在讨论具体行政行为概念时，都运用法律行为的概念，但对这一概念的理解存在很大差别。有的将其理解为我国法理学中的法律行为，即具有法律后果、能够引起法律关系产生、变更或消灭的行为。有的则将其理解为大陆法系民法学中的法律行为概念。

杨海坤教授认为，从行政行为是否直接产生法律效果为标准，可将行政行为分为行政法律行为、准行政法律行为和行政事实行为。行政法律行为是行政主体基于行政职权的意思表示而对外直接产生法律效果的行为。准行政法律行为是行政主体基于行政职权的观念表示间接产生法律效果的行为。行政事实行为是行政主体具有行政职权因素的对外旨在产生事实上的结果，不发生法律效果的行为。对行政事实行为，可以以是否为行政主体的主观意图行为为标准划分为表示性与非表示性事实行为。②

叶必丰教授对行政行为性质的理解比较繁复。他认为，行政行为是一种法律行为，不过他对法律行为的理解，在概念界定上仅强调其法律效果性，但在具体阐释时则将意思表示的概念引进来。不过与民法学将意思表示作为法律行为的核心要素又有所不同，他认为所有主体的行为都是一种意思表示，但并非所有的意思表示都是法律行为，只有当这种意思表示具有了为相对人设定、变更或消灭某种权利义务关系的内容时，才具有法律

① 1991 年《最高人民法院关于贯彻执行〈中华人民共和国行政诉讼法〉若干问题的意见（试行）》中对具体行政行为作了如下的界定：具体行政行为是指"国家行政机关和行政机关工作人员、法律法规授权的组织或者个人在行政管理活动中行使行政职权，针对特定的公民、法人或其他组织，就特定的具体事项，作出的有关该公民、法人或者其他组织权利义务的单方行为"。这一概念与我们讨论的行政处理概念大体相当。1991 年的司法解释现在已经被 1999 年制定的《最高人民法院关于执行〈中华人民共和国行政诉讼法〉若干问题的解释》所取代。在新司法解释中，对具体行政行为概念的内涵没有进行明确的界定，其对具体行政行为的理解体现在所做的对行政诉讼受案范围的排除规定中。根据新司法解释的精神，可以认为，具体行政行为和行政处理在以下方面存在相似之处。（1）二者的主体原则上均是行政主体。（2）二者均是针对行政法上的具体事项作出。（3）二者均对外部直接导致一定的法律效果或法律后果。行政处理和具体行政行为的差别体现在如下几个方面。（1）行政处理是单方行为；具体行政行为既可以是单方行为，也可以是双方行为。（2）行政处理是法律行为，具体行政行为既可以是法律行为，也可以是事实行为。

② 应松年主编：《当代中国行政法》（该部分为杨海坤所撰），中国方正出版社 2005 年版，第426 页。

意义而构成法律行为。经过这样的限定，他强调了法律行为的目的性特征，在最终结论上与民法学者以及大陆法系行政法学对法律行为的理解并无不同。他还认为，行政确认与证明时将某种权利义务关系从不稳定或者不明确的状态加以稳定和明确，也应视为一种法律效果，因此也应属于行政行为。①

余军教授尽管仍然用意思表示来界定行政法律行为，但他在翁岳生教授观点的影响之下，通过引入"客观意思说"和"拟制法律行为"的概念而使得其内涵得到了大幅扩张：

> 行政处分、具体行政行为必须是行政机关（行政主体）直接发生法律效果的行为，也就是对相对人权利与义务产生规制的行为。这一特征使其成为行政法上的法律行为。值得关注的问题是，行政法律行为的理论基础已从最初的源自民法的"效果意思表示说"演变成现今通行之"客观意思说"。判断一个行政行为是否为法律行为，只以该行为是否直接发生法律效果，是否对行政相对人的权利义务产生拘束（规制）为断，而不管该法律效果是依行政机关（行政主体）的意思表示，还是依法律规定而生。"客观意思说"扩张了行政法律行为的涵盖范围。与此相应，行政事实行为应该界定为对相对人不直接产生拘束（法律效果）的行为。这个标准已使行政法上的法律行为与民事法律行为发生了根本的区别……这种行政法律行为理论，已全然不顾行政机关行为的主观意图，而仅以行为的客观效果为判断标准。以传统理论标准划分出来的事实行为或是准法律行为，只要在客观上对特定相对人的权益产生了直接影响或拘束，即可视为发生法律效果的行政法律行为（行政处分）。
>
> 新的行政法律行为在很大程度上是拟制的法律行为，传统理论中的事实行为、准法律行为只要在客观上产生了法律效果，即被拟制为法律行为。"客观意思"成为是行政法上特有的一种意思表示，它将行政法律行为与民法上经典法律行为理论有机地联系起来，使行政法律行为在形式上并未脱离经典法律行为制度以意思表示进行具体的设权活动的原

---

① 姜明安主编：《行政法与行政诉讼法》，北京大学出版社、高等教育出版社 1999 年版，第152 页。

初意义。但是两者之间形式的联系并不能掩盖其实质的不同。①

　　关于行政事实行为的界定，总体而言，我国学者受法国行政法的影响比较深。例如陈端洪教授认为，事实行为包括不直接发生法律效力但又与法律行为相联系的行为，虽然产生法律后果与行政机关的意思无关的行为，或者完全没有法律意义的行为。② 再如章剑生教授认为，行政行为是指行政主体以不产生法律拘束力，而以影响或改变事实状态为目的的行为。但它也可能对相对人的合法权益造成事实上的损害。③

　　但也有学者在一定程度上借鉴了民法中对事实行为的界定。阎尔宝教授认为，行政事实行为是指行政主体在实施行政管理、履行服务职能过程中作出的不以设定、变更或消灭行政法律关系为目的的行为。行政事实行为中不包含行政主体的意思表示内容，并非对权利义务作出具有法律拘束力的处置。④ 行政事实行为包括权利性事实行为与非权利性事实行为，权利性事实行为包括行政检查和行政强制措施。非权利性事实行为的种类有：（1）资讯处理行为。（2）作出决定后的非权利性实施行为。（3）履行公共服务职能的行为。⑤ 也有学者特别强调物理作用与精神作用的区别。例如刘勉义认为，行政事实行为应仅指行政机关及其工作人员所从事的客观物质活动，即对人或物的直接处置行为，而不以行政机关的任何精神作用作为其构成要素。⑥

　　7. 对若干争论之检讨

　　（1）行政处理与法律行为——法律行为与自治有必然的联系吗

　　在民法学上，法律行为是指一个或多个人从事的一项行为或者若干项具有内在联系的行为，其目的是为了引起某种私法上的法律后果，也即使私人

---

　　① 余军：《行政处分概念与具体行政行为概念的比较分析》，载《公法研究》第三辑，商务印书馆 2005 年版，第 78 页以下。应当指出，所谓行政法律行为的理论基础已从最初的源自民法的"效果意思表示说"演变成现今通行之"客观意思说"，只是部分学者的个人观察，与国外行政法学的实际状况未必一致。

　　② 陈端洪：《中国行政法》，法律出版社 1998 年版，第 67 页。

　　③ 姜明安主编：《行政法与行政诉讼法》，北京大学出版社、高等教育出版社 1999 年版，第256 页。

　　④ 应松年主编：《当代中国行政法》（下），中国方正出版社 2005 年版，第 1091 页。

　　⑤ 阎尔宝：《论行政事实行为》，载《行政法学研究》1998 年第 2 期。

　　⑥ 参见刘勉义《论行政行为与行政机关事实行为的界分》，载刘莘等主编《中国行政法学新理念》，中国方正出版社 1997 年 11 月版，第 113 页。

相互之间的法律关系发生变更。一般认为，法律行为的核心要素在于意思表示，即表意人向他人发出的表示，表意人据此向他人表明，根据其意思，某项特定的法律后果或一系列法律后果应该发生并产生效力。① 每个人都通过法律行为和意思表示的手段，来构成同其他人之间的法律关系；从而法律行为构成实现私法自治这一基本原则的工具。② 凯尔森对此有清晰的论述：

> 法律行为（legal transaction）是个人由法律秩序授权在法律上调整某些关系的行为。这是创造法律的行为，因为它产生了参与行为的当事人的法律义务和权利。但同时，它也是一个适用法律的行为，因而它就既创造了创造法律又适用法律。当事人利用了使法律行为成为可能的一般规范。由于参与法律行为，他们也就适用了这些一般法律规范。法律秩序由于给予个人以通过法律行为调整其相互关系的可能性，也就承认个人有某种法律上的自治。当事人的所谓"私人自治"（private autonomy）就体现在法律行为的创造法律功能上。通过法律行为，人们创造调整当事人相互行为的个人规范，有时甚至是一般规范。③

法律行为概念的本质，从分析法学的角度，实质上是一种"权力"的作用。19 世纪下半叶的德国潘德克顿法学家温德夏特（1817—1892）较早提出法律权力的概念。他认为，法律所授予的利益除了权利外还有权力，某人拥有权力，并不立刻就在他人身上产生与之相关联的法律上的不利益，但是具有权力的人可以通过其行为将法律上的不利益在未来强加于他人。在英国法学界，第一个将权力的概念从权利（right）的概念中区分出来的法学家是萨尔蒙德（Salmond）。他指出，当这种权力被授予政府官员时，它是公

---

① 德国民法典的立法理由书指出，意思表示与法律行为一般是同义的表达方式，使用意思表示，是侧重于意思表达的本身过程，或者由于意思表示仅是某项法律行为事实构成的组成部分，例如合同这一法律行为的成立就必须要有要约和承诺这两项意思表示。但德国一些民法学者认为，在意思表示之外，意思实现也可能构成法律行为，它是指行为并不是通过行为人表达法律行为的意思的方式而使法律后果产生，而是以创设相应状态的方式，使行为人所希冀的法律后果实现。意思实现纯粹是一种实施行为，而不是表示行为，主要体现为先占无主动产和抛弃动产上的所有权。［德］拉伦茨，王晓晔等译：《德国民法通论》（下），法律出版社 2003 年版，第 429—430 页。

② 同上书，第 426 页。

③ ［美］凯尔森著，沈宗灵译：《法与国家的一般理论》，中国大百科全书出版社 1996 年版，第 155 页。原文 legal transaction 是德文 Rechtsgeschäft 的英文翻译，沈宗灵教授译为"私法行为"，本文作者在引用时将其改为常用的法律行为。

法性质的,但它也可以是私法性质的。在私法领域,决定他人的法律关系的权力通常称为"authority",而决定自己的法律关系的权力通常称为"capacity"。美国分析法学家霍菲尔德将权力概念作为法律概念的最小公分母(权利 right 与义务 duty,权力 power 与责任 liability,特权 privilege 与无权利 no right,豁免 immunity 与无权力 disability)之一,他认为,所谓权力就是指 A 与 B 之间存在一种法律关系,A 能够通过自己的行为创设 A 与 B 或 B 与其他人之间的法律关系。而责任就是指 B 应当承受 A 通过自己行为所创设的 A 与 B 之间或 B 与其他人之间的法律关系。无论权力是否行使,只要在一法律主体上存在权力,那么,在另一法律主体上就必然存在与之相关联的法律上的不利益,这就是责任。政府官员的所谓"权力",其本质就是政府官员可以通过自己的行为来创设公民与国家之间的法律关系。霍菲尔德认为,一种特定的法律关系的变化可以由两种事实产生:一是为人的意志所不能控制的事实,二是为人的意志所能控制的事实。而法律权力就是通过第二种事实来实现的。霍菲尔德关于两种事实的区分实际上就是民法学关于事件及事实行为和法律行为区分,而法律权力(power)必然是通过法律行为而不是事实行为来实现的。① 为反对边沁的法律命令说,哈特提出设定义务只是法律的任务之一,法律的另一个任务在于赋予"权力",它使得人们能够在某些情况下自愿地实现法律关系的变化。② 哈特从而将法律规则分为设定义务的规则与授权的规则。前者是法律自己直接来加以规定,直接规定某人必须干什么,某人不得干什么;后者是法律并不直接规定,而是授权某一个人通过自己的意思表示创设。

民法中的法律行为就是一个授权规范,它授权市民社会当中的每一个人可以通过自己的意思表示来创设与自己有关的法律关系。哈特进而认为:

> 规定有效合同、遗嘱和婚约订立方式的法律规则,并不要求人民必须以某种方式行动,而不顾它们愿意与否。这种法律不强加责任或义务,而是通过授予任命以某些制定的程序,遵循某些条件,在法律强制框架范围内创设权力和义务结构,来为个人提供实现他们愿望的便

---

① 参见王涌《私权的分析与建构——民法的分析法学基础》,中国政法大学博士论文 1999 年,第 53 页以下。

② [英]麦考密克:《作为制度事实的法律》,载[英]麦考密克、[德]魏因贝格尔著,周叶谦译《制度法论》,中国政法大学出版社 1994 年版,第 76 页。

利……如此授予个人以合同、遗嘱、婚约等方式形成与他人法律关系的权力，是法律对社会生活的最大贡献之一。①

　　民法上的法律行为与意思表示概念固然是体现私法自治原则的重要概念装置，但法律行为概念本身只是一个技术性的概念，只不过是指法律承认某个法主体可以通过自己的行为（或多个法主体的共同行为）创设自己其意欲实现的法律状态，与意思自治并无必然的关系。法律之所以作出这种承认，或者是为了保证法律关系的具体和明确，为了纠正法定主义调整方式的不足②，或者为了个案正义，也可能是为了保障私人意思自治。因此对法律行为与意思表示概念功能与性质的判断，只是与一定的背景相联系的产物，在有的背景下，法律行为与意思表示可以体现出自治性质，而在其他背景下，也完全有可能是他治的性质。具有决定性的因素为：法律将以法律行为和意思表示方式设定具体法律关系这样一种法律上的权力授予了谁。法律可以授权给私人，使得可以通过自己的意思表示行为设定自己的权利义务，为自己立法，因此是自治。但我们也应看到，法律所授予的权力不仅有私人性质的，也有公共或官方性质的，"这种权力在司法、立法和行政这三个部门到处可见"。③ 在行政法领域，最为典型的就是行政处理，在其中，通过行政机关单方面的意思表示，为私人设定某种权利义务，确定自身（最终是国家）与私人自己的法律关系，这是"为他人立法"，或者用 Mayer 的话来说，是"在个案中确定何者为法之要求"，因此不是自治而是他治，也即法律承认某个主体可以按照自己的意志（在法律的范围）单方面地为他人设定义务，这就是行政法上行政处理概念与民法上法律行为的不同性质与功能。

　　应当注意的是，与民事法律行为与意思表示制度围绕着行为的效力展开一样，行政法上的行政处理制度也是围绕着其效力问题展开的。这体现了两种法律制度的内在共同之处：都关注行为效力的确定，而这正是权力规范与义务规范、法律行为与事实行为的根本区别所在，对此民法学家与法理学家

①　[英] 哈特著，张文显等译：《法律的概念》，中国大百科全书出版社 1996 年版，第 30 页。
②　关于法定主义调整方式的局限性，参见董安生著《民事法律行为》，中国人民大学出版社 1994 年版，第 49 页以下。
③　[英] 哈特：《法律的概念》，第 31 页。麦考密克也认为，它使人们有某种"方便"，让他们选择或是以某种规定的方式达到某种法定的后果，或者使在不受干扰情况下依法行使，对于官员们行使的公共权力也可以这样说。

均有认识。法理学家认为，与授权相关的规定所关注的不是阻止命令或禁止人做某事，而是效力的问题，通过确定其所实施的行为是否在授权的范围内、是否符合法定的方式与程序等，从而确定其是否有效。民法学家认为，民法对法律行为的法律评价表现为效力评价，而法律行为制度的强制规范也主要表现为效力性规范，这与事实行为和侵权行为等强调对事实构成的违法性评价明显不同。① 当然行政机关及其工作人员与私人不同，其同时还承担着合法行为的义务，因此行政机关及其工作人员不应采取会导致行政处理效力缺损的措施，这是其法律上的义务，这从而导致行政行为效力缺损的要件与导致行政机关及其工作人员的责任要件存在很大程度的重合；但即使如此，行政处理的效力缺损与行政机关及其工作人员所承担的法律责任在概念逻辑上仍然是两个不同的问题，从制度实践来看，并非在行政处理存在效力缺损时均会导致行政机关及其工作人员的赔偿责任与违纪责任，无效、可撤销的行为要件与侵权、违纪责任的行为要件迥然不同。

至于在解释上对行政法上的意思表示重视客观表示而不重视主观意思，意思表示错误也不能构成撤销的理由等，这只是公私法中意思表示具体规则的差异，并且这种差异也不是绝对的。实际上，在民法上，而对于需相对人受理的意思表示的解释，当事人对意思内容理解不同时，通说认为并不以确定表意人的真实意思为目的，而是从信赖保护原则出发，查知可以被相对人理解为表意人意思的东西，这被称为规范性的意思（normativen Willen）。② 另外，票据行为尽管是民法上的法律行为，但基于外观主义，即使在出票时存在错误与欺诈等情事，在涉及第三人时，也不能影响票据行为的效力。③ 行政机关公务员的意思也并非如有的学者所说对行政行为的效力全无影响。据多数说，公务员在作成决定时如果受到不能抗拒的心理胁迫或直接的实力强制时，公务员的行为应属重大明显瑕疵而无效甚至根本不成立行政处理。④ 无论如何，行政法上意思表示与民法上意思表示在具体规则上存在的一定程度的差异，并不能导致我们否定意思表示核心内涵在两个法域的共同存在，从而也就不能否定意思表示概念在行政法领域的使用，包括对行政机关的使用。正如我们不能因为行政契约与民事契约具体规则的差别，公法人

① 董安生：《民事法律行为》，第 124 页以下。

② ［德］梅迪库斯：《德国民法总论》，第 239 页以下。

③ 除了行政机关所作的行政处理和其他意思表示外，如下文所述，还有私人所作的行政法上意思表示，其规则与民法意思表示规则存在相似之处甚多，可以援用民法规定之处也甚多。

④ 陈敏：《行政法总论》，第 401、411 页。

与私法人规则的差别，行政侵权与民事侵权规则的差别，行政诉讼与民事诉讼的差别，而否定它们均属于契约、法人、侵权与诉讼一样。

另外，承认机械作出的行政处理，也不应作为承认否定行政法上意思表示概念的论据。实际上自动化所带来的法律问题，不仅在行政法领域存在，在民法领域同样存在。民法教科书中多半会讨论自动化的意思表示，民法通说认为，复杂的电子设备仅仅执行人所下达的指令，因此电子设备的表示，仍可回溯到人的意思。这并不能导致法律行为脱离意思表示基础的结论。[①]而主体的单纯沉默在一定情况下被拟制为法律行为，也并非行政法上独有的现象。在民法上，在特定的情形下，沉默以及其他任何一种不使用话语或符号的行为，也可能具有法律行为上的意思表示的意义。[②]

（2）法律行为与事实行为的区分

长期以来，对行政法上的事实行为的研究受到很大的忽视，即使是在重视概念分析的德国行政法学中，行政事实行为也被认为"立于法的灰色地带"、"教义学上被忽略者"、"属未被理解的领域"等，而日本学者高木光则戏谑地称之为"收养过程有疑问的养子"。[③]

关于行政法上的事实行为，首先应注意的是不产生法律后果的行为能否构成行政法上的事实行为。这个问题是在民法上事实行为概念比较中产生的。民法上的事实行为，仅限于能够导致一定法律后果的行为。而对于行政法上的事实行为，通说认为，则不限于能够导致法律后果的行为，没有法律后果的行为也包括在其中。笔者认为这主要是因为行政法学与民法学上对事实行为讨论的着眼点不同，行政法上的事实行为是从行政机关的活动这一角度出发提出的，因此要回答行政机关不具有法律后果的活动的归属问题，而民法上的事实行为则是从能够导致法律关系的产生、变更与消灭的法律事实角度提出的。而且，行政法以规范行政活动为任务，行政机关实施的不具有法律后果的行为与可能违法从而造成法律后果的行为之间，其界限很容易被超越，从而将其纳入同一概念范畴有其现实意义，并且这类行为也同样应在行政机关的权限范围之内实施，从依法行政的原则角度，仍有关注的必要，而民法以私法自治为原则，则不需要作这方面的考量。

从目前行政法学界对行政事实行为的理解来看，还有许多问题尚缺乏一

---

① 黄立：《民法总则》，中国政法大学出版社 2002 年版，第 238 页。
② ［德］拉伦茨：《德国民法通论》（下），第 485 页。
③ 陈春生：《事实行为》，载翁岳生编《行政法》（下），第 898 页。

致的观点。例如，事实行为到底能否发生法律效果。学者在对行政事实行为的内涵加以界定时，大多认为事实行为不是发生法律上的效果而是事实上的效果为目的。但也有学者（如林纪东、陈敏）强调，事实行为也可能附带产生一定的法律效果，但这种法律效果的产生是因为外界的事实状态，而非由于行政权的心理作用。但对于这里的法律效果，也有不同的理解。有的学者主要理解为救济法方面的效果，例如在事实行为违法情况下的回复原状请求权等，有的学者主要理解为实体法上的拘束效果。陈春生则主张，只要能够导致一定法律效果产生的，例如捕杀有传染病之狗或强制治疗等，因导致相关人的容忍义务，就应认定其为行政处理或其他行政法律行为，而不再属于事实行为，从而保证学理上的前后一贯。

那么，行政法上的事实行为是否能够导致法律效果产生、变更与消灭的行为，即具有了法律行为的性质了呢？笔者认为，应坚持法律行为与事实行为之间的界限，将对于能够直接导致法律效果产生的表示行为或精神作用，可以纳入法律行为的概念（参见下文法律行为与准法律行为的区分），而对于非表示行为或物理行为，即使能够直接导致法律效果的产生，也应保留于事实行为的范畴之中。从而行政事实行为中实际包含两类行为，一类是行政机关所实施的不直接产生法律效果的行为，另一类是能够直接导致一定法律效果产生的非表意行为。作这种概念界定的理由在于：首先，某些物理性事实行为虽然能够导致法律效果的产生、变更以消灭，但这一后果与行政机关的意志无关，不仅不是直接由行政机关的意思所导致，也不需要行政机关的意思与法律规定相结合，因此与法律行为之间的界限还是明确的。其次，传统上将一些事实行为纳入行政处理概念之中，这是因为以往行政诉讼受案范围或者裁判种类的限制导致事实行为难以得到有效救济，而从保障私人权利救济的立场出发对法律行为和行政处理作扩大解释，这尽管有其实际效用，但在各国行政诉讼的受案范围均不限于法律行为之后，已经失去其意义。最后，也是最为重要的是，将导致法律效果产生的非表示行为或物理行为纳入行政处理的内涵，将导致许多理论上的困境，例如对于物理行为不存在效力的撤销问题，从而在救济方式上也无法利用针对行政处理的撤销诉讼。

从目前行政法学界对事实行为的界定，也难以把握事实行为与准法律行为的关系。因为主体意志以外的原因而产生法律效果的行为，从民法学和传统行政法学的角度来看，应包括准法律行为与事实行为，前者是除意思表示以外的表示行为，而后者不是表示行为。但根据目前多数学者对事实行为的定义，只要不以发生法律效果为目的的行为都纳入了事实行为的内涵，而传统观点认为准法律行为也不是以发生法律效果为目的，这就必然导致准法律行为也属于事实行为。诸多学者在讨论观念通知等表意行为发生法律效果的情形时，也很少将其纳入准法律行为的范畴。这就导致了准法律行为与事实行为关系的混乱。对于这一问题我们将在下文进行探讨。

（3）法律行为与准法律行为的区分

对行政机关的法律行为与准法律行为加以区分，这是传统行政行为理论受到批判最多的方面之一，前文对此已有所涉及。尽管目前准法律行为的概念似乎还没有完全抛弃，但其地位可以说是岌岌可危，而且传统上被纳入准法律行为类型之中的行为，许多也已被归入其他类型之中。例如确认行为，传统上认为属于典型的准法律行为之一，但现在德国通说已经承认其规制和法律行为性质，而归于行政处理之中。代执行中的告诫也是同样如此。对于目前讨论最多、与准法律行为关系密切的公众警告（知之表示）等行为，争论的焦点也在于其属于不论发生法律效果的事实行为还是具有规制效果的法律行为，而很少见到对于其准法律行为性的讨论。

其他表示行为与意思表示同样是行为人意志的表达，对于那些能够直接引起法律效果产生的其他表示行为而言，与法律行为在具体规则上的差异实际上非常有限，与法律行为内部某些不同种类行为（例如单方法律行为与双方法律行为）的差别相比，可能还要小些。

尽管意思表示（Willensäußerung）或通知等的内容都涉及法律关系或有法律意义的事件，但它们所引起的法律所规定的法律后果的出现，则不是最初所考虑的，也未考虑具体情况下是否有这样的法律后果；但无论如何，这里的表示原则上或至少是有意识地作出的，并且具有法律上的意义。由于这些行为导致一定的法律后果的出现，所以，人们要求从事这些行为的当事人必须要知道他所从事活动的法律意义，以及能够判断这些行为的后果的能力，因此对于这些活动原则上必须适用有关行为能力的法律规定。此外，由于这些行为涉及表示行为，而这些表示行为具有公开的含义，并且是针对特定人的，所以它们也应适用法律规定的关于需要接受的意思表示的规定。关于从接受者的观点出发对意思表示的解释的有关规定，以及在大多数情况下，也准用法律关于意思表示瑕疵和代理的规定。但对任何一种情况都需要审查，看它们在多大范围内和法律行为的意思表示是相似的，以及可以准用哪些有关规定。[1]

―――――――――

① ［德］拉伦茨：《德国民法通论》（下），第 712—713 页。

　　在民法上区分法律行为和准法律行为的根本基础，实际上并非具体规则的差别，而是价值功能的不同，即法律行为与私法自治之间存在密切的关联，而既然准法律行为所导致的法律效果之产生并非表意人之所欲，则准法律行为当然与私法自治无涉。而从行政法的角度而言，无论是行政处理这一行政机关的法律行为，还是传统上的准法律行为，都并非自治理念的体现，而只是行政法对社会关系调整的工具，因此在民法中存在的障碍在行政法中是不存在的。从而只要行政机关的法律行为和准法律行为在具体规则上不存在很大的差异，就完全可以不区分法律行为与准法律行为，将准法律行为纳入法律行为的概念范畴之中。

　　那么，行政机关的法律行为和准法律行为是否存在足以导致对其予以不同归类的差别呢？笔者的观点是否定的。传统上认为行政机关的法律行为与准法律行为最为主要的差别，在于行政机关在法律行为中具有一定的裁量和判断空间，从而可以对法律行为附加附款，而对于准法律行为则没有这样的自主判断空间，也不能对其附加附款。但事实上，行政机关的法律行为中存在羁束行为和裁量行为之分，只有对于裁量行为才可以附加附款，而对于羁束行为，除有法律明文规定或者为确保行政行为法定要件的履行而以该要件为附款内容外，一般不得附加附款。另一方面，羁束行为不得附加附款的规则也是相对的，例如对于准法律行为的效力产生存在附加期限的余地，① 断言准法律行为在任何场合都不能附加附款也是有疑问的。② 此外，准法律行为既然是能够直接产生法律效果的表示行为，则在对其效力的认定和利用撤销诉讼取消其效力等方面都不存在逻辑上的障碍。③

　　为了将传统上的准法律行为纳入行政处理的范畴，可以扩大解释作为行政处理概念要件的规制、法律行为或意思表示，将传统上认为不属于意思表示的其他表示行为或者精神作用纳入其中。大陆有学者提出，可以将行政机关所作的具有法律效果的准法律行为与事实行为拟制为行政机关的意思表示行为。④ 这种观点是有启发意义的，但考虑到物理性的事实行为并非表示行

---

　　① 杨建顺：《日本行政法通论》，第 372 页。

　　② 日本东京地方法院即有承认对准法律行为的行政行为附加附款的判例。参见室井力主编：《日本现代行政法》，中国政法大学出版社 1995 年版，第 117 页。

　　③ 对于传统认为属于准法律行为的公证行为，如盐野宏所提出的，如果只是承认其暂定的证据效力，能否认为其具有直接的法律效果，尚有疑问。

　　④ 传统行政法学理论中也存在拟制行政处理的概念，但这指的是行政机关对于私人申请怠于作出决定的情况，拟制为否定或肯定的行政处理，与这里的拟制所指有所不同。

为，即使它在一定情形下能够直接导致法律效果的产生，它与行政处理等意思表示行为之间存在明显的差别，将具有直接法律效果的事实行为拟制为意思表示与拟制行为缺乏客观基础。但是对于传统上被认为是意思表示以外的表示行为，例如所谓的观念通知等，只要能够直接导致对外法律效果产生，就完全可以拟制为在其中有行政机关对产生该法律效果的相关意思存在。应当指出，做这一拟制的目的并非为了扩大权利救济的范围，因为对于作为中国行政诉讼受案范围的具体行政行为，根据最高人民法院的司法解释，并不采取法律行为标准，而以对公民权利义务是否产生实际影响为标准。拟制的理据仅在于二者在概念构造与法律效果上的相似。

另外应注意的是，在界定能够直接导致法律效果产生的表示行为时，应扩大对直接法律效果的理解，不限于实体法上的法律效果，程序法上的法律效果应纳入其范围。许宗力教授的如下观点是适切的：

> 行政机关在最终行政决定作成之前的准备行为，如通知补正资料、对先决问题从事鉴定等，因尚不生具体法律效果，并不具独立意义，故定性为观念通知而否定其行政处分性格，当不致有若何疑问。惟准备行为中，亦类诸多拒绝证据调查之请求、拒绝准予阅览卷宗或拒绝准予到场表示意见等涉及程序正义的所谓程序行为（Verfahrenshandlungen），这类行为固与最终作成的实质决定尚属有间，但不能说不直接发生一定的法律效果，至少如程序法所承认的程序权，乃至宪法基本权的程序保障功能受到不利影响即是，固本文倾向于承认其行政处分性格。①

如果不将法律效果限于实体法上的效果而是扩及程序法上的效果，就可以将传统上认为不具有法律效果意思的程序法上表示行为也纳入意思表示和规制的概念范围，从而承认所谓程序性行政处理。②

（二）行政处理的附款

行政处理是行政机关对特定事件所作的意思表示，有时一个行政处理在

① 许宗力著：《行政处分》，载翁岳生编《行政法》（上），中国法制出版社 2000 年版，第644 页。

② 但应注意的是，对程序性行政处理的承认并不意味着即可对其提起行政诉讼，对此应结合行政程序的职权调查原则、程序经济、个别程序性行政处理与最终实体性行政处理的关联等加以综合考察。

主要的意思表示外，还附加附带性的意思表示以对主要的意思表示予以补充或限制，这种附带性的意思表示即为行政处理的附款。

1. 期限、条件与废止保留

期限与条件均是将行政处理内部效力的开始与终止，取决于未来一个特定时间的到来，或未来一个特定事实的发生。期限与条件仅对行政处理的主要意思表示在时间上予以限制，本身并无实质的意思表示，是依附于行政处理的组成部分，没有独立性。废止保留则是一种特殊的解除条件，它将行政处理效力的消灭系于行政机关未来是否行使其所保留的废止权。废止保留告知行政处理的相对人行政处理在未来具有被废止的可能性，从而排除当事人的信赖保护。但在有废止保留时，行政机关仍应以合义务性裁量决定是否废止，而非任意废止。如果不能根据对法律的解释获得废止的理由，则行政机关应尽可能以一般的方法予以说明，以确保当事人的预见可能性。

2. 负担和负担保留

（1）负担。负担是与一授益处理相结合，对相对人所设定的作为、容忍或不作为义务。负担本身具有实质的意思表示内容，因此不同于仅为行政处理组成部分的期限与条件。行政机关有时在行政处理决定中同时还附加一定的内容，重申法律已经明确规定的程序内容，以此提醒当事人不得违反法律规定，这不属于负担，因为义务的产生是直接来自于法律规定，而并非因此附加的内容才产生守法的义务，从而其本身并不能直接导致法律效果的产生，从而不是负担，有德国学者称其为"假负担"①。

（2）负担保留。负担保留是行政机关在行政处理中保留以后设定负担，或补充、变更已设定负担的权力的表示。负担保留虽与行政处理的主要意思表示相结合，但可以在行政处理作成后加以追补。在行政处理作出后不利后果（如妨碍邻居）可能会发生但并非完全确定时，或虽确定的会发生不利后果但程度可能有变化（如对邻居的妨碍越来越严重）时，行政机关就会使用负担保留。负担保留和废止保留的目的一样，均在于排除相对人的信赖保护。

（三）行政法上的承诺与担保

承诺是主管机关允诺作出或不作出一定行政措施的意思表示。德国行政

---

① Vgl. F. Kopp, *Verwaltungfverfahrensgesetz*, §36 Rdnr. 6. 中文参见许宗力著《行政处分》，第638 页。

法上的承诺制度最初是通过学说和法院实务发展起来的，联邦行政法院于 1966 年 6 月 24 日判决中阐明："承诺依其内容乃对于一个嗣后作为或不作为之带有拘束意思为之高权的自我课以义务。"这一概念的要素主要是三个方面。（1）承诺的内容仅能在未来发挥作用，承诺涉及的是一个现在尚未作出的未来的措施。（2）承诺是行政机关带有拘束意思的表示，即行政机关在作出表示时即有愿为此表示而受拘束的意思。（3）承诺是行政机关自我课以义务。①

当行政机关具有判断余地或裁量空间时，私人对行政机关是否以某特定方式适用不确定法律概念或者行使裁量权而作成或不作成特定行为可能存在疑虑，行政机关即可以利用承诺或保证的方式消除其疑虑。

1976 年德国行政程序法第 38 条尝试将承诺纳入立法概念中。该条规定为："由主管官署承诺（Zusage），以后作成或不作成一定之行政处理者……"该条规定只不过将学说和实务上所公认的承诺概念之一部分——亦即就嗣后作成或不作成一定的行政处理所为之承诺——加以法律化而已，并未完全接受学说和实务所发展形成的整个承诺概念，因此德国行政程序法第 38 条特别称之为"保证"（Zusicherung），以示与"承诺"有别，从而"保证"实际上是"承诺"的下位概念。而如果承诺之对象并非行政处理——从而不属保证——即不应适用德国行政程序法第 38 条，而仍然依学说和实务所共认之法理加以适用。

承诺固然是行政机关的单方意思表示，但是否为行政处理，在学理上存在很大争论。有人认为，承诺既然具有设定义务的性质，本身即构成了一种规制，从而属于行政处理。但也有人认为，承诺仅仅预示将来要作成一定规制，其本身尚未形成一种规制，因此并非行政处理。如果认为承诺是行政处理，则即使存在瑕疵也应承认其拘束力。德国联邦行政程序法仅规定对于违法保证的法律效果准用行政处理的相关条款，而未明确其法律性质。②

行政机关一旦作成承诺，即需受该承诺内容之拘束，亦即依承诺内容履行一定行为（作为或不作为）之义务。承诺的这种拘束力的法律根据，在德国早期通说认为即是诚实信用与信赖保护原则。例如 1962 年第 44 届德国法学家会议决议指出，联邦行政法院、社会法院和财务法院所共有的立场是，当承诺是由一个主管机关具有拘束的意思而作成，且许诺一个合法的措

---

① 陈传宗：《论行政法上之承诺》，载《宪政时代》第 16 卷第 3 期，第 64 页以下。

② 陈敏：《行政法总论》，第 348 页。

施时，依照诚实信用原则的标准，在信赖保护的观点之下可能是有拘束力的。但采纳这种观点则意味着在原则上否定承诺本身的拘束力，仅在符合信赖保护的情形下，才例外地肯定承诺具有拘束力有所不妥。因此近来学者多主张仅基于承诺本身之性质，即行政机关就特定事项所为高权的自我拘束，就可以寻得承诺拘束力的法律基础。①

二、专由私人作出的意思表示

意思表示的作用在于导致法律规定的法律效果出现从而具体实现法律。在民法上，基于私法自治原则，授予私人这一具体实现法律的权力。而在公法上，对于能够自主决定和自我负责的私人，也承认其能够按照自己的意思利用公法作为规制其生活关系的手段，促使具体公法法律关系的产生、变化、消灭或者确认。② 所谓专由私人作出的意思表示，是指只能由私人而非行政机关作出的意思表示，例如：（1）行政程序中的申请（Antrag）。这是指私人依法请求行政机关作出一定行政措施的公法上意思表示，包括请求作出行政处理、提供资讯、缔结行政契约以及一定的事实行为等。对于私人依法提出的申请，行政机关即应开始进行行政程序，没有裁量的余地。（2）税务申报。这是指纳税义务人依税法规定将纳税申报书提交于税务机关，其内容一般是课税标准与应纳税额。税务申报的内容如果尽是将课税基础的项目、金额甚或自行计算的税额通知税务机关，则仅属于"事实说明"性质的观念通知，而不属意思表示。但如果包括税务减免、优惠的申请、退税的申请或选择权的行使，则因发生一定的法律效果而属于行政法上的意思表示。

私人在行政法上的意思表示，可以分为实体法之意思表示和程序法之意思表示。前者以发生行政实体法上的效果为目的；而后者则以发生行政程序法上的效果，也即促使行政机关开始行政程序、作成一定的决定，或者在该行政程序中作成特定的程序法行为。

私人在行政法上的意思表示，可以分为行使形成权的意思表示和行使请

---

① 陈传宗：《论行政法上之承诺》，第76页。

② Vgl. Peter Krause, *Die Willenserklärung des Bürgers im Bereich des Oeffentlichen Rechts*, *Verwaltungsarchiv（VerwArch）*, 61. Band（1970），S. 303. 转引自陈敏《租税义务人之租税法意思表示》，载《政大法学评论》第49期，第42页。

求权的意思表示。前者是指私人的意思表示无须行政机关的介入即可直接变更法律状态，后者是指促使行政机关作出一定行为为目的的意思表示。

三、行政机关与私人均可作出的意思表示

（一）行政契约

行政契约是指设立、变更或终止行政法上法律关系的契约。行政契约因其具有独特的制度价值，已成为现代行政不可或缺的重要手段。

行政主体所签订的契约，因其为公法契约或是私法契约，而在缔结自由、内容形成自由、失效要件、责任要件以及争讼途径上均有重大的差异。德国联邦行政程序法第 51 条、学者通说与判例主张，应以契约标的作为区分标准。所谓契约标的，即契约所设定的法律效果，或当事人用来与该契约相结合的法律效果。从而以行政法的法律关系为标的的契约属于行政契约，而以私法的法律效果为标的的契约则属私法契约。如果契约的目的在于执行公法规范，或是在契约中包含有行政机关作出行政处理或者其他高权行为的义务，或是设定私人公法上的权利义务时，根据契约标的即可认定其为行政契约。如果契约所设定的给付义务的性质是中性的或尚未确定，如金钱的支付或土地的移转，其在公法与私法内均有可能发生，并非必然为公法或私法的性质，这样就会发生认定上的困难。此时应当根据给付义务的目的和契约的整体性质加以认定。如果契约明确规定私人承担金钱给付义务的目的，在于换取行政机关的执行职务作为对待给付，则此契约属于行政契约，即使契约没有就此作出明文规定，但换取行政机关职务行为是私人所以承担给付义务的原因时，亦无不同。

以当事人的关系为标准，可将行政契约分为对等契约（对等关系契约，koordinationsrechtliche Verträge）与主从契约（主从关系契约，或隶属关系契约，subordinationsrechtliche Verträge）。对等契约是指有着平等地位的当事人之间，特别是有权利能力的公行政主体之间所签订的契约，适合于设立不能通过行政处理方式设立的法律关系。主从契约是指处于上下隶属关系的当事人之间，也即行政机关（代表所属行政主体）与私人缔结的行政契约。行政主体相互之间，如果其中一方对他方就契约的标的原来可以单方面作成规制，也可以缔结主从契约。对主从契约，因其中当事人地位不平等，为了防止行政机关滥用职权，强迫私人接受不当的契约内容，以及防止行政机关出

卖职权，有必要加以特别限制。

行政契约与其他所有的法律行为都面临一个相同的问题，即在该行为作出后如果事实或法理根据发生重大的变更时会导致何种法律后果。德国联邦行政程序法第 60 条第 1 款第 1 句规定了传统的情事变更（clausula rebus sic stantibus）原则，即如果据以决定契约内容的各种关系自契约缔结后发生重大变更，以致不能期待契约当事人一方维持原有的契约约定，则该契约当事人可以请求配合变更后的关系调整契约内容，或者在不能调整或调整对一方当事人不能期待时，可以终止契约。调整请求应向对方当事人提出。调整本身应采用行政契约的形式。如经一方当事人请求未达成调整的协议，则提出请求的当事人可以向行政法院提起一般给付诉讼，请求法院判决相对一方作出同意调整的意思表示以完成契约的变更。如果经判决胜诉，则视为相对方已经作出同意的意思表示。终止是当事人的单方意思表示，自相对方受领之时起生效。当行政机关基于紧急情况或对公共福祉有重大不利益终止契约时，并应遵循该法有关补偿的规定。①

（二）行政法上债务的抵消

债务关系大多发生于民法，但在行政法中也并不少见。在行政法债务关系中，能同民法债务关系一样发生损害赔偿权请求权的，其范围在学理上尚无定论。一般认为，公法上的给付关系、利用关系、寄托关系、无因管理和补助关系等均属之。行政法债务关系是公法关系，对其应适用公法的规定。但公法规定存在欠缺时，除了可以适用民法内表现一般法律思想的法律规定外，并可以配合各种法律关系的特性，类推适用民法债编的规定。在以行政契约建立的行政法债务关系，德国行政程序法对此有明文规定。因此对行政法债务关系除了可以适用民法有关公序良俗和禁止权利滥用的规定外，有关给付不能、给付迟延、积极侵害债权以及缔约上过失等皆可类推适用。但此时应足以公法关系与私法关系的不同，不能因此而妨碍行政义务和目的的达成。

如果因抵消所归于消灭的债务属于行政法上的债务，则抵消属于行政法上的抵消。行政法上抵消的性质，德国司法界早期曾认为为行政处理，但目前通说认为它仅属于单纯的行政法意思表示，其理由为：其一，并非只有行

---

① ［德］毛雷尔：《行政法学总论》，第 343 页以下。陈敏：《行政法总论》，第 556 页以下。Erichsen, Hans－Uwe（Hrsg.），*Allgemeines Verwaltungsrecht*，§ 23 f.

政机关才拥有抵消权，人民也拥有抵消权，因此抵消权并非行政机关所专属的高权；其二，行政法上抵消属于行政法债务关系的范畴，在其中行政机关与人民之间处于对等的地位，行政机关并没有单方决定的权限。①

（三）同时履行抗辩权或留置权的行使

在行政法债务关系中，也存在行使同时履行抗辩权与留置权的可能。例如因违规停放的车辆被拖走，在未给付拖掉费及保管费之前，行政机关拒绝返还该车辆。

（四）同意

同意（Zusimmung）是指对于特定事实或行为表示允许的意思表示，其中由私人作出的，通常是在"须当事人协力的行政处理"，例如私人对于公务员任命决定的同意，土地所有权人对于行政机关所作出的"提供公用决定"的同意；由行政机关的，则通常涉及"多阶段的行政处理"。

（五）放弃

放弃（Versicht）是指以消灭一定权利或法律关系为目的的意思表示。行政机关作出的放弃，如在招商引资中对投资商表示投资可免除相关规费；私人作出的放弃，如放弃国籍，在建筑许可程序中邻人放弃权利。放弃的方式，有行政处理、行政契约或者单纯的单方意思表示等。

四、行政法上意思表示的统一规则

（一）行政法上意思表示概念的兴起

尽管行政法学很久以前就运用法律行为与意思表示来界定行政处理这一行政法学的核心概念，但意思表示概念在传统行政法学中未受到重视，对于适用于行政法意思表示统一规则的探讨至为缺乏。据学者分析，造成这种现象的原因有：（1）行政法学者对于意思表示疏于研究，似乎是有意摆脱民法的纠葛，另行建立行政法独立的体系与理论。（2）民法乃是以私法自治及契约自由原则为基础的领域，故意思表示对于私法关系的形成，自然扮演

---

① Volkmar Goetz, *Allgemeines Verwaltungsrecht*, 4 Aufl., 1997, S. 122.

相当重要的角色；近代行政法的研究，主要着眼于行政受法的拘束性，以落实依法行政原则，因此有人认为这两个领域有本质上的差异，以"私法自治"为尚的意思表示，融入行政法体系之中有其困难。（3）传统上行政法学的理论架构主要建立在型式化的法律形式（尤其是行政处理）上，意思表示难以成为贯彻始终的核心概念。这也受到行政诉讼实践长期仅将行政处理纳入受案范围的影响。（4）传统行政法学偏重行政机关对私人的下命关系，研究焦点集中于行政机关的规制行为，而对私人在行政程序中的意思表示未予关注，行政法上的意思表示理论难以全面展开。①

在以上原因中，有些是出于似是而非之观念，有些已经不符合新形势的发展要求，或者落后于法制的变革。首先，就公私法的区分而言，二者固然在体系结构与价值取向上均有很大的不同，公法学也应建立其独立的理论体系，但这并不意味着二者互不相涉，民法中所蕴涵的原理原则，可以准用或类推适用于公法领域，已经得到当今行政法理论与实践的一致承认。为摆脱民法的影响，而否认行政法上有意思表示的存在失之于草率。其次，原先行政法理论体系的建立确实是建立在行政行为形式理论上。② 但因为行政行为形式理论的不足，近年来从行政法律关系的角度建构行政法理论架构，已经成为行政法学的一个理论潮流，③ 而意思表示显然作为贯穿行政法律关系的一个核心概念，其重要性自然提高。而且，法律关系的研究，将导致私人从过于的客体或从属地位转变到主体地位，对私人公法行为的研究必然成为新的热点，而私人在行政法上的意思表示则为其主要部分。最后，在行政诉讼受案范围与诉讼类型普遍扩大的情形下，过去仅以行政处理为限的研究，其局限性日渐暴露，因行政法上意思表示产生的争议，已有可能纳入行政诉讼，对其研究的实践重要性也得到提升。④

---

① 李建良：《论行政法上之意思表示》，第 208 页以下。

② 大陆法系行政行为理论的重要发展成果，是建立在对行政行为依据内部与外部标准、抽象与具体标准、单方与双方标准、法律行为和事实行为标准进行分类的基础上，对行政行为加以型式化，其所产生的一些行政行为基本型式即是：法规命令、行政规则、行政处理、行政合同与行政事实行为等，其中又以行政处理这一型式发展的最为成熟。行政行为的型式化有助于建立科学、稳定的行政行为制度，减轻立法者、行政机关和学者的思维负担。林明锵：《论型式化之行政行为与未型式化之行政行为》，第 347 页以下。

③ 有学者提出，行政行为形式理论借由行政行为概念之形成与区隔，试图掌握所有的行政活动，但是否能充分符合现实上与行政相关生活事实关系之法规制结构的要求，则值得怀疑。张锟盛：《行政法学另一种典范之期待：法律关系理论》，载《月旦法学杂志》第 121 期，第 54 页以下。

④ 李建良：《论行政法上之意思表示》，第 209 页以下。

（二）行政法上意思表示与民法上意思表示

由于行政法上意思表示缺乏一套统一的规则而民法上对意思表示的规范又较为成熟，就产生了行政法上意思表示是否已经如何利用民法上意思表示的规则加以补充的问题。对于以私法规定补充行政法不足的方法，可分为两种：（1）法律原则的适用。一些法律原则具有普遍性，虽然由民法典规定，但仍然普适于所有法律部门，是所有法律部门的组成部分，因此直接对公法上的关系适用。当然，民法典的原则规定只能在法律原则的范围之内适用于其他部门法。一般认为，民法中所规定的诚实信用原则以及合同方面的一些法律规范体现了普遍性的法律原则。（2）类推适用。这是依据平等原则（同等事项，应予以同等处理），将私法规范类推适用于行政领域，其前提为：对于某一行政关系，行政法没有规定，出现了漏洞；法律漏洞不可能通过制定公法规范来填补；符合类推适用的条件，即法律事实的性质极为相似。

当相关法规缺乏对行政法上有关意思表示的规定时，首先应考虑在行政法内部有否可资援用的相关规定，例如有关行政处理的规定；如果没有，则可考虑民法中有关意思表示的规定有否体现所有法律部门共通原理者；最后，则可考虑类推适用民法相关规定的可能性。但在行政法上适用民法上的意思表示规则时应注意根据二者的重要差异加以限制。民法上的意思表示规则，作为私法自治原则的体现，主要任务在于调和自我决定和自我负责两项原则，同时兼顾个人自主与相对人的信赖和交易安全。而行政应受到法律与法的拘束，从而行政机关在意思表示的自由度上自始即受到限制。行政机关的管辖与权限由法律所授予，行政活动的目的为法律所设定，因此行政机关的意思实际上是法律所给予，其本身并无类如私人的自由意思。而私人行政法上意思表示，与民法上的意思表示也有很大不同。私人在行政法上的意思表示，尽管并非基于法律的授权作出，但也不属于私法自治的产物，在行政领域，私人原则上并无与私法领域相当的"形成自由"，充其量是"公法上决定空间"（oeffentlich-rechtlicher Entscherdungspieraum）。因此民法中基于私法自治理念而对意思表示所设定的规定，要适用于行政法领域即应慎重。①

---

① Erichsen, Hans – Uwe（Hrsg.），*Allgemeines Verwaltungsrecht*，Berlin 1994，10. Aufl，§ 22 Rdnr. 11. 李建良：《论行政法上之意思表示》，第 226 页以下；陈敏：《行政法学总论》，2003 年第 3 版，第 782 页以下。

（三）行政法上意思表示的解释规则

德国民法典第113条规定："在解释意思表示时，应探求真正之意思，不得拘泥于用语之字义。"依据德国通说与实务观点，这一规定原则上也适用于行政法上意思表示，包括行政机关与私人意思表示的解释。但在具体解释时，对行政机关与私人的解释仍然有所不同。①

1. 行政机关意思表示的解释规则

当行政机关所作的意思表示含义不明或具有多种可能含义时，应当进行合法律性（gesetzeskonform）解释。例如，如果对有关发给补助的意思表示存在疑义，在解释时即应注意不能违反财政法的相关规定。但是如果行政机关的意思表示很明确地违反了法律的规定，则只能判定该意思表示违法，而不能通过解释对其加以合法化。尽管行政机关的意思表示实际上是由公务员作出，但相关公务员的意思，在解释行政机关的意思表示时，仅在例外情形下才具有重要性。另外，在行政机关的意思表示存在疑义时，应向着有利于申请人或者利害关系人的方向解释，因不明确而导致的不利原则上应由行政机关负担。②

2. 私人意思表示的解释规则

在对私人行政法上意思表示进行解释时，应考虑行政机关在行政程序中所负担的"照顾义务"（Betreuungspflicht）与"阐明（或指示）义务"（Aufklärungspflicht），前者要求行政机关应尽可能关照私人的真实利益，在行政程序中对于当事人有利不利的事项均应予以注意，不得偏废；后者要求行政机关在行政程序中，对于私人提出的声明或请求，如果明显存在缺漏或错误时，应促使其补充或改正，如有必要，也须告知其应享有的权利义务。因此对私人在行政法上意思表示的解释，与民法相比，更应考虑其真实利益与意思。如果行政机关有证据证明私人所作的意思表示不合乎实际时，应通过解释确认其真实意思。可见与民法上法律主体尤其是合同当事人之间经常存在的利益对立不同，行政机关应当尽最大可能采取符合私人的真正利益和法律状态的解释。③另外应当注意的是，虽然行政的运作应在维护公共利益的同时兼顾私人的正当权益，但这二者在不同行政领域在侧重点上可能有所

---

① Erichsen, Hans – Uwe（Hrsg.）, *Allgemeines Verwaltungsrecht*, § 22 Rdnr. 12.
② Erichsen, Hans – Uwe（Hrsg.）, *Allgemeines Verwaltungsrecht*, § 22 Rdnr. 13.
③ Erichsen, Hans – Uwe（Hrsg.）, *Allgemeines Verwaltungsrecht*, § 22 Rdnr. 14.

不同。例如在社会保障领域，私人利益处于首要考量地位，因此相对更注意行政机关的照顾义务；而在警察行政与环境行政领域，则以公共利益维护为主要着眼点。这种差异对意思表示的解释也会产生差别。①

（四）行政法上意思表示的方式

行政法上的意思表示与民法上的意思表示一样，除法律有特别规定外，原则上并无特定方式的要求。对于私人而言，可采取言词、电话、传真、书面等形式作出表示，有时甚至可以默示方式作出表示。私人的行为可否作为默示方式的意思表示，要视表示所欲产生的法律效果是有利还是不利而决定对他的要求，对于不利的情形必须作严格解释，以保障其权益，例如私人"放弃"的默示，只有在客观上相当明确时才可以认定。而对于行政机关而言，也有"行政行为形式自由原则"，除法律明确规定外，也可自由选择表示方式。但基于行政行为明确性原则，以及避免私人因行政机关默示的不明确而遭受不利，仅在例外情形下，才允许行政机关以默示作出意思表示。如果行政机关的行为缺乏明白的表示内容，则仅构成事实行为。

行政法上意思表示，原则上为须受理的意思表示，一般应适用民法的法理，即以"非对话"而作出意思表示的采取"到达主义"，以通知到达相对人时发生效力。但基于保护私人利益的考虑，法律可设置特定规定，在特定情形下改采"发信主义"，例如私人以挂号邮寄方式向行政机关提出申请的，可以邮寄当日之邮戳为申请日期。

（五）行政法上意思表示的解除

意思表示是形成法律关系的手段。意思表示之相对人必须可以信赖表意人的意思表示，因此无论公法或私法上的意思表示皆不得随意解除。但在特定情形下，行政法上意思表示与民法意思表示一样，也有解除的问题。

1. 私人意思表示的解除

民法规定，非对话的意思表示，在通知到达相对人时发生效力，拘束表意人，但表意人得以同时或先时到达的撤回通知，阻止其效力的发生。这一规定属于一般法律原则，在行政法上也应适用，因此私人对行政机关所作的行政法意思表示，得在通知达到行政机关之前予以撤回（Widerruf）。但在意思表示生效后，如果意思表示直接导致实体法律效果的产生，则除法律另

① 李建良：《论行政法上之意思表示》，第227页以下。

有规定外，一般不得予以撤回。另一方面，如果私人意思表示的效果，是行政机关具有作出相关行政处理的义务，则意思表示虽已到达行政机关，只要行政机关尚未据其作出行政处理，其只是产生程序开始的法律效果，并未引起其他的法律效果，充其量是一种指引方向的表示，尚未影响第三人的利益，因此可予以撤回或变更。这虽然是行政法律关系变动中行政行为中心主义的体现，但实际上也有助于保障私人的利益。① 至于因此而可能造成的行政成本的浪费，可以通过规费的收取予以抑制。但如果程序的进行已经产生了不可回复的效果，特别是影响公共利益时，则不得任意撤回或变更。在此情形下，私人有继续参与该行政程序的义务。有时按照诚实信用原则的要求，也有可能限制私人意思表示的撤回。② 另外在行政契约中，契约之要约人应要约而受拘束，一般也不得撤回要约。③

如果私人意思表示的作出是出于行政机关的"诈欺"或"胁迫"，则私人可以撤销该意思表示。对于私人的意思表示存在"错误"的情形，德国多数观点认为，因为行政机关与私人之间并无对立的利害关系，理应容许表意人撤销其基于"表示行为错误"或"表示内容错误"而作出的意思表示。但也有学者认为，由于私人所作出的意思表示可能涉及第三人或公众的利益，在判断意思表示是否可以撤销时应当予以考虑。另应注意，不能以"单纯的动机错误"而申请撤销。④

私人意图使原来并无瑕疵的意思表示向未来消灭效力，为意思表示的"废止"。凡基于申请而成立的长期的法律状况，且其效力不因一定时间的经过而终止的，即存在废止的问题。废止权大多由法律直接予以规定。例如营业人申请变更原课税申请。

2. 行政机关意思表示的解除

行政机关的意思表示在发出后、到达前，可以撤回。

行政机关的意思表示到达相对人后，即发生效力，同时对于行政机关产

---

① 在私人的意思表示已经被合法的撤回后，如果行政机关依然作出了行政处理，则该处理违法。参见［日］盐野宏：《行政法》，第248页。李建良则认为，这主要是承袭诉讼法上的观念，即在诉讼程序中，只要法院尚未作出确定裁判，均得撤回诉讼。参见李建良《论行政法上之意思表示》，第253页。

② 杨建顺：《日本行政法通论》，中国法制出版社1998年版，第212页。

③ 陈敏：《行政法学总论》，2003年第3版，第786页以下。李建良：《论行政法上之意思表示》，第251页以下。

④ 李建良：《论行政法上之意思表示》，第251页以下。

生拘束力（Bingdungswirkung）。① 有问题的是，行政机关所作的意思表示，如果存在错误或因诈欺而作出的情形，是否可以撤销？德国学理认为，基于依法行政原则的要求，行政机关的行政行为应受法律与法的拘束，行政机关的主观意思在重要性上较低，行政机关不得仅因意思表示的错误或存在诈欺的情形而予以撤销。民法上的规定在此不适用。在行政处理应依据德国联邦行政程序法对其效力的规定，其他行政机关的行政法上意思表示则可参照适用该规定。② 但如果公务员在作成决定时如果受到不能抗拒的心理胁迫或直接的实力强制，公务员的行为应属重大明显瑕疵而无效。日本学理认为，一般说来，只要行政行为的内容客观上符合法律的规定，即使行政机关的意思表示有瑕疵，也不一定可以说行政行为具有瑕疵。也即是说，对于行政行为不适用民法上有关意思表示的有关规定。与民法上的意思表示主义相对应，这被称为行政行为的外观主义。但是，行政机关工作人员在完全无意识的状况下所作出的行为，不能称为其职务行为，因此即使有行政行为的外观，也不能产生行政行为的效力。行政机关工作人员在酩酊大醉时或者在高度胁迫下作出的行为，例如经过长时间的大众团体交涉作出的撤回惩戒的处分，都是无效的。③

---

① 就行政处理而言，发生存续力、构成要件效力、确认效力与执行力等。

② Erichsen, Hans – Uwe（Hrsg.），*Allgemeines Verwaltungsrecht*，§13，Rdnr 1. 陈敏：《行政法学总论》，第 786 页以下。

③ 杨建顺：《日本行政法通论》，中国法制出版社 1998 年版，第 397 页。

3. 部门行政法与行政法实务

行政法与国家创新体系建设——
国家高新区条例(专家建议稿)说明*

周汉华

一、制定国家高新区条例的必要性与紧迫性

制定国家高新区条例的必要性与紧迫性可以从不同的角度加以论证。这些论证大多是从积极方面立论的,其出发点都是制定条例所能带来的好处或者可以解决的问题。在这里,我们不打算重复推理过程,相反,我们要换一个角度,从立法技术方面证明:由于法律环境的变化,如果不尽快制定条例,国家高新区的法律依据面临合法性不足的众多现实问题。

尽管目前国家高新区的发展已经达到相当规模,积累了许多经验,但是,在国家层面,其法律依据比较有限,分别是1993年制定的《科技进步法》、国务院1991年的12号文件及其三个附件①、国家科委1996年制定的《国家高新技术产业开发区管理暂行办法》、国家科委1996年制定的《国家高新技术产业开发区外高新技术企业认定条件和办法》(以下简称"1996年认定办法")以及科学技术部2000年制定的《国家高新技术产业开发区高新技术企业认定条件和办法》(以下简称"2000年认定办法")。这些规定对推动国家高新区的发展发挥了重大的作用,但是,就立法技术而言,它们存在许多问题:

第一,《科技进步法》的规定过于简单,无法为国家高新区的发展提供足够的法律支持。

《科技进步法》涉及高新区的条文只有两条:第二十四条规定,"经国务院批准,选择具备条件的地区建立高新技术产业开发区"。第二十五条规定,"对在高新技术产业开发区和高新技术产业开发区外从事高技术

---

* 2005年,受科技部火炬中心的委托,作者代为起草了国家高新区条例专家建议稿以及立法研究报告。本文是该研究报告的一部分,专家建议稿作为附录收录在本书中。

① 这三个附件分别是国务院批准国家科委制定的《国家高新技术产业开发区高新技术企业认定条件和办法》(以下简称"1991年认定办法")、《国家高新技术产业开发区若干政策的暂行规定》和国家税务局制定的《国家高新技术产业开发区税收政策的规定》。

产品开发、生产的企业和研究开发机构，实行国家规定的优惠政策，具体办法由国务院规定"。从这两条规定来看，唯一的实质内容是将制定高新技术企业优惠政策的权力明确授予了国务院，其他方面的内容均未涉及或规定不明确。

第二，国务院 1991 年的 12 号文件及其三个附件所规定的政策大多已经过时，实践中难以发挥作用，继续沿用有损政策的权威性，也不符合行政许可法的规定。

与《科技进步法》比较，国务院 12 号文件及其附件对国家高新区的规定应该说是比较全面、具体的，并且，由于三个附件经过了国务院的批准，可以说已经具有了超出行政规章的法律效力。然而，由于环境、时间的变化，三个附件的规定大多已经过时，无法继续适用。首先，1991 年认定办法已经为 2000 年认定办法完全取代，需要从法律地位上加以确认。其次，无论是《国家高新技术产业开发区若干政策的暂行规定》还是国家税务局制定的《国家高新技术产业开发区税收政策的规定》，由于实践的发展，许多规定已经完全或部分无法适用（如对外贸经营权的规定、对银行信贷的规定、对国家重点建设债券的规定、对产品税的规定、对奖金税的规定、对投资方向调节税的规定等），亟须根据形势的变化加以废止、修改或制定新的规定。再次，国家高新区经过多年发展所需要的一些制度、政策，在 12 号文件中并没有得到规定，难免经常造成改革举措法律依据不足的问题。最后，更为重要的是，由于高新技术企业认定从法律性质上讲属于行政许可的一种，而行政许可法第十四条第 2 款明确规定，"必要时，国务院可以采用发布决定的方式设定行政许可。实施后，除临时性行政许可事项外，国务院应当及时提请全国人民代表大会及其常务委员会制定法律，或者自行制定行政法规"。因此，在制定行政许可法之后，从法治政府建设的角度而言，也必须制定行政法规或法律，将 12 号文件转化成为行政许可法所要求的正式法律规范。

第三，目前适用的高新技术企业认定规定面临严重的合法性不足问题。

实践中，目前适用的高新技术企业认定规定分别是 1996 年认定办法与 2000 年认定办法。与 1991 年认定办法比较，这两个认定办法均未经过国务院批准，因此属于典型的部委规章。然而，由于《行政许可法》第十七条已经明确禁止部委规章设定行政许可，第十八条规定设定行政许可，应当规定行政许可的实施机关、条件、程序、期限，并且，《科技进步法》第二十五条也明确规定由国务院制定有关高新技术企业的优惠政策（从法律解释上讲，当然应该包括高新技术企业的认定）。因此，目前适用的高新技术企业认定规定超出了规章的立法权限，存在严重的合法性不足问题。一旦涉诉，并且法院严格依法审判，这两个认定规定都很有可能会被法院依据行政诉讼法的规定裁定不予参照适用。

由于法律位阶太低，国家科委 1996 年制定的《国家高新技术产业开发区管理暂行办法》尽管规定的范围比较广泛，但根本无法解决我们上面所提到的各种问题，无法为国家高新区的发展提供足够的法律支持。一定程度上讲，作为一部规章，甚至它本身在某些问题上也面临着与两个认定办法类似的合法性危机。

由此可见，目前有关国家高新区的法律依据面临着规定过于简略、过时、覆盖问题有限以及合法性不足等众多法律问题。只有尽快制定高新区条例，才可以解决这些问题，为国家高新区的发展提供坚实的法律基础。毫无疑问，这是制定国家高新区条例最为充分且必要的理由。

上面回答了为什么要制定高新区法律，接下来还要回答为什么可以制定条例，而不是法律。

在法律形式的选择上，我们认为，更重要的是解决问题，而不是形式的选择。只要条例可以解决问题，并不会因为其行政法规的性质而影响效果。我们选择行政法规而不是法律，主要的考虑在于：

第一，20 世纪 90 年代末，全国人大曾经两次对高新区法进行审议，后因为对区域政策与产业政策的关系存在较大争议，放弃了制定法律的过程。本次的专家建议稿虽然在内容上与上一次的草案不可同日而语，但为了避免不必要的类比影响立法进程，我们认为采用条例更为合适。本条例并没有因为其性质而影响其制度构造。

第二，条例的大量内容涉及行政改革与政府再造，因此，通过行政法规可以体现行政改革的特色，并在实践中总结经验，待条件成熟以后将条例升格为法律。

第三，当然，如果条件许可，直接制定法律，在某些方面比行政法规要更为科学（如争议解决机制的设计等）。

条例制定以后，将取代国务院 12 号文件、高新技术企业认定规定以及国家高新区管理暂行规定。为了实施条例，同时需要进行一系列相应的配套规定制定。

二、条例的指导思想

条例的指导思想非常明确，就是要通过政府的体制改革和制度安排来促进企业的自主创新，在国家高新区为自主创新提供局部优化的制度环境。从这个意义上看，可以将条例称为国家高新区体制改革条例，或看作试点版的行政改革法。之所以对制度给予特别的重视，将制度建设作为条例的重点和自主创新的基础，是基于下述考虑：

1. 人类的技术创新历史也就是制度变迁与完善的历史

当代经济史研究表明，技术创新的关键并不在于技术本身，而在于制度因素。在制度因素中，财产关系的作用最为突出。通过制度安排和产权设定，可以形成一种刺激，使个人的经济努力变成私人收益率接近社会收益率的活动，由此调动个人的创造性与积极性，促进经济增长和技术创新①。经济增长理论研究表明，"如果一个国家缺乏好的制度，要想追赶上最新的和更好的技术必将困难重重"。②

由于各国的国情不同，制度的形成大致可以分成两种不同的模式。一种是通过传统社会内部自发的因素实现制度优化，一种是在外部的压力下通过变革实现制度优化。欧洲较发达国家的制度安排多是社会内部的自发因素形成的，发展中国家的制度变革则是通过变革的方式实现的。用制度变迁的理论解释，前者属于诱致性制度变迁，以响应获利机会而自发形成的社会秩序实现制度变革（可以称之为"自发模式"）；后者属于强制性制度变迁，以法律规定强制实现制度变革（可以称之为"变法模式"）③。

诱致性制度变迁由于产生于社会内部的需要，因此其演变历史非常漫长。在欧洲，这一过程始于 11 世纪，直至民族国家的最终形成，经历了数

---

① 道格拉斯·诺思、罗伯特·托马斯著，厉以平、蔡磊译：《西方世界的兴起》，华夏出版社1989 年版，第一编；Douglass C. North, Integrating Institutional Change and Technical Change in Economic History: A Transaction Cost Approach, *Journal of Institutional and Theoretical Economics*, 150 (4) 609 (1994).

② 夏威尔·萨拉－伊－马丁：《15 年来的新经济增长理论：我们学到了什么?》，载吴敬琏主编《比较》第 19 辑，中信出版社 2005 年版，第 139 页。

③ 林毅夫：《关于制度变迁的经济学理论：诱致性变迁与强制性变迁》，载刘守英等译《财产权利与制度变迁——产权学派与新制度学派译文集》，上海三联书店 1991 年版。

百年的发展①。并且，诱致性制度变迁的实现取决于社会内部的传统性与现代性之间的兼容关系。如果兼容关系较弱，则无力从社会内部产生出推动现代化的制度安排。在西欧国家，并不是每一个国家都能从社会内部不断产生推动现代化的因素，法国和西班牙就因为未能发育完整的产权制度而在西方列强的竞争中招致失败②。这样，较后发展的发达国家完全没有必要从头重复早发达国家的自发过程，可以直接采用强制性制度变迁的方式引入有效率的经济组织和交易制度③。美国法对英国法的既受和法国民法典对欧洲大陆其他国家的影响，可以充分地表明变法模式的有效性。

对于发展中国家而言，现代化理论及实践表明，它们需要比较发达国家有更大程度的政府干预和控制。这样的国家如果不想失掉经济独立、甚至政治独立，就必须在各个方面高速前进，并且一定要能控制这种高速度带来的紧张局面④。另一方面，发达国家的成功经验既为发展中国家的现代化提供了参照，也是对发展中国家参与国际经济交往的基本要求。由于自发的制度变迁必须是在预期收益大于预期成本的情况下才会发生，而发展中国家在高度集中的计划经济体制和强大的政府权力之下，政府既是政治权力的持有者，也是经济中占支配地位的国有资产的所有者和整个社会经济活动的计划组织者，因此，发展中国家自发的制度变迁的成本异常高昂，这就使政府推动下的变法更显重要。除非由政府通过立法建立和保护与市场、创新兼容的制度，强制性推进制度变迁，市场不可能自发形成，创新能力也不可能提高。

2. 制度是当代各国提升竞争力与科技创新能力的基础与必要条件

随着经济全球化的发展，各国之间的竞争日趋激烈。国际学术界一系列

---

① 可参见：Harold J. Berman, *Law and Revolution: The Formation of the Western Legal Tradition*, Chapter 2, Chapter 11 (1983)；Samuel P. Huntington, *The Clash of Civilization and the Remaking of World Order*, 50 (1996).

② 诺思、托马斯：《西方世界的兴起》，第十章。

③ "19世纪欧洲国家的立法者在解决工业化所带来的问题时，在对其他国家的经验和立法进行了解以前绝不会采取任何步骤"，"欧洲工业化所创造的所有新制度实际上是不同国家的法律人对话的结果"。Helmut Coing, European Common Law: Historical Foundations, in Mauro Cappelletti, *New Perspectives for a Common Law of Europe*, 38 (1978).

④ "最初，工业经济的发展必须独立，尤其不须政府来创办。后来，其他国家追赶则是在政府创办的强有力推动的情况下进行的，在产生强烈的迫切感时，尤其是这样"，"政治权威通常是一种必要的力量，并且在一定条件下，它不但不会阻碍经济发展过程，而且还能起强有力的促进作用"。T. 帕森斯著，梁向阳译：《现代社会的结构与过程》，光明日报出版社1988年版，第95页、131页。

实证研究成果证明，在这场全面的竞争中，制度显然是各国提升竞争力与科技创新能力的基础与必要条件。[1] 在经合组织国家，创新政策原来一直被理解为研发政策的延伸，仅仅与研究和技术开发相关。但是，到20世纪90年代以后，在国家创新体系（National Innovation Systems）的旗帜下，创新政策的范围得以扩展，包括更多的与创新有关的制度建设。[2] 根据经合组织的研究，创新政策经历了如下三个发展阶段：第一阶段将创新视为从基础研究到应用研发再到向市场推出产品或技术的线性过程；第二阶段出现了互动或系统创新模式，提出了国家创新体系的概念；正在形成中的第三阶段引入了更为宽广的视角，突出了结构调整与政府作用的重要性，以构建有利于能动创新的和谐政策框架。在经合组织国家，传统的公共政策建立在线性创新模式之上，没有抓住创新过程的实质；相反，根据国家创新体系提出的新的创新模式对于政府的公共政策提出了更高的要求，要求政府架构与程序作出与知识经济相适应的调整。[3]

世界经济论坛每年通过全球竞争力报告发布的增长竞争力指数（Growth Competitiveness Index）由三个指标体系所构成，分别是宏观经济环境的质量、国家公共制度的现状以及国家的技术适应性。该指数的最初设计者 Jeffrey Sachs 教授与 John McArthur 教授特别强调了在不同发展阶段的国家，技术所起的作用是不一样的。对于接近技术前沿的国家而言，技术创新对于增长的作用更为重要；而对于发展中国家，采用国外的技术或者通过外商直接投资实现技术转移更为重要。基于这种考虑，增长竞争力指数将其考察对象划分为两类，一类是核心经济体，另一类是非核心经济体。对于前者而言，因为它们早已解决了制度的稳定性问题，因此需要更多地考虑技术创新；而对于包括中国在内的后者而言，需要更多地考虑如何完善其公共制度和宏观经济环境，促进经济增长。[4] 在2004年的指数体系中，中国在104个经济体中总排名第46位，宏观经济环境排名第24位，国家公共制度排名第55位，

---

[1] 世界银行在其2002年年度世界发展报告中，全面地分析了制度在社会发展、技术创新、消除贫困、鼓励竞争等方面的基础性作用，并对如何建立有效的制度提出了比较系统的建议。World Bank, *Building Institutions for Markets* (World Development Report 2002) 1 (2001).

[2] OECD, *GOVERNANCE OF INNOVATION SYSTEMS: SYNTHESIS REPORT*, 7 (2005).

[3] OECD, *GOVERNANCE OF INNOVATION SYSTEMS: SYNTHESIS REPORT*, chapter 1 (2005).

[4] World Economic Forum, *Global Competitiveness Report* 2004—2005, xii.

技术适应性排名第62位。[①] 尽管我们不一定要完全同意该指数编制者的所有观点或判断，但该指标体系至少揭示了制度建设对于发展中国家的经济增长与技术创新的重要意义。[②] 一定程度上说，该指标体系也大致准确地反映了我国高新区过去十几年的发展轨迹以及未来的主要努力方向。由于我国目前所处的发展阶段，我们很难在短时间内改变创新能力不强的问题，但是，通过制度建设和体制改革，我们可以实质性地提升公共制度的质量，解决困扰经济发展与技术创新的体制性问题，[③] 并进而改善技术适应性和提升整个国家的竞争力。

瑞士洛桑国际管理发展学院（International Institute for Management Development，简称IMD）编辑的《世界竞争力年鉴》是IMD从事世界竞争力评价的年度成果，在国际上享有盛誉。多年来，IMD在收集上一年度各方面数据资料的基础上，着眼于一个国家或地区的基本情况和政策，旨在分析比较其营造和维护使企业创造更多价值、使人民生活不断提高的宏观环境的能力。因此，一个国家或地区的竞争力，不仅表现为GDP和生产率增长，还必须体现在营造和维护企业保持竞争力的良好宏观环境，包括经济、政治、社会、文化的有效结构、制度、政策。从指标的分类情况看，IMD首先将国家或地区的总体竞争力划分成经济运行、政府效率、商务效率与基础设施四大要素（factors）。进而，又将每项竞争力要素进一步分解成五个子要素（Sub-factors），总计20个子要素。然后，再为每个子要素项下配备数量不等的若干指标（criterion）。在2004年纳入该项评比的60个经济体中，中国大陆总体排名第24位，中国浙江省总体排名第19位，应该说名次不算太低。但是，如果仔细分析四大要素的分项排名可以发现，政府效率与基础设施的排名（最为突出的是基础设施，中国大陆与浙江省分别排在第46位和第41位）极大地影响了中国大陆与浙江省的整体排名（尤其是相对于经济

---

① 在最新公布的2005年报告中，中国在117个经济体中排名第49位（宏观经济环境排名第33位，国家公共制度排名第56位，技术适应性排名第64位），印度位列第50位。该报告明确提出，中国与印度在制度方面的欠缺，会拖延两国进入最具竞争力国家行列的进程。World Economic Forum, *Global Competitiveness Report* 2005—2006, xv.

② 大量的实证研究表明，在全球竞争中为提升国家竞争力而采取的政策往往是创新政策的最主要驱动力。例如，对于芬兰创新政策的案例研究，可参见：OECD, *GOVERNANCE OF INNOVATION SYSTEMS: CASE STUDIES IN CROSS - SECTORAL POLICY*, chapter 2（2005）.

③ 根据该报告的归纳，在中国做生意面临的最大五个问题分别是：腐败、政策不稳定、官僚机构效率低、基础设施不足、融资困难。

运行要素）。① 因此，改善政府效率，提高基础设施水平，实属提高国家竞争力的当务之急，当然也是我国高新区立法必须解决的重点问题。

对于在高新技术产业中占据重要地位的信息技术的未来发展，是各国普遍加以关注的重点领域。世界经济论坛发表的《全球信息技术报告2003—2004》对各经济体的网络适应性进行了评估和排名，实际上也为各国的下一步改革与发展指明了方向。② 在该报告所包含的 102 个经济体中，中国网络适应性总体指数排名第 51 位，其中，环境构成要素指数排名第63 位，适应性要素指数排名第 54 位，使用构成要素指数排名第 43 位。在环境构成要素中，政治与管制环境排名第 68 位，基础设施环境排名第72 位。可以看出，环境构成要素已经成为制约中国信息技术发展的最大障碍，改善环境实属实现创新战略的当务之急。因此，亟须通过立法改善管制环境和基础设施水平，以提升产业竞争力和信息技术的自主创新能力。

世界银行与国际金融公司自 2004 年起每年发布的全球营商环境报告，对于各国政府体制改革与企业的投资方向选择具有重要的参考价值。在 2006 年度报告中，共选择了十项指标对 155 个经济体进行排名。这十项指标全部与政府管理制度有关，分别是企业的开办、处理许可、雇佣与解雇员工、产权登记、获得信用、保护投资者、纳税、跨境贸易、执行合同、关闭企业。③ 在 2006 年度报告的排名中，中国大陆列第91 位，远远落后于香港地区（第 7 位）与台湾地区（第 35 位）。因此，要在国家高新区鼓励创新、创业，必须改善营商环境，尤其是改进政府管理制度。

美国传统基金会与《华尔街日报》每年发布的经济自由度指数共包括十项评价指标，分别是贸易政策、政府财政负担、政府对经济的干预度、货币政策、资本流动与外国投资、银行与金融、工资与价格、产权、管制、非正式市场活动。在 2005 年的年度报告中，中国大陆在 161 个经济体中排名第 112 位（比 2004 年报告提升了 16 位），远远落后于香港地区（第 1 位）

---

① IMD, *World Competitiveness Yearbook* 2004. 中文资料可参见：国家发展和改革委员会经济体制与管理研究所国际竞争力比较课题组《关注世界竞争力的新格局——世界竞争力年鉴 2004 综述报告》。

② World Economic Forum, *Global Information Technology Report* 2003—2004.

③ World Bank and International Finance Corporation, *Doing Business in* 2006：*Creating Jobs*, 2，92（2006）。

与台湾地区（第 27 位）。① 除了货币政策、工资与价格指标以外，中国大陆在其他方面均有进一步改进的巨大空间。

由世界上众多研究机构参与合作的世界经济自由指数包括五大指标体系，分别是政府规模、法律结构与产权保护、获得良好的货币政策、国际贸易、管制。在 2005 年年度的报告中，中国大陆在总共 127 个经济体中排名第 86 位，远远低于香港地区（第 1 位）与台湾地区（第 24 位）。如果仔细分析中国大陆的指标体系具体构成可以发现，在政府规模（第 116 位）与管制（第 121 位）两个方面最为滞后，制约了总体排名。② 因此，制度创新与行政改革必然能够促进经济发展与刺激技术创新。

在联合国开发计划署发布的 2005 年人类发展报告中，在总共 177 个国家或地区中，中国的人类发展指数位列第 85 位，③ 也需要通过制度改革加以改进。

3. 通过体制改革促进自主创新是我国高新区发展的一条基本经验

20 世纪 70 年代末以来，是中国经济高速发展与综合国力大力增强的二十多年，实际上也就是中国经济结构调整与体制改革的二十多年。国家高新区在建立适应我国高新技术产业发展的体制机制方面，也开展了深入的研究，进行了大胆的创新和尝试，为我国的科技经济体制改革提供了宝贵的经验。特别是在行政管理体制、运行机制、劳动人事制度等方面率先进行了改革和探索，突破了现行体制和政策限制，建立了"小机构、大服务"的管理和服务体系。据统计，国家高新区管理机构只相当于一般行政区的 1/4 至1/5，工作人员只有行政区的 1/8 至 1/10。他们所创造的"一站式"管理和"一条龙"服务等经验已经被很多行政窗口单位广为采用，推进了由指令型机关向服务型机关的转变。④ 北京市按照"法无明文禁止不为过"的市场经济法治原则制定了《中关村科技园区条例》，"科学民主、与时俱进"、"鼓励创业、容忍失败"、"依靠科技创造财富"已经成为中关村创新文化的重

---

① The Heritage Foundation and Dow Jones & Company, Inc. , 2005 *Index of Economic Freedom* 145 (2005).

② James D. Gwartney and Robert Lawson with Eric Gartzke, *Economic Freedom of the World* 2005 *Annual Report*, 14 (2005).

③ UNDP, *Human Development Report* 2005, 211 (2005).

④ 徐冠华（时任科学技术部部长）：《提升自主创新能力，开创国家高新区建设和发展的新局面》（在国家高新技术产业开发区工作会上的工作报告，2005 年 8 月 25 日），第 4 页。

要内涵。① 上海市将实施科教兴市战略作为统领其他发展战略的主战略，提出科教兴市的核心在于自主创新，关键在于人才集聚，重要的是制度安排。在上海高新区新一轮的发展中，上海市确立了"凡是有利于'自主创新'的事就大胆地实践，凡是不利于'自主创新'的障碍都要坚决地突破"的工作思路，准备在上海高新区内进行以自主创新为核心的各项综合配套改革。② 深圳市明确提出，深圳高新区将不再以创造产值和 GDP 为主要目标，而将主要工作落实到完善区域创新体系、构建自主创新公共服务平台、营造自主创新良好环境、保护知识产权、提升核心竞争力方面来。③

党的十六大以来，新一代中央领导集体先后提出了树立和落实科学发展观、构建和谐社会等一系列重要主张和论断，并进行了一系列重大战略部署。胡锦涛总书记在多个场合强调加强自主创新的重要意义，并提出未来一个时期我国以科技创新谋求和谐发展的基本思路，即"把科技进步和创新作为经济社会发展的首要推动力量，把提高自主创新能力作为调整经济结构、转变增长方式、提高国家竞争力的中心环节，把建设创新国家作为面向未来的重大战略"。2005 年 6 月 17 日，温家宝总理在视察中关村时明确提出，"国家高新区要承担起新的历史使命，进一步发挥高新技术产业化重要基地的优势，努力成为促进技术进步和增强自主创新能力的重要载体，要成为带动区域经济结构调整和经济增长方式转变的强大引擎，成为高新技术企业参与国际竞争的服务平台，成为抢占世界高新技术产业制高点的前沿阵地"。

根据党的十六大部署，国务院历时两年，编制了 2006—2020 年《国家中长期科学和技术发展纲要》。《纲要》以自主创新为主线，提出了到 2020 年我国建设创新型国家的战略目标，提出了"自主创新，重点跨越，支撑发展，引领未来"的指导方针，把高新技术产业化提升到关系全局和战略高度进行规划部署。科技部于 2001 年就提出了国家高新区"二次创业"的战略，要求国家高新区实现以下"五个转变"：

一是要加快实现从主要依靠土地、资金等要素驱动向主要依靠技术创新

---

① 范伯元（时任北京市副市长）：《大力提高自主创新能力做强中关村，努力创建世界一流科技园区》（国家高新技术产业开发区工作会议会议发言材料，2005 年 8 月，北京），第 4 页。

② 严隽琪（时任上海市副市长）：《自主创新是上海高新技术产业开发区发展的灵魂》（国家高新技术产业开发区工作会议会议发言材料，2005 年 8 月，北京），第 14 页。

③ 刘应力（时任深圳市委常委、常务副市长）：《坚持自主创新，建设国际一流的科技园区》（国家高新技术产业开发区工作会议会议发言材料，2005 年 8 月，北京），第 19 页。

驱动的发展模式转变，坚持把自主创新作为立区之本、强区之本，使高新区成为国家创新体系建设的核心基地之一。

二是要从主要依靠优惠政策、注重招商引资向更加注重优化创新创业环境、培育内升动力的发展模式转变，发挥企业主体作用，大幅度提高自主知识产权拥有量，成为增强自主创新活力的重要载体。

三是要推动产业发展由大而全、小而全向集中优势特色产业、主导产业转变，重点建设孕育自主创新力量的特色产业化基地，形成规模化、特色化、国际化的创新集群，成为推动产业结构调整和技术升级的强力引擎。

四是要从注重硬环境建设向注重优化配置科技资源和提供优质服务的软环境转变，形成规范高效、竞争有序、服务优良的管理体制和运行机制，营造优越的创业环境、优化的发展环境和优质的服务环境，成为建设创新型国家的先行区。

五是要从注重引进来、面向国内市场为主向注重引进来与走出去相结合、大力拓展国际市场转变，以扶持自主创新、提升国家综合竞争力为宗旨，成为引导我国企业走出国门参与国际竞争的重要平台。

可以预见，要实现"二次创业"所要求的这些深刻转变，必须进一步进行制度变革，通过局部制度优化实现自主创新的目标。

4. 小结

正是根据古今中外的历史发展经验与我国的现实国情，条例确立了制度先于技术，通过局部优化的制度安排促进科技自主创新的指导思想，并将这一指导思想贯穿在条例的基本原则、体系结构与具体规定之中。当然，制度的建设是长期的、渐进的，同时也是困难的。但是，随着我国经济、社会与政治的进一步发展，首先在国家高新区确立的这些制度，必然会逐步向区域之外扩散，并进而会带动整个国家创新体系的形成和体制的进一步改革。

三、条例的主要特点

当前，我国正处在经济、社会结构的深刻转型时期。在这一阶段，传统与现实、经济与政治、国际化与本土化、新与旧、个体与集体、地方与中央、效率与公平、激进与渐进、规范与改革、发展与创新的矛盾与冲突都会表现得非常尖锐。妥善处理好各方面的关系，实现和谐地向新体制的平稳过渡，可以说具有尤其重要的意义。在起草条例过程中，我们始终把处理好以下几个方面的关系作为考虑的重点，它们构成了本条例的主要特点。

1. 继承性与创新性相结合

高新区立法在我国并不是新生事物。我国高新区的法律政策环境伴随着高新区的兴起、发展，处于逐步演变中。从 1985 年 3 月《中共中央关于科技体制改革的决定》出台，到 1988 年北京市政府发布国家第一个高新技术产业开发区建立的法律依据《北京市新技术产业开发试验区暂行条例》，到 1991 年 3 月 6 日国务院发布《关于批准国家高新技术产业开发区和有关政策规定的通知》，再到 1993 年 10 月 1 日起开始实施《科学技术进步法》，终于以科技基本法的形式确定了"经国务院批准，选择具备条件的地区建立高新技术产业开发区"。1996 年国家科委又颁布了《国家高新技术产业开发区管理暂行办法》，国务院相关部委颁布了促进高新区发展的配套规定。随后，根据《科学技术进步法》和有关政策规定，各地方结合本地区高新区发展的实际情况，也进行了有益的探索，先后制定了规范性文件，旨在规范高新区管理，促进高新区的发展。据科技部统计，约有一半的地方制定了国家高新区相关法规，许多重要法规和政策都是首先在地方突破的，取得了很好的效果。其中，北京市人大常委会制定的《中关村科技园区条例》尤其产生了意义深远的影响。

除了高新区的专门立法之外，我国改革开放以来逐步建立的中国特色社会主义法律体系，对国家的改革开放事业起到了重要的引导、规范与保护作用，也为我们起草条例提供了重要的制度基础。

因此，我们在起草条例过程中，特别强调吸收我国现有立法与政策的宝贵经验，强调法律体系的完整性、统一性、继承性，使高新区条例与我国现有法律规定有机结合、相互衔接、互为补充，避免法律规定之间的矛盾与冲突。继承性的另一个方面，是贯彻温家宝总理 2005 年 6 月 17 日视察北京中关村科技园区时的讲话精神，尽力保持现行政策的连续性和稳定性（因为社会发展而变得过时的优惠政策除外），并使这些政策在条例中得到规定和体现（比较集中地体现在高新技术企业的税收优惠与其他优惠方面）。

与继承性相对应，条例的创新性也主要表现在两个方面，一是增加了许多新的内容，从组织架构、推进机制、行政职权、治理方式、争议解决、市场环境等众多方面，进行了比较系统的制度变革设计，可以说是在国家高新区内进行的一次全盘体制改革尝试，其范围与程度应该说都远远超出了目前的法律规定，这些新的规定将为创造局部优化环境奠定坚实的制度基础。二是尽力扩充有利于自主创新的优惠政策空间，为企业的自主创新活动提供物质支持。当然，需要说明的是，由于新的优惠政策目前仍在国务院有关部委的制定阶段，许多内容需要等相关规定出台后才能吸纳到条例中来，条例只是为扩充新的优惠政策空间提供了基本框架。

2. 统一性与多样性相结合

发展高新技术产业，推动自主创新，建设创新型国家，实现可持续发展，是党和国家的重大战略部署，事关国家的前途和命运。作为国家创新战略重要组成部分的国家高新区建设和发展，必须处理好当前发展与长远发展的关系，处理好局部利益与全局利益的关系，充分体现国家意志和国家利益。为此，条例特别关注国家高新区发展中的统一性问题，从国家高新区设立的标准与程序、管理制度、监督制度、法律适用等各个方面，体现高新区与高新区条例的"国家"性质，维护法制的统一与权威，体现政策的一致性。

但是，另一方面，由于不同国家高新区所处的地域不同，所面临的发展条件、环境与程度不同，不同高新区的特点也不一样。因此，必须充分考虑这种多样性和现实差别，充分调动地方政府的积极性，并从非均衡中鼓励相互竞争，实现差异化发展。为此，条例对于多样性也同样给予了特别关注。凡不是非要强求一致的地方，就客观看待多样性与不平衡发展的现实；在许多制度的设计上，甚至特意为多样性的探索留下空间，鼓励不同地方根据自己的实际情况进行改革探索和制度设计。

处理好统一性与多样性之间的关系，是我国改革开放的一条基本成功经验，也是条例争取实现的目标之一，其实质在于充分发挥中央与地方两个积极性。因此，这种结合能否成功，很大程度上取决于条例实施过程中这两个积极性能否都得到充分的发挥，偏废任何一个方面，都难以达到预期的结果。

3. 强制性规范与授权性规范相结合

由于我国的特殊国情，决定了我国的体制改革必须采取强制性制度变迁与渐进性制度变迁相结合的改革策略。许多改革或突破，首先是由实践自发创造出来的，然后才由法律加以规定；有些改革或突破，则只能采用自上而下的强制推广方式，借助中央政府的立法或决策才能加以启动；还有些改革或突破，结合了前面两种模式的长处，既可以先由中央政府统一安排改革"试点"，待试点经验成熟后再向其他地方推广，也可以由中央政府将地方的自发创造经验加以总结，通过强制方式向其他地方推广。中国改革模式的这种多样性，构成了中国式改革的一个重要特点，也是中国较其他转型国家改革更为成功的一条基本经验。

按照上述划分标准，大致可以将条例中所设计的改革措施划分为两大类：一类是条例实施后必须立即遵守的义务性规定或强制性规定，相关主体必须根据条例的规定作为或不作为，没有选择的余地；另一类是条例实施后还需要逐步摸索经验的授权性规定或任意性规定，相关主体需要根据客观实践的需要，逐步实施条例的规定，并通过实践来充实条例的内容。从这个角度看，条例的实施既有统一的要求，又有一定的变通余地，为调动各个方面的积极性提供了法律基础。当然，所谓授权性规定或任意性规定，也是相对的、可变的，一旦制定了实施这些规定的具体细则，这些规定也就会变成为强制性规定。正因为如此，条例实施后各行政主体还面临着非常繁重的具体制度设计或制定实施细则的工作，如果没有这些后续工作，条例的许多规定就会流于形式，难以落实。

之所以作这样的设计，主要是考虑到中国改革的基本经验和法律规范的种类与特点，以避免"一刀切"式的做法可能造成的负面后果，使条例能够结合原则性与灵活性，既解决眼前急迫的问题，又为长远发展提供规范基础。这种区分，当然也是我国许多成功立法的共同经验。

4. 国际经验与国内经验相结合

江泽民曾经深刻地指出，世界各国"在科技产业化方面最重要的创举是兴办科技工业园区"，并要求"要注意借鉴国外建设科学城的有益经验"。同时，自从20世纪70年代末以来，世界各国及地区也出现了广泛的行政改革浪潮，为高新技术的发展和知识经济的到来提供了重要的制度支撑，使人类正在经历从工业社会向信息社会的深刻转变。因此，在起草条例过程中，我们广泛、深入地研究和归纳了近年来国内、国际社会的成功改革经验，既包括高新区立法方面的经验（如我国台湾地区的科学工业园立法经验、美国硅谷的成功经验），也包括行政改革的一般经验，并将其中的一些有益做法大胆地为我所用，根据我国的国情加以移植、借鉴。可以说在条例的制度创新部分，许多地方都可以找到海内外成功立法经验的影子。诸如英国的放松管制改革立法、美国立法中的成本效益分析与中小企业促进、经合组织的行政改革、欧盟的个人信息保护、新加坡的电子政务建设、发达国家的公用事业民营化改革、我国台湾地区的行政执行体制改革、世界银行所提倡的多元争议解决机制等，都在不同程度上为条例所参考、借鉴或吸收。

当然，我国改革开放二十多年来积累的宝贵经验，更是我们起草条例的精神财富和制度基础。起草条例过程中，我们不但深入研究了国家高新区过去十多年来的各项成功经验，也较为系统地总结了国内近年来陆续推出的各项改革措施和一些地方的成功改革经验，如依法行政实施纲要、投资体制改革决定、综合执法体制改革、公司制度改革、外贸体制改革、行政审批制度改革、司法体制改革、公用事业民营化、专家决策咨询制度、听证会制度、政府信息公开制度、部门联席会议制度、标准战略、人才战略、国家信息化战略，等等。对于一些具体制度，我们还在现有经验的基础上进行了进一步的创新和发展，以体现国家高新区综合改革、先试先行的特点。

如同生产要素的集聚会产生倍加效应一样，我们认为，在吸收了国内外成功改革经验基础上进行的条例整体制度设计，一定也能够产生制度之间的联动与互补效应，在国家高新区创造一个局部优化的创新、创业环境。

四、条例重点希望解决的问题

作为促进国家高新技术产业区加速发展，创造局部优化环境的行政法规，条例所进行的制度设计当然是全方位的，很难说任何部分不重要。当然，针对国家高新区发展中所暴露出来的问题和进一步发展的需要，起草条例过程中，确实希望条例实施后能够帮助解决以下这些主要问题：

1. 关于条例的自我实施机制问题

改革开放以来，我国的立法活动取得了很大的成绩，社会生活的主要方面应该说都已基本实现了有法可依。但是，与立法比较起来，执法的现状却不尽如人意，有法不依、执法不严的现象还非常普遍，法律的权威还没有真正确立下来。执法实践中，往往需要依靠政府的行政手段来执法，甚至通过运动式的方式执法，结果难免造成执法的周期性波动，随着政府关注点的不断变化而发生变化，无法形成法律的自我实施格局。这种现象，在国家高新区立法领域也同样存在。

造成立法与执法脱节的原因很多，有经济改革与政治改革不配套的原因，有执法体制落后的原因，有立法本身的缺陷，也有执法机关工作人员素质不具备的原因，等等。因此，在起草条例过程中，必须首先考虑条例的实施问题，尽量避免条例制定出来以后难以执行或者成为一纸空文。为此，主要从以下几个方面进行了制度设计：第一，在条例的结构与内容上强调其系统性、整体性，而不只是简单地只涉及某些方面的技术问题（如优惠政策），以期形成整体的体制变革与制度创新格局，形成局部优化环境，使国家高新区的工作整体迈上一个新的台阶。第二，在具体条文的设计上，尤其强调强制性规范的明确性和可操作性，避免模糊；强调任意性规范的灵活性和多样性，鼓励实践创新。同时，对于整个规范体系的设计，充分考虑执法的成本，避免导致因为执法成本过高而影响执法效果，形成良性循环的执法机制。第三，明确不同行政主体的执法责任，推行综合执法，划分行政执法与民事执法的范围，使两种执法机制相互补充，调动不同执法主体的执法积极性。第四，明确规定违反条例的法律责任与后果，为追究责任提供明确的法律依据，保障条例的实施。第五，通过信息公开制度，形成社会监督与舆论监督的氛围，促进国家高新区工作的开展，促进条例的实施。

2. 关于条例的自我更新能力问题

由于我国目前正处在新、旧体制转轨的社会转型时期，社会发展与法律规范不同步甚至相互冲突的情况会经常发生，刚刚制定出来的法律有可能很快就会过时。这种情况下，单纯依靠传统的法律立、改、废方式，实践证明已经很难适应社会发展的需要，并且必然会导致改革与法律的二律背反结果。要么法律过于僵化，制约实践的发展；要么法律规范被搁置，非规范行为盛行。不论是哪种结果，对于法律权威的建立都是巨大的冲击，都无法为改革提供持续的法制支持。从这个意义上看，不论条例制定得多么全面、前沿，都难以完全摆脱迅速过时、陈旧的可能，难以挣脱其他许多立法所面临的共同宿命。因此，条例必须考虑如何为高新区的发展提供持续的法制支持，使条例具有自我更新能力。

为解决改革与法律之间的矛盾，我国曾在90年代初期对经济特区采用了授权立法的方式。经济特区所在地的省、市的人民代表大会及其常务委员会根据全国人民代表大会的授权决定，制定法规，在经济特区范围内实施。经济特区法规根据授权对法律、行政法规、地方性法规作变通规定的，在本经济特区适用经济特区法规的规定。由于特区法规的灵活形式，一定程度上解决了改革与法律之间的矛盾，为经济特区的发展提供了不可或缺的法律支持。

为此，有一部分专家和业内人士一直希望能够在国家高新区采用类似的制度安排，赋予国家高新区某种特殊的立法权。对于这个问题，我们认为，国家高新区既不可能，也没有必要采用经济特区的授权立法形式。原因在于：

第一，经济特区与国家高新区是两个性质完全不同的领域，并且，经济特区的立法权是在国家立法极度缺乏的特定历史条件之下获得的。由于法制发展的大背景已经今非昔比，尤其是由于中国特色社会主义法律体系已经基本形成，再采用授权立法的形式已经不再具有制度上的合理性，也很难获得立法机关和全社会的认同。

第二，由于对特区授权立法缺乏明确的授权标准与监督机制，造成类似"空白支票"式的特区授权立法与其他法律的冲突不断出现，实践中出现了一些难以解决的法律问题。结果，既增加了法律规范的不确定性，也不利于市场主体形成稳定的预期。

第三，由于授权立法仍属于法律的"一揽子"解决方案，在法律的立、改、废等环节与一般立法并没有根本的区别，随着经济特区立法活动与特区法规的增多，授权立法的灵活性必然受到越来越多的内在限制，很难从根本上解决改革与法律之间的二律悖反问题。

第四，从国际社会最近几十年管制改革的成功经验来看，确实有比特区授权立法更好的制度安排，这就是强调"个别化"制度变革的管制改革解决方案。这种解决方案优于"一揽子"的授权立法形式，既能保持法制的统一和确定性，又避免了法律与改革的脱节，提高法律的自我更新能力。

在条例中，所谓比特区授权立法形式更好的选择，就是在借鉴英国1994年管制改革法经验的基础上，第二十二条所确立的放松管制制度。该条规定的最大意义在于，可以打破部门分割与部门法分割的既有立法惯例，充分调动各个方面的积极性，不断地推动有利于自主创新的法律规定的变革，实现改革与法律的有机统一。这样，这一条的规定就使整个国家高新区条例成为一部"活法"，可以随时随地根据实践的需要，为国家高新区的发展提供必需的法律支持。从这一点看，第二十二条是条例的灵魂和基本支柱之一。

同时，第二十二条的规定也有以下几个方面的特点：第一，可以因地制宜，根据各个高新区不同的情况，作出不同的制度安排，避免一刀切所造成的弊病（英国1994年法律第1条第4款第D项明确有这一规定）；第二，集中于负担的解除，不会破坏法制统一，同时，由于是以规范性文件的形式执行，体现了公平原则，可以杜绝目前实践中某些人神通广大，经常可以法外行事（使法律成为摆设）的现象；第三，该条规定是我国法制改革的一项新的探索，比《行政许可法》所规定的省级政府可以停止执行行政法规所设定的经济许可范围更为广泛，比特区法规变通规定权更为合理，不会造成人为的法律冲突；第四，可以引入法律制度的动态管理机制，对于完善我国整个法律制度均有创新意义；第五，可以调动不同行政主体的积极性，逐步形成部门之间、中央与地方之间的良性合作机制；第六，符合国际管制改革的最新潮流，在英国，2001年管制改革法就再一次突出强调了1994年法律的重要意义。

当然，第二十二条所进行的制度设计要发挥作用，还需要一些制度配套和支撑，必须调动不同部门与部门法的合力，必须设计适当的激励、约束机制，必须设计透明、有效的法律程序，必须配备有力的法律监督机制。只有这样，才能使不同主体共同关注条例的自我更新能力问题，实现改革与法律的有机统一。在这些制度条件中，其中之一就是下面要讨论的部门协作与部门法协调问题。

3. 关于部门协作与部门法的协调问题

自主创新不是科技部门一家的事，也不是单靠科技部门一家的力量就能实现的目标。作为国家战略，只有充分调动不同部门的积极性，形成合力，才有实现的可能。在经合组织对创新政策的研究中，政策与部门之间的协调也始终是各国面临的最大挑战。[①] 因此，在起草条例过程中，针对实践中比较普遍的部门之间各自为政、互不配合现象，针对部门法之间缺乏协调机制的现状，我们重点考虑了如何形成部门协作机制与部门法的协调问题。条例主要从组织架构、行为要求、政府公开与法律责任四个方面进行了制度设计，希望能够形成有效的激励约束机制，调动各个方面的积极性，参与到自主创新的国家战略中来。

在组织架构方面，主要有三项制度设计：一是第十五条、第十八条、第十九条明确将国务院有关部门、省级人民政府和国家高新区所在市人民政府列为行政主体，使其受到条例的调整，必须履行条例所规定的义务；二是第十六条规定了高新区发展联席会议制度，将目前的国家高新区工作会议制度规范化、制度化、程序化，使国务院有关部门成为联席会议的成员单位，担负相应的义务；三是第十七条设计了高新区专家咨询委员会制度，体现其独立性、专业性与公正性，在出现部门分歧意见时可以提供第三种声音。在组织架构部分，目前仍有两个问题暂时不好在条例中具体加以规定：一是希望能够由国务院领导（甚至是国务院总理）亲自担任联席会议的主席，由国务院科技行政主管部门负责人担任联席会议副主席，具体主持其工作。如果能够进行这样的安排，既可以提升联席会议的地位与权威性，也有利于决策和执行。二是参加联席会议的部门目前还难以确定，需要尽快明确加以列举并规定到条例中。

在行为要求方面，条例既在不同的条文中对行政主体的职责分散地提出

---

① OECD, *GOVERNANCE OF INNOVATION SYSTEMS: SYNTHESIS REPORT*, 10 (2005).

了具体的要求，又在第二十二条集中规定了所有行政主体都必须履行的义务，必须根据实际情况，适时提出放松管制的建议，促进国家高新区的自主创新。条例希望能够通过对行政主体行为的要求，形成一种各方共同关注高新区发展与自主创新的局面。同时，通过这种机制，也可以打破不同部门法之间的人为界限，使高新区的发展得到不同法律部门的共同支持。

在政府公开方面，条例第三十六条规定了行政改革措施说明制度，以引导国务院有关部门履行其责任，主动为高新区的发展出谋划策。同时，通过政府信息的公开，可以形成一种无形的社会监督，促使国务院有关部门履行其职责。

在法律责任方面，条例第八十八条对于行政主体不履行或不当履行条例规定的义务的行为（当然包括拒绝协作的行为）规定了行政法律责任，构成犯罪的，依法追究刑事法律责任。这样，可以根据本条的规定，追究相关工作人员拒绝配合或者协作的法律责任。

4. 关于国家高新区发展规模的激励约束机制问题

国家高新区不同于一般的行政区，也不同于保税区或经济技术开发区。要真正在激烈的国际、国内竞争中脱颖而出，实现高新技术产业的创新与发展，对国家高新区必须有门槛设置，以积聚各种资源，形成局部竞争优势。否则，如果国家高新区遍地开花，规模无限扩张，势必会分散、稀释有限的资源，造成低水平重复与恶性竞争，浪费宝贵的政策资源。然而，在我国现行的体制下，由于各个方面的原因，地方政府有很强的动机不断建立或扩张国家高新区，很容易因此造成各地相互攀比的局面，使国家对高新区的发展规模无法形成有效的激励约束机制。

为解决这个问题，防止国家高新区的无序扩张，条例主要通过以下六个方面的制度设计来构建激励约束机制：第一，在国家高新区的设立、变更与撤销等环节，突出中央政府的权力，将控制权集中到国务院，以体现决策的权威性。第二，比较明确地列举了设立国家高新区必须达到的条件（第八条），以确立国家高新区的基本"门槛"。第三，在设立程序中增设独立的专家咨询委员会的评估环节（第九条），既可以减轻国务院科技行政主管部门面临的各种游说压力，也可以保证评估过程的科学性、独立性与一致性。随着专家咨询委员会工作制度与议事程序的制定（完全可能是匿名评审、无记名投票制度），这种独立评估的重要性会表现得更为突出。第四，规定了国家高新区的强制退出（第十一条）与自愿退出（第十二条）机制，以形成有进有退、优胜劣汰的公平竞争平台，也为地方政府主动选择退出提供法律依据。第五，规定了国家高新区发展年度报告制度（第三十七条）与技术创新能力排名制度（第三十八条）。通过公开形成社会监督与竞争压力，为创业者和投资者的行为提供指引；通过排名打造国家高新区技术创新能力比赛的"全运会"，为高新区的发展带来地方政府的巨大支持。目前，各种形式的营商环境评价、创新能力排名不但在国际上非常流行，在我国也正在兴起。这种评价机制对于改善投资环境、引导投资行为都会产生非常积极的正面影响，也可以形成对国家高新区发展规模的有效激励约束机制。条例的规定，第一次为不同形式的社会评价机制提供了法律依据，可以说代表着政府治理观念的一次重大变革。第六，规定了市人民政府的补偿责任（第十三条），因国家高新技术产业开发区被撤销给区内个人、法人或者其他组织的权益造成明显不当损失的，国家高新技术产业开发区所在市人民政府应给予合理补偿。条例希望能够通过信赖利益保护原则，既保护个人、法人或者其他组织的合法权益，又形成控制高新区发展规模的威慑机制。

5. 关于高新技术企业发展的激励约束机制问题

高新技术企业是实现自主创新的主力军，支持高新技术企业的发展因此具有尤其重要的战略意义。不论是《科技进步法》第二十五条还是国务院1991年有关国家高新区政策规定的第12号文件，都为高新技术企业的优惠政策提供了法律依据。实际上，不论是在其他发达国家还是在我国台湾地区，给予高新技术企业某些优惠政策也是非常通行的做法。因此，条例坚持了多年来的成功经验，将高新技术企业现在享有的各项优惠政策完整地予以保留，并根据1991年以来形势的发展变化，适当地进行了技术上的调整与处理。除此之外，为减轻高新技术企业的负担，还专门在诸如高新技术企业简易认定程序与自动认定程序（第六十三条）、重新认定默视同意规则（第六十四条）、审核程序（第六十一条）与批准程序（第六十二条）的认定时限等环节进行了制度创新。所有这些，都可以看作是鼓励高新技术企业发展激励机制的有机组成部分。

另一方面，不容否认的是，由于被认定为高新技术企业能够带来许多现实的利益，一些不具备条件的企业获得认定的现象仍然存在，一些地方政府也存在认定把关不严的问题，还未从制度上形成对高新技术企业认定的约束机制。为解决高新技术企业认定所存在的这些问题，形成有效的约束机制，条例从以下几个方面进行了相应的制度设计：第一，从实体上明确高新技术企业的认定条件（第六十条），设置高新技术企业的进入"门槛"，从源头上防止不具备条件的企业获得认定的现象泛滥。第二，明确规定了国家高新区管委会的审核程序（第六十一条）与省级人民政府科技行政主管部门的批准程序（第六十二条），使其职责划分明确，相互配合，相互监督，合理分工，各负其责。第三、通过被认定的高新技术企业的信息披露制度形成社会监督机制（第三十九条），制约可能的官商勾结现象。同时，给予经认定的高新技术企业施加额外的信息披露义务，可以促使企业衡量认定的成本与收益，提高竞争能力与核心竞争力，形成有效的企业内在激励约束机制，节省社会成本。第四、明确赋予利害关系人对高新技术企业认定决定申请行政复议或者提起行政诉讼的权利（第六十五条），通过社会监督制约行政权力的行使，防止盲目扩大认定的范围。

当然，形成高新技术企业发展激励约束机制最为重要的制度设计体现在条例的整个立法理念当中，而不是具体的优惠政策或约束措施。条例着重打造的是一个梯度倾斜的局部优化制度环境——凡在国家高新区的企业，均能享受高新区的良好环境，以期形成资源的聚集效应；凡在国家高新区的高新技术企业，还能享受到一系列优惠政策，以期推动高新技术企业的发展。这样，国家高新区内的企业既有公平的竞争平台，也有政策待遇上的区别，前者是创新的基础，后者是附加措施，两者共同作用创造局部优化的环境。随着国家高新区"二次创业"的逐步展开，制度的作用会越来越大，而区内、区外优惠政策的差别会相对变小。对于国家高新区外的高新技术企业而言，即使它们最终能够享受国家高新区内企业同等的优惠政策，也会缺乏国家高新区才能提供的良好制度环境。这样，就可以不断吸引国家高新区外的高新技术企业到高新区发展，形成产业聚集。这样的立法理念，可以解决优惠政策弱化之后高新技术企业的发展问题。否则，一旦优惠政策按产业提供，区内、区外的差别消失，国家高新区的存在依据就会受到怀疑。有了制度支撑，不论优惠政策如何变化，国家高新区的作用不但不会被削弱，反而会变得更为突出。

6. 关于国家高新区的局部优化制度环境问题

为国家高新区提供局部优化的制度环境，是条例的重点，也是国家高新区"二次创业"的主要方向。在这方面，条例涉及的内容很丰富，比较全面地反映了当代国内外行政改革与法制改革的经验与成果。除了前面已经提到过的内容之外，主要的制度设计还包括：

第一，突出高新区是由个人、企业、市场和政府所构成的创新环境，四者之间是互动、互补的关系，没有谁大谁小，也没有谁主谁从（第三条），由此弱化高新区的地域性或行政性，形成不同主体之间的良性互动与合作机制。

第二，将权利保护作为基本原则加以规定（第四条），以鼓励创新、创业活动，形成良好的创业氛围和社会环境。

第三，确定服务型政府的基本理念与政府职能的范围（第五条），并对决策参与（第二十六条）、立法的成本效益分析（第二十七条）、行政检查权（第二十九条）、行政收费（第三十条）、行政强制执行（第三十一条）与行政程序（第三十四条）等政府行为与程序进行规范，在现有立法的基础上先行一步，确立了基本的权力运行规则。当然，这些基本规则在实践中还需要通过制定实施细则加以具体化。

第四，在国家高新区推行综合执法，解决现行体制所造成的高新区内没有执法机关以及高新区管委会无执法权的现实问题。当然，这种执法体制如何构造，还需要视不同高新区的特点，因地制宜加以规定。综合执法在不同的高新区可以有不同的组织形式。

第五，适应信息化发展的需要，明确提出电子政务的目标，提高行政管理的效率（第二十五条）；提出减少信息负担（第三十二条）与个人信息保护（第三十三条）的要求，降低市场主体的社会成本，保护个人权利。

第六，适应公私伙伴关系与民营化发展的趋势，采用外包机制（第二十三条）与特许经营机制（第二十四条），以提高公共服务的效率，缓解财政压力，解决国家高新区基础设施建设与经营瓶颈制约的问题。

第七，采用完善市场经济国家的通行做法，在法人登记与非法人团体的合法性、分期缴付出资（第四十条）、企业出资的形式（第四十一条）、要素市场（第四十二条）、市场准入政策（第四十三条）、投资自主决定权（第四十四条）、收益分配制度（第四十五条）、中介服务机构（第四十六条）、风险投资（第四十七条）、政府扶植政策（第四十八条、第四十九条、第五十一条）、信用担保体制（第五十条）、产学研结合（第五十二条）、知识产权保护（第五十三条）、禁止垄断行为（第五十五条）、发展国际合作（第五十六条）、鼓励发展行业自律组织（第五十七条）、容忍舆论监督与社会监督（第五十八条）等方面做出比较系统的规定，创造宽松、自由的环境，鼓励个人、法人或者其他组织在国家高新区内创新、创业。

第八，在争议解决制度的构造上，根据鼓励多元争议解决制度并存，在制度的竞争中实现社会公正的精神，第六章全面地构造了行政复议、行政诉讼、民事诉讼、投诉、行政裁判、仲裁与调解并存的多元争议解决制度，并赋予争议当事人选择权。即使在每一种争议解决制度内，也尽力体现多元化，在竞争中实现社会公正。争议解决制度的多元化与替代争议解决机制的扩散，是当代各国法治的共同发展趋势，它对于保护国家高新区内个人、法人或者其他组织的合法权益也具有重要的意义。

7. 关于高新区管委会的定位问题

高新区管委会是高新区发展的关键环节，起着承上启下的重要作用。但是，由于各地发展不平衡所造成的体制差异，使高新区管委会在组织、职权、实际作用等方面均存在很大的不同。并且，这种不同在现阶段仍有其存在的合理性，很难用"一刀切"的方式强制要求所有的管委会都遵从某一种模式。因此，条例对高新区管委会采用了在尊重其现有架构与定位的前提下，使其承担条例所规定的义务的方法，促使高新区管委会的工作在现有基础上再迈上一个新台阶。

首先，条例规定了高新区管委会主任任命前的核准程序（第二十条），以体现高新区的"国家"性质，从体制上保证决策的统一性和中央政府的意志能够顺利执行。

其次，鉴于管委会在不同地方模式的多样性，条例并没有统一定性，只是规定管委会是国家高新技术产业开发区所在市人民政府的派出机构，是国家高新技术产业开发区的管理与服务机关。这种界定方法可以涵盖不同模式的管委会，也反映了各地的现实情况，便于各地保持体制的稳定性，顺利推进体制变革。

再次，条例比较全面地对管委会的职能进行了列举（第二十一条第1款），共列举了11项具体职能，一项兜底职能。这些职能可以分为两大类，一类是法律授权管委会行使的职能，另一类是市人民政府委托管委会行使的职能。条例实施之后，不论是何种形式的管委会，都必须履行这些责任，尤其是条例明确列举的职能，并进行相应的制度建设。当管委会行使法律授权的职能时，根据我国法律的规定，它具有独立的法律地位，应依法承担相应的法律责任，包括作为诉讼法律关系的主体参与各种形式的诉讼。当管委会行使市人民政府委托的职能时，应由委托机关直接承担法律责任。实践中，如何具体区分管委会的两类不同职能，还需要在法律依据上进一步予以明确。

最后，为解决实践中管委会地位不明、职责不清等问题，条例第二十一条第2款明确规定省、自治区、直辖市的人民代表大会及其常务委员会应通过地方性法规，明确高新技术产业开发区管委会的职能与法律地位，建立精简、统一、高效的管理体制和运行机制。要求省级人大制定地方性法规来明确管委会的地位，好处很多，既可以与现行法律的规定（如《行政处罚法》、《行政许可法》对于相对集中处罚权、许可权的规定）相互配套，维护法制的统一，又可以进一步明确和巩固管委会的法律地位，有利于对其充分授权。

8. 关于法律责任问题

法律责任是法律规范的重要组成部分，也是法律权威的最终保障。因此，在我国近年来的立法实践中，包括《科技进步法》在内，已经形成了以专章规定法律责任的立法惯例。不过，在国家高新区立法中是否规定法律责任，应该说经历了一个发展过程。就立法而言，国务院 12 号文件并没有涉及法律责任问题，许多地方在早期的高新区立法中也没有规定法律责任。不过，这种情形在《中关村科技园区条例》制定以后发生了很大的变化。《中关村科技园区条例》以专章的形式规定了行政机关及其工作人员违反条例规定或者不履行法定职责时必须承担的行政责任、刑事责任和国家赔偿责任，以及市场主体、其他组织和个人违反条例规定应当承担的民事责任，体现了高新区立法理念的飞跃和立法技术的进步。在此之后的地方高新区立法，大多都规定了法律责任。

条例根据我国近年来的立法经验，也以专章比较全面地规定了法律责任问题，以保证条例规定的内容能够得到全面的实施。

我国个人信息保护执法体制初探

周汉华

一、概念辨析

与其他东亚国家一样，中国法律传统中一直并不存在对抗国家权力意义上的隐私权。① 因此，新中国建立以后，法律中所规定的隐私保护的范围一直是比较窄的。但是，通过梳理这些规定我们可以发现，这种状况正随着社会的发展在发生巨大的变化，从中昭示着中国制定专门的个人信息保护法律的条件已经基本成熟。

1. 第一阶段

新中国立法中最早出现的概念既不是隐私，也不是个人信息，而是民间与历史传统中使用得更多的"阴私"概念。第一个法律规定是 1956 年全国人民代表大会常务委员会就最高人民法院提出的什么案件可以不公开进行审理的问题所作出的《全国人大常委会关于不公开进行审理的案件的决定》。该决定规定："人民法院审理有关国家机密的案件，有关当事人阴私的案件和未满十八周岁少年人犯罪的案件，可以不公开进行。"这一规定确立了不公开审理的基本划分原则，其内容与规定方式基本为后来的诉讼法继续沿用。到 20 世纪 70 年代末，1979 年制定的《刑事诉讼法》第 111 条和《人民法院组织法》第 7 条都继续沿用了"阴私"的提法。最高人民法院曾经明确界定过阴私案件的范围，由此也就间接界定了阴私的含义。根据《最高人民法院关于依法公开审判的初步意见》（1981）的规定，"有关个人阴私的案件。一般是指涉及性行为和有关侮辱妇女的犯罪案件"。可以看出，这一时期的法律规定主要有两个特点：（1）阴私概念的普遍使用体现了传统文化的强大影响；（2）法律所保护的主要是当事人诉讼程序上不公开审理的权利。

---

① 历史上不但没有出现西方国家那种"风能进、雨能进，国王不能进"的隐私权保护宪政传统，反而流行的是"普天之下，莫非王土；率土之滨，莫非王臣"这样的集权统治形式。对于（美国）宪法意义上的隐私权的简单介绍，可参见：Solomon Rosengarten, *The Right to Privacy – Origin and Scope*, 2 Crim. Just. Q. 54（1974）.

2. 第二阶段

由于改革开放所带来的观念上的冲击与进步，可以看到，从20世纪80年代、尤其是90年代初以后，不论是政府文件、立法还是民间，普遍以"隐私"概念代替了习惯的"阴私"概念（包括1996年的刑事诉讼法修改明确将阴私改为隐私）。其中，1982年的民事诉讼法（试行）是第一个使用"隐私"概念的法律，1989年的人民调解委员会组织条例是第一个使用"隐私"概念的行政法规。截至2007年3月底，共有17部法律使用该概念。① 随着法律概念的变化，这一时期的特点表现在：（1）法律保护的权利种类已经从过去的诉讼程序权利进入到了主要是民事实体权利的领域，诸如未成年人保护法、妇女权益保障法等法律都将隐私权明确作为一项实体权利加以规定，最高人民法院的司法解释也确认了隐私权的民事权利地位；② （2）权利保护的方法已经从单一的不公开审理诉讼程序保护发展到诉讼程序保护与民事侵权救济程序保护并重的二元保护体制；（3）就诉讼程序权利而言，由于原来的司法解释仍然有效，最高人民法院并未就"隐私案件"的范围制定新的司法解释，因此，变化的只是概念，其范围应该说与传统的"阴私"概念仍然有延续性。③ 相反，就实体权利而言，由于所有使用了"隐私"概念的法律或司法解释都没有给该概念下一个定义，也没有界定或者描述这种权利的范围，④ 因此，这么多年来，实体权利的边界不论在立法还是实践中实际上一直处于模

---

① 除了《人民法院组织法》以外，其他所有法律均不再使用"阴私"概念。

② 1986年制定的民法通则虽然没有规定隐私权，但是，最高人民法院通过几个司法解释，其中最重要的包括最高人民法院关于审理名誉权案件若干问题的解答（1993）、最高人民法院关于贯彻执行《中华人民共和国民法通则》若干问题的意见（试行）（1988），实际上将隐私权作为名誉权的一种，赋予了其民事权利的法律地位，并加以保护。

③ 比如，《最高人民法院关于严格执行公开审判制度的若干规定》（1999）中，明确规定，"涉及个人隐私的案件；十四岁以上不满十六岁未成年人犯罪的案件；经人民法院决定不公开审理的十六岁以上不满十八岁未成年人犯罪的案件；经当事人申请，人民法院决定不公开审理的离婚案件"，不公开审理。从这种个人隐私案件与其他几种案件并列的情况可以推论，个人隐私案件的范围是比较狭窄的，甚至不包括离婚案件。

④ 比如，17部使用了隐私概念的法律（包括未成年人保护法、反洗钱法、银行业监督管理法、治安管理处罚法、公证法、妇女权益保障法、传染病防治法、行政许可法、保险法、律师法、复议法、执业医师法、刑事诉讼法、行政处罚法、澳门特别行政区基本法、民事诉讼法、行政诉讼法），11部行政法规（分别是地方志工作条例、机动车交通事故责任强制保险条例、国务院办公厅关于加强电子商务发展的若干意见、海关行政处罚实施条例、全面推进依法行政实施纲要、乡村医生从业管理条例、税收征收管理法实施细则、外国律师事务所驻华代表机构管理条例、计算机信息网络国际联网管理暂行规定实施办法、企业劳动争议处理条例、人民调解委员会组织条例），超过300件部门规章或者其他规范性文件，都只使用了概念，均缺乏定义和范围描述。

糊状态。隐私概念这种程序意义上的明晰化与实体意义上的模糊化，造成该概念逻辑体系的混乱，甚至许多立法机关也无法准确辨析并正确使用，① 必然导致实践中无法有效地保护当事人的隐私权。

3. 第三阶段

自 20 世纪 90 年代末开始，尤其是进入新世纪以来，由于信息化的迅猛发展与权利观念的进一步提升，首先从信息化②和消费者权利保护③这两个领域的地方立法开始，逐步出现了个人信息概念，并于 21 世纪初率先在两部法律中得以采用。④ 这一时期，不但出现了新的概念，更重要的变化在于：（1）相比于边界模糊、主要依靠传统民事侵权法予以保护的隐私权，个人信息概念更为中性，其覆盖范围远远超出传统的民事侵权法所能覆盖的范围。比如，对于不当采集、使用、披露、交换或者传播个人姓名、住址、电话、职业、学历等客观个人信息的行为，很难用传统的侵权法认定为侵权行为并加以追究，而采用个人信息保护法则容易得多。这样，采用个人信息概念，其保护的范围就比隐私权的范围要大，边界相对也更为明确，⑤ 由此实现了权利边界的扩张。（2）由于个人信息保护超出了传统的隐私权侵权民法保护的范畴，因此，对个人信息的保护手段除了传统的两种方式以外，又增加了政府的监管责任和行政法保护方式，这样，就从传统的事后保护向事前、事中、事后并重的多阶段、全过程保护迈出了一大步。

---

① 比如，妇女权益保障法第四十二条将隐私权与名誉权并列，而民法通则中只规定了名誉权，没有规定隐私权，因此，妇女权益保障法所规定的隐私权的含义与范围及其与名誉权的关系就需要进一步的界定，其边界很模糊。

② 有关 IC 卡管理、征信体系建设、互联网使用与管理以及政府办公自动化等方面的地方信息化立法均有个人信息保护方面的规定。

③ 非常有对比意义的是，1993 年制定的《消费者权益保护法》并没有规定任何个人信息保护方面的内容，但是，进入 21 世纪以后，一些地方（如上海、云南、内蒙古、辽宁、安徽、福建、湖南、贵州）制定的消费者权益保护地方性法规普遍增加了对消费者个人信息加以保护的内容。

④ 这两部法律分别是《居民身份证法》（2003）与《护照法》（2006）。

⑤ 大部分立法对于个人信息都没有进行性质界定或者范围描述，只有地方消费者权益保护规定进行了非常有意义的尝试，比较接近国外法律对于个人信息定义的"可识别性"标准。例如，《上海市消费者权益保护条例》（2002）在我国第一次对个人信息的范围进行了描述，第二十九条规定，"经营者提供商品或者服务时，不得要求消费者提供与消费无关的个人信息。除法律、法规另有规定外，经营者未经消费者本人同意，不得以任何理由将消费者的个人信息向第三人披露。前两款所称的个人信息，包括消费者的姓名、性别、职业、学历、联系方式、婚姻状况、收入和财产状况、指纹、血型、病史等与消费者个人及其家庭密切相关的信息"。

　　通过梳理中国立法的历史进程，可以非常清晰地看到，随着社会的发展，不但概念体系在发生变化，而且，概念所蕴含的观念与制度也在发生着潜移默化的巨大变化。当然，另一方面，由于现行法律对于个人信息保护的规定大多数情况下都非常原则、简单，存在与隐私权概念同样的问题，就使得这两个概念不但在立法中交织不清，也直接影响了整个权利保护制度与政府监管制度的实际运行。因此，制定统一的个人信息保护法，明确个人信息保护的范围、执法体制与具体制度，已经具有相当的紧迫性与现实性。

二、现行执法体制存在的问题

　　单就个人信息保护的行政执法体制而言，我国目前存在如下三个主要问题：

　　1. 执法权力分散配置在不同的行政机关，形成多部门分别行使执法权的部门执法体制

　　全面分析现行相关法律规定之后可以发现，我国现行的个人信息保护执法体制是一种权力高度分散型的执法体制，由不同的行政机关分别对其管理的行业或领域行使执法权，缺少统一、专门的个人信息保护机构。这种管理架构之下，执法的对象通常是该行政机关自身（的工作人员）以及该行政机关所直接管理的对象，缺少对第三者或者一般社会主体责任、义务的规定。① 唯一的例外仅仅出现在消费者权益保护的一些地方性法规中，它们的覆盖范围稍广一些，一般性地要求所有的"经营者"都有保护个人信息的法定义务，② 由此使工商行政管理部门具备了某种专门执法机构的雏形。

---

　　① 比如，《护照法》第 20 条规定，护照签发机关工作人员在办理护照过程中有泄露因制作、签发护照而知悉的公民个人信息，侵害公民合法权益的，依法给予行政处分；《居民身份证法》第 19 条规定，人民警察泄露因制作、发放、查验、扣押居民身份证而知悉的公民个人信息，侵害公民合法权益的，根据情节轻重，依法给予行政处分；信息产业部《互联网电子公告服务管理规定》（2000）第 12 条规定，电子公告服务提供者应当对上网用户的个人信息保密，未经上网用户同意不得向他人泄露，但法律另有规定的除外；《河南省邮政条例》（2005）第 21 条规定，邮政企业及其工作人员不得有违法提供用户个人信息和使用邮政业务情况的行为。

　　② 由于消费者权益保护法并没有规定个人信息保护的义务，因此，地方性法规增加经营者的法定义务实际上面临着与上位法不一致的风险。根据《立法法》、《行政处罚法》的规定，这些地方性法规设定的义务或者处罚，有可能因为与上位法不一致而无法得到适用。

这种分散的部门执法体制会产生许多问题，最主要的问题包括：（1）不同部门、地区与主体之间的义务不平衡必然导致短板效应，影响规定的实施。由于一些领域、地区制定了个人信息保护的规定，而更多的领域、地区并没有类似的规定，这种不平衡肯定会对已经制定相关规定的行业、地区产生不良的攀比效果，影响规定的实施；并且，即使在存在相关规定的领域，由于义务主体特定、有限，会使大量的非义务主体不用遵守相关的规定，也会使法律规定的功效被弱化。（2）随着信息化的发展，过去信息封闭、信息体内循环的状态必然会发生变化，信息会更多地流出本行业或者超出传统的行业管理的边界。面临着这样的信息高速流动、交换与共享的形势，分散的部门执法体制必然会出现鞭长莫及、相互推诿、无人负责的空白或者交叉地带，无法有效地保护个人信息。尤其在那些跨部门的领域，如未成年人保护、妇女权益保护等，则会出现执法主体缺位的现象。（3）在现有的制度条件下，部门分散执法体制很容易造成管理者与被管理者的利益趋同或者管制捕获现象，无法保证公正执法。如果再存在政企不分、政事不分、管办不分的现象，必然会导致执法者与被执法者的角色混同。对于作为义务主体的行政机关而言，部门分散执法更是典型的运动员与裁判员不分的体制。这样，一旦个人信息利用的商业价值凸显，就会出现比较普遍的个人信息滥用，缺乏任何外在的制约。这是目前我国个人信息保护乏力最根本的体制性原因。

2. 执法手段有限，主要依靠事后的行政处罚与行政处分等行政法传统执法手段

法律责任的雷同化，过于依赖罚款手段，甚至以罚代刑，是我国各部门法面临的共同问题。在个人信息保护立法中，这一现象表现得也非常突出。除了几部征信管理的规定相对而言有比较多样的执法手段以外，① 绝大多数个

---

① 例如，《深圳市个人信用征信及信用评级管理办法》（2001）赋予了征信管理机关对设立征信机构的事先审批权；规定了征信机构可以采集的信用信息的标准和服务对象的范围；规定了征信机构征集个人信用信息应当征得本人的同意，向个人提供本人信用信息查询，个人认为本人信用信息有错误的可以向征信机构提出更正申请；明确规定个人信用信息中的特别记录，保存期限最长不得超过七年；规定征信机构征集、传输、整理个人信用信息、开展个人信用评级或对外提供信用信息服务，违反规定的，由征信管理机关予以通报批评，并责令限期改正。特别需要指出的是，2007年4月24日颁布的《政府信息公开条例》第25条规定，公民、法人或者其他组织可以向行政机关申请提供与其自身相关的税费缴纳、社会保障、医疗卫生等政府信息，行政机关提供的政府信息记录不准确的，有权要求该行政机关予以更正。

人信息保护立法仍然主要依靠事后的行政处罚与行政处分等传统执法手段,[①] 缺少诸如事先管制、事中介入等其他执法手段和信息主体的事中维权手段。

过于依赖事后的处罚与处分,会产生许多问题,最主要的问题包括:(1)使个人信息保护中的政府监管与行政执法所具有的全流程管理优势无法得到充分的发挥,使大量的个人信息滥用行为无法在事先或者事中得到及时的预防或者制止,无法及时制止可能对受害人造成的损害。(2)个人信息滥用行为往往涉及人数众多,违法者收益巨大,而每个人所受的损害远远小于单独寻求事后救济机制的成本,因此,依靠事后民事责任或者行政处罚机制,对于受害者而言,会出现"高射炮打蚊子"的现象,加大个体的执法成本。结果,会导致执法机制虚置,受害者没有启动维权机制的诱因。如果罚款(包括事后的民事责任)幅度设定过低,还会导致威慑失灵,无法有效对个人信息滥用行为形成有效制约。[②] (3)执法机关会逐步习惯于罚款与行政处罚手段,失去监管能力建设的动力,并有可能使罚款与处罚成为行政执法的目的,背离执法机制设立的初衷。

3. 缺少对义务人义务的全面列举,违法行为的边界模糊、狭窄

在行政法律制度中,不论是对义务主体而言还是对执法机关而言,义务与职权法定,均是现代行政法的基本原则。[③] 没有对义务人义务的明确界定,违法行为的边界就会非常模糊,既无法为行为人提供明确的行为指引,也有可能放任违法行为。然而,由于我国个人信息保护相关立法最初源于民事名誉权(隐私权)保护制度,后者的重要特征在于司法机关通过对抽象性的过错、违法、因果关系等侵权行为构成要件的判断,确定是否存在侵权行为。[④] 在民事侵权法中,既不需要、也没有可能对义务人的义务进行全面

---

① 即使几部对个人信息保护比较重视的地方消费者权益保护立法也是一样。比如,贵州省《贵州省消费者权益保护条例》(2006)第59条规定,违反本条例规定,未经消费者同意,向第三人披露消费者个人信息的,可以根据情节单处或者并处警告、没收违法所得、处以违法所得1倍以上5倍以下罚款;没有违法所得的,处以1万元以下罚款;情节严重的,责令停业整顿。正因为这样,这些地方的工商行政管理部门尽管已经具备了某种专门执法机构的雏形,但实际执法效果和对消费者个人信息的保护并不突出。

② 最为典型的案例是某媒体公布了艾滋孤儿的真实身份,受害人最后只得到2万元的民事赔偿。该案例介绍可参见:http://news. xinhuanet. com/newmedia/2006—07/19/content _4852733. htm。

③ 对行政法上法律保留原则的一般介绍,可参见陈清秀著《依法行政与法律的适用》,载翁岳生编《行政法》(2000)(上册),中国法制出版社2002年版,第178页。

④ 对侵权行为构成要件的介绍,可参见:张新宝《中国侵权行为法》,中国社会科学出版社1995年版,第2章。

列举。这种影响体现在个人信息保护立法中，就是相关立法缺少对义务人义务的全面列举，[①] 使许多行为游离于法律调整的范围之外。[②] 义务人法定义务过于狭窄，违法行为边界模糊，直接的后果是规则缺乏，控制或者拥有个人信息的单位可以随意使用个人信息，侵犯个人权利，执法机关无法可依，无能为力。

我国个人信息保护执法体制存在的上述三个问题，可以很好地解释和说明我国个人信息保护领域的严峻现状。[③]

三、主要政策建议

根据上述讨论，为完善我国个人信息保护执法体制，需要从机构、规则与观念三个方面进行系统的制度设计：

1. 设立独立、综合的行政执法机构

我国个人信息保护领域的行政执法现状表明，执法权力的分散化配置是目前最大的体制性问题，已经无法适应信息社会信息高速流动，跨部门、跨地区甚至跨国界转移的社会结构变化。[④] 如果执法机构问题不解决，制定再

---

① 例如，《湖南省消费者权益保护条例》（2005）第 27 条仅仅只禁止两种行为，一是经营者不得要求消费者提供与消费无关的个人信息。二是未经消费者本人同意，经营者不得以任何理由将其知悉的消费者个人信息透露给第三人。对于诸如经营者是否可以采集消费者的信息，如何采集，是否可以使用从其他渠道获得的消费者个人信息，是否应该对其拥有的消费者信息妥为保存，是否任何人都可以在内部任意使用其知悉的消费者信息，消费者是否有权查阅或者要求修改这些信息等，条例都没有作出明确的规定。由于义务范围过窄，明显无法达到保护消费者权利的立法目的。相反，在国际社会的个人信息保护立法中，对个人信息处理的全流程（包括信息的采集、使用、保护、交换、跨境传输、消费者查阅、要求修改、禁止使用、销毁等）都有明确的法律规定，义务人的法律义务非常明确。国际社会的立法经验，可参见：Christopher Kuner, *European Data Protection Law: Corporate Compliance and Regulation*, 63（2007 2nd. ed.）

② 只有个别立法对特定主体的保护比较宽泛一点，如《北京市未成年人保护条例》（2003）第 49 条规定，任何组织和个人不得披露未成年人的个人隐私。对未成年人的信件，任何组织和个人不得隐匿、毁弃；除因工作需要由司法机关依照法定程序进行检查，或者对无民事行为能力未成年人的信件由其父母或者其他监护人代为开拆外，任何组织或者个人不得开拆。任何组织和个人未经未成年人的监护人同意，不得在互联网上收集、使用、公布未成年人的个人信息。

③ 隐私国际在 2006 年 11 月 2 日发表的报告中，已经将我国个人信息保护列为全球最差的国家之一。可参见：http://www.privacyinternational.org/article. shtml? cmd［347］= x - 347 - 545269。对于我国个人信息保护领域存在问题的分析，也可参见：周汉华《中华人民共和国个人信息保护法（专家建议稿）及立法研究报告》，法律出版社 2006 年版，第 34 页。

④ 对于信息时代个人隐私重要性的论述，可参见：Fred H. Cate, *Privacy in the Information Age*, Chapter 7（1997）.

多的个人信息保护规则也会无济于事。因此，建立独立、综合性的专门执法机构，统一行使执法权，就成为必须的选择。

具体而言，可以对政府机关和其他信息处理者一分为二，进行双轨制处理，设计两套不同的执法体制。

对于政府机关而言，必须尽快解决各个政府机关自己管自己的角色合一问题，将个人信息保护执法职能从各个政府机关剥离出来，统一交给一个独立、中立的部门行使。参照刚刚颁布的《政府信息公开条例》第3条的规定，在中央政府层面可以由国办作为主管部门，行使推进、指导、监督与执法职责。在地方政府层面则由政府办公厅（室）或者地方人民政府确定的其他机构行使上述职能。这样，不但可以实现职能分离，保证执法的公正性，也可以将信息公开工作与个人信息保护工作结合起来。以后，随着政府信息资源管理职能的逐步成熟，还可以将这些职能从政府办公厅（室）剥离出来，建立独立的政府信息资源管理机构与执法机构。

对于其他信息处理者而言，可以采取两步走的方式，分步建立个人信息保护执法体制。目前，必须尽快改变执法权力过于分散化配置的格局，首先建立相对集中的执法体制，将个人信息保护的执法权力配置给两家或者几家执法机构。[①] 待条件成熟以后，再从相对集中的执法体制过渡到完全集中、独立执法的最终体制，参照个人信息保护制度发达国家的经验，设立一家专门的个人信息保护执法机构。这样，既可以解决过于分散执法所造成的执法缺位问题，也可以减少改革的阻力，充分发挥专业监管机构在过渡阶段的作用，同时逐步培养综合执法能力，实现体制的平滑过渡。

2. 尽快制定个人信息保护法

我国个人信息保护执法体制存在的种种问题，根本原因还在于缺少一部规定个人信息保护的专门法律。由于长期的"部门法"划分传统，每个部门都通过自己的部门法来获得和巩固权力，形成各管一摊的分散执法格局，不制定新的法律，要想打破体制界限几乎不可能；同时，由于一些个人信息保护立法层级过低，使得规则制定机关无法突破部门或者地域限制，甚至人为造成新的分割，立法越多，体制越乱；并且，由于立法层级过低，下位法无法为其他机关设定义务，不能为执法机关增设新的执法手段，更无法为义务主体增设义务，必然导致传统行政法执法手段的过度运用与义务人行为规

---

① 比如，可以将个人信息保护的一般执法职能配置给工商行政管理部门，而对于少数特定行业（如征信管理）的个人信息保护执法职能，则可以继续由行业监管机构承担。

范模糊等一系列后果。因此,制定一部统一的个人信息保护法,明确规定信息主体的权利、列举义务人的法定义务、设计行政执法机关的多种执法手段、确立个人信息保护的基本原则等,都是解决我国个人信息保护现实问题的前提条件。

《2006—2020 国家信息化战略》已经明确提出,"加快推进信息化法制建设,妥善处理相关法律法规制定、修改、废止之间的关系,制定和完善信息基础设施、电子商务、电子政务、信息安全、政府信息公开、个人信息保护等方面的法律法规,创造信息化发展的良好法制环境"。随着《政府信息公开条例》的出台,制定个人信息保护法的迫切性就更加突出。这样一部法律的制定,不但能为个人信息保护执法提供法律基础,也能为处理政府信息公开与个人信息保护的关系提供法律基础。

3. 明确区分不同概念的含义与使用条件

观念是一切制度的基础。隐私概念的多义性①以及隐私概念与个人信息概念的重叠,② 已经阻碍了不同方面对于个人信息保护问题的交流与讨论,也导致法律概念与法律规定的混乱。为此,必须首先从基本概念入手,根据我国隐私保护法律的演变历史,对相关概念进行明确的界定和使用条件区分,构筑对话和讨论的共同基础。

根据前面对我国隐私概念法律流变的梳理,可以尝试根据如下标准区分

---

① 比如,对于什么是隐私,目前仅民法学界的定义就很多:第一种观点认为,隐私是个人不愿为他人所知晓和干预的私人生活,它包括个人信息的保密、个人生活不受干扰、个人私事决定的自由三方面〔王利明、杨立新主编:《人格权与新闻侵权》,中国方正出版社 1995 年版,第 415 页〕。第二种观点认为,隐私是指私人生活安宁不受他人非法干扰,私人信息保密不受他人非法搜集、刺探和公开等,它分为私人生活安宁、私人信息秘密两类〔张新宝:《隐私权的法律保护》,群众出版社 1998 年版,第 16 页〕。第三种观点认为,隐私是私人生活中不欲人知的信息〔张俊浩主编:《民法学原理》,中国政法大学出版社 1997 年版,第 146 页〕。第四种观点认为,隐私是指与公众无关的纯属个人的私人事务,包括私人的活动、私人的活动空间以及有关私人的一切信息〔王传丽:《私生活的权利与法律保护》,载《民商法纵论》,中国法制出版社 2000 年版,第 197 页〕。第五种观点认为,隐私是一种与公共利益、群体利益无关的,当事人不愿他人知道或他人不便知道的信息,当事人不愿他人干涉或他人不便干涉的个人私事和当事人不愿他人侵入或他人不便侵入的个人领域;它包括三种形态,一是个人信息,为无形隐私;二是个人私事,为动态的隐私;三是个人领域,为有形的隐私〔杨立新:《人身权法论》(修订版),人民法院出版社 2002 年版,第 669 页〕。第六种观点认为,隐私是指不愿告人或不为人知的事情〔王利明等:《人格权法》,法律出版社 1997 年版,第 147 页〕。

② 尽管我国一些立法也使用了个人数据概念,但数据概念在我国立法中一直指向的是科学意义上的数据,与个人信息保护没有直接的关系。为避免更多的概念交织与重叠,我们建议我国个人信息保护立法不要使用或者引入个人数据概念。

三个概念：

（1）明确区分隐私概念的广、狭两种含义。尽管我国正式法律文件中已经很少再使用传统的"阴私"概念，但是，从三大诉讼法的规定以及其他一些有关当事人（复议）诉讼程序权利保障的法律规定来看，诉讼程序保障意义上的隐私概念是一个适用范围很窄的概念，可以称之为狭义的隐私概念，其边界非常清楚，功能也很单一，就是确定案件的审理是否应该公开。不过，只要超出诉讼程序保障的范畴，隐私概念就是与民事实体权利相连的广义上的概念，并且，其边界并不明确。从这个意义上看，既可以保留狭义上的隐私概念，也可以用另一个概念（当然不是重新采用阴私概念）加以代替。

（2）处理好（广义的）隐私概念与个人信息概念的法律关系。隐私概念与个人信息概念的冲突或者交织主要体现在实体法上，目前一些法律不加区分地使用这两个概念，已经造成了许多认识混乱。为解决这一问题，可以从法律责任和公、私法划分的角度，将两者明确界定为交叉关系，将个人信息保护界定为公法概念，将隐私权保护界定为私法概念。某些行为既侵犯隐私权，同时也违反对个人信息保护的法律规定，会同时引起民事责任与行政责任；某些行为只是侵犯隐私权，只会引起民事责任，不会引起行政法责任，它们与个人信息保护无关（如搬弄口舌、邻里间传播他人私生活秘密等）；某些行为只是违反了个人信息保护法律规定，会引起行政法责任，但不会引起民事责任，它们与隐私权保护无关（如违反个人信息系统的安全管理规定、违规采集个人信息等）。通过这样的区分，既可以从理论上明确两个概念的各自边界与使用条件，解决目前的概念混乱现象，也可以为未来的立法、执法和司法活动提供指导原则，充分发挥公法、私法在保护个人权利过程中的不同作用。① 从这个角度考虑，作为信息化时代规范个人信息处理活动的公法规范，我们需要制定的法律只能称为个人信息保护法，而不是隐私权法或者任何其他的名称。

---

① 一些学者认为目前正在制定的侵权行为法可以解决个人信息保护问题，其实是对问题的复杂性认识不够深刻。在国际社会，个人信息保护普遍被作为公法问题处理，而不是通过民事立法解决。

电子政务法研究[*]

周汉华

互联网的出现改变了人们的生活，也对政府管理提出了深刻的挑战。电子政府①的制度条件有哪些？电子政府与立法是什么关系？是否有必要制定统一的电子政府法？电子政府法的调整范围应该多广？发展中国家构建电子政府的途径与发达国家有何区别？电子政府究竟应该以加强管理为中心还是以提供服务为中心？如何认识电子与政务的关系？所有这些，都是网络时代带给行政法的新课题。

一、电子政府立法的国际浪潮

电子政府对于提高政府效率，改进服务，实现特定的政策目标，推动体制变革，建立政府与公众之间的互信等，都具有重要的作用。② 因此，不论是发达国家还是发展中国家，都在大力推进电子政府建设，迎接全球竞争的挑战。然而，构建电子政府并非一帆风顺，肯定会遇到各种各样的问题。在

* 本文为国务院信息办委托研究课题成果的一部分。课题研究得到了国务院信息办陈大卫副主任、陈小筑司长、辛仁周副司长与杨健处长的有力支持和指导。上海市信息委、北京市信息办、广州市信息办相关领导与专家对课题调研提供了各种帮助。中国社会科学院法学研究所吕艳滨博士、李霞助理研究员，中国社会科学院研究生院苏苗罕博士、江菁博士、谭彬彬同学、王迪同学、许琳同学分别参与了调研或部分资料的收集工作。中国社会科学院研究生院左晓栋博士、中国社会科学院研究生院丁康吉同学参与了美国电子政府法部分章节的翻译工作。本文仅代表作者个人观点，文中有任何错误或缺陷，均由作者负责。

① 电子政府是一个很难定义的概念，即使在电子政务最为发达的美国，虽然制定了电子政府法，也很难准确界定"电子政府"的含义。因此，美国研究电子政府的权威学者提出了应采用一组定义（a family of definitions）而不是通常的单个定义的主张。具体讨论可参见：Jeffrey W. Seifert, Harold C. Relyea, Considering E – Government from the U. S. Federal Perspective: An Evolving Concept, A Developing Practice, *Journal of E – Government*, Vol. 1 (1) 2004, p. 8. 对于电子政府定义多样性的讨论，还可参见：Michael Chissick & Justin Harrington, (ed.) *E – Government: A Practical Guide to the Legal Issues*, Chapter 1 (2004). 目前，国际社会大多用"电子政府"，我国官方文件更多地用"电子政务"。本文遵从国内的区分习惯，两个概念可以互换使用。

② 可参见：OECD, *E – Government for Better Government*, 15 (2005); Cabinet Office, *Electronic Government Services for the 21ˢᵗ Century*, Chapter 4 (2000).

经合组织列举的电子政府外部障碍中，法律障碍高居第一位。① 因此，经合组织提出，电子政府能否成功，取决于政府能否提供一个适宜的法律架构。这样，近年来，在各国推进电子政府的过程中，普遍重视法律制度建设，可以说已经出现了一个电子政府立法的浪潮。②

（一）制定专门的电子政府法

由于各国电子政府的历史都不长，能够迅速制定专门的电子政府法的国家并不算太多，并且，其立法形式呈现多样化的特征。但是，可以预见，随着各国电子政府实践的逐步推进，这方面的立法一定会越来越多。

1. 芬兰

芬兰近年来在国家竞争力的排名上一直引人注目，③ 其中的一个重要原因是芬兰积极利用信息与通信技术调整经济结构，提升政府服务水平。根据经合组织的研究，芬兰在经合组织国家中属于电子政府的领先者，其经验已经引起其他国家的广泛关注。④

1999 年 12 月 30 日，芬兰制定了行政管理电子送达法。该法的目的在于促进公共管理领域的电子送达，明确电子送达中行政机关以及行政管理相对人的权利、义务和责任，也规定数据安全和电子身份的相关重要要求，这部法律被公认为是世界上最早的电子政府立法之一。⑤ 2003 年 2 月 1 日，芬兰开始实施公共领域电子送达与联络法，代替了行政管理电子送达法。新的法律扩大了原先法律的适用范围，在行政管理机关、法院、其他司法机关以及执法机关中普遍采用电子数据传输，提升送达与联络的效率以及信息安全。芬兰公共领域电子送达与联络法规定的事项尽管比较有限，只是规定国家权力机关与公众之间的送达与联络方式，但其影响却至为深远，为构建电子政府奠定了最为基础的法律保障。

---

① OECD, The e - Government Imperative, 48 (2003). 在欧盟资助的一项研究中也发现，法律变革是电子政府得以成功应用的必要条件之一。具体论述可参见: Charles LOWE, TEN STEPS TO MASSIVE TAKE UP OF EGOVERNMENT IN EUROPE, International Journal of Communication Law and Policy, Issue 8, Winter 2003/2004. p. 2.

② 国外学者对电子政府建设中法律重要作用的论述，可参见: Klaus Lenk, Roland Traunmuller and Maria Wimmer, The Significance of Law and Knowledge for Electronic Government, in Ake Gronlund (ed.), *Electronic Government: Design, Applications & Management*, Chapter 4 (2002).

③ 例如，在世界经济论坛 2003、2004 和 2005 年的全球竞争力排名上，芬兰一直稳居第一。

④ OECD, OECD e - GOVERNMENT STUDIES: FINLAND, 7 (2002).

⑤ IDABC eGovernment Observatory, eGovernment in Finland, 11 (Nov. 2005).

2. 澳大利亚

澳大利亚是电子政府的积极提倡者。1997 年 12 月，霍华德总理在《为增长投资》的声明中宣布要在 2001 年之前将所有合适的政府服务都上网。随后，澳大利亚于 1999 年制定了联邦电子交易法，并于 2000 年 4 月发布了政府在线战略。2002 年，澳大利亚国家信息经济办公室公布了电子政府战略——《更好的服务，更好的政府》。① 2006 年，澳大利亚政府又公布了新的电子政府战略——《回应型政府：新的服务议程》。②

澳大利亚电子交易法虽然没有用专门的电子政府法称谓，并且，其适用范围不仅仅局限于电子政府，也适用于电子商务，③ 但是，如果与芬兰的上述立法相比，其对电子政府的规定更为全面，影响更为深远。就该法对政府的规定而言，完全可以说是一部典型的电子政府法。④ 澳大利亚的这种立法方式，对其他许多普通法国家的同类立法产生了很大的影响。

电子交易法共三个部分 16 条，另外还有一个规定例外的附录。鉴于澳大利亚其他法律中对于书面形式、手写签名、提供文件、记录信息、保存文件的规定已经影响到电子形式的采用，因此，该法总的精神是使电子形式获得法律地位，使沟通不会因为采用电子形式而无效。这样，电子交易法实际上是以"一揽子"的方式改变了其他法律对于沟通形式的传统要求。

3. 新西兰

新西兰于 2002 年制定电子交易法，以便利在电子商务与电子政府中使用电子邮件和其他电子技术。为实施该法律，新西兰政府于 2003 年专门制定了电子交易法令，规定了具体的规则。根据电子交易法的规定，只要信息接受者同意，即使其他法律规定了需要以书面形式提供、提交或储存信息，也可以采用电子技术进行。只要接受者同意，该法律允许公众以电子邮件和传真的形式与政府机关交往，即使其他法律规定了书面形式也不受影响（如申请执照）；同样，政府机关也可以使用电子邮件和传真形式向公众发

---

① 相关资料可参见：Australian Government Information Management Office, *Future Challenges for E - Government*, Volume 2 of 2, 31（2004）.

② Department of Finance and Administration, Australian Government Information Management Office, *Responsive Government: A New Service Agenda*,（2006 e - Government Strategy, March 2006）.

③ 在我国，有些学者因此将类似的电子交易法归纳为电子商务法，我国的一些地方立法（如 2002 年制定的广东省电子交易条例）甚至明确将电子交易界定为电子商务的一部分，这些归纳应该说都缩小了电子交易的范围，与国际上对电子交易的理解并不一致。

④ 该法特意使用了一个副标题——《便利电子交易以及为其他目的的法律》，而在该法对于立法目的的具体规定中，推动电子政府是其中的重要目的之一。

送书面通知。

根据新西兰电子交易法的规定，该法是一部授权法，而不是一部义务性的法律规定，因此，法律并不强行要求任何人必须使用电子技术。以电子形式代替传统书面形式的前提是个人或者组织的同意，只有个人或者组织事先同意，政府机关才可以以电子形式发送文件或者通知，否则构成无效行为。在新西兰，这种事先同意是一种明示同意。如果政府机关没有事先同意，也不必接受以电子形式递交的申请或者其他信息。电子交易法虽然既适用于电子商务也适用于电子政府，但是，新西兰商界认为，该法在公共领域的意义更大，适用的面也更广。[①]

4. 南非

南非 2002 年电子通信与交易法与澳大利亚、新西兰的前述立法类似，但内容更为全面、具体。南非的法律共 14 章 95 条，覆盖的内容非常广泛，重要的立法目的之一也是为了提倡使用电子政府服务。该法在对交易的定义中明确规定，交易"或者是商业性质的，或者是非商业性质的，包括提供信息和电子政府服务"，由此使该法具有了电子政府法的特征。该法对立法目的的规定也更为全面，包括承认信息经济的重要性，加强对落后地区的普遍接入，加深对电子交易的理解和接受，消除电子交易的障碍，提倡技术中立，增强电子政府服务，符合国际标准，有效使用南非域名，促进中小企业发展等等。

5. 巴西

巴西于 2000 年 10 月 18 日开始实施电子政府总统令，以推动本国电子政府的发展。不同于其他国家的电子政府法侧重于信息技术在公共领域的应用，巴西电子政府总统令集中在管理与推进体制的构建之上，主要目的是在政府理事会中设立电子政府行政委员会，并赋予其统筹电子政府发展的相应职权。电子政府行政委员会是一个高层次的机构，职权广泛，负责在联邦公共行政管理体系中推广和采用信息与通信技术；发布指令，指导各部门制定电子政府发展的年度计划；定义电子交往形式的质量；协调电子政府的预算支出；规定通过电子方式提供信息和服务的水平；就电子政府问题，提出法律改革的建议和年度预算方面的建议。

---

① Wigley & Company, *Electronic Transaction Act* 2002: *An Opportunity to Streamline Public Sector Processes*, 2 (2003).

6. 韩国

韩国在联合国 2005 年电子政府准备度排名中高居第五位，是亚洲排名最高的国家。① 韩国能够在电子政府发展方面取得长足的进步，与其积极推动电子政府立法密切相关。韩国于 2001 年 7 月 1 日开始实施的第 6871 号法律（名称为"为了构建电子政府而促进行政业务电子化的相关法律"），是韩国为推进电子政府而制定的专门法律。该法共七章 52 条，对推动电子政府做了全面的规定。

该法第 1 条规定，立法的目的在于规定行政业务电子化处理的基本原则、步骤、推行方法等，并通过促进电子政府构建步伐来提高行政机关的效率、透明性以及民主性，以此提高国民的生活水平。该法第二章系统地规定了电子政府的构建及运营原则，具有很强的指导性和方向性。主要的原则包括：（1）在设计行政机关的业务处理过程时，应该尽可能减少业务申请人在办理相关业务的过程中需要付出的时间和努力。（2）在需要对行政机关的业务进行电子化时，应该预先对相关业务以及业务处理过程进行革新，使其符合电子化处理的要求。（3）可以以电子化方式处理的业务，在没有特殊理由的情况下应该进行电子化处理。（4）当行政机关保留和管理的行政信息对国民的生活有益时，除法律特殊规定不得公开的情况之外，应该通过互联网积极向国民公开。（5）除具备了特殊理由之外，行政机关可以通过电子方式确认的事项不得要求业务申请人自行确认并提交。（6）行政机关所搜集和保留的行政信息应该与需要该信息的其他行政机关共享，而可以从其他行政机关获取可信赖的信息时不得另行搜集相同内容的信息。（7）行政机关所保留和管理的个人信息，除法律规定的特殊情况之外不得违背当事人意愿随意使用。（8）行政机关在开发应用软件的过程中，应该设法避免重复开发的现象发生。（9）行政机关在有关构建电子政府的技术开发和运营问题上，除负责的业务不得转交民间部门，或行政机关独自开发或运营会更加经济有效并可以显著提高安全程度的情况外，应该将开发和运营外包给民间部门。

韩国电子政府法第 21 条专门规定了行政机关的信息共享，行政机关应该共享下述四类信息：（1）处理国民请愿事项所需的行政信息；（2）统计信息、文件信息等可以作为行政业务执行参考依据的行政信息；（3）根据

---

① United Nations, *UN Global E – government Readiness Report* 2005: *From E – government to E – inclusion*, 25 (2005).

有关公共机关个人信息保护的法律第 10 条第 2 项规定，可以向其他机关提供的处理信息；（4）根据信息化促进基本法第 8 条的规定，信息化促进委员会认定为行政机关之间有必要共享的行政信息。

7. 美国

美国既是互联网的诞生地，也是世界上电子政府最为发达的国家，连续几年在联合国的电子政府准备度排名中位居第 1 位。美国电子政府的快速发展，与其强调法治的传统，尤其是与 2002 年制定的电子政府法不可分割。

不论是就篇幅还是就内容而言，美国 2002 年电子政府法都是世界上迄今为止最为详细、覆盖面最广的一部法律。根据该法第 2 条的规定，立法目的有 11 项，分别是：（1）通过在管理与预算办公室内设立一个新的电子政府办公室行政官，为联邦政府开发和推进电子政府服务与流程的努力，提供有效的领导。（2）推进使用互联网与其他信息技术，为公众参与政府提供更多的机会。（3）通过整合相关职能提升对公众的服务，通过采用内部电子政府流程提高流程的效率与有效性，由此推进跨部门合作。（4）提升实现机构任务与项目绩效目标的政府能力。（5）在政府机构内部与政府机构之间推进使用互联网与新兴技术，提供以公众为中心的政府信息与服务。（6）降低企业以及其他政府实体的成本与负担。（7）推进政策制定者做出更科学的决策。（8）推进通过多渠道获得高质量的政府信息与服务。（9）使联邦政府更为透明和负责。（10）通过借鉴公共与私营部门的成功经验，改善机构的运作。（11）促进个人隐私保护、国家安全、残疾人使用以及其他相关法律的规定得到贯彻。

该法第一篇建立了美国电子政府的管理与推进体制。根据该篇的规定，美国在管理与预算办公室内设立一个电子政府办公室，该办公室的负责人为由总统任命的行政官，全面负责推进电子政府事业。同时，在行政部门设立一个首席信息官理事会，作为联邦政府的主要跨部门平台。另外，为推动跨部门合作，电子政府法规定设立专门的电子政府基金。为提高电子政府建设的实效，美国电子政府法特别强调报告制度，每年 3 月 1 日之前，管理与预算办公室主任都应向参议院政府事务委员会和众议院政府改革委员会提交电子政府状况报告。

8. 奥地利

奥地利于 2004 年 3 月 1 日开始实施电子政府法。该法共七节 28 条，第一部分规定立法目的；第二部分规定与公共权力机关进行电子联络的辨认和鉴定；第三部分对市民卡的功能做了规定；第四部分是有关数据的电子确认；第五部分规定了如何维护电子记录的特性；第六部分是违反该法规定的处罚条款；第七部分是过渡条款和最终条款。通过各部分的标题可以看出，这部法律更像是一部数据保护法或网络安全法，通篇的主题就是如何解决电子政府过程中的信息安全问题。

9. 意大利

意大利于 2005 年 3 月 7 日制定了立法性的行政命令——数字行政管理法典，并于 2006 年 1 月 1 日开始实施。该法典共七章 75 条，目的是为电子政府的发展提供一个清晰的法律框架，并为构建有效和亲民的公共行政管理制度创造条件，因此，可以说是一个综合的革新运动，是数字时代的"宪法"。[①]

该法为公民和商业组织确立了新的权利、并且保障该权利的充分实施。法典中确立的新权利有：（1）公民和商业组织有权使用现代信息技术同任何政府部门联系。任何政府部门和管理者不能迫使公民必须现场提交纸质文件、签字、提交申请或者获得信息。政府部门必须为此提供一个安全的、经过认证的并且是合法有效的管道，以使用户可以通过他们的计算机同政府部门交流。（2）公民和商业组织有使用现代信息技术获得与其有关的数字文件的权利，并且具有参与与其有关的程序的权利。所有的政府部门必须进行相应的改革，以使相对方能够以数字形式安全、清楚地获得文件、法律文书。（3）2005 年 1 月 1 日以后，公民和商业组织有权通过安全的电子信息技术向中央政府支付任何款项。（4）公民和商业组织有权通过电子邮件的形式向政府部门发送信件，并且接受政府的信件。通过电子邮件发送的信件和文件都具有完全的法律效力，包括在私人间和商业部门间的信件。（5）公民有权通过新技术参与民主程序和行使他们的政治权利。（6）公民和商业组织有权为完成行政程序而寻找在线表格和文件。

10. 保加利亚

保加利亚电子政务法于 2006 年 12 月底履行完了所有的行政程序，并得到部长会议的批准，目前，该法已经通过国民议会的最后批准。保加利亚电子政务法共七章 65 条，分别规定的是总则、电子行政服务、电子文件交换、互操作、信息安全、控制与互动以及行政处罚。

根据保加利亚电子政务法第一条的规定，该法适用于提供电子行政服务以及行政机关之间的电子文件交换。任何人只要履行公共职能或者提供公共

---

① http：//www. innovazione. gov. it/eng/egovernment/enti_ locali. shtml.

服务，就要受到该法的约束。该法第二条确立了一项非常独特的法律原则——一次采集原则——任何公共权力主体都不能要求自然人或者组织重复提供已经提供过的信息，它们只能从第一次采集信息的主体那里获得这些信息。第一次采集信息的机关根据法律的规定采集或者产生信息，并负责修正或者删除。

11. 欧盟

由于受到宪政体制的制约，在欧盟层面推动建立电子政府政策面临着许多法律障碍。① 尽管这样，欧盟自成立以来，已制定了许多关于构建电子政府的政策。尤其值得一提的是，欧盟于 2004 年 4 月 21 日制定了 Decision 2004/387/EC（也称为"全欧洲区域内向公共部门、商业机构和公民提供能够共同使用的电子政府"计划或者"IDABC"计划），并于 2005 年 1 月 1 日—2009 年 12 月 31 日间实施。

该决议共有 17 条及两个附件，旨在推动欧洲跨国界的电子政府并提高公共行政部门间的电子通信交换的效率。它鼓励和支持欧洲国家的公民和企业与公共行政部门的跨国界交流，并力图使欧洲成为一个在生活、工作和投资方面有吸引力的地区。为了完成这些目标，IDABC 发布了一些建议并制定了相关实施原则，主张各国行政部门间通过电子化通信方式为商业组织和市民个人提供现代化的公共服务。该决议还为各国实施进程中的资金问题做了较为详细的规定。该决议规定，IDABC 计划的管理部门及专家组由各个国家的公共政策制定者组成，这就避免了该计划同国内的电子政府法律、政策相矛盾的问题。

可以说，该决议是欧洲电子政府建设的纲领性文件，指引着整个欧洲的电子政府发展。各国根据欧盟的相关法令，按照自身的情况，纷纷制定符合国情的电子政府法或者修改现有的法律法规，以适应欧盟决议的要求。

（二）制定或修改电子政府相关法律

推动电子政府，既可以制定专门的电子政府法，也完全可以通过分散立法或修法的方式进行。② 尤其是考虑到体制与立法技术等方面的限制，有些国家暂时可能还不能制定专门的电子政府法。这种情况下，分散立法、渐进

---

① 具体分析可参见：Antonio Alabau, THE EUROPEAN UNION AND ITS EGOVERNMENT DEVELOPMENT POLICY：Following the Lisbon Strategy Objectives, Chapter 1 (2004).

② 美国与韩国尽管分别制定了电子政府法，仍然大量依靠分散立法来推动电子政府的发展。

变革的重要性就尤其重要。各国在诸如信息公开、电子签名、个人信息保护、电信开放、政府信息再利用等方面，都制定了许多单行法律。

由于电子政府是在信息与通信技术的基础上对传统行政流程的再造和改革，因此，它对于以部门权力划分和纸面办公方式为背景的传统行政程序是一项全新的挑战。在许多国家，推行电子政府之初，都面临着法律要求书面形式、亲笔签名或者申请人亲自到场等障碍。为此，必须制定或者修改行政程序法，为电子政府扫清法律障碍。

西班牙行政程序法较早对电子政府作出了回应。1992年西班牙行政程序法第38条规定，公共行政机关为接收个人或行政部门的书面材料及通知而建立的总登记及其所有登记都必须输入电脑。第45条规定，公共行政机关为开展活动或行使其职能，应在宪法或法律有关的限定范围内推动技术及电子、电脑或电信媒介的使用及运用。如果与公共行政机关的技术媒介通用，在尊重每个程序规定的保障及手续前提下，公民可通过技术及电子、电脑或电信工具与公共行政机关相连接来行使自己的权利。公共行政机关通过电子、电脑或电信媒介发出的资料，或这些媒介所储存的原件的复印件，只要其真实性、完整性及保存可靠性，利害关系人的签收以及其他法律规定的保障及手续的履行均得到保证，上述复制件都享有原始资料的有效性及效力。

在荷兰，早在2001年4月，政府就颁布了对一般行政法的修改意见草案，征求公众的反馈，其目的是为了在行政程序中使用电子沟通方式，适应数字时代的要求。[1] 2001年8月31日，为推动电子沟通发展，挪威议会提出了一项立法建议，建议对挪威的公法和行政法进行全盘修改，其中就包括对行政程序法进行修改。与此同时，挪威还对法律解释采用功能主义方法，将"书面"、"签字"解释为包括电子形式。[2]

2003年初，冰岛议会通过了行政程序法修正案，其中包括电子政府的内容。该修正案的基础是所谓的平等程序，即将电子方式与传统方式同等对待。该修正案第3条规定：如果电子数据达到了特定的要求，与手写数据具有同等地位。据此，政府部门可以接受公众发出的电子文件，并以相同的方

---

[1] 转引自 Corien Prins, et. al., *Taking Administrative law to the Digital Era: Regulatory Initiatives* in France, Germany, *Norway and the United States*, 9（2001）.

[2] 资料可参见：Corien Prins, et. al., *Taking Administrative law to the Digital Era: Regulatory Initiatives in France, Germany, Norway and the United States*, 13（2001）.

式处理。第 4 条规定：如果电子文件能够证明其是原始版本而未经修改，则视该电子文件为原始资料。第 5 条继而规定：如果达到特定的技术标准，电子签名可以代替个人书写签名。

在修正案中，还对行政行为的电子公布的效力做了规定。该法第 6 条规定，如果行政相对人有条件了解并核查某项行政行为或者其他电子数据，则视为该相对方已经知晓该行政行为或电子数据。第 6 条第 3 款规定，当法律特别规定某项通知必须以可被证实的方式作出时，通过使用电子设备而达到该条款的要求，该电子设备要能够确定行政相对人已经收到了相关数据。该修正案还对以电子方式提出行政申请作出了规定。修正案第 7 条规定，在行政机关提供电子通信的情况下，对行政相对人以电子通信形式发出的申请应该得到回复，并且给予相关指示。①

德国是一个高度重视法律的国家，对于推进电子政府的法律配套建设也极为重视。由于德国行政程序法第 10 条规定了行政行为的非要式原则，除非有明确的法律规定，行政程序不受正式要件的制约，程序应该尽量简单、有效，行政机关有权决定处理行政事务的最好方式，包括采取电子方式。因此，一般认为，即使不修改任何法律，大部分的电子政府决定在法律上都是有效的。然而，即使德国法律有这种灵活性原则，仍不能解决电子政府带来的所有新问题，因为德国当时有近 3800 条规定明示或者默示要求书面文件、手写签名、申请人亲自到办公室接受或者提交文件等规定。这样，在德国电子政府实施计划中，修改行政程序法更是被作为重点予以突出，定下了明确的时间表。② 2003 年 2 月，德国（第三次）修订行政程序法，清除了公务活动中电子签名的所有法律障碍，赋予电子签名与手写签名同样的法律地位。

除了修改行政程序法以外，制定或者修改其他电子政务相关法律也是各国的普遍做法，以下简单介绍几个代表性国家的大致情况。

1. 丹麦

丹麦虽然是电子政府非常发达的国家，但一直没有制定一部统一的电子政府法。那么，究竟如何解读法律在丹麦电子政府发展中的作用呢？是否可以说丹麦电子政府的发展与法律改革没有任何关系呢？

答案显然是否定的。丹麦在其第一个电子政府战略中，就多次反复强调

---

①　Kristjan Andri Stefansson and Gunar Thor Thorarinsson, *Electronic Government*: *New Legislation on E – Government in Iceland*, 31 Int' l J. Legal Info. 462（2003）.

②　可参见：*Implementation plan for the "BundOnline 2005" eGovernment initiative*, 28（2001）.

了要创造良好的条件，包括进行法律的修正。① 在新的电子政府战略中，又再次重申了法律环境的重要性。② 具体而言，丹麦法律对于电子政府的作用，既包括制定新的法律（如电子签名法），也包括对现行立法进行简化和现代化。丹麦财政部于 2002 年启动了一项规则简化计划，以改革政府，减少公众与企业的负担，其中的一项工作就是通过简化法律来推动电子政府，消除电子政府与电子商务的法律障碍。该计划要求丹麦政府所有的部门都审查其法律和规章，找出制约电子政府的规定。然后，相关部门对这些规定进行分析，评估是否应该对这些规定进行改变。基于这种分析，各部门再提出法律现代化的行动计划。在此过程中，由财政部、司法部和科学技术与创新部组成的书记处负责提供指导并具体实施各部门提出的行动计划。国家信息技术理事会书记处与电子政府联合委员会在协调过程中也起到一定的作用。

2004 年 6 月，丹麦数字工作组（Danish Digital Task Force）承担了完成计划的责任，并对已经完成的工作提出了一份最终报告。该报告被视为是法律现代化计划的最后一步。根据工作组的报告，该项计划的结果是共有 423 部对电子政府构成不当阻碍的法律或者规章已经被修正或者将要在最近的将来被修正。同时，该报告承认另外有 1106 部法律与规章无法修正，它们要么与特定的文件（如护照、驾照等）相连，要求非数字的程序以完成证明功能，要么它们事关欧盟或者国际条约要求非数字程序的规定。

尽管还有许多法律与规章至今仍没有被更新，③ 但丹麦法律现代化对电子政府的推行创造了有利的条件。

2. 瑞典

2002 年，瑞典政府决定对法律、规章中要求的法定形式（如书面文件以及书面签名等）进行清理，以清除不利于电子交流的障碍。为此，瑞典成立了包括政府法律事务总监在内的工作组，领导清理工作。2003 年 4 月 15 日，工作组提出了清理报告——《格式——法定形式与电子交流》，共发现了大约 2000 处法定形式。其中，工作组认为大约 1200 处并不对电子程序构成障碍，大约 190 处阻碍了电子交流，应予修改，大约 650 处需要进行进

---

① *Towards e - government*：*Vision and Strategy for the Public Sector in Denmark*，10（2002）.

② *The Danish eGovernment Strategy* 2004—2006，16（2004）.

③ 经合组织的调查仍然发现丹麦有些方面的法律与规章对于电子政府造成障碍，其中，最为重要的是规定过于复杂无法理解（60%），法律规定限制了跨层级部门或者与私营部门的合作（60%），规定缺少灵活性（55%），以及法律对电子政府程序如数字签名缺少承认（54%）。

一步的分析。① 在瑞典政府（公共管理局）2005 年发布的电子政府绩效评价框架中，继续修改法律与规章，仍然被作为一项重要的建议提出来。②

3. 英国

根据 1999 年发布的英国政府现代化白皮书，英国政府为减少政府规制，在法律改革方面的举措包括：③ 更好规制工作组（Better Regulation Task Force）④ 大力废止不必要的规制措施；为 1994 年的放松规制与外包法增加灵活性；要求政府部门在采取规制措施以前进行高质量的规制影响评价；为数据收集和共享提供法律保障。英国自 1999 年开始，分别为每个部任命了规制改革部长，负责清除过时的规定或负担。英国于 2001 年制定的规制改革法为加速清理和简化现行法律提供了基础。根据该法的规定，各部部长可以通过发布命令的方式，经议会两院批准后，废止法律规定中增加负担的条款。2002 年 2 月颁布的规制改革行动计划提出了超过 260 项规制简化措施，明确了其完成日期和达到的标准。⑤

（三）基本结论与启示

通过对各国电子政府立法现状的归纳和比较，大致可以得出如下几条结论：

第一，电子政府立法的重要性。

电子政府发达国家，普遍重视法律的作用，并通过大量的立法与修法活动为电子政府的发展提供法律保障。尽管电子政府的发展不能离开其他基本条件，如基础网络的发展程度、电信市场的竞争开放程度、电脑普及率、宽带普及率、公务员的信息技术知识结构等，并且，电子政府发达国家在这些方面也都走在各国前列，在电子政府准备度排名上遥遥领先，但是，从电子政府发达国家的立法情况来看，可以毫无疑问地断言，电子政府法律是这些国家电子政府成功的必要条件之一。没有电子政府法律的支撑，其他方面的

---

① *The Swedish Government's Action Plan to reduce administrative burden for enterprises*, 11 (2005).

② *Service, transparency and efficiency: Framework for assessing the performance of e - government in Sweden*, 2 (Memo, 2005 - 06 - 01).

③ *Modernizing Government*, 21, 38 (1999).

④ 该组织是一个独立咨询机构，设立于 1997 年，由 16 名由首相任命的不获取薪酬的成员组成，负责向政府提出规制改革的建议。该组织提出的大部分建议均被政府采纳。

⑤ OECD, *OECD Reviews of Regulatory Reform: United Kingdom Challenges at the Cutting Edge*, 28 (2002).

基本条件再好也难以推动电子政府的发展。

第二，制定电子政府法的必要性。

正如经合组织在分析芬兰的电子政府经验时所指出的，率先进行电子政府改革的发达国家，最初都是由众多不同层级的政府部门为应对社会与政策的变化而启动的，是一种自发的过程，并不是来自于自上而下的系统布置。① 电子政府这种分散启动的特点决定了不可能一开始就会有相应的系统立法跟进。立法总是落后于技术发展与制度演进的规律，在电子政府领域再一次得到了证明。

另一方面，现代化理论研究早就揭示出，诱致性制度变迁由于是产生于社会内部的需要，因此其演变历史非常漫长。对于发展中国家而言，在高度集中的计划经济体制和强大的政府权力之下，政府既是政治权力的持有者，也是经济中占支配地位的国有资产的所有者和整个社会经济活动的计划组织者，因此，发展中国家自发的制度创新的成本异常高昂，这就使政府推动下的变法更显重要。

现代化理论的上述结论应该说在电子政府领域也是适用的。随着信息化和电子政府的逐步扩散和发展，信息化先发国家对它们的认识在不断深化，把握信息化和电子政府发展方向的能力逐步增强；信息化后发国家更要借鉴信息化先发国家的经验，少走弯路，以信息化带动工业化，以政府改革带动社会进步，实现跨越式发展；与此同时，随着电子政府的推进，必然会触动深层既得利益格局，传统法律对电子政府的制约作用会越来越大，成为电子政府推进的障碍。在这种局面下，仅仅依靠诱致性制度变迁已经很难满足实践的需要，也很难真正推动电子政府向纵深发展。因此，通过制定综合性的法律（尤其是制定电子政府法），引入系统性改革，进行强制性制度变迁，就会变得越来越迫切。越来越多的国家已经制定或将要制定电子政府法，就揭示了这一发展趋势，证明电子政府的发展已经进入到了新的阶段，需要法律在更高的层面加以回应。

第三，电子政府法的立法时机。

对于发达国家而言，由于其信息化发展水平高，各种社会条件具备，电子政府准备度相对比较成熟，因此，其电子政府发展必然会有从自发阶段到变法阶段两个过程。从现实情况来看，电子政府都是率先在发达国家的个别

---

① OECD，OECD e-GOVERNMENT STUDIES：FINLAND，7 (2002). 经合组织对其他发达国家的观察也得出了同样的结论。可见，OECD，*E-Government for Better Government*，14 (2005).

部门或地方首先被采用的，然后再逐步向整个政府层面推广。由于自发阶段与变法阶段对于立法的要求不同，前者要求诱致性制度变迁，并不迫切需要进行综合性的立法，而后者要求强制性制度变迁，必须有综合立法提供支撑，因此，理论上讲，可以说在发达国家存在选择立法的临界点问题，并通过制定电子政府法在临界点上实现电子政府发展模式的转变。从这个角度看，随着电子政府的发展，发达国家制定电子政府法的趋势必然会加速，是一个不可回避的选择。

对于发展中国家而言，其信息化与电子政府的发展都是采取的跨越式发展路径，是在国际环境发生深刻变化的情况下，即使本身基本条件并不成熟也不得不全力推进的一种变法策略。尽管在变法过程中也存在着大量的自发制度变迁或者由点到面的渐进推广过程，而且这种过程对于保证变法的成功有时候具有决定性的意义，但是，总体而言，发展中国家的电子政府并不存在明显的两阶段推进特征，主要展现的是一种强制性制度变迁的轨迹。在这种发展模式之下，制定电子政府法的时机选择相对而言比较容易确定，不存在选择临界点的问题，立法时机可以说是越快越好。

第四，电子政府法的调整范围。

只要简单地分析各国电子政府法的结构和内容，就可以发现，不同国家的电子政府法在调整的范围、规定的内容等方面都有很大的区别，没有所谓的统一模式。① 例如，美国的电子政府法覆盖范围广泛，涉及体制、信息安全、个人信息保护、削减公文等各个方面的内容，可以说是电子政务法典集成。与之相反，芬兰 2003 年的电子政务法只调整公共文书的电子送达问题，范围非常有限，甚至很难构成严格意义上的电子政府法。澳大利亚、新西兰等国家制定的电子交易法，适用范围比芬兰法律更宽，除了公共文书的送达以外，还包括电子签名、书面形式的替代等方面。韩国、保加利亚、奥地利、意大利则居于美国和芬兰两个极端之间，法律的适用范围逐步减小。由此可见，国情的不同，决定了各国电子政府法在内容上的差异，没有两个国家的电子政府法会一样。

但是，必须引起注意的是，发达国家与发展中国家的区别在于，发达国家基本已经完成了国家基础设施建设与政府现代化等基本制度建构，法治政

---

① 例如，根据经合组织的研究，在丹麦，非正式的制度或者规则相比于其他经合组织国家更为重要，因此，对于丹麦的评价必须考虑非正式的制度，实践往往与法律规定会有一定的错位。具体分析可参见：OECD, *Regulatory Reform in Denmark*, 16 (2000).

府、有限政府、透明政府、责任政府已然形成，因此，其电子政府法相对而言任务更为简单，纯粹是回应信息时代的新问题，构建电子政府。这可以部分解释为什么有些发达国家的电子政府法能够非常简单，仅仅只是规定诸如送达、书面形式或者市民卡这样的技术问题或者说技术的应用问题，可以不包括位于前端的电子政府建设和末端的行政流程再造。

相反，发展中国家在启动电子政府建设的时候，其基础网络建设并不到位，同时，其现代政府建构的基本任务尚未完全实现，不但法治政府的目标并未实现，政府管理的许多方面可能仍然停留在前工业化阶段。这样，就使发展中国家在构建电子政府的时候面临着三重任务，既要进行电子政府基础设施建设，又要推动信息技术在管理领域的应用，还要建设适应法治政府要求的公开政府、有效政府、能力政府和责任政府。任务的多重性决定了发展中国家的电子政府法不可能像某些发达国家的法律一样只涉及"电子"或者"技术应用"，需要同时解决体制、机制与原则方面的障碍与制约，以及构造电子政府的基础平台，打造电子政府的基础设施。发展中国家如果只是简单地照抄照搬发达国家的法律规定，电子政府只能永远是空中楼阁、镜花水月。

第五，电子政府立法的基本原则。

发达国家的经验表明，电子政府带来的最大变化是实现了以服务提供者为中心向以服务使用者为中心的转变。[①] 之所以能够实现这种转变，是因为信息通信技术使跨部门合作成为可能，由此改变了过去单个政府部门各自分散的格局，形成了以服务对象为中心的网络结构。因此，尽管各国电子政府立法存在许多差别，在法律体系的结构、法律的调整范围、调整方式等方面均不一样，但在基本原则方面都是一样的，都在于通过采用信息通信技术来提升公共服务，构建以公众和企业为中心的服务型政府。例如，意大利数字行政法典明确将使用信息技术当作一项权利予以规定，美国电子政府法将为公众提供服务作为立法目的予以明确，韩国则将电子政府当作提升国民生活水平的重要手段。因此，不论电子政府立法的表现形式如何变化，其宗旨不会变。通过信息通信技术推进部门整合，为公众提供更好的服务，是电子政府与电子政府立法的灵魂和核心。

发展中国家引入电子政务以后，当然也可以更好地为公众提供具体服务，节省公众的时间与资源。但是，由于发展中国家启动电子政务时的制度

---

① OECD, *E – Government for Better Government*, 165（2005）.

条件相对落后，政府的正常公共管理职能并没有完全到位，因此，在构建服务型政府的同时，发展中国家还会面临发达国家早已解决的政府能力建设问题，需要通过加强监管与行政效能来有效地提供公共产品。这样，发展中国家实际上同时面临多重任务，既要提升政府服务的水平，也要加强监管和提高效率。可以说，发展中国家服务型政府理念的内涵更为丰富。

二、我国电子政务立法的现状

我国的电子政务立法比较明显地体现出如下几个方面的特征，从中可以进一步证明制定电子政务法的必要性与紧迫性。

第一，法律规范层级普遍不高。

到目前为止，我国仍没有一部法律或者行政法规专门规定电子政务，明确提到"电子政务"概念的法律文件只有一部，即行政许可法第 33 条。国务院也只在八个行政法规类文件中提到过"电子政务"概念。[①] 可以看到，现行电子政务的规定大多属于部委规章或者地方立法，效力层级比较低，不利于树立电子政务的法律权威。

不仅如此，我国在信息共享、信息化、征信管理、办公自动化、个人信息保护与信息安全等领域至今也都没有法律或者行政法规层级的法律规范。目前，在电子政务领域高层级的专门法律规范只有电子签名法，全国人大常委会关于维护互联网安全的决定，互联网上网服务营业场所管理条例，互联网信息服务管理办法，信息网络传播权保护条例，政府信息公开条例，计算机信息网络国际联网管理暂行规定，国务院办公厅关于加快电子商务发展的若干意见等非常有限的几个法律文件。

法律规范层级不高容易导致一系列的问题：首先，由于缺乏高层级的法律规范，无法确立电子政务的战略地位，造成政策与法律的脱节。近年来，我国的电子政务只能依靠高层的政策推动，缺乏法律所具有的持续推动力度。一旦中央政府的政策目标发生变化或转移，电子政务工作就会受到明显的影响。其次，由于缺乏高层级的法律规范，实际工作中，一旦推动电子政

---

① 　分别是国务院 2005 年工作要点，国务院工作规则，国务院办公厅关于加快电子商务发展的若干意见，国务院全面推进依法行政实施纲要，国务院批转教育部 2003—2007 年教育振兴计划，国务院关于促进房地产市场持续健康发展的通知，国务院关于取消第二批行政审批项目和改变一批行政审批项目管理方式的决定，国务院关于进一步推进相对集中行政处罚权工作的决定。

务的举措与其他法律规范相抵触或者不一致（比较明显地体现在政府机关的信息共享领域），就很容易造成法律上的障碍，无法推动电子政务向前发展。再次，由于缺乏高层级的法律规范，使电子政务在不同的地方与部门容易造成各自为政的局面，无法统一规范与标准。我国电子政务领域目前所存在的"体制不顺"、"纵强横弱"、"信息孤岛"与"重复建设"等问题，其中根源之一就在于缺乏高层级的法律规范与标准。最后，由于法律层级不高，目前的规定大多偏重于具体的管理措施与手段，对于如何通过信息通信技术来调动人们的积极性和更好地实现网络环境下的基本权利，规定比较缺乏。

第二，地方电子政务立法活动比中央立法更为活跃。

对专门规定电子政务的部委规章和地方法规进行比较可以发现，部委规章不但数量少，而且主要只集中于几个部门。地方立法不但数量多，涉及不同层级的地方（既包括省级，也包括地、市级），覆盖的领域也非常广泛（既包括诸如电子政务管理办法这样的一般规定，① 也包括诸如信息安全②、绩效考核③、标准化体系④等具体规定）。除了专门规定电子政务的立法之外，在与电子政务直接相关的一些具体问题（如征信管理⑤、信息公开⑥）的立法上，地方立法也比中央立法更为活跃。中央立法与地方立法的对比说明，我国电子政务立法目前主要集中在地方。⑦

从立法的这种分布状况可以推出一些结论：首先，正如我国改革开放二十多年来的立法经验反复证明了的一样，地方立法在我国电子政务法律体系建设中也起着不可或缺的作用。实践中，应该继续发挥我国立法体制上的这种多元化优点，善于运用地方立法来推动电子政务的发展。其次，从立法的

---

① 如云南省电子政务管理办法、天津市电子政务管理办法、吉林省人民政府关于加快全省电子政务建设的意见、广东省电子政务建设管理办法、武汉市电子政务建设管理暂行办法、无锡市电子政务建设指导意见。

② 如玉林市电子政务系统密钥管理办法（试行）、南宁市电子政务信息及网络安全管理办法（试行）、广东省电子政务信息安全管理暂行办法。

③ 如蚌埠市人民政府办公室印发电子政务建设考核暂行办法的通知、常州市人民政府办公室关于开展常州市电子政务绩效评估工作的通知。

④ 如深圳市电子政务标准化管理暂行办法、北京市电子政务项目验收规范（试行）。

⑤ 目前中央政府并没有制定有关征信管理方面的规定，有限的几个专门规定均出自深圳、上海、长沙、海南、福建等地方立法。

⑥ 专门制定的信息公开或者政务公开的地方法规的数量远远多于部委规章的数量。

⑦ 仅就立法数量而言，只有在保密管理制度上中央立法多于地方立法。

分布状况可以看出，目前阶段我国的电子政务还处在自下而上的发展阶段，这与其他国家电子政务的早期发展特征是相吻合的，它说明了电子政务在我国具有内在的生命力，是社会发展的必然要求。然而，从我国现代化发展的基本轨迹来看，要实现跨越式发展，必须发挥政府的主导和推动作用，通过强制性制度变迁实现社会结构的变革。因此，下一步电子政务的发展应在自下而上的诱致性制度变迁的基础之上，同时更多地发挥自上而下的变法作用，在中央政府的统一规划下推动电子政务的发展。再次，目前的立法分布状况说明中央部委的电子政务工作所受到的刚性制约比地方要少，由此可以部分解释"纵强横弱"现象产生的根源。因此，中央部委需要总结规律，更好地发挥立法的作用，规范电子政务活动。

第三，地方电子政务立法主要集中在电子政务的建设方面。

根据不同的标准，可以对电子政务的发展阶段进行不同的划分。一般而言，各国的电子政务发展都需要经过三个必经阶段，分别是电子政务建设、信息技术应用以及行政流程再造与改革。尽管我国地方电子政务立法远比中央立法更为活跃，并且其涉及的面也很广。但是，仔细分析可以发现，地方电子政务立法目前主要还是集中在电子政务工程建设或者项目管理方面，还没有太多规定涉及信息技术的应用，遑论行政流程的再造与改革。① 正是在这个层面上，我们可以说我国的电子政务立法目前表现出很强的"重电子建设、轻政务应用"特征。

地方电子政务立法的上述特点表明：首先，我国电子政务目前仍处在初步发展的阶段，矛盾与问题也都集中在电子政务基础设施的构建方面。对此，必须有清醒的认识，国家立法不能好高骛远，忽略解决现实中实际存在的问题。其次，电子政务初步发展的现实表明，电子政务目前还处在支出大于收益的投入阶段，信息技术应用能够带来的收益并不明显，信息化能够带来的结构变迁也未实现。这一阶段是电子政务面临各种压力与疑问比较大的阶段，如果电子政务长期停留在这种水平，会使外界对电子政务的实际功效产生怀疑。因此，国家立法必须能够起到推动地方电子政务向更高层次发展的作用，必须通过信息技术的应用来提升行政管理的水平，更好地向公众提供信息和服务，并进而推动体制与机制的创新。如果电子政务立法长期在低

---

① 各地方制定的电子政务规定，主要集中在电子政务工程的立项管理、审批权限划分、网络平台构建、工程项目管理、监理、验收、事后评估、运行维护资金保障等方面。规定信息技术应用较多的领域主要在信息公开、办公自动化以及信息共享等几个方面。

水平徘徊，不能走出"重建设、轻应用"的状态，势必加剧实践中的矛盾与问题，也不符合我国信息化跨越式发展的要求。

第四，在我国近年来大力推进的一些领域，立法工作的进展并不平衡。

近年来，在国家信息化领导小组与其他推动机构的统一布置下，我国在信息资源的共享与开发利用、网络平台构建、政府（政务）信息公开、电子签名、社会信息化、电子政务、电子商务、互联网管理、信息安全等领域，投入了不少的资源。但是，就立法的进展而言，可以说并不平衡。在政府信息公开①、信息化、计算机、互联网管理②、保密制度③与信息安全等领域，立法已经取得不小的进步，各种规则已经初具规模。相反，在信息共享、④ 电子签名⑤、（个人信息）隐私保护⑥等方面，尽管各方面都很强调，甚至制定了法律或者中央文件，但在部委规章或者地方法规层面上并没有得到充分的体现，实践仍待完善。

上述反差说明：首先，信息化与电子政务虽然需要配套制度的支撑与完善，需要实现制度的整体跃升，但是，通过各个领域的逐个推进，也能在某些领域率先有所突破，并推动体制的变革。这一点，从我国近年来在某些信息化关键领域所取得的立法成绩就可以得到证明。其次，由于信息化与电子

---

① （政务）信息公开是近年来我国电子政务工作中取得成绩最大的一个领域，在立法方面也同样突出，专门制定的部委规章与地方法规涉及各个不同的政府层面和政府工作部门。

② 我国互联网（网络）管理方面的法律规定相对比较齐全、结构合理，既有法律、行政法规规定，又专门制定有众多的部委规章和地方法规。

③ 保密管理可以说是电子政务立法中出现概率最高的关键词之一。并且，在这个领域，专门制定的部委规章的数量大于地方法规的数量，是中央立法在数量上大于地方立法的唯一领域。

④ 证券法、中国人民银行法、银行业监督管理法、环境影响评价法、税收征收管理法等法律，国务院关于加强应急管理工作的意见、国务院关于解决农民工问题的若干意见、机动车交通事故责任强制保险条例、国家突发公共卫生事件应急预案、麻醉药品和精神药品管理条例、国务院关于投资体制改革的决定、国务院关于整顿和规范市场经济秩序的决定等，都明确规定要建立信息共享制度。但是，专门制定的信息共享规定只有两个部委规章和两个地方法规。由此可见，法律、行政法规中的相关规定都没有配套制度加以保障。

⑤ 除了电子签名法之外，另外的专门规范性文件名称中提到电子签名的只有上海市信息委制定的关于做好信息产业部《电子签名法》和《电子认证服务管理办法》实施情况年度检查相关准备工作的通知。

⑥ 我国已经有23部法律和11部行政法规都规定了个人隐私保护的原则，但是，迄今为止，没有制定任何一部专门的法律、行政法规、部委规章或者地方法规来规定隐私问题。因此，究竟什么是隐私，隐私权的范围有多广，以及如何对它进行保护等，都没有法律依据。这样，法律与行政法规所规定的隐私保护原则，也就难以得到落实。与此类似，尽管护照法和居民身份证法已经规定了个人信息保护，但迄今为止没有制定任何专门的法律、行政法规、部委规章或者地方法规。

政务涉及众多不同的领域，且发展、变化迅速，因此，仅仅获得高层的政治支持并不必然能够保证立法能够迅速跟上。在我国近年来大力推进的一些领域出现立法发展的不平衡结果，表明电子政务立法能否成功有一定的偶然性或必然性。结合成功领域的实践可以看出，电子政务立法如果要取得成功，除了获得有力的政治支持以外，还必须有配套制度的支持，如社会需求（如信息公开）、专门的推进机构（如互联网管理）、高层的持续关注（如信息安全）或者制度的成熟程度（如保密制度）等。某一个领域的立法能够成功，往往取决于许多不同因素的组合。某一个领域的立法不能成功，一定是因为缺少其他制度的配合和支持。因此，在信息化事业获得中央政府大力支持的前提下，还要在每一个具体的领域发育相应的制度或者机制，凝聚不同方面的推动力，否则，立法进程很有可能会延后，拖延信息化与电子政务的整个进程。再次，不同领域巨大的反差现象说明，我国不论是在信息化还是在电子政务领域，都缺乏基本性的法律，因而才会导致发展的不平衡。因此，通过制定诸如电子政务法这样的一般性法律，可以为电子政务具体领域的立法提供基础性支持条件，减少具体领域立法的阻力，也可以逐步改变目前立法发展不平衡的现象。

三、我国制定电子政务法需要关注的几个问题

我国制定电子政务法过程中，应妥善处理以下现实问题：

（一）发展目标与现实基础之间的反差与矛盾

在我国，党中央、国务院一直高度重视信息化和电子政务工作。20 世纪 90 年代初就启动了一系列重大的信息化和电子政务应用工程；党的十五届五中全会把信息化提到了国家战略的高度；党的十六大进一步作出了以信息化带动工业化、以工业化促进信息化、走新型工业化道路的战略部署；党的十六届五中全会再一次强调，推进国民经济和社会信息化，加快转变经济增长方式；2002 年，国家信息化领导小组决定，把电子政务建设作为今后一个时期我国信息化工作的重点，政府先行，带动国民经济和社会信息化。由此可见，电子政务建设在我国的发展目标中占据着重要的地位，是一项事关全局的基础性工作。

但是，另一方面，由于经济发展水平的制约，我国信息化和电子政务发展的基础条件并不雄厚，许多领域电子政务的发展还缺乏基本物质条件和制

度条件的支撑。例如，作为电子政务基础的互联网普及率，我国仍然远远落后于发达国家的发展水平。截至 2006 年 6 月，瑞典网民普及率为 74.9%，美国为 68.6%，欧盟平均水平为 49.8%，日本为 67.2%，韩国为 67%，我国香港特区为 69.2%，我国台湾省为 67.7%，我国澳门特区为 41%。① 截止到 2006 年 6 月 30 日，中国的网民总人数为 12300 万人，与 2005 年同期相比增加了 2000 万人，增长率为 19.4%，同 1997 年 10 月第一次调查的 62 万网民人数相比，现在的网民人数已是当初的 198.4 倍，可以看出中国的网民发展走势良好。② 但是，另一方面，我国大陆地区的平均网民普及率水平为 9.4%，即使最发达的北京市也只有 28.9%，仍远落后于发达国家与地区的发展水平。③

　　在一系列反映电子政府发展水平的国际排名中，我国的排名均不高。④ 中国在联合国 2005 年电子政府准备度排名中，在 191 个成员中位列第 57 位，⑤ 在 2005 年经济学家智库的 e-readiness（电子化准备度）排名中，⑥ 在全部 65 个经济体中，中国排名第 54 位，比 2004 年下降了 2 位（2003 年排名第 50 位），在 10 分中只得了 3.85 分。其中，我国香港特区排名第 6 位，我国台湾省第 22 位，印度第 49 位。在该指标体系中，共有六类指标，普及率占 25%，商业环境 20%，消费者与企业的采用 20%，法律与政策环境 15%，社会与文化环境 15%，支持性的电子化服务 5%。在这六类指标每一类的 10 分中，中国分别只能得到 2.5、6.37、2.75、3.86、4.2、3.75（2004 年排名中分别得分为 2、6.22、4.08、3.52、4.65、3.5）。除了第二项得分稍微满意以外，其他项目均不满意。

　　在国际电信联盟根据国际公认的一些指数，如 IDC 公司的信息社会指

---

　　① 统计数据转引自中国互联网络信息中心《北京市互联网络发展状况报告》（2006 年 7 月），第 44 页。

　　② 同上书，第 25 页。

　　③ 即使在北京市网民普及率最高的三个区，海淀（35.3%）、崇文（33.8%）和西城（33.2%），其普及率仍低于发达国家的平均水平。

　　④ 根据位于南非的一个网络组织 bridges.org 的研究，各种电子化准备度的评估或排名共有 1506 个，共有 188 个国家至少被其中的一个评估过，68 个国家被不同的组织评估了 5—10 次，69 个国家被评估的次数超过了 10 次（我国被评估的次数为 16 次）。参见：*E - readiness assessment: Who is Doing What and Where?* 2 (28 February 2005, updated).

　　⑤ Department of Economic and Social Affairs, Division for Public Administration and Development Management, *UN Global E - government Readiness Report* 2005: *From E - government to E - inclusion*, 42 (2005).

　　⑥ *The 2005 e - readiness rankings: A white paper from the Economist Intelligence Unit*, 5 (2005).

数（Information Society Index）、世界经济论坛的网络准备度指数（Networked Readiness Index）、Orbicom 公司的监测数字鸿沟（Monitoring the Digital Divide）以及国际电联的数字接入指数（Digital Access Index），为信息社会世界高峰会议（WSIS）准备的，带有综合性特点的数字机会指数（Digital Opportunity Index）排名中，中国在总共 40 个经济体中排名第 32 位（香港特区排名第 5 位，台湾省排名第 7 位）。这说明了中国在其他相关的指标体系中的排名也都不高。[①]

发展目标与现实基础之间的落差，必然会给立法带来困难。如果过于理想，不顾现实，只会好高骛远，使制定出来的法律游离于实践之外，最后无法实施；如果完全迁就现实，不但无法实现中央确立的跨越式发展的战略目标，也会使立法的必要性受到置疑。因此，我国制定电子政务法首先就要充分认识这一对内在矛盾，并在发展目标与客观实际之间取得平衡，既追求长远目标，也顾及现实基础条件。对于已经基本具备条件的，可以要求必须贯彻电子化的要求。对于暂时还难以具备条件的，则更多应通过激励约束机制的形成，促使政务活动向电子化方向发展，而不是一刀切地强行要求。

（二）地区差距与差别

我国地区差距很大，国务院信息办电子政务调研组 2003 年 2 月曾经对地方电子政务进行专题调研并形成了一系列的报告。根据调研报告反映的情况，各地区对于电子政务的认识和实践都还有比较大的差异。东部地区的电子政务发展最快，无论从思想认识、资金投入、人力投入，都大大超出了其他地区。中部地区，领导普遍开始重视电子政务工作，资金投入逐渐加大，组织和人员落实的情况也越来越好。西部地区对电子政务的思想认识还需要进一步加深，资金和人员投入都还不足。因此，电子政务实际上出现了"东部论改革、中部谈（网络）平台、西部要资金"的差序格局。[②]

电子政务发展上的这种差异很大程度上反映了各地区经济发展水平的差异。例如，就上网用户普及率而言，各地区上网用户普及率以北京最高，达到 28.9%；其次是上海，为 26.6%；排在第三位的是天津，上网用户普及率为 14.4%；比全国上网用户普及率 6.2% 高的还有广东（12.1%）、浙江

---

① ITU, *Measuring Digital Opportunity*, 18, 21（BDB WSIS/06, 8 June 2005）.

② 调研报告结论参见：国务院信息化工作办公室电子政务调研组《EG - Readiness：电子政务临界状态——电子政务建设的差异分析》（电子政务调查研究分报告之一），第 3 页。

（9.7%）、福建（9.2%）、江苏（8.3%）、辽宁（6.9%）、山东（6.9%）、湖北（6.4%）；新疆上网用户普及率和全国相同，为6.2%；其他地区的上网用户普及率均低于全国平均水平，其中贵州的上网用户普及率最低，只有2.2%。[①] 即使在发达地区，城乡之间也存在比较明显的发展差异问题。例如，北京市居住地分别为城市和农村的住所，网民占总人口的比例分别为38.3%和8.9%，拥有电脑的住所比例分别为68.7%和24.3%，可以发现城乡之间差异较大，存在着互联网鸿沟。[②]

除了经济发展水平的差异之外，各个地方在电子政务的一些具体制度设计上实际上也已经呈现出了很大的差异性，立法的时候也必须考虑。例如，关于电子政务项目建设的管理权限划分，目前各地的做法有很多种。一种是沿用传统的固定资产投资管理体制，由发展改革部门审批，信息化部门只是起一些辅助作用（这是大部分地方的做法）。另一种是完全的新体制，由信息化主管部门进行投资审查，通过后交由财政部门拨款（以广州市财政投资信息化项目管理办法、江苏省省级机关电子政务项目管理暂行办法为代表），这种做法突出了信息化统筹规划的特点，便利信息化部门的统一管理，但在国内其他地区的推进难度较大。在上述两种做法之间还有许多组合形式，例如，根据深圳市电子政务项目建设管理暂行办法第九条的规定，已经纳入规划项目库的电子政务项目，由项目申请单位组织编制项目建议书，同时报送市发改部门和市信息化主管部门进行审核，市信息化主管部门提出书面审核意见，市发改部门根据市信息化主管部门的审核意见和有关规定对项目建议书进行审批。未通过市信息化主管部门审核的项目，市发改部门不予立项。云南省电子政务管理办法也规定信息化主管部门的初审意见作为投资主管部门审批电子政务项目立项的依据之一，未经信息化主管部门初审的电子政务项目不得立项。这种不同地方不同做法，多元体制与做法并存的局面，必然给国家立法带来很大的挑战。

根据上述情况，电子政务法应在总体结构上体现电子政务建设、信息技术应用与构建电子政务环境三个阶段并重的指导思想，使发展水平不同的地方都可以根据自身面临的实际问题，找到相应发展阶段的法律依据。同时，

---

① 统计数据来源于中国互联网络信息中心《中国区域互联网络发展状况分析报告》（2004年2月），第384页。这里使用的是2004年的数据。

② 统计数据来源于中国互联网络信息中心《北京市互联网络发展状况报告》（2006年7月），第42页。

电子政务法在强调原则性的同时，也要突出灵活性和多样性，以便各个地方根据本地方的实际情况，采取相应的对策。在可能的情况下，电子政务法应尽量设计激励约束机制，将选择权或者决定权留给电子政务提供方，而不是随意采用一刀切式的硬性做法或规定。这样，既可以有效地调动每个义务主体的积极性，使其产生内在的动力，又可以避免一刀切做法造成的负面效果。为适应不同地方的需要，电子政务法还应赋予地方制定实施办法的权力，为地方立法提供明确的法律依据。

（三）义务主体的多样化

党中央在一系列文件（包括国家信息化战略、电子政务总体框架、2002 年中央第 17 号文件等）中，已经明确了电子政务的义务主体包括各级党委、人大、政府、政协、法院、检察院等。由于不同的义务主体性质差异很大，法律很难为其制定统一适用的规则；反之，如果像已经制定的政府信息公开条例那样，将法律规定的义务主体仅仅限制在行政机关，又失去了立法的现实意义。这是起草电子政务法必然会遇到的一个两难。

为此，电子政务法应确立一些基本制度：第一，电子政务法应参考政府采购法的规定，将义务主体的范围明确界定为国家机关、事业单位和团体组织，以科学地界定义务主体的范围。第二，在电子政务建设环节，由于涉及政府财政资金的使用，不同义务主体需要共同遵守的规则更多；在信息技术应用与电子政务环境构建环节，由于不同义务主体的性质不同，目前阶段可能还无法适用同样的规则，因此，电子政务法在具体问题上应进行区分处理，有些适用于所有义务主体，有些只适用于国家机关，还有些只适用于国家机关中的行政机关。第三，由于目前的实践尚待发展，对于一些一时把握不了的领域（如党务公开、事业单位之间的信息共享、军队信息化等），电子政务法宜暂时不作具体规定，待实践成熟以后再修改、完善法律。

（四）电子与政务的关系

电子政务并不仅仅只是在传统的政务管理中引入电子手段，相反，电子政务对于传统管理方式而言是一场全新的革命。如果电子政务不触及传统的政府架构与流程，只是在旧的体制上引入电子手段，只会固化传统的管理方式，其结果必然与电子政务的基本要求背道而驰。因此，电子政务法必须要涉及政务问题，这应该是起草电子政务法的一个基本原则。然而，电子政务法并不是行政组织法，更不是行政改革法，它不能代替其他的立法活动。如果电子政务法覆盖的范围过广，太多地涉及政务领域，必然会引起各个方面的反弹，其制定和实施必然面临难以想象的巨大阻力。因此，处理好电子与政务的关系，合理地界定电子政务法的作用范围，会成为起草电子政务法的一个基本问题。

为此，第一，电子政务法应明确规定立法的目的既是为了推动信息技术应用，也是为了促进跨部门合作，提高公共管理的水平和透明度，更好地为公民、法人或者其他组织提供信息与服务。这样，就突出强调了"电子"与"政务"之间手段与目的的关系，体现了政务在整部法律中的中心地位。第二，在电子政务法所确立的基本原则中，必须包括那些与政务相关的原则，如权利原则、公众中心原则、行政机关信息共享原则、跨部门合作原则、个人信息保护原则、深化应用原则、保障安全原则等，以体现本法是一部与政务管理相关的法律规范。第三，应明确规定电子政务的推进体制，明确相关的主体、程序、体制与机制，以解决当前电子政务实践中因为传统部门设置所造成的各自为政、缺乏整合的弊病。第四，对于与电子政务法没有直接关系的政治体制与行政体制问题，不宜作规定。也就是说，电子政务法对于政务的涉及，是以解决电子政务实践中的一些迫切问题为前提的。对于超出电子政务领域的纯粹政务问题，电子政务法既不能规定，也不宜规定。

（五）电子政务法与其他法律的关系

明确电子政务法与其他法律之间的关系，既可以进一步论证制定电子政务法的必要性，也可以明确电子政务法的法律地位与调整范围，为构筑有效的电子政务法律体系奠定基础。为此，电子政务法既不能简单重复其他法律的相关规定，又要体现电子政务法的基本法地位，有效地与其他法律衔接，奠定电子政务法律体系的基础。

对于这个问题，电子政务法可以从以下几个方面进行设计：第一，确立电子政务法的基本法地位，明确规定"电子政务活动，应适用本法的规定；本法没有规定的，适用其他法律、法规与规章的规定"。这样，电子政务法与其他法律的关系表现在三个方面：（1）其他法律已经有或者即将制定相关规定（如政府信息公开、信息安全、电子签名、统一标准、投资审批、个人信息保护等），并且适应电子政务发展的，电子政务法只规定基本制度以及法律之间的相互衔接，不对具体问题作重复规定。（2）其他法律已经有规定，但不适应电子政务发展的，电子政务法加以明确规定后，作为特别法或者基本法，必须按照电子政务法执行（如信息化部门对于电子政务项目的初审）。(3) 其他法律没有规定或者不宜规定，但实践迫切需要的，上升到电子政务法的法律规定中。这样，既节约立法资源，解决重点问题，又充分发挥电子政务法作为基本法的作用。第二，作出一系列明确的立法授权安排，为进一步制定实施办法提供法律依据，进一步体现电子政务法的基本法地位。第三，参照其他国家的经验，确立基于接受者的同意，可以改变其他法律对于书面形式要求的制度。这样，实际上等于一定程度上集中修改了其他法律对于书面形式的规定，其影响将会非常深远，会有力地推动电子政务应用，避免过时的规定制约电子政务的发展。

（六）电子政务项目的范围界定

由于我国绝大部分地方的电子政务仍然处在建设阶段，因此，科学地界定电子政务项目的范围就具有非常重要的意义，它不但可以从源头上防止重复建设和公共资金的滥用，也可以为电子政务的发展打下坚实的物质基础。实际上，目前各个地方电子政务的规定大多集中在规范电子政务建设环节上，基本反映了我国电子政务现阶段的发展水平。但是，普遍存在的问题在于，目前几乎所有地方的规定都是以投资来源来界定电子政务项目的范围，只有属于财政性投资的电子政务项目才加以规范，财政投资以外的项目则不予考虑。

然而，不论是我国电子政务的实践还是发达国家的经验都表明，电子政务建设并不仅仅只是依靠财政投资，通过公私伙伴关系的方式开发电子政务项目，也是非常普遍和有效的做法。在公私伙伴关系之下，电子政务项目建设并不需要财政资金，往往都是先由承包商或者开发商投入资金，然后通过项目的后续运行和政府特许权的授予（如 BOT 项目）来实现投资回收。随着我国行政改革的深入，通过这种方式开发电子政务基础设施会越来越多。如果继续把这类项目都排除在电子政务项目之外，势必留下很大的制度漏洞，不利于电子政务的健康发展。

在我国，对于政府财政投资项目已经有一套比较传统的固定资产投资管理制度，可以适用于电子政务领域。相反，对于公私伙伴关系形式开发的电子政务项目，还没有现成的制度可资借鉴，需要政府核准的社会投资项目目录中也没有加以列举。因此，扩大电子政务项目的范围，把公私伙伴关系形式开发的项目也纳入电子政务法，会立即面临法律规范缺乏问题。为此，电子政务法可以采取分类处理的做法，对政府投资电子政务项目和以公私伙伴关系形式开发的电子政务项目分别制定规则。对于政府投资电子政务项目，仍然以传统的固定资产投资管理制度来加以规范，对于公私伙伴关系形式开发的电子政务项目，则通过引入行政许可法的相关规定，将其从性质上界定为政府特许项目。这样，既解决了类似项目的辨别标准问题，也解决了规范缺乏的问题。

3G 时代电信监管政策研究①

周汉华

前　言

　　3G 牌照发放的脚步逐渐临近，无论以何种形式发放几张牌照，可以肯定的是，中国电信市场，尤其是移动市场的格局将会发生重大变化。以 3G 牌照发放为契机，电信监管体制和监管政策会做较大的调整，以适应技术融合和市场的发展。无论是市场格局的改变，还是监管政策的调整，都会给中国联通带来巨大的影响，中国联通应该未雨绸缪，认真研究未来的监管政策对公司的影响，并提出应对策略，积极推动监管政策向有利于公司的方向发展。

　　本文首先分析了 3G 发牌后中国通讯市场的格局，主要表现为三个特征：3G 发牌后市场竞争将更加激烈，2G 和 3G 将在相当长的时间内并存，广电网、电信网、互联网之间的融合是技术和市场发展不可逆转的趋势。与市场和技术发展的要求相比，我国的监管政策暴露出越来越多的滞后与不适应，首先是电信市场结构失衡，市场集中度逐渐提高，中国移动一支独大，有效竞争的管制政策尚未建立；第二，广电和电信行业分别由不同部门实施分业纵向监管，部门壁垒为促进竞争及新技术、新业务的发展和应用造成了障碍；第三，缺乏完备的电信法制体系；第四，管制机构能力不足，管制手段缺乏；第五政府管制部分职能"缺位"与"越位"并存；第六，电信监管体系尚未成熟，缺乏透明的监管程序。

　　无论是在 2G 的移动市场，还是 3G 的融合市场，中国联通都处于相对弱势的地位。面对市场结构变化的挑战和不利于竞争的监管环境，对中国联通而言，当务之急是呼吁政府建立有效竞争的监管体系。目前，我国正在制定《反垄断法》，引入欧盟的 SMP 评价和监管体系对构建我国通信行业的反

---

　　① 本文为中国联通公司 2006 年委托作者进行的课题研究成果的一部分，信息产业部电信研究院康彦荣研究员参与了课题研究和最终报告的撰写。对国外电信监管政策的归纳与总结，也作为附录载于本书中。

垄断机制、促进通信市场的有效竞争具有非常积极的意义。借鉴国外经验，结合我国国情，对 SMP 运营商的确定以市场份额、利润率和市场准入壁垒为三个主要标准，对具有市场 SMP 地位的运营商，施加义务，这些义务包括：（1）低价甚至免费开发接入网络，强制性要求及时地提供互联；（2）对互联结算费用进行控制；（3）控制市场份额；（4）禁止低价倾销、禁止不合理的差别定价，设置资费上下限；（5）禁止强迫性的捆绑销售、禁止锁定用户。另外，针对我国电信市场的实际情况，从全力扶持中国主导的 3G 标准 TD-SCDMA 出发，由市场力量最强的运营商扛起 TD 的大旗；从保护用户权益，扩大用户选择权的角度，实施号码可携政策。

一、3G 牌照发放后的通信市场格局

在 3G 牌照发放后，我国的通信市场将呈现以下特点：

（一）3G 牌照发放后中国通信市场的竞争将更加激烈

根据我国目前的基础市场的情况，至少会发 3 张以上的 3G 牌照，在原有中国移动和中国联通两家移动基础运营商的基础上，将增加 1—2 家移动运营商。届时，中国通讯市场的竞争将更加激烈。3G 牌照将使中国电信、中国网通等固定运营商获得经营移动业务的资格，获得移动牌照的固网运营商将融合其固定和移动网络，进行混业经营。这种情况的出现将给中国联通带来更大的竞争压力。中国电信本身就具有良好的网络和用户基础，尤其是集团用户，通过固网和移动融合（FMC），原有的固定用户和小灵通用户升级为 3G 用户，加上中国电信强大的实力，将成为移动市场的不容忽视的力量，会直接对联通造成冲击。前有巨无霸中国移动，强大的中国电信后来居上，会使中国联通腹背受敌。总体判断，联通仍将处于弱势地位。

（二）2G 和 3G 在相当长的时间内并存

毫无疑问，在 3G 发牌后的相当长时间内，2G 网络仍是中国移动和中国联通盈利的主要来源。一方面，2G 网络经过多年运营，网络、技术、应用、商业模式、品牌等各方面已经非常成熟，得到了市场和用户的认可。而且，2G 网络的规模效益已经充分体现，中国移动的 2G 网络成本甚至已经折旧完毕，新增用户的边际成本极少甚至为零，2G 网络的用户尚未饱和，在这种情况下，即使在 3G 牌照发放后，任何运营商都不会轻易完全放弃

2G。另一方面，3G 牌照发放后，需要相当长的时间进行网络建设，探索运营模式和商业模式。从国外的经验看，尽管欧洲各国于 2000 年左右纷纷发放了 3G 牌照，但到目前为止，原有的移动运营商仍然以 2G 业务为主。在英国除了和记黄埔凭着 3G 进入移动通讯市场只经营 3G 网络，其他四家运营商沃达丰（Vodafone Group）、O2、T-Mobile、Orange 都同时经营 2G 和 3G 网络，而且利润来源仍是 GSM 用户。在我国，联通同时经营 GSM 网络和 CDMA 网络，但主要收入来源仍然是 G 网。

（三）广电网、电信网、互联网之间的融合是技术和市场发展不可逆转的趋势

随着技术的不断发展与完善，光纤的成本大大降低，基于 IP 技术的多媒体（流媒体）应用不断发展，宽带数据业务能力不断提高。这就使得传统的广播电视网络实行双向改造的成本降低，可以为公众提供电信业务；电信网络由于数字技术的运用使高清晰电视所要求的宽带相对降低，在进行接入技术改造后，宽带不再成为其传输广电节目的障碍，而 IP 技术的运用，使点播可以以自动寻址的方式进行，同样可以达到广播方式那种同时向千千万万用户传输的效果，这使电信网可以同时承担电信业务和广电传输业务。将来的 3G 网络将实现业务移动化、宽带化、数据化，手机互动、手机邮件、手机电视等新业务。话音业务盈利的比重将大大下降，数据业务将是 3G 时代的主要盈利业务，数据业务的内容的丰富程度将成为市场竞争的法宝。

二、我国电信监管现状及存在的问题

我国电信业仅用五年多时间就走过了由垄断到开放、由政企合一到企业自主经营加政府监管的改革历程，改革的力度与速度都是前所未有的。经历了几轮深刻改革的我国电信业已经向市场化运营的方向迈进了一大步，电信改革已经初见成效，但是大量的深层次的改革问题还将需要电信业的下一轮改革来逐步解决。

3G 牌照的发放将使我国的通讯市场格局经历巨大变化，而由此也会给电信监管提出很高的要求。从市场监管的情况看，我国目前的电信监管体制已经不能满足市场的需要，在某些方面甚至成为市场发展的障碍，而 3G 牌照的发放将给监管带来更多的挑战。

（一）目前我国电信监管的基本特征

我国的电信监管处于管制放松和管制重构时期。电信监管具有以下基本特征：第一，电信监管实行"政监合一"的监管体制。作为电信监管机构的信息产业部脱胎于原政企合一的行业主管部门，既担负着监管政策制定及具体的监管职能，同时又承担着产业发展、行业规划制定等宏观政策职能；第二，由信息产业部和各地方通讯管理局两级双重管理，但以中央监管为主。改革开放以来，我国邮电通信业一直实行以部为主的部、省双重领导体制。《电信条例》规定，国务院信息产业主管部门依照电信条例的规定对全国电信业实施监督管理。省、自治区、直辖市电信管理机构在国务院信息产业主管部门的领导下，依照电信条例的规定对本行政区域内的电信业实施监督管理；第三，广电网和电信网还是分业管制。根据国务院"三定方案"以及《电信条例》规定，目前信息产业部是国家信息产业主管部门，对包括电信网、互联网和广播电视网实行统一监管。但由于广电体制改革尚未完成，加之部门利益的驱动，造成信息产业部只能对电信网进行管理，而广电网由广电总局管理。互联网的管理更为复杂，实际上由诸多权力主体参与，实行的是多头管理体制。

（二）我国电信监管存在的问题

尽管我国电信监管的基本框架已经初步建立，但由于监管能力不足，我国电信市场存在很多问题，表现在大量不正当竞争行为存在、互联互通不畅、市场无序准入、农村通信落后等方面。这些折射出我国的电信监管存在一定的落后和不适应，表现在以下方面：

1. 电信市场结构失衡，有效竞争的管制政策尚未构建

从 1994 年中国联通成立起，我国的电信市场引入竞争已经有十多年的时间了，经过多年的改革，我国电信市场已经确立了初步竞争的市场结构。但是，市场结构依然相当不均衡，原有的不对称管制名存实亡，新的对主导运营商的管制政策尚未确立，造成移动市场结构失衡，竞争缺乏效率，中国移动一支独大、寡头垄断，中国联通举步维艰。从 2006 年两大公司发布的中期报表看，2006 年上半年中国移动的营业收入为 1369.79 亿元，是联通同期营业收入 467.7 亿元的 2.93 倍；中国移动的净利润为 301.68 亿元，是联通 28 亿元的 10.77 倍，从图 1 的比较可以看出，移动业务市场的集中率非常高，2006 年上半年比 2005 年同期中国移动的收入份额又增加了 2 个百

分点。ARPU 值方面，中国移动为 88 元，联通的 CDMA 业务则只有 68.1 元，中国移动是联通的 1.29 倍，在移动市场，中国联通处于明显的弱势地位。在固定电话市场，经过几轮的分拆和重组，中国电信和网通集团则在各自主要地区的本地电话领域几乎居于独家垄断地位，联通尽管号称是我国唯一拥有全业务经营许可的运营商，但在具有天然垄断特性的南北固定区域市场上，无法与电信和网通分庭抗礼。

在整个基础运营市场，2006 年上半年中国移动的主营业务收入已经远远超过中国电信、中国网通和中国联通，占到四家运营商收入总数的 44%（见图 2）。

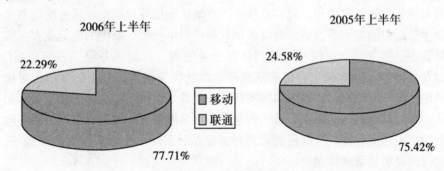

图 1　2005、2006 年 移动通讯业务收入市场份额比较

来源：上市公司财务报表

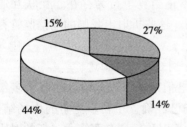

	主营业务收入
中国电信	844.42亿元
中国网通	431.81亿元
中国移动	1370亿元
中国联通	467.7亿元

图 2　2006 年上半年四家电信运营商主营业务收入

来源：上市公司中期财务报表

从移动用户数角度而言，2005 年，中国移动的市场份额约为 67%，中国联通的市场份额约为 33%，2006 年上半年，中国移动用户数占移动总用户数的 68%，联通为 32%，多出中国联通两倍以上。而在一些市场竞争充分、管制政策到位的国家，至少有三家以上的移动运营商，单个运营商的市场集中度不高于 50%（见表 1）。

表 1　中国移动运营商与国外移动运营商的用户市场份额比较

国家	运　营　商			
中国	中国移动	中国联通		
	68%	32%		
英国	Orange	O2	T-Mobile	Vodafone
	24.8%	25.8%	25.0%	24.4%
澳大利亚	Telstra	Optus	Vodafone	Hutchison
	45.7%	35.4%	15.8%	3.1%
法国	Orange	SFR	BouyguesTelecom	
	47.7%	35.5%	16.8%	

注：英国、澳大利亚、法国的数据为 2004 年数据。

从上述数据可以看出，中国移动是中国电信市场中的最大赢家。我国目前电信市场呈现一花独放、数家凋敝的状况。电信市场的集中度比往年提高了，电信市场竞争的有效性在降低，中国移动的市场主导地位更为显著。

同时，通讯市场存在大量不正当的竞争行为，主要表现在电信运营商滥用其市场主导地位，运用不正当的竞争手段打击竞争对手、损害消费者利益。在不同的电信业务市场上存在不同的处于主导地位的运营商。比如电信和网通在南、北方固定电话市场上；移动在移动语音市场、移动短信市场上。不正当的竞争行为主要表现在：（1）恶性价格战。又称为掠夺性定价，主要指低于成本的价格竞争手段。比如，中国移动由于比竞争对手拥有更大的市场份额、收入和利润，财务状况很好，因此可以利用已有的利润来低价倾销，而小的运营商由于实力弱小无法跟随。（2）捆绑销售和锁定用户。主导运营商利用自己的市场地位和对用户的控制，强制捆绑销售。（3）网内外价格歧视。主要表现在移动市场上，虽然联通和移动都有网内外差别定价的行为，但是大网和小网所产生的效果却是不同的。大的网络拥有更多的用户基础，相对便宜的网内通话带给用户的福利水平要大大高于小网采取同样策略带来的效果。而且这样的后果是为了取得这样的福利，越来越多的用户会转移到大网中，其结果是对小网的致命打击。网内外差别定价的实质是对网内和网外用户收取不同的移动终结费用，这种行为在欧盟是受到高度关注的，譬如法国就严格禁止这种差别定价行为。（4）诋毁竞争对手。表现在对用户的宣传上，对竞争对手的网络质量、服务进行贬低和诋毁。

这种情况生动的阐释了我国竞争政策的失败甚至是缺失，原有的在资费方面的不对称管制政策已经名存实亡。同时，市场准入与产权制度又加大了市场结构的缺陷。一方面基础电信业务市场实行严格的市场准入，进入和退出壁垒都很高，抑制了多种投资主体的进入；另一方面，产权的约束不力又常常诱发恶性的价格竞争。整个电信市场的有效竞争格局还远未形成。同时，在严格准入管制下，市场上的各种无证进入频频出现，主要表现在各种制式的小灵通，屡禁不止的非法经营电信业务案件等。可以说我国电信业虽已打破垄断、引入竞争，但是距离形成有效竞争架构还是相距甚远。

2. 广电和电信行业分别由不同部门实施分业纵向监管

电信和广电业务的行业管理职能由信息产业部和国家广播电影电视总局分别行使。信息产业部同时监管电信网和互联网，重视对网络的经济性监管，而广电总局经营和监管广播电视业，重视监管的社会、文化职能。在市场准入方面，电信和广电业都实行比较严格的准入制度，分别由信息产业主管部门和广播电视行政主管部门依据不同的法规和政策分业务实施市场准入。这种体制障碍为网络融合设置了壁垒，阻碍新技术发展和新业务应用。对电信运营商而言，将造成现在及将来 3G 时代 IPTV、手机电视等业务开展上的一系列障碍。

3. 完备的电信法制体系有待建立

我国的行政法律体系不完善，监管机构作为行政主体的执法行为没有相应的法律保障，监管机构所被赋予的行政执法权难以落实。与大多数发达国家相比，我国不仅缺少一部法律效力高的电信基本法，而且对于一些重要的管制领域如电信普遍服务、电信资费等，缺乏相应的法规和部门规章作为配套措施，目前只有《电信条例》和《外商投资电信企业管理办法》这两个电信法规，整个法律体系还不完备，条例内容很多已经过时，无法规范市场上层出不穷的新情况、新问题。

在具体的监管措施上，部门规章不仅法律效力较低，而且对于很多问题的规定过于原则、缺乏可操作性；此外，综合的技术、经济手段也不够丰富和完善；监管常常是滞后于市场的发展要求。

4. 管制机构能力不足、管制手段匮乏

电信行业监管涉及许多复杂的技术经济问题，信息产业部作为监管机构没有相应的财力和人力资源保证及时、专业化监管。在组织体系上，虽然在省、自治区一级成立了隶属于信息产业部的电信管理局，但该系统的组织程序、人力资源分配和事权划分等都不规范。在人才结构上，缺乏由电信专家、经济学家、律师和财务专家有效组合的专业化监管队伍。在组织资源和资金资源上，由于缺乏相应的组织资源和资金资源，监管机构对许多技术问题、经济问题的解决落后于市场发展的需求。特别突出的是，监管机构对电信成本构成、互联互通合同等方面的技术经济信息没有充分掌握，难以制定合理的价格监管规则和公平的互联结算规则。

5. 政府管制职能部分"缺位"与"越位"并存

在部分业务或市场上，有时因为缺乏相应的法律和制度保障，造成政府的"缺位"。例如，在普遍服务方面，政府没有及时出台普遍服务基金及其配套措施。另一方面，由于政府职能的调整不到位，而导致对微观主体决策中的过多干预，造成政府立场与企业利益同化，这些又会造成政府的"越位"。例如，在资费管制方面，实行广泛的政府定价，而电信市场的激烈价格竞争使得政府价格控制名存实亡。"缺位"与"越位"并存的后果或者是政府未能纠正市场失灵或者是政府破坏了市场制度，这都会降低产业发展效率，助长了各种无效的市场准入。

6. 电信监管体系尚未成熟，缺乏透明的监管程序

由于经验、人员等原因，各项管制政策还比较粗放，不够专业。比如，没有完整科学的市场竞争评估制度；对互联结算价格基于长期增量成本的核算刚刚起步；普遍服务基金制度还没有建立；对市场不正当竞争行为的监管缺乏足够的重视和前瞻性。

在市场经济条件下，由于公共企业规模巨大，而且拥有信息优势，在与政府管制机构进行谈判的过程中，会处于比较有利的地位。消费者由于相对分散，如果缺少团体化的组织，自然会处于弱势的地位。政府管制的制定和实施可能为企业所左右的判断决不是危言耸听。在西方，这一理论也是有很多证据支持的。施蒂格勒主要从三个方面进行过分析：第一，管制机构的官员大多来源于产业界，因此对产业有一种天然的联系和保护的情感；第二，管制机构及其官员的许多费用或收入由产业界负担；第三，管制机构的许多官员退休或离职后仍然要回到产业界，因此有所顾及。实际上，上述现象在我国也普遍存在。问题是在我国现阶段，独立、专业化的电信监管体制还没有形成，许多电信企业实际上是由过去的政企合一的机构演变来的，企业与主管部门也有着千丝万缕的联系。同时，电信监管机构还负担产业发展职能。在这种情况下，管制政策的制定和实施过程对于公众来说就存在一个很

大的盲区，监管者的行政行为无法得到有效的监督，特别是缺乏透明的监管程序保证监管的公平。例如，除了电信价格调整和部分争议裁决开始采用听证外，许多重要问题如互联互通、网络资源的使用范围以及普遍服务等依然默许由监管者和其他政府决策机构内部操作。所以，因为缺乏授权，监管机构该做的事有时做不了；同时因为缺乏对监管机构的相应约束，容易出现因"管制俘虏"而致的监管失效。

三、3G 时代的监管政策建议和联通对策

从上面的分析可以看出，由于监管政策的原因，使我国的电信市场格局严重不均衡，难以形成有效竞争。2G 时代，中国联通处于明显的弱势地位，即使在即将到来的 3G 时代，前有中国移动，后有中国电信，中国联通仍难以摆脱弱势地位。因此，对中国联通而言，推动中国监管政策改革，促进竞争政策的建立具有极其重要的意义。具体来说，从联通的角度出发，针对目前监管政策存在的问题，主要从以下方面提出建议：

（一）引进 SMP 概念，建立对 SMP 的评价和监管体系

1. 引进 SMP 的原因

在电信体制改革之初，我国的电信管制曾推行了非对称管制，这一政策对于中国联通拓展市场曾经起过重要的作用，但这一政策很快被弱化。其表面原因主要是市场形势变化迅速，原来非对称管制对象——中国电信市场地位迅速下降，移动业务不断侵蚀固定电话业务，非对称管制已不适合市场发展的需要。而深层次原因是，非对称管制政策没有根据市场力量对比变化作出相应调整，其管制理论和依据没有被充实。非对称管制政策其实就是滥用支配力量管制的体现，而滥用市场支配力量有盘剥消费者（垄断高价）、掠夺性定价、搭售、强制交易、排他性交易（独家交易）、拒绝交易、歧视待遇等多种行为。这些形态都隐藏在市场竞争行为当中，需要甄别、判断和认定。我国《反垄断法》已经制定，在 2008 年 8 月 1 日就会实施，对电信行业垄断运营商和行为的认定很快就会提上议事日程。

如何对电信行业的垄断行为进行评估，全球管制机构都在探讨有效的方法。其中，欧盟的 SMP 体系可以为我国提供很好的借鉴。由于我国传统的非对称管制政策只涉及运营商之间的零售市场价格差异化，对于主导运营商的其他滥用市场支配地位行为无法制约，加之非对称管制政策的执行早已难

以为继，因此，尽快引入 SMP 制度，弥补非对称管制政策失灵以后的管制真空，有效地制约主导运营商的行为，对于联通争取公平的竞争地位具有迫切重要的战略意义。

2. 欧盟的 SMP 评价体系

SMP（Significant market power），即重要的市场力量，是欧盟 20 世纪 90 年代后期提出的一个重要管制概念。在欧盟，对 SMP 运营商的界定有着严格的标准和程序，针对 SMP 运营商也有适当科学的管制措施。SMP 概念的提出是欧盟在放松管制的趋势下，适应电信业务综合化、竞争复杂化的市场变化，电信管制更加专业化、科学化的结果。SMP 概念的提出，对欧盟成员国乃至世界其他国家的电信管制政策走向都产生了广泛而深远的影响。

SMP 在新的欧盟管制框架中取代了以往的"主导地位"的概念，因此，拥有 SMP 地位的运营商就是主导运营商。SMP 存在于特定的电信细分市场上，不同的电信细分市场有不同的 SMP 运营商，不能笼统的称某个运营商是主导运营商。同时，欧盟提出了细分电信市场的方法，主要由业务市场和地理市场两种维度构成。评价某个特定市场上的竞争状况来决定谁具有 SMP 资格，有一系列完整的评价标准，但最主要的是市场份额、利润率和市场准入壁垒三项指标，其中如果市场份额超过 50%，则可以认定为该市场的 SMP。根据欧盟的规定，一旦某个运营商具有 SMP 资格，按照法律规定需要对其施加 SMP 管制义务。但是这些义务是"比例适当的"，这与以往的不对称管制措施不尽相同。

3. 对 SMP 运营商施加的义务

在欧盟的 SMP 体系中规定，如果管制部门发现在某类市场上缺乏有效竞争，就将决定一个或几个企业具有 SMP 资格，不管 SMP 运营商是否采取了反竞争行为，都将施加"额外"的管制义务。这种管制措施是事前的，主要是预防为主。如果 SMP 真的出现了上节所描述的行为，那就是事后的处罚了。

监管机构对 SMP 运营商施加的额外管制义务应在欧盟监管指令规定的义务中选择。这些规定的义务包括：接入指令规定的透明义务、非歧视性义务、财务分开义务、接入和使用特殊网络设施的义务、价格管制和成本核算的义务、普遍服务指令中规定的零售服务的管制义务、提供出租线路的最低数量义务、运营商预先选择义务。另外，一国监管机构可以根据本国具体情况施加上述规定以外的义务。

一国管制机构拥有对市场竞争状况进行调查的充分权力，主要是要求被认定为拥有 SMP 地位的公司披露信息和提供文件的权力。如果调查显示，SMP 公司确实存在滥用市场主导权的行为，成员国有权根据法律规定作出处罚。值得注意的是，被授予处罚的机关根据各国法律的不同，可能是电信监管机构、统一的竞争性监管机关或者是法院。事后的处罚措施主要包括：首先，勒令停止滥用市场主导权的行为；吊销 SMP 运营商的许可证，这是最严厉的处罚，通常很少采用，主要是为公众利益的保护；对 SMP 企业和对滥用市场主导权负责的个人进行罚款；要求 SMP 企业对滥用权力造成的损害后果向竞争对手或用户进行赔偿；对 SMP 企业进行结构性分离或重组，例如剥离部分业务或者将分离出来的业务成立新的关联企业等；在 SMP 企业和竞争对手或用户之间进行调解，促成滥用权力的解决（比如支付赔偿金、重组、自愿停止或纠正行为等）。

以英国为例，经过评估，英国管制机构 OFCOM 认为英国固定市场存在接入瓶颈，BT 在本地批发接入业务（local wholesale access service）和中继业务（backhaul service）存在重要市场影响力。2005 年 7 月，OFCOM 发布管制令，要求 BT 提交承诺（undertaking）保证，否则将向英国竞争委员会（Competition Committee）提交仲裁报告（Reference）。通知发布后，BT 承诺的内容很多，其中最重要的一条是将 BT 的本地接入网络分离出来，成立 OPENREACH 公司，将所有的基础网络设施资产划给新公司运营，并且对所有的接入公司实行平等接入。针对 BT 所作承诺，OFCOM 对外发布了咨询报告，并向各界征求意见。OFCOM 充分考虑了所有的建议，最终于 2005 年 9 月 22 日接受了 BT 的承诺。但是，OFCOM 每年都会跟踪 BT 对其承诺的实施，并且发布相关咨询报告。根据 OFCOM 要求，2006 年 1 月 21 日，BT 成立了新的接入网络运营公司 OPENREACH。OPENREACH 的 CEO 直接向 BT 的 CEO 负责，其董事会成员由 BT、政府和其他企业人员共同组成。OPEN-REACH 行为受 OFCOM 和平等接入委员会（EAB, Equality Access Board）监督。

4. SMP 体系对联通的影响及联通的建议

无论是在目前的 2G 市场，还是将来的 3G 市场，引入 SMP 评价体系都会对联通有利。在 2G 移动市场，无论从市场份额、利润率还是市场进入壁垒来评价，中国移动毫无疑问是具有支配地位、构成竞争壁垒的 SMP 运营商。我国正在制定的《反垄断法》也将"一家企业市场份额超过 1/2"作为市场支配力量判断标准。在即将到来的 3G 时代，以目前的实力看中国电信和中国移动将是移动市场的单独主导或联合主导。

因此，联通应该积极的推动 SMP 体系的建立，建议可以对 SMP 运营商施加的义务包括：

（1）低价甚至免费开发接入网络，强制性要求及时地提供互联，并对网内、网外互联质量进行监控或要求上报。由于历史的原因，中国移动的网络成本已经折旧完毕，而我国运营商都是国有企业，在天然不平等的情况下，要求联通与移动同台竞争，显然是不合理的。无论从公平的角度，还是减少重复建设投资的角度，都应该由政府通过强制政策要求中国移动开放接入网络，实现网络和设备的共享。

（2）对互联结算费用进行控制。互联结算费用是发生在运营商之间的批发费用，是调节市场失衡非常重要的经济手段，也是各国对 SMP 运营商施加的主要管制义务之一。一方面，强制要求 SMP 运营商无条件地开放网络，允许其他运营商平等接入，并且必须保证互联质量；另一方面，在结算费的征收方面，建立以成本为基础的结算费计算模型，但更重要的是，为了扶持弱势运营商，对 SMP 运营商征收的结算费要高于其他非 SMP 运营商。2006 年，英国 OFCOM 发布政策，开始对 3G 征收结算费，在推行此政策时，就给予弱势运营商和记黄埔以一定的倾斜，实施不对等结算，要求沃达丰等其他三家运营商向和黄支付的结算费高于和黄结出的费率。

（3）控制市场份额。这一点是平衡市场结构、对 SMP 运营商进行管制最有效的途径。如韩国政府曾规定，2001 年 6 月份之前各电信运营商的市场份额不能超过 50%（否则每天罚款 10 亿韩币）。1999 年底，SKT 在兼并新世纪通讯公司过程中，不得不绞尽脑汁降低市场占有率。SKT 不但取消了所有的促销活动，甚至在营业厅中帮助另一个运营商 LGTelecom 销售移动电话。

（4）禁止低价倾销、禁止不合理的差别定价。资费管制在全球范围内呈放松的趋势，各国管制机构往往从保护用户权益的角度出发，引入上限管制。在我国，除了实施上限管制，同时应该设立资费的下限，这是因为一方面，基础运营商都是国企，为了争夺市场他们会不计成本的低价倾销，另一方面在移动市场，中国移动的网络成本已经折旧完毕，无成本的低价倾销必然会对其他竞争者造成巨大威胁。

（5）禁止强迫性的捆绑销售、禁止锁定用户。运营商通过强迫用户签订协议，使其无法和很难跳槽到其他用户。包括长期合同、业务折扣协议，将用户与特定技术和硬件平台捆在一起的协议。捆绑销售不一定是反竞争行为，但是如果 SMP 运营商提供捆绑销售的负面影响过大，例如将竞争性业务与垄断性业务捆绑销售，还有买产品强迫搭买维护服务等，而且绑定产品是其他运营商不可能提供的，主导运营商向竞争者提供的业务将上游和下游捆绑销售；向竞争者提供不需要的业务等，在这些情况下，就需要监管机构加以干预。

（二）推动监管机构改革，尽快促进融合管制机构的建立

在通讯业务个性化、移动化、数据化的时代即将到来的时刻，广电和电信分别管理的现状将会阻碍技术进步和融合市场的形成。对中国联通而言，作为移动运营商，移动点播、手机电视等融合业务将是未来业务的重点。从促进技术发展、鼓励竞争、鼓励投资和创新的角度，联通应该推动融合管制机构的形成。

在全球范围内已经出现了融合的趋势，美国早在1934年就根据《通讯法》成立了融合的管制机构 FCC，英国于2002年成立 OFCOM，马来西亚、毛里求斯、南非、澳大利亚也设立了融合的管制机构。在管制政策方面，从以下几个方面促进融合：第一，在网络接入与互联方面，应实行更加开放和包容的政策，发展多元投资的用户宽带接入网；第二，在内容监管方面，充分考虑融合环境下的新情况，注重监管成本和实效，逐步从基于特定技术的纵向非统一监管转向基于主体和内容分类的横向统一监管，同时尽快完善个人媒体时代的监管与自律机制；第三，在频谱管理方面，除了根据我国国情借鉴国外许可证制改革经验外，还需关注在频谱管理中引入市场化方式，包括拍卖和允许频谱使用权转让等交易机制的改革。

（三）由市场力量最强的运营商发展 TD – SCDMA

为全力扶持中国主导的 3G 标准 TD – SCDMA，除了单独组网，确定合适的承担运营商至关重要。而从目前中国电信市场的实际情况看，市场力量最强的运营商无疑是最佳的候选者。主要是基于以下考虑：

1. 市场力量最强的运营商实力最强，能确保 TD 获得成功，并为国家争取最大利益

虽然 TD – SCDMA 在技术上有一定优势，而且国内企业拥有 30% 左右的核心专利，但最大的问题是成熟度和商用经验上明显落后于 WCDMA 和 CDMA2000 两个标准，因而如果不加以扶持很有可能在未来激烈市场竞争中落败。而要使 TD – SCDMA 扭转劣势，充分发挥技术和成本上的优势，获得成功，除了得到足够的政策支持，还必须有一家实力雄厚的运营商作为主承

担者。比较之下，只有市场力量最强的运营商能担当此重任。首先，市场力量最强的运营商国际知名，实力雄厚，与多家国际顶级的制造商有长期的合作，而且市场力量最强的运营商具有坚实的用户基础，因此，由市场力量最强的运营商来发展 TD，能够提升 TD 的形象和地位。其次，市场力量最强的运营商能带领 TD 真正成为国际标准。发展 TD 巨大的投资能够迅速带动上下游产业链的发展，促进 TD – SCDMA 民族制造业和增值服务业的发展。市场力量最强的运营商近年来大力推行"走出去"战略，不断在亚太、中东和非洲进行并购活动，这也将带动 TD 走向国际舞台，从而成为真正的国际标准。再次，市场力量最强的运营商能加快 TD 的成熟和后续开发。市场力量最强的运营商 2.5 亿的用户规模能极大刺激设备厂商研发速度和投入力度；雄厚的资金实力，以及每年 600 亿元的纯利润能够保证后续技术开发、前期市场投入的资金需求。此外，市场力量最强的运营商多年的移动运营经验，也是 TD 能够快速进步的保证。最后，市场力量最强的运营商能提高 TD 市场成功率。3G 的竞争优势在于较宽的上下行带宽和移动办公、在线支付、位置服务，以及在线影院、在线游戏等数据业务，而这些业务的潜在用户是高端用户和时尚人群。市场力量最强的运营商拥有"全球通"和"神州行"两个响亮的品牌。"全球通"是经济条件较好的高端用户，"神州行"聚集大量年轻人和时尚人群。因而市场力量最强的运营商最有可能在 3G 业务开展上取得成功。

2. 市场力量最强的运营商运营 TD，有利于促进电信有效竞争局面的形成

TD 的运营商选择，不仅仅是经济技术问题，还应当从构建电信有效竞争的大局出发进行考虑。如上文所述，目前中国电信市场没有形成有效竞争，问题的根源在于运营商实力相差悬殊、竞争环境不公平，从而导致利益失衡。通过国家 3G 战略的部署，构建 3—4 家势力均衡的电信运营商，开展有效竞争，可以改变目前的市场不均衡局面。

市场力量最强的运营商一方面其资本雄厚，2G 市场可提供充足的资金保证。另一方面，占据近 75% 的价值市场份额和 66% 的用户市场份额，其主导地位几乎难以撼动，正好有时间和精力做好 TD 网络和业务。

3. 从改革和发展的历史看，市场力量最强的运营商应当为发展 TD – SCDMA 做出贡献

从电信业改革发展的历史看，中国电信/网通、中国联通等几大国有电信企业为了国家和民族的利益，为了电信业的改革和发展都曾经做出过巨大

的贡献和牺牲。

中国电信从电信业打破垄断，引入竞争开始，先后进行了两次拆分重组。中国联通是中国电信改革的先驱，为电信的打破垄断做出过历史贡献。为了促使中国尽快加入WTO，中国联通在中国政府的委托下，毅然接受建设运营CDMA网络的任务。虽然历经各种困难，但是经过努力终于在2005年实现盈利。

相比之下，市场力量最强的运营商发展历程则相当顺利，一路走来，几乎没有什么障碍，这里面除了市场力量最强的运营商自身管理、市场、技术方面的优势之外，政策方面照顾和优惠也是不可忽视，继而才有今天的辉煌。因此，在中国电信业面临新一轮改革和发展机遇的关键时候，市场力量最强的运营商应当努力承担起这一历史使命。

对联通而言，应该不遗余力地提出上述建议并积极推动政策的落实。

（四）推动号码可携政策的实施

近年来，各国纷纷推行号码可携政策。一方面，从用户权益保护的角度，通过号码可携可以更便利地让用户在号码不改变的情况下转网，选择最适合自己的运营商。另一方面，从国外号码可携的实施效果看，在号码可携政策实施后，往往是主导运营商流失，转向新运营商。尤其在3G即将到来的时代，实施号码可携对促进竞争，培养新型市场的发展具有很重要的意义。我国《电信法》草案已经引入了这一政策。

从联通的角度考虑，号码可携政策实施后，主要是存量用户将出现转网，如果仅仅实施号码可携，而没有其他配套政策，在与移动的竞争中，联通可能处于不利地位。因此联通应该建议政府，将号码可携政策与对SMP运营商的管制措施结合考虑，可以规定，对SMP运营商，在一定的时期内只能流出不能流入。这一点，韩国为我们提供了较好的经验。韩国管制机构在推行号码可携政策时，就要求在第一年SKT的用户只能转出不能转入。

四、监管体制形成之前的过渡阶段联通的对策

我国传统电信管理制度的最大特点在于政资不分、政监不分、事先监管手段与事后反垄断（监管）手段不分，由此造成诸如企业垄断经营与政府职能错位、缺位等一系列弊端。为此，电信体制改革，一方面需要打破垄断，引入竞争；另一方面还需要转变和调整政府职能，建立现代监管制度。

某种意义上说，电信体制改革的过程，也就是政府职能重新定位与调整的过程，以实现政府管理职能与所有者职能的分离，宏观政策职能与微观监管职能的分离，事前监管方式与事后反垄断方式的分离，以实现独立监管。

可见，在职能分离的基础上，建立独立的电信监管机构与制度，是电信体制改革的必然方向。但是，由于改革过程的渐进性，政府职能分离的目标不可能一步到位。对于某些政府职能如何分离，在认识上还存在着重大的分歧，更不用说既得利益团体的各种不相关考虑。当前，国有资产监管管理机构如何行使所有者职能，宏观政策部门如何定位，如何分离政策职能与监管职能，如何处理监管机构与宏观政策部门的关系，如何处理监管机构与未来的反垄断执法机构的关系，监管机构应该有哪些权力与手段，如何设计事后反垄断机制等，均处在初步探索与讨论阶段。这些，都是渐进式改革留下的时代烙印。渐进式改革的过渡阶段是一个旧的体制已经失效而新的体制尚未建立的阶段，也是一个高风险的阶段。对于联通而言，这种过渡性意味着公司所期望的监管体制与政策还很难一步到位，必须有过渡阶段的相应对策。

风险之一，由于监管环境的缺乏和监管本身的乏力，必然造成市场无序，这是渐进式改革所面临的无序风险。风险之二，由于不能根据形势的变化及时推进改革，可能容易按照老办法办事，这是渐进式改革所面临的倒退风险（几大运营商负责人的对调即属此种风险之一）。观察中国的电信监管实践，应该说上述两种风险都已初露端倪，也都有可能进一步成为现实。更为严重的是，这两种风险之间内在地具有某种关联关系，处置失当，不但有可能形成无序与倒退之间的两难选择，甚至会出现并发症。

面临着这种复杂的客观形势，联通公司必须有充分的准备和对策：

首先，应坚持推动电信监管制度改革，没有改革，就没有公平竞争的环境可言。联通公司既是改革的产物，也是改革的直接受益者。在目前改革推动乏力的大背景下，联通公司应有清醒的认识，并应积极推动体制改革与创新。回到旧体制或者停滞不前，都不符合联通公司的最大利益，只有建立符合现代电信市场结构的有效的监管制度，才能为公司带来最大的好处。因此，联通公司要坚定地推动政资分开、政监分开、事先监管方式与事后反垄断方式分开，建立独立的电信监管制度。这样，就能从长远为公司营造有利的竞争环境，有效地制止垄断企业的垄断行为。

其次，在监管制度建设的过渡阶段，联通公司应正视各种不同政府职能交织的现状，善于从多个角度推动不同主体（既包括政府部门、法院也包括组织、人事等部门）相互合作，履行相应职能，形成有效管理的格局，避免监管失灵的现象。必要的时候，也要充分利用正在发育中的市场、媒体与消费者组织的力量，塑造公司正面社会形象，对主导运营商形成有效的社会制约机制。与政企不分时代只向一家管理机构负责的情况相比，过渡阶段是一个政府机构职能边界模糊，行为规范相互交织，权、责、利边界不清的灰色地带。因此，联通公司应加强公司宏观战略与政策研究与执行的能力，提高灵活应变能力，营造良好的社会环境。

五、反垄断法对于联通影响的初步分析

《反垄断法》的制定和实施，对于联通在内的网络产业必然会产生多方面的影响，需要进行深入研究。鉴于《反垄断法》2008 年 8 月 1 日才开始实施，有关条款的含义还需要进一步明确，并且，国务院反垄断委员会尚未成立，反垄断执法机关并未完全明确，相关的配套规定也在制定之中。因此，在目前阶段，我们只能对《反垄断法》对于联通的影响进行初步的分析，更为全面的分析，只能到相关制度实际运行之后才能进行。

（一）《反垄断法》对于联通的影响是全面的

由于包括移动通讯在内的网络产业传统上属于自然垄断行业，因此，《反垄断法》对于网络产业的适用一直是一个重点领域。近年来，随着技术的进步和融合，各国在电信领域打破垄断，引入竞争，大多与反垄断法律的适用同步进行，许多电信运营商都曾经遭遇反垄断执法或者公众诉讼。因此，在国际范围内，《反垄断法》的适用一直是各国电信运营商重点关注的领域。

在我国，《反垄断法》制定以前，包括电信在内的一批关系国民经济命脉的行业（领域）一直实行国家控股或者直接经营的形式，对市场准入进行严格的控制，形成事实上的垄断结构或者寡头竞争结构。在移动通讯市场，也就是最终形成的中国移动与中国联通两家运营商的格局。在这种市场结构之下，就管理方式而言，政府基本采用事先的管制方式（除准入控制以外，也包括诸如价格管制、投资行为管制等），很少采用事后管制手段（主要的事后手段由反不正当竞争法与消费者权益保护法提供，但法律实施的情况非常不理想），尤其是反垄断手段（诸如价格法、反不正当竞争法对于垄断行为的规定非常有限）。并且，在 2003 年的政府机构改革之前，事实上采用的是一种政资不分的管理体制，专业管理部门既是管理者，也代行国

有资产所有者的职能。

《反垄断法》的制定，对包括联通在内的电信企业而言，影响是全面的，具体表现在：

第一，反垄断职能的专门化。

传统上，由于政府职能不分，导致政府的多种职能混杂，并由此使事先职能膨胀、事后职能匮乏、反垄断职能缺位。对于企业而言，基本感受不到政府机关的反垄断职能，反垄断职能可以说基本被行业管理职能所吸收。改革开放以来，政企分开、政事分开、政资分开的趋势非常明显，政府职能的分化，使企业必须面对新的管理架构与格局。《反垄断法》的制定，实际上进一步推进了职能分离的进程，使反垄断职能作为一种独立的事后职能被分离和确定下来。对于联通而言，其影响丝毫不亚于 2003 年国资委成立以后联通国有资产所有者的职能从原来信息产业部被划归到国资委的变化。因此，联通对此必须予以高度的重视。

第二，垄断行为的明晰化。

在《反垄断法》制定以前，尽管我国法律对于某些垄断行为已经有所规定，但这些规定大多关注于特定的领域，对于垄断行为的规制是不全面的。例如，价格法及其相关实施规定只是列举了市场定价行为中的某些类型，并不包括价格垄断行为的全部；反不正当竞争法只是列举了几类与垄断有联系的不正当竞争行为；外商投资法律只是规定了对外商投资并购的管理规定，适用范围有限；电信条例也存在类似的弊端。因此，许多企业可以钻法律规定不全面的漏洞，进行各种形式的垄断活动。

《反垄断法》吸收、借鉴了发达国家的立法经验，可以说非常全面、系统地规定了各种各样的垄断行为，为企业制定了明确的行为规范。根据《反垄断法》的规定，经营者达成垄断协议，经营者滥用市场支配地位，具有或者可能具有排除、限制竞争效果的经营者集中，均属于垄断行为。除此以外，行政机关和法律、法规授权的具有管理公共事务职能的组织也不得滥用行政权力，排除、限制竞争。并且，《反垄断法》不仅适用于境内经济活动中的垄断行为，境外的垄断行为如果对境内市场竞争产生排除、限制影响的，也要适用。

由于《反垄断法》调整的范围广泛，作为基础电信运营商，联通的各种市场行为可以说都有可能会引起反垄断问题，必须予以高度重视。

第三，执法主体的多元化。

根据《反垄断法》的规定，除了国务院反垄断委员会以外，其他的相关机构（合理的推断应该包括工商总局、商务部、发改委三家）也会被指定为反垄断执法机关。并且，根据《反垄断法》的规定，垄断行为给他人造成损失的，还要依法承担民法责任，因此，民事诉讼甚至团体诉讼极有可能与行政执法同时或者分别出现。对于联通而言，必须做好面对多元执法主体的准备。2003 年的国务院机构改革，使电信运营商从单独面对信息产业部转变为必须同时面对信息产业部和国资委的二元管理架构；反垄断的实施，将会从目前的二元管理架构向多元管理架构转变，其影响必然更为深远。

第四，法律结果的双重性。

如前所述，作为基础电信运营商，联通必须遵守《反垄断法》的规定，必须对自己的行为方式做出相应的改变，维护消费者的合法权益和市场的公平竞争秩序。但是，另一方面，作为目前移动通讯市场中的弱势一方，联通也可以充分利用《反垄断法》，依法纠正、制止主导运营商的垄断行为，维护自己的合法权益，维护市场公平竞争秩序。如果能够充分利用《反垄断法》，联通目前所面临的许多实际问题，如互联互通障碍、不公平市场竞争行为、监管乏力等，均可以通过反垄断这一新的渠道，找到新的解决方式（如在反垄断执法中引入 SMP 制度等）。对于联通而言，《反垄断法》的实施，既带来了前所未有的挑战，也带来了新的机会，关键在于公司如何应对，因势利导。

（二）《反垄断法》的实施不会改变移动通讯市场的基本格局

我们认为，在可以预期的时间内，《反垄断法》的实施都不可能改变移动通讯市场的基本格局，包括 3G 发牌以后的市场格局。理由在于：第一、在我国，包括电信在内的基础设施行业（铁路、石油天然气、电力、烟草、邮政、城市公用事业等）改革或者尚未破题或者仍在探索过程之中。并且，这些领域的任何一项改革由于影响巨大，必须经过中央高层决策以后才有可能推出。在这种情况下，《反垄断执法》机构不可能孤军深入，通过《反垄断法》的实施来改变这些行业的改革现状，以倒逼机制推进这些领域的改革。可以说，我国基础设施产业的改革与《反垄断法》的实施是并行的过程，彼此并没有必然的联系。第二、从各国反垄断法律的适用以及我国《反垄断法》的规定来看，《反垄断法》本身并不禁止特定的市场机构或者市场支配地位，只是禁止垄断行为。因此，《反垄断法》的实施并不会改变目前的市场结构。第三、由于我国政府仍然维持着对电信领域的事前管制，这些事前管制措施并不会因为《反垄断法》的实施自然被废止，反垄断执法机构也不可能剥夺其他政府机构依法行使的职权。因此，《反垄断法》的实施也不会改变目前的市场管理架构，相当长的时间内仍然会是一种多元管理的格局。第四、从国际社会的共同趋势看，电信领域始终是一种行业管制与反垄断执法并存的管理架构，完全通过反垄断执法调整电信领域竞争的局面并不会出现。

上述结论的政策含义在于：目前的市场结构和管理体制不会被《反垄断法》所打破，仅仅依靠《反垄断法》的实施并不能从根本上为联通带来更好的市场环境。某种意义上讲，联通可能很难在核心业务领域对于《反垄断法》的实施抱过大的期望。

（三）联通需要特别关注产业链延伸中的反垄断问题

随着技术的融合和产业链的延伸，电信企业正在进行全方位的业务拓展和企业的根本转型，从传统的电信运营商向综合信息服务提供商转变，尤其是 3G 的采用，会使产业链的范围得到更进一步的延伸。这样，就会在传统基础电信业务之外，通过自营、合作或者外包等方式，扩充各种形式的增值业务。就电信企业的长远发展而言，这种转型和业务的延伸是必然的趋势，是信息化时代的必然选择。但是，由于目前移动通讯市场的寡头垄断格局，一旦基础业务运营商进入增值业务领域，提供其他市场主体也可以从事的增值业务，必然就会在产业链延伸环节出现一个公平竞争的问题，有可能引起诸如网络的公平接入、非捆绑政策、关联交易等方面的即刻现实法律风险，触发《反垄断法》对于禁止垄断协议、滥用市场支配地位与经营者集中的规定，引起反垄断执法机构的介入。由于 3G 之后电信产业链上下游延伸极为广阔，基础业务运营商在提供非核心业务方面所面临的挑战几乎可以涵盖《反垄断法》所规定的所有领域（如垄断协议、掠夺性定价、差别待遇、搭售、拒绝进入网络、经营者集中等）。也就是说，移动运营商在上下游产业链上扩张得越强、越广，其面临的法律风险也就越大，两者之间呈正相关关系。

上述分析的结论是，反垄断实施以后，联通应该特别关注产业链延伸环节的反垄断问题，既规范自己的相关经营行为，避免被其他市场主体诉诸反垄断执法机构，也要善于应用《反垄断法》的规定，制止主导运营商的不公平竞争行为。某种意义上讲，联通可以首先以产业链延伸环节作为突破口，根据《反垄断法》的规定，制止主导运营商的不公平竞争行为。

（四）联通需要紧密关注《反垄断法》中的两大不确定条款

如前所述，反垄断的实施，目前面临的不确定因素还特别多。对于联通而言，《反垄断法》中的两大不确定条款，尤其具有重要的意义，应引起特别关注，并应积极参与相关政策的制定过程：

第一，"相关市场"的界定。

联通目前的市场弱势地位，一直是根据通常的理解（全国性的移动通讯市场）来确定的，在《反垄断法》制定以前都没有问题。但是，根据《反垄断法》第十二条的规定，出现了一个不同于通常理解的新的概念——"相关市场"。该概念包括两个方面，一个是地域范围，另一个是相同或者类似产品的可替代性（商品范围）。在《反垄断法》实施以后，不排除执法机构根据区域市场（如海南省专门作为一个相关地域概念），或者把诸如固话、VOIP、宽带接入等具有竞争关系的产品也纳入同一个产品市场，综合加以考虑。这样，联通的市场地位就有可能在该相关市场发生变化，甚至在相关市场上成为具有市场支配地位的经营者，成为主导运营商。由此可见，如何界定相关市场，对于类似于联通这样的市场主体，具有决定性的意义。

从发达国家的情况看，相关市场是各国《反垄断法》适用中的一个共同概念，也是一项非常复杂的制度，需要通过大量的实施细则、判例等逐步加以明确。由于这个概念在我国是第一次出现，以前从来没有采用过，因此，可以预见，反垄断执法机构需要依靠各方面的力量，通过长时间的探索才能具体加以界定。建议联通高度关注这个问题，并尽快组织力量就电信领域相关市场问题进行专门比较研究，为反垄断执法机构提供相关的政策建议。

第二，《反垄断法》第七条的适用。

反垄断法如何适用于包括电信在内的关系国计民生的重要行业，是否应该规定适用豁免，一直是立法过程中争议极大的一个问题，草案也进行过反复的修改、调整。最后通过的第七条规定："国有经济占控制地位的关系国民经济命脉和国家安全的行业以及依法实行专营专卖的行业，国家对其经营者的合法经营活动予以保护，并对经营者的经营行为及其商品和服务的价格依法实施监管和调控，维护消费者利益，促进技术进步。"显然，这条规定既肯定了这些行业的特殊性，又将其纳入到《反垄断法》的条文之中，可以说是某种妥协的结果。

但是，第七条的含义、范围和适用标准目前都不明确，存在多种不同的解释。一种极端的解释将第七条解释为适用除外条款，豁免这些行业的《反垄断法》适用，由行业监管机构负责监管和调控；相反，另一种极端的解释认为第七条对于这些行业没有任何特殊的意义，反垄断执法机关可以超越行业监管机构在这些行业进行反垄断执法。在这两种极端的理解中间，可以说还有多种不同的理解。从国际社会的一般经验来看，这些行业（尤其是网络产业），通常应该同时受到政府监管与反垄断执法的双重制约，至于两者之间的关系则可以是多种结合形式，既可以是权力共享型的交叉执法，也可以是分权型的选择执法，还可以由行业监管逐步过渡到反垄断执法。不同的解释和适用原则，当然会对这些行业产生截然不同的法律后果。鉴于立法机关、反垄断执法机构或者司法机关目前都还没有对第七条的含义进行权威解释，建议联通随时关注这个领域的发展。

我国信用信息管理的立法现状与未来

周汉华

重诺守信，一直是中国传统文化的基本要求，也是中华民族的美德之一。因此，新中国的相关立法活动既沿袭了传统文化的精髓，又有自己鲜明的时代特色，经历了不同的发展阶段。从时间上，大致可以将新中国的信用管理立法划分为如下四个阶段（它们之间其实存在一定的交叉或重叠），每个阶段的立法活动都有不同的特征：

第一阶段：革命成果巩固阶段的立法活动。

中华人民共和国成立后，为巩固刚刚建立的人民政权，新中国的信用管理立法带有非常明显的时代烙印。1951年颁布的《妨害国家货币治罪暂行条例》是新中国立法对信用的最早规定，第五条规定，"散布流言或用其他方法破坏国家货币信用者，处五年以下徒刑或罚金"。1953年颁布的《中央人民政府一九五四年国家经济建设公债条例》第九条规定，"如有伪造本公债或损害本公债的信用行为者依法惩处之"。另外，由于信用合作是新中国成立初期的一种主要合作经济形式，因此，一些立法都鼓励、促进信用合作的发展，比如，1954年宪法第八条明确规定，"国家指导和帮助个体农民增加生产，并且鼓励他们根据自愿的原则组织生产合作、供销合作和信用合作"。

可以看到，这一时期的法律规定有两个特点：一是集中维护国家（公债）信用的权威；二是对信用合作形式予以法律化。

第二阶段：信用范围扩大阶段的立法活动。

在熟人社会与计划经济体制下，信用的作用范围其实是非常有限的。对信用的大量需要，必然是市场经济、金融活动与社会流动性发展到一定阶段的产物。可以看到，在我国，信用法律规定的增多，是改革开放以后才出现的现象，并且，信用立法随着社会的进步不断在扩大其调整范围。

例如，1980年颁布的《关于管理外国企业常驻代表机构的暂行规定》第三条要求外国企业设立常驻代表机构必须提供"金融机构出具的资本信用证明书"；1980年颁布的《外汇管理暂行条例》涉及对旅行信用证的管理；1981年国务院颁布的《关于切实加强信贷管理严格控制货币发行的决定》重申了"信用集中于银行的原则"；1982年国务院批转的《关于加强企业流动资金管理的报告》提出了引导和管理商业信用的原则；1983 年颁布的《财产保险合同条例》明确将信用保险作为一种保险品种予以明确；1984 年颁布的《农副产品购销合同条例》第五条明确规定，"农副产品购销合同依法订立后，即具有法律约束力，当事人双方必须恪守信用，严格履行，任何一方不得擅自变更或解除"；1986 年颁布的《民法通则》第四条规定，"民事活动应当遵循自愿、公平、等价有偿、诚实信用的原则"，这一原则后来又为一系列的立法，如《科技进步法》、《反不正当竞争法》、《消费者权益保护法》、《广告法》、《票据法》、《担保法》、《外汇管理条例》、《拍卖法》、《合伙企业法》、《证券法》、《合同法》、《认证认可条例》、《证券投资基金法》等所确立。

随着包括证券市场在内的资本市场的出现和发展，诸如信用评级等规定也开始出现在法律规定中，如 1992 年国务院颁布的《关于进一步加强证券市场宏观管理的通知》，1993 年国务院颁布的《关于坚决制止乱集资和加强债券发行管理的通知》、《企业债券管理条例》等，都涉及信用评级问题，使信用管理的范围出现了明显的扩张；信用卡的出现，更使信用成为社会的热点话题，也使众多的立法活动必须做出及时的回应。

从改革开放以来直至今天，信用的作用范围在不断扩大，立法也在不断做出回应，出现了大量的信用立法规定。但是，这一时期，并没有出现专门的信用管理法律规定。通常，信用管理的规定大多包含在相关法律规定之中，停留在一般法律原则层面，不具有太多的可操作性。

第三阶段：专门信用信息管理立法阶段的立法活动。

改革开放发展到一定阶段以后，不断出现的市场经济秩序混乱现象，尤其是发生于 20 世纪 90 年代末的亚洲金融危机，直接启动了我国的专门信用管理立法进程，推动我国的信用管理立法迈上了一个新的台阶。

国务院在 2001 年颁布的《关于整顿和规范市场经济秩序的决定》中首次明确将建立健全符合市场经济体制要求的社会信用制度作为一项重要部署予以明确，并提出要逐步建立企业经济档案制度和个人信用体系，防止商业欺诈、恶意拖欠及逃废债务等不法行为的发生。《国务院办公厅关于成立贯彻落实全国金融工作会议专题工作小组的通知》（国办发〔2002〕22 号）决定成立六个专题工作小组，其中就包括建立企业和个人征信体系专题工作小组。2002 年 3 月，由中国人民银行牵头，16 个部委参加，成立了建立企业和个人征信体系专题工作小组，由人民银行戴相龙行长任组长、人民银行肖钢副行长、国家经贸委蒋黔贵副主任、国务院信息办刘鹤副主任任副组长。专题工作小组的主要任务之一，是代表国务院起草征信管理的行政法规，为建立征信体系奠定法律基础。自 2002 年 4 月起，专题工作小组对欧美国家相关立法资料进行了认真研究，邀请国内外信用管理方面的专家进行了座谈，并赴上海、汕头、深圳对其征信试点工作作了实地调研，在此基础上，形成了《征信管理条例》（初稿）。2002 年 7 月，形成了征求意见稿和起草说明，2002 年 11 月最终形成了代拟稿及其起草说明。

　　21 世纪初以后，国务院在一系列的文件中反复强调了建立信用体系的重要性，促进了地方、部门信用信息管理立法活动的开展。比如，国务院在 2004 年发布的《关于进一步加强食品安全工作的决定》中，要求建立食品安全信用体系和失信惩戒机制，引导企业诚信守法；2005 年印发的《国务院工作规则》明确要求建立健全社会信用体系，实行信用监督和失信惩戒制度，整顿和规范市场经济秩序，建设统一、开放、竞争、有序的现代市场体系；2006 年国务院发布的《关于进一步加强消防工作的意见》要求将单位消防安全信息纳入社会信用体系，推动建立行业、系统消防安全自律机制；2006 年发布的《国务院关于保险业改革发展的若干意见》要求加快建立保险信用体系，推动诚信建设，营造良好发展环境；2006 年发布的《国务院关于落实〈中华人民共和国国民经济和社会发展第十一个五年规划纲要〉主要目标和任务工作分工的通知》明确由国办牵头建设社会信用体系，健全失信惩戒制度；2006 年发布的《国务院关于深化改革加强基层农业技术推广体系建设的意见》要求建立农业技术推广服务的信用制度，完善信用自律机制；《国务院关于印发 2007 年工作要点的通知》要求深入整顿和规范市场经济秩序，坚持标本兼治，完善市场管理，强化市场监管，加快社会信用体系建设。与之相适应，诸如工商、税收、房地产管理、科技、交通、商务、食品安全、质量监督、发展改革等部门，纷纷制定了信用管理方面的专门规定。其中，尤为重要的是，国务院办公厅于 2007 年 3 月发布了《关于社会信用体系建设的若干意见》，明确了信用体系建设的一系列重大原则与制度，并提出"要按照信息共享，公平竞争，有利于公共服务和监管，维护国家信息安全的要求，制定有关法律法规"。

　　由于各个方面的高度重视，这一时期的立法数量众多，特点非常突出：一是出现了专门的信用信息管理规定，具有较强的可操作性。比如，中国人民银行于 2005 年制定的《个人信用信息基础数据库管理暂行办法》对于个人信用信息的采集、整理、保存、查询、异议处理、用户管理、安全管理等作了非常全面的规定。再如，全国整规办、国务院国资委为推动商会协会开展行业信用体系建设工作，专门印发了《商会协会行业信用建设工作指导意见》、《行业信用评价试点工作实施办法》，明确了信用评价的基本原则与制度。二是一些地方充分利用改革试点的机会，在一些领域率先立法，带动了整个国家的立法进程。比如，深圳市在全国率先于 2001 年制定了《深圳市个人信用征信及信用评级管理办法》，于 2002 年制定了《深圳市企业信用征信和评估管理办法》；上海也充分利用中国人民银行提供的开展个人银行消费信用信息服务业务的试点机会，制定了《上海市个人信用征信管理试行办法》。深圳、上海的这些规定，为其他地方乃至全国制定相应的规定，进行了有益的探索，带动了一大批地方的立法工作。三是这一时期的立法活动以风险防范、惩戒失信为主要目标，将社会信用体系建设作为整顿和规范市场经济秩序的治本之策与主要手段。

由于这一阶段采用的是专门立法形式，目标比较单一，因此，立法过程中存在的弊端也比较明显，如立法层级较低，不同立法之间缺乏协调，行为规范模糊，资源整合困难，部门分割，缺乏执法保障等。

第四阶段：全面信息化立法阶段的立法活动。

发达国家的市场化进程大多经历了长时期的自然演变，其信用体系建设与信用管理立法也经历过一个相对长时间的发育，然后才面临信息社会的挑战，因此，两阶段发展特征比较明显。相反，我国的市场化改革是最近二十多年的事情，采取的是一种政府推动的路径，没有那么长时间的渐进过程来发育信用管理相关的制度或者规则；同时，我国的市场化改革与信息化浪潮几乎是同步发生的两个过程，发达国家在两个历史阶段所面临的问题在我国同时出现了。这样，我国制定专门信用信息管理法律的时间并不会太充裕，或者换句话说，我国的信用信息管理立法从一开始就必须与信息化立法相互配合，相互促进，要在信息化的大背景下来通盘加以考虑。

由于信息化带来了社会、政治、经济与文化等方面的全面变化，因此，信息化立法的目标一定是多元、全面的，以实现信息化带来的无限可能。诸如信息管理、信息安全、信息资源开发利用、信息服务业发展、信息共享、个人信息保护、政府信息公开、信用信息管理、公共信息资源管理、信息化管理体制、信息化与个人权利实现等，都是信息化立法必须考虑、解决的前沿问题，也是我国信息化立法的重点领域。相反，作为市场体制组成部分的信用信息管理立法，目标更为有限、具体，主要是降低市场风险和市场主体的交易成本，维护公平竞争的市场秩序。这样，当信息化立法与专门信用信息管理立法相互交织在一起时，必然会面临如何整合、协调的难题，以实现不同的立法目标。在这个交集点上，我国的信用信息管理立法已经并将会继续面临一系列深刻的挑战。现阶段的信用信息管理立法不仅仅要防范市场风险，也要能够有助于构建信用经济，推动信息社会，实现个人权利。实际上，在一些已经出台的信用信息管理的专门法律规定中，这种趋势已经表现得非常明显，都包含了许多个人权利保护、信息共享、公平竞争等方面的内容。下一步，我国的信用信息管理立法亟须继续调整立法目标，实现从单一目标向多元目标的转变；亟须提升立法层级，实现从专门立法向综合立法的转变；亟须实现体制变革，从各自为政向体制融合、从资源分割向资源共享转变。

现代化进程的特殊性使我国的信用信息管理立法既面临前所未有的机会，也面临空前严峻的挑战。能不能实现信用信息管理立法与信息化立法的有机衔接，把信用信息管理立法纳入到整个信息化立法的全局之中，直接决定着信用信息管理立法的成败，也会对我国的信息化立法产生举足轻重的影响。

4. 行政争议解决

人事争议仲裁与司法救济的关系

张明杰[①]

一、我国的人事争议仲裁制度

（一）概述

随着我国计划经济时期传统的干部人事制度即"干部身份终身制"的改革，以推行聘任制和岗位管理制度为重点的事业单位人事制度改革逐步推进，用人单位与其工作人员之间的人事争议也逐步暴露出来。为了维护当事人的合法权益，推动干部人事制度改革的进一步深入，在人才流动争议仲裁的基础上建立起来的人事争议仲裁制度发挥了重要的作用。

1. 人事争议与人事争议仲裁的基本理论

（1）人事争议概述

人事争议是指在人事管理过程中，当事人与用人单位之间因录用、辞职、辞退、奖惩、履行聘用（任）合同等而引发的纠纷。人事争议是伴随着党政机关干部人事制度改革、国有企业人事制度改革和事业单位人事制度改革而出现的问题，是人事制度变革的必然产物。由于我国的事业单位改革、人事管理制度都正处在不断的发展变化过程中，原有的干部管理机制已经有了根本性的改变，特别是，随着改革的不断推进，许多事业单位走向企业化，企业也逐步摆脱政企不分的状况，事业单位、企业单位中的相当一部分人事关系以及未来将全面实行的聘任制公务员与所在机关的关系更为接近普通的劳动关系。

（2）人事争议仲裁概述

人事争议仲裁是指由专门设立的、相对独立的人事仲裁机构以第三方的身份对用人单位与其工作人员之间发生的人事争议进行居中处理，从而促使人事争议得以解决的一种准司法活动。人事争议仲裁是我国的一种制度创新，目前尚处于探索与研究阶段。与民商事仲裁等相关制度相比较，我国的

---

① 参加本文写作的有张明杰、吕艳滨、潭彬彬、张延伟。

人事争议仲裁制度具有强制仲裁的特点，即人事争议仲裁与劳动争议仲裁一样，都不以当事人的自由选择为前提。人事争议发生后，当事人不愿意接受本单位调解委员会进行的调解或者调解达不成协议，则只能通过人事争议仲裁机制寻求解决纠纷。同时，与普通的民商事仲裁相比，人事争议仲裁并不具有终局性，即人事争议仲裁裁决不具有最终的法律效力，不具有排除司法审查的效力，仍有接受司法监督的可能性，也就是说，人事争议仲裁不适用普通民商事仲裁"或裁或审"的原则。另外，虽然人事争议仲裁由人事争议仲裁机构这一专门性仲裁机构居中对人事争议进行裁决，但是，该机构依附于行政机关，具有浓厚的行政色彩。因此，从性质上看，人事争议仲裁究竟属于《仲裁法》上所规定的仲裁，还是属于类似于行政裁决的活动，这都是值得深入研究的。

2. 人事争议仲裁与劳动争议仲裁的比较

无论是机关事业单位的工作人员还是企业的职工，都属于广义上的劳动者，都应该享有宪法规定的劳动者的基本权利。因此，人事关系从广义上说，也是一种特殊的劳动关系，只是相对于企业与职工之间的关系而言，公职人员与机关事业单位之间的关系具有更强烈的人身依附性。人事争议仲裁与劳动争议仲裁具有某些相同之处。第一，在法律性质上，两者都被人们归类为行政仲裁。与民商事仲裁相比，人事仲裁与劳动仲裁不论是机构设置、仲裁委的人员组成、申请仲裁、仲裁庭的组成、仲裁程序等方面都带有浓厚的行政色彩。第二，两者不以仲裁协议为前提，实行单方申请原则和强制仲裁原则。与民商事仲裁不同，当事人在向仲裁机构提出申请仲裁之前，无须双方当事人事先签订合法有效的仲裁协议，当事人无权选择仲裁地点、仲裁机构，尤其是对于具体处理争议的仲裁庭的组成方面，当事人更是没有权利自由选择仲裁员，而必须由仲裁委员会指定。第三，两者都以仲裁裁决为前置程序，实行"一裁两审"制。无论是人事争议仲裁还是劳动争议仲裁，当事人向法院提起诉讼之前，该争议必须事先已经过仲裁机构的仲裁，否则法院不予受理。第四，两者都以县、市、区为基础设置争议处理机构，并且都具有一定的独立性。两者都在县、市、区设置争议处理机构，并且处理人事争议和劳动争议的机构都是由行政机关设立的相对独立的以第三者身份处理争议的专门机构，既不是民间组织，又不是行政机关。

虽然人事争议仲裁与劳动争议仲裁有许多相同之处，但两者仍有较大区别。第一，两者的受案范围存在不一致。前者主要是处理行政机关与聘任制的公务员之间、军队聘用单位与其文职人员之间、事业单位与其工作人员之间（至于企业与经营管理人员和专业技术人员之间发生的争议，在实践当中存在一定复杂性，一般以当事人之间是签订劳动合同还是聘用（任）合同作为标准，以判断是属于人事争议还是劳动争议）发生的人事争议；后者主要是处理用人单位（主要包括企业和个体经济组织）与其职工之间发生的劳动争议。第二，两者所适用的法律依据不同。前者主要是适用人事管理方面的法规规章和政策，在实践当中，有时也适用劳动法作为处理人事争议案件的法律依据，其中除了公务员法以外，绝大多数是党和政府颁布的大量的人事政策，还没有形成较完整的人事管理法律体系。后者则主要是适用有关劳动方面的法律法规，因为到目前为止，我国已经形成了一个有关劳动、劳动合同、企业劳动争议处理等方面的劳动法部门。第三，两者在争议机构的设置有不同之处。前者以行政区划为基础层层设立人事争议仲裁机构，包括中央、省级、副省级、地市级、县（市、区）级共五级；而后者则只是在县（市、区）级设置了劳动争议仲裁机构。第四，两者在管辖上有所不同。人事争议案件仲裁实行分级别管辖，而劳动争议案件仲裁不实行分级别管辖，而实行属地管辖。

3. 设置人事争议仲裁的意义

随着我国政府机构改革与干部人事制度改革（尤其是正在进行的事业单位人事制度改革）的不断深入，机关事业单位与其工作人员之间必然会产生利益冲突，人事争议不可避免，而人事争议仲裁对于解决当前这种影响经济发展和社会稳定的人事争议来说，起着重要的作用。

首先，实施人事争议仲裁有利于化解社会矛盾，维护社会安定和团结，以适应建立和谐社会的需要。

建立和谐社会是党和政府提出的一个崭新的政治理念，也是我国在今后很长一段时期内所努力奋斗的一个重大目标。人事争议仲裁是当前人事改革工作为这个大局服务的一项具体任务。人事仲裁机构所处理的人事争议，有的是历史遗留下来的问题，因长期得不到彻底解决而影响了单位正常的人事管理和工作秩序；有的是由于单位与工作人员之间矛盾激化，有时甚至导致群体性事件的发生。自从人事争议仲裁制度建立以来，尽管相关制度还不完善，但是对于化解改革过程中产生的矛盾和防止危害社会稳定行为的发生，起到重要的作用。

其次，实施人事争议仲裁有利于切实保护当事人的合法权益，维护社会公平和公正。

由于公职人员地位的特殊性，再加上受行政法上特别权力关系、内部行政行为等理论的影响，从而使公职人员的权利受到国家公权力的侵害时，却得不到有效的法律救济。人事管理工作的对象是公务员、事业单位工作人员和国有企业管理人员、专业技术人员，这些人员同样也是宪法意义上的劳动者，他们作为公民的基本权利理应受到保护，而不能因为他们职业的特殊性，忽视其合法权益的保障，他们相对于强大的国家公权力而言，同样也是弱势群体，他们有时会比普通民众更容易受到行政机关和事业单位的侵害。对这类人员的权利进行法律救济，更能体现法治社会的公平和正义的观念，体现国家对人的自由与人格尊严的尊重。

再次，实施人事争议仲裁可以促进行政机关及其他用人单位严格执行法律政策。

"仲裁一个，影响一片"，人事争议仲裁的意义已经超越了案件处理的本身，起到了增强机关事业单位和公职人员的法律意识尤其是权利保护意识的积极作用。人事争议仲裁是一项准司法性质的纠纷解决工作，仲裁过程对双方当事人都是一次切身的法律知识教育，既增强了用人单位依法行政、依法进行人事管理以及保护公民的基本权利的意识，又促使公民个人积极保护自身合法权益的意识。特别是，人事争议仲裁制度的实行对各级行政执法部门执行人事政策法规、依法实施人事管理是一个强有力的监督，对避免或减少行政决策或管理中的主观性、随意性能起到制约作用，有利于提高人事管理的民主化、科学化、规范化。

4. 我国人事争议仲裁的发展历程

人事争议仲裁制度是随着社会经济的发展和人事制度改革的深化，由人才流动争议仲裁发展演化而来的。由于历史的原因，我国人事管理中没有健全的权利保障和执法监督机制，缺乏一套运用法律手段、法律程序和法定机构解决人事争议的完整制度，这些因素也使得我国人事争议仲裁制度经历了一个漫长的发展过程。总的来说，人事争议仲裁经历了四个发展阶段：

第一个阶段从 1984 年至 1995 年，是建立人才流动争议仲裁制度的阶段。人才流动争议仲裁是指国家行政主管机关或其授权的机构对人才流动中发生的争议依法进行调解和裁决的活动。20 世纪 80 年代初，随着改革开放和市场经济的建立与发展，为了调动人才的积极性，促进人才资源的合理配置、合理使用，我国的人才流动机制应运而生。与此同时，人才流动也产生了许多争议，如党政机关、社会团体、企业事业单位与其工作人员在申请调动工作、辞职、停薪留职、带薪留职、兼职、离退休服务以及招聘干部中发生的人事争议。如果这些争议得不到及时公正的解决，势必成为影响人才流动与经济发展的重要因素。

在缺乏中央法规政策指导的情况下，一些地方人事行政部门根据工作需要，适时、创造性地建立了人才流动争议仲裁机制，为维护人才合理流动和人才市场的正常秩序，发挥了重要的作用。例如：1984 年 6 月，根据北京市人民政府有关规定，北京市人事局在北京市人才交流中心成立了仲裁部门，协助做好人才流动争议的仲裁工作；1988 年，沈阳市人民政府颁布了全国第一部有关人才流动争议仲裁的政府规章，即《沈阳市人才流动争议仲裁试行规定》，这也标志着人才流动争议仲裁制度的正式建立。此后，辽宁、上海、福建、吉林等地相继开展了此方面的尝试。1990 年 9 月 25 日，人事部为了促进人才流动争议调解、仲裁工作的全面开展，保护单位和个人的合法权益，借鉴辽宁省人才流动争议仲裁的立法与实践经验，发布了《人事部关于转发〈辽宁省人才流动争议仲裁暂行规定〉等三个文件的通知》。以上这些地区的人才流动争议仲裁的立法与仲裁实践经验为后来的人事争议仲裁制度的建立奠定了基础。

第二个阶段从 1995 年至 1997 年，是初步建立人事争议仲裁制度的阶段。这个时期的显著标志是 1997 年人事部颁布的《人事争议处理暂行规定》。随着社会主义市场经济的建立，人事制度改革的深化对利益格局和利益关系的调整越来越复杂，个人与单位之间发生争议的范围越来越广，超出了人才流动争议的范围，人才流动争议仲裁和其他的人事管理手段难以解决这些争议，这种状况给开展人事争议仲裁提出了迫切要求。

20 世纪 90 年代初，沈阳等地方从实际工作出发，大胆探索，率先扩大受案范围，将人才流动争议仲裁发展为人事争议仲裁。人事争议仲裁工作在人事部的推动下形成了加快发展的良好势头，这主要体现在三方面：一是仲裁机构逐步建立。1996 年 5 月 24 日人事部下发了《人事部关于成立人事部人事仲裁公正厅有关问题的通知》（人发［1996］46 号），成立了人事部人事争议仲裁公正厅及其办事机构（2002 年改为中央国家行政机关在京直属事业单位人事争议仲裁委员会）；许多省市区如上海、湖北、辽宁、沈阳、南京等省市人事部门相继成立了仲裁委员会。二是以调解为主，及时裁决，人事争议案件的处理数量大幅增加；三是研究了人事争议仲裁与劳动争议仲裁、民商事仲裁的异同，并参考和借鉴了国外人事争议处理的经验和做法，以理论研究来推动仲裁工作。但是，关于人事争议仲裁制度，我国一直没有制定一部全国性法律规范对其予以规范、统一指导，势必影响了仲裁工作的全面开展。人事部在总结了各地人才流动争议仲裁和人事争议仲裁的立法与仲裁实践经验的基础之上，并借鉴了劳动争议仲裁和民商事仲裁的一些做法，于1997年8月颁布了《人事争议处理暂行规定》（以下简称《暂行规定》），这标志着我国人事争议仲裁制度正式建立起来，人事争议仲裁工作在全国逐步开展起来。

第三个阶段从1997年至2003年，是完善与发展人事争议仲裁制度的阶段。1999年9月6日，人事部颁布了《人事争议处理办案规则》和《人事争议仲裁员管理办法》，对人事争议案件的管辖、仲裁参加人和处理程序以及担任仲裁员的条件、职责和管理进行了较为详细的规定。同年11月25日，重庆市颁布了全国第一部有关人事争议仲裁的地方性法规，即《重庆市人事争议仲裁条例》，这也是当时全国范围内有关人事争议仲裁的高层级的立法。此后，云南、湖北、福建、江西、山东、河南等二十多个省、自治区相继制定人事争议仲裁的政府规章和规范性文件，各地方人事行政部门以人事争议仲裁立法为契机陆续开展了人事争议仲裁工作，促使人事争议及时、公正地得到解决。2002年7月，人事部发布了《关于修改〈人事争议处理暂行规定〉和〈人事争议处理办案规则〉有关条款的通知》，将"人事部设立人事仲裁公正厅"修改为"人事部设立中央国家行政机关在京直属事业单位人事争议仲裁委员会"，将"跨省（自治区、直辖市）的人事争议，由人事部人事仲裁公正厅负责处理"修改为"跨省（自治区、直辖市）的人事争议，由被申请人住所地的省（自治区、直辖市）仲裁委员会处理"。

第四个阶段从2003年至今，是人事争议仲裁与司法审判的初步衔接。这一阶段的主要标志是最高人民法院《关于人民法院审理事业单位人事争议案件若干问题的规定》和《公务员法》的出台。人事争议仲裁工作开展以后，通过仲裁的方式处理了大量的人事争议，但对于当事人不服仲裁裁决可否向法院提起诉讼、仲裁裁决可否申请法院强制执行等问题，一直没有一个明确的法律规定。为支持、配合事业单位聘用合同制度的推行和人事争议仲裁制度的实施，最高人民法院在广泛调查研究的基础上，根据《劳动法》并结合实际情况，于2003年8月27日发布了《最高人民法院关于人民法院审理事业单位人事争议案件若干问题的规定》（法释［2003］13号），这个司法解释的出台标志着人事争议仲裁制度与司法制度的正式接轨，解决了长期困扰社会的仲裁执行难和仲裁机构当被告等问题以及人事争议仲裁制度的司法保障问题，为我国将来的人事争议仲裁立法奠定了基础。为了配合这个司法解释的实施，同年9月，人事部发布了《关于推动人事争议仲裁工作有关问题的通知》（国人部发〔2003〕30 号）。2005 年 6 月 23 日，为了利用社会人才资源为军队建设服务，规范文职人员的聘用和管理，国务院、中央军委颁布了一部军事行政法规，即《中国人民解放军文职人员条例》（以下简称《文职人员条例》），其中第 34 条规定，聘用单位与文职人员因履行聘用合同发生争议的，双方可以协商解决；不愿意协商或者协商不成的，当事人可以向聘用单位的上一级单位申请调解。不愿意调解或者调解不成的，当事人可以向聘用单位所在地的人事争议仲裁机构申请仲裁；对仲裁裁决不服的，当事人可以依法向人民法院提起诉讼。于 2006 年 1 月 1 日生效的《公务员法》第 100 条规定了国家机关（这里的"国家机关"除了行政机关以外，还应当包括立法机关、司法机关、军事机关、党政机关等部门）与其聘任制公务员之间因履行聘用合同发生的人事争议，可以申请人事仲裁，并对人事争议仲裁与司法审判的衔接作出了规定，该法第一次将"人事争议仲裁制度"写进了法律当中，进一步推动我国人事争议仲裁的法治化进程。

（二）我国人事争议仲裁的基本制度

1. 人事争议仲裁机构

人事争议仲裁机构是人事管理行政机关依法设立负责居中处理人事争议的专门机构。依据 1997 年人事部颁布的《暂行规定》，在人事部设立了人事争议仲裁公正厅，专门处理国务院各部委和跨省（自治区、直辖市）的人事争议。2002 年 7 月 12 日，人事部发布了《关于修改〈人事争议处理暂行规定〉和〈人事争议处理办案规则〉有关条款的通知》，设立中央国家行政机关在京直属事业单位人事争议仲裁委员会，并规定，跨省（自治区、直辖市）的人事争议，由被申请人住所地的省（自治区、直辖市）仲裁委员会处理。之后，全国各省（自治区、直辖市）、副省级市、地级市、县（市、区）都设立了人事争议仲裁委员会。其中，浙江省于 2004 年 9 月成立了全国首家人事争议仲裁院，专门负责处理省、部属事业单位发生的各类人事争议。各仲裁委员会之间不存在行政层级上的隶属关系。

人事争议仲裁委员会实行民主集中制原则，指导仲裁庭及时、公正地处理具体人事争议案件，切实地维护当事人的合法权益。依据《暂行规定》第 6 条的规定，仲裁委员会组成人员应当是单数，仲裁委员会设主任 1 人，副主任 2—4 人，委员若干人。为实际工作中协调好各方当事人之间的利益，仲裁委主任可以由同级人民政府分管人事工作的负责人（通常是分管人事的副市长、副县长、副区长等）或者政府人事行政管理部门的主要负责人担任。副主任和委员可以聘请机关、事业单位、法学专家学者、律师等有关方面的人员担任。而《公务员法》则规定人事争议仲裁委员会由公务员主管部门的代表、聘用机关的代表、聘任制公务员的代表以及法律专家组成。

根据《暂行规定》第8条的规定，人事争议仲裁委员会处理人事争议案件，实行仲裁庭制度。与民商事仲裁不同的是当事人没有权利选择仲裁员，而必须由仲裁委或其办事机构指定。不过，四川、北京等地率先规定了当事人选定仲裁员审案的制度，即当事人各自选定或者各自委托仲裁委员会主任指定一名仲裁员，第三名仲裁员则由当事人共同选定或者共同委托仲裁委员会主任指定并担任首席仲裁员。仲裁庭的组织形式可分为独任制和合议制两大类。前者是由仲裁委指定或者仲裁委授权的办事机构指定一名仲裁员独任处理，具体适用于案情简单、事实清楚的人事争议案件；后者则是由仲裁委指定或者其授权的办事机构指定三名或三名以上单数仲裁员（其中一名仲裁员为首席仲裁员）组成仲裁庭处理案件，一般的人事争议案件均实行合议制。此外，按照仲裁监督程序决定重新处理的人事争议案件，必须另行组成合议庭进行重新审理。

2. 人事争议仲裁的受案范围

人事争议仲裁的受案范围是指人事争议仲裁机构所能够审理的人事争议仲裁案件的范围。由于人事争议的特殊性，人事争议仲裁受案范围主要由法律、法规以及规章加以规定，当事人无权约定具体仲裁事项，实行的是强制性仲裁、法定仲裁。恰当地确立人事争议仲裁的受案范围是切实保护各方当事人的合法权利，也是为了在民主法制的框架内及时、快捷地化解人事矛盾，维护社会稳定。人事争议仲裁的受案范围主要体现在《公务员法》、《文职人员条例》、人事部《暂行规定》以及各省市制定的有关人事争议仲裁的地方性法规、政府规章等法律规范中，具体包括以下方面：

第一，聘任制公务员与其所在机关之间因履行聘任制合同发生的人事争议。《公务员法》第100条对此作了规定。

第二，军队聘用单位与其文职人员之间因履行聘用合同发生的人事争议。《文职人员条例》第34条对此作了规定。

第三，除此之外，人事部《暂行规定》和各省市制定的有关人事争议仲裁的地方性法规、政府规章也对受案范围作了规定。根据《暂行规定》第2条的规定，人事争议仲裁的受案范围包括：（1）国家行政机关与工作人员之间因录用、调动、履行聘任合同发生的争议；（2）事业单位与工作人员之间因辞职、辞退以及履行聘任合同或聘用合同发生的争议；（3）企业单位与管理人员和专业技术人员之间因履行聘任合同或聘用合同发生的争议；（4）依照法律、法规、规章规定可以仲裁的人才流动争议和其他人事争议。该《暂行规定》规定的受案范围比较广泛，唯一的缺陷就是它的法律效力层级较低，仅仅是人事部的一个部门规章。因此，该规章对各地方进行人事争议处理方面的相关立法无法起到规范和约束作用。目前，各地区规定的人事争议仲裁受案范围相差很大，其中，以《西藏自治区人事争议仲裁暂行办法》和《青海省人事争议仲裁办法》规定的人事争议仲裁的受案范围最广；而《北京市人事争议仲裁办法》、《陕西省人事争议处理暂行办法》和《江苏省人事争议处理暂行办法》规定的受案范围较为狭窄，受案范围仅限于事业单位与其工作人员之间因人事关系的建立、变更、解除等发生的人事争议以及按照国家和本地区有关规定应当仲裁的其他人事争议。此外，2006年1月起施行的《福建省事业单位人事争议处理规定》，在全国率先以地方性法规形式把"民办非企业单位与其员工之间因辞职、辞退及履行聘用合同所发生的人事争议"也纳入人事仲裁的受案范围。

3. 人事争议仲裁的程序

我国人事争议仲裁主要包括下述程序。（1）申请。当事人应当在争议发生之日起60日内，以书面形式向人事争议仲裁委员会申请仲裁，并按被申请人数递交副本。（2）受理与准备。仲裁委员会收到仲裁申请书后，应当在15日内作出受理或者不予受理的决定。决定不予受理的，应当书面通知当事人，并说明不予受理的理由。决定受理的，应当在7日内将应诉通知书及仲裁申请书副本送达被申请人并组成仲裁庭。被申请人应当在收到仲裁申请书副本之日起15日内提交答辩书和有关证据。（3）调解。仲裁庭处理人事争议应先行调解，在查明事实、分清责任的基础上促进当事人双方自愿达成协议。协议内容不得违反法律、法规。调解达成协议的，仲裁庭应当根据协议内容制作调解书。调解书经双方当事人签收后，即发生效力。调解未达成协议或调解书送达前当事人反悔的，仲裁庭应当及时进行仲裁。（4）裁决。人事争议仲裁采取开庭审理的原则，但是开庭一般应以不公开开庭为原则。如果当事人协议不开庭或仲裁庭认为不宜开庭的，可以书面仲裁。仲裁庭作出的仲裁裁决应当按照多数仲裁员的意见作出，少数仲裁员的不同意见可以记入笔录；仲裁庭不能形成多数意见时，裁决应当按照首席仲裁员的意见作出；仲裁庭对重大的或者疑难的人事争议案件的处理，可以提交仲裁委员会讨论决定；仲裁委员会的决定，仲裁庭必须执行。

4. 人事争议仲裁的法律依据

我国人事争议仲裁工作在很长时期内，一直处于无法可依的尴尬境地。目前，人事争议仲裁机构审理人事争议案件时，在案件处理程序上除了适用《公务员法》、《文职人员条例》、人事部《暂行规定》、《人事争议处理办案规则》以外，主要是适用各省市地方人大、政府制定的有关人事争议仲裁的地方性法规、政府规章和规范性文件（详见表1）。而在实体权利义务方面，则主要是适用中共中央、国务院和人事部制定的指导与规范人事管理的规范性文件以及非规范性文件。

表1　　　　　　　　　　　有关人事争议处理的法律规范

级别	年份	法律规范名称	法律效力等级
中央层级	1997	人事争议处理暂行规定	部门规章
	1999	人事争议处理办案规则	规范性文件
	1999	人事争议仲裁员管理办法	规范性文件
	2002	人事部关于修改《人事争议处理暂行规定》和《人事争议处理办案规则》有关条款的通知	规范性文件
	2003	人事部关于推动人事争议仲裁工作有关问题的通知	规范性文件
	2005	《中国人民解放军文职人员条例》第34条	军事行政法规
	2005	《公务员法》第100条	法律
	2006	军队文职人员人事争议调解办法	军事规范性文件
	2006	《总参谋部、总政治部、公安部、人事部、等部门关于贯彻执行〈中国人民解放军文职人员条例〉若干问题的意见（试行）》第八部分	军事规范性文件
地方层级	1999	重庆市人事争议仲裁条例	地方性法规
	2005	福建省事业单位人事争议处理规定	地方性法规
	1992	南京市人事争议仲裁暂行规定	地方政府规章
	1995	深圳市人事争议仲裁暂行规定	地方政府规章
	1997	武汉市人事争议仲裁暂行规定	地方政府规章
	1998	大连市人事争议仲裁暂行规定	地方政府规章
	1998	云南省人事争议仲裁暂行办法	地方政府规章
	1998	安徽省人事争议仲裁暂行规定	地方政府规章
	1998	河南省人事争议处理暂行办法	地方政府规章
	1998	南昌市人事争议处理暂行办法	地方政府规章
	1999	徐州市人事争议仲裁办法	地方政府规章

续表

级别	年份	法律规范名称	法律效力等级
地方层级	2001	太原市人事争议仲裁办法	地方政府规章
	2001	湖南省人事争议仲裁办法	地方政府规章
	2001	四川省人事争议处理办法	地方政府规章
	2001	辽宁省人事争议处理暂行规定	地方政府规章
	2002	新疆维吾尔自治区人事争议处理规定	地方政府规章
	2002	吉林省人事争议仲裁暂行办法	地方政府规章
	2003	北京市人事争议仲裁办法	地方政府规章
	2003	西藏自治区人事争议仲裁暂行办法	地方政府规章
	2003	浙江省人事争议仲裁办法	地方政府规章
	2003	贵州省人事争议仲裁办法	地方政府规章
	2004	天津市人事争议处理办法	地方政府规章
	2004	陕西省人事争议处理暂行办法	地方政府规章
	2005	甘肃省人事争议仲裁暂行办法	地方政府规章
	2006	青海省人事争议仲裁办法	地方政府规章

（1）中央层面有关人事方面的法律规范：

一是有关人事管理方面的实体性规范。主要包括：《公务员法》、《深化干部人事制度改革纲要》（中办发［2000］15号）、《关于进一步加强人才工作的决定》（中发［2003］16号）、《关于加快推进事业单位人事制度改革的意见》（人发［2000］78号），《人事部关于在事业单位试行人员聘用制度意见的通知》、《事业单位公开招聘人员暂行规定》、《文职人员条例》等。

二是有关人事争议仲裁的程序性规范。主要是人事部颁布的四部规范性文件：《人事争议处理暂行规定》、《人事争议处理办案规则》、《人事争议仲裁员管理办法》、《关于推动人事争议仲裁工作有关问题的通知》。此外，《公务员法》第100条和《文职人员条例》第34条对人事争议仲裁的适用程序也作了原则性的规定。

（2）地方层面有关人事争议仲裁的法律规范。为了保证及时、公正地处理人事争议，保护单位和个人的合法权益，维护正常的工作秩序和社会稳定，各地方政府结合本地方的实际情况和人事争议仲裁的实践经验，在人事部颁布《人事争议处理暂行规定》之后，相继制定了一系列有关人事争议仲裁的法律规范共计25部，其中有2部地方性法规，即《重庆市人事争议仲裁条例》和《福建省事业单位人事争议处理规定》；从1992年至今，已经有南京、深圳、云南、湖南、北京、上海、辽宁、四川等23个省、直辖市、自治区或者有权制定政府规章的较大的市制定了有关人事争议处理的地方政府规章；此外，还有一些地方政府制定了共计16部地方规范性文件，如呼和浩特市人民政府关于批转《呼和浩特市人事争议仲裁暂行办法》的通知、上海市人民政府关于发布《上海市事业单位人事争议处理办法》的通知、四川省人事争议处理办案规则。

5. 人事争议仲裁裁决的效力

我国人事争议仲裁机构做出的裁决书一经送达，即发生法律效力。在（法释〔2003〕13号）颁布之前，虽然人事部《暂行规定》第26条规定，发生法律效力的调解书或者裁决书，当事人必须执行，但是，这种仲裁裁决却不具有法律上的强制执行力，只能依靠当事人自愿履行该裁决。如果一方当事人不自愿履行该裁决，对方当事人没有其他可供选择的法律救济方法，既不能申请仲裁机构强制执行，也不能申请人民法院强制执行。这使得人事争议仲裁制度的公信力和权威性就大打折扣，导致人们对该制度提出了质疑。同样，当事人对人事争议仲裁委员会的仲裁裁决不服的，也不能就该争议事项向人民法院提起诉讼。在《公务员法》、《文职人员条例》和（法释〔2003〕13号）发布之后，如果是聘任制公务员与其所在机关之间因履行聘任合同发生的人事争议、军队聘用单位与其文职人员之间因履行聘用合同发生的人事争议、事业单位与其工作人员之间因辞职、辞退以及履行聘用合同发生人事争议而申请人事争议仲裁的，在人事争议仲裁机构作出了仲裁裁决之后，一方当事人在调解书或者裁决书规定的期间内不自愿履行该裁决规定的义务时，对方当事人可以向法院申请强制执行该仲裁裁决。当事人对仲裁委员会作出的仲裁裁决不服的，则可以自收到裁决之日起15日内向法院提出诉讼，而法院应依法受理。至此，人事争议仲裁机构以前所遇到的机构形同虚设和仲裁裁决执行难等尴尬局面得到了一定程度的改善。

（三）我国人事争议仲裁存在的问题

1. 立法滞后

目前，开展人事争议仲裁工作的最大问题就是立法滞后问题。直到目前为止，只有2005年颁布的《公务员法》第100条中将"人事争议仲裁制度"第一次在法律中予以明确规定。人事部《人事争议处理暂行规定》、

《人事争议处理办案规则》和《人事争议仲裁员管理办法》所处的法律层级较低，并且，其具体内容规定得过于简单、原则，缺乏可操作性，没有建立起一套全国普遍适用的有关人事争议仲裁的统一标准，尤其是缺乏上位法的依据。2001 年 12 月颁布的《立法法》第 8 条明确规定，诉讼制度和仲裁制度必须由国家立法机关制定的法律来加以规范。虽然，2005 年颁布的《公务员法》第 100 条中将"人事争议仲裁制度"第一次在法律中予以明确规定，以及《文职人员条例》第 34 条将该项制度在军事行政法规中作了规定，但是这仅仅是针对聘任制公务员、军队文职人员作出的规定，这部分人事争议所占比例还比较小，而对于生活中大量出现的事业单位与其工作人员、机关与其公务员之间的人事争议在法律上却未能作出明确的规定。并且，这两部法律规范对人事争议的主体范围、争议事项作出了限制性规定，对仲裁程序、举证责任、向法院提起诉讼和审理程序、申请法院强制执行等方面都缺乏明确规定。同样，到目前为止，也没有制定一部专门规定人事争议仲裁的程序性法律，这一系列的法律规范的缺位给人事争议仲裁工作带来了诸多问题，也阻碍了这一制度的法治化进程。

2. 有关的具体制度缺乏统一性

我国目前还没有制定一部有关人事争议仲裁的专门法律，再加之对人事争议仲裁与劳动争议仲裁没有做出明确的区分与规定，使得两者在企业单位与其管理人员和专业技术人员之间、事业单位与其工作人员之间因履行聘任（用）合同发生的人事争议存在交叉。这一方面使得当事人无所适从，另一方面也使劳动争议仲裁机构和人事争议仲裁机构之间因受案范围发生争执、相互推诿的现象。此外，由于人事部制定有关人事争议仲裁的规定对于各地方人大、政府进行有关人事争议处理的立法不具有法律上的约束力，各地方制定的具体处理办法并不完全以《暂行规定》和《人事争议处理办案规则》为依据，出现了各自为政、标准不一的混乱局面，尤其是在人事争议仲裁的受案范围方面更是相差很大。各地方制定的人事争议处理办法所规定的受案范围与人事部的规定不尽一致，有的地方仅仅以事业单位与其工作人员的人事争议作为仲裁机构的受案范围，有的则只将行政机关、事业单位与其工作人员的人事争议作为受案范围，还有的地方则增加了社会团体、民办非企业单位与其工作人员之间发生的人事争议的受案范围。制度上的差异对当事人而言可能造成不公平，也不利于法制的统一。

3. 举证责任的分配等不尽合理

人事部的《人事争议处理暂行规定》第 18 条规定，当事人对自己的主张提供证据。显然该规定所依据的是诉讼制度中的"谁主张谁举证"原则。但是在人事争议中，作为非管理方的个人一般都不掌握人事争议的有关档案和文件资料，大量资料都掌握在单位方，如果按照"谁主张谁举证"的举证原则，则很可能使本来处于弱势状态的个人更为不利，这样在人事争议仲裁中获胜的机会就会大大降低。

4. 裁决执行困难

虽然《公务员法》和《关于人民法院审理事业单位人事争议案件若干问题的规定》中规定，在仲裁裁决生效之后，一方当事人不履行仲裁裁决，另一方当事人可以向法院申请强制执行，但是强制执行的范围仅仅限于"聘任制公务员与所在机关之间因履行聘任合同发生的人事争议"和"事业单位与其工作人员之间因辞职、辞退及履行聘用合同所发生的人事争议"，并且法院强制执行该裁决的期限、管辖、法律适用等内容没有法律的明确规定，执行起来也相当困难。而国家机关与其非聘任制公务员之间、社会团体与其工作人员之间、国有企业与其管理人员和专业技术人员之间发生的人事争议则不能申请法院强制执行，只能依靠当事人自愿履行。由于对于如何保障仲裁裁决得以实际执行的问题，我国立法对此没有作任何的规定，如果一方当事人不履行该仲裁裁决，对方当事人却毫无办法，无法寻求其他的法律救济方式。

5. 人事争议仲裁机构的设置不利于公正地解决人事争议

我国的人事争议仲裁是带有行政性质的法定的强制性仲裁。人事争议仲裁委员会设置于各地各级人事局（厅），其必然会以行政机构自居，在具体案件的处理中，对仲裁申请人不可避免地会以行政权力的行使者的角色出现。人事局本身就是管机关公务员和事业单位工作人员的行政部门，人事争议仲裁委的工作人员和办案人员本身无论人事编制、还是身份都是人事局的干部，他们必然会使用行政手段办案，所作出的裁决自然会受到法律规则以外因素的影响。仲裁委员会和仲裁申请人从某种意义上说是一种管理与被管理的关系，因此，从仲裁一开始，他们之间就不是一种公平、平等的关系，在这种情况下，仲裁委员会就很难作出公正的裁决。

6. 人事争议仲裁的司法救济渠道不畅通

目前，我国规定人事争议仲裁与司法审判相衔接的高层级的法律规范只有三部，即《公务员法》第100条、《文职人员条例》第34条和《关于人民法院审理事业单位人事争议案件若干问题的规定》。从其中的规定可以看出并不是所有的人事争议仲裁案件都能进入司法程序。首先，在主体范围上，只有行政机关与其聘任制公务员、事业单位与其工作人员、以及军队聘用单位与其文职人员之间发生的人事争议，当事人才可以向法院提起诉讼、申请强制执行。其次，在争议事项方面，《公务员法》只规定因履行聘任制合同发生的人事争议，《文职人员条例》则只针对因履行聘用合同所发生的争议，司法解释只规定因辞职、辞退以及履行聘用合同所发生的人事争议，而对于在现实中大量出现的单位和个人之间因录用、调动、晋升、工资福利、奖惩以及岗位考核等方面发生的争议，当事人既不能对裁决不服时向法院提起诉讼，又不能向法院申请强制执行。

二、我国的人事争议仲裁与司法救济机制

（一）对人事争议实施司法救济的必要性

1. 有权利必有救济

公职人员是国家公权力的具体实施者，其权利能否得到有效的救济，不仅直接关系到其积极性，而且还关系到行政权力体制的良性运行。由于受行政法上特别权力关系理论的影响，公职人员的权利救济受到诸多限制。现在，许多国家和地区运用法律保留原则对特别权力关系理论进行限制，即如果涉及对基本人权的损害时，无论是普通民众还是国家公职人员都应受到法律的保护，可以向法院提起诉讼寻求司法救济。当这一公职人员被行政机关录用、调任、派遣、晋升时，那么，他不仅是公务员，同时也有普通公民的身份，由此形成的是宪法中的公民基本权利义务关系。我国社会主义法治的基本要求之一，就是在法律面前人人平等，这种平等既包括实体权利享有的平等，也包括受保护的权利平等。因此，当公职人员受到行政行为的违法侵害时，就应得到与其他公民相同性质的法律救济，即行政救济（如控告、申诉或者申请人事争议仲裁）和司法救济。

2. 司法审判是公民权利保护的最后一道屏障

司法最终原则是民主法治国家的一项基本原则。按照该原则，一切因适用宪法和法律而引起的法律纠纷和相应的违宪违法行为应由法院进行裁决，一切法律纠纷至少在原则上应通过司法程序即诉讼程序解决，法院对于法律纠纷以及相关的法律问题有最终的裁决权。不论是对内部行政行为，还是对外部行政行为，都应当有司法救济作为最后一道屏障，这是法治的基本要求。另外，公务员与事业单位工作人员的身份具有双重性。作

为公众的服务者，为保证依法行政，其理应受到公众的监督；而作为被行政机关任用的普通公民，在其权利受到侵害时，应当享有与普通公民同等的受保护的权利。因此，对具体人事行政行为进行司法救济，是符合现代法治要求的。

3. 对人事争议仲裁委员会的仲裁行为进行必要的法律监督

就现行人事争议仲裁的特点而言，无论是机构设置、仲裁庭的组成人员还是案件处理过程，都具有浓厚的行政色彩，可以说就是行政系统内部救济的一种特殊方式。如不允许当事人在不服裁决时向法院提起诉讼，就无法满足设立人事争议仲裁制度的初衷，达到保护当事人的合法权利，维护社会公平、公正的目的。

（二）人事争议司法救济的发展历程与现状（详见表 2）

人事争议仲裁制度与司法救济制度接轨的标志是 2003 年 8 月 27 日最高人民法院颁布的《关于人民法院审理事业单位人事争议案件若干问题的规定》。该规定所规范的人事争议是指事业单位与其工作人员之间因辞职、辞退及履行聘用合同所发生的争议，而且，对于事业单位与其工作人员之间因辞职、辞退及履行聘用合同所发生的争议，适用《劳动法》的规定处理，当事人对依照国家有关规定设立的人事争议仲裁机构所作的人事争议仲裁裁决不服的，可以自收到仲裁裁决之日起 15 日内向人民法院提起诉讼，同时，一方当事人在法定期间内不起诉又不履行仲裁裁决，另一方当事人可以向人民法院申请执行。至此，人事争议仲裁制度的法制化程度进一步得到提高，这标志着人事争议仲裁与司法审判的正式接轨。另外，《文职人员条例》和《公务员法》也对人事争议的诉讼问题作了原则规定。

但由于这个司法解释条文太少，规定过于简单，无法根本解决审理人事争议案件过程中遇到的各种棘手问题，最高人民法院还针对地方法院的请示作出了一系列批复。比如，《最高人民法院对人事争议仲裁委员会的仲裁行为是否可诉问题的答复》（〔2003〕行他字第 5 号）将人事争议仲裁定位为行政裁决，可依法提起行政诉讼。最高人民法院《关于事业单位人事争议案件适用法律等问题的答复》（法函〔2004〕30 号）要求审理人事争议案件适用《劳动法》的相关规定，并且，事业单位人事争议案件由用人单位或者聘用合同履行地的基层人民法院管辖。

表 2　　　　　　　　有关人事争议案件的司法解释和司法性文件

年份	制定主体	名　称	发文字号
2003	最高人民法院	关于人民法院审理事业单位人事争议案件若干问题的规定	法释［2003］13 号
2003	最高人民法院	对人事争议仲裁委员会的仲裁行为是否可诉问题的答复	［2003］行他字第 5 号
2004	最高人民法院	关于事业单位人事争议案件适用法律等问题的答复	法函［2004］30 号
2003	北京市高级人民法院	关于事业单位人事争议案件受理与管辖问题的通知	京高法发［2003］356 号
2003	上海市高级人民法院	关于执行《最高法院关于人民法院审理事业单位人事争议案件若干问题的规定》的解答	沪高法民一［2003］39 号
2004	重庆市高级人民法院	关于适用《关于人民法院审理事业单位人事争议案件若干问题的规定》的指导意见	渝高法［2004］58 号
2004	江苏省高级人民法院	江苏省高级人民法院审判委员会关于审理事业单位人事争议案件若干问题的意见	苏高法审委［2004］11 号
2004	四川省高级人民法院	关于审理涉及事业单位人事争议案件有关问题的意见	川高法［2004］224 号
2004	云南省高级人民法院	关于审理事业单位人事争议案件的指导意见	云高法［2004］125 号
2005	上海市高级人民法院	上海市高级人民法院关于受理事业单位人事争议案件若干问题的意见	沪高法民一［2005］6 号
2005	黑龙江省高级人民法院	关于审理事业单位人事争议案件有关问题的指导意见	黑高法发［2005］7 号
2006	贵州省高级人民法院	关于审理事业单位人事争议案件若干问题的意见	2006 年 8 月 28 日经贵州省高院审判委员会第 68 次会议讨论通过

　　在此基础上，各地法院为了审理人事争议案件也纷纷出台了各自的规定。比如，北京市高级人民法院最早出台了此类文件，于 2003 年 12 月 2 日发布了《关于事业单位人事争议案件受理与管辖问题的通知》（京高法发［2003］356 号），将人事争议案件作为民事案件来审理。重庆市高院发布的《关于适用最高人民法院〈关于人民法院审理事业单位人事争议案件若干问题的规定〉的指导意见》（渝高法［2004］58 号）对法院的受案范围作了一定的扩大，并借鉴了受理劳动争议案件的经验，放松了对受理人事争议案件的限制。《江苏省高级人民法院审判委员会关于审理事业单位人事争议案件若干问题的意见》（苏高法审委［2004］11 号）则对人事争议案件的诉

讼当事人，人事争议仲裁裁决的强制执行，人事争议诉讼撤诉的处理，审理人事争议案件的法律适用、证据材料和举证责任等作了规定。

（三）当前人事争议司法救济机制存在的问题

人事争议仲裁与司法审判的衔接，能够起到监督人事争议仲裁的作用，可以保障人事争议得到更加公正合理的解决。但是我国当前人事争议仲裁与司法审判的衔接、协调机制还存在诸多方面的问题。

1. 司法审判与人事争议仲裁的受案范围不一致

目前，我国法院受理的人事争议案件的范围包括两个方面，即主体范围和事项范围。就主体范围而言，主要包括：一是事业单位与其工作人员之间。这里需要明确的问题是：事业单位的概念和范围是什么？事业单位是否包括民办事业单位？二是聘任制公务员与其所在机关之间。这里需要明确的问题是：这里的机关是否仅限于行政机关？公务员的范围是否还应该扩展到非聘任制公务员？三是军队聘用单位与其文职人员之间。在人事争议事项范围方面，一是就事业单位与其工作人员而言，人事争议事项包括辞职、辞退以及履行聘用合同；二是就聘任制公务员与其所在机关、军队聘用单位与其文职人员而言，人事争议事项仅仅是履行聘任合同或者聘用合同。这里需要明确的问题是：是否还应当包括录用、晋升、工资福利、奖惩以及考核等方面发生的争议？聘用合同、聘任合同与劳动合同这三者之间到底有什么实质差别？如果当事人之间没有签订聘用（任）合同，但存在事实上的聘用（任）关系，是否应当列入受案范围？

而根据《公务员法》、《文职人员条例》、《人事争议处理暂行规定》和各省市制定的有关人事争议处理的地方性法规、政府规章，人事争议仲裁的受案范围无论是在主体方面还是在人事争议事项方面，都远远大于法院的受案范围。

很显然，人事争议的司法审判与仲裁在受案范围上存在很大差异。实践中，如果人事争议仲裁机构所处理的案件不属于法院的受案范围，则即便当事人不服裁决或者申请强制执行，法院也不会受理或只能驳回起诉。曾经发生的江某诉北京某大学一案就可以很充分地说明这一点。在该案中，江某以北京某大学不再聘任江某为法律系教师一事，向中央国家行政机关在京直属事业单位人事争议仲裁委员会申请仲裁。江某对仲裁委员会驳回其要求撤销北京某大学解除聘任合同决定的裁决不服，诉至法院。法院则以江某与北京某大学之间的争议系岗位聘任争议、而非因履行聘用合同发生的人事争议为由，认定其不属于法院受理人事争议的范围，驳回了江某的起诉。而一旦人民法院以此为由驳回原告的起诉，原仲裁委员会的仲裁裁决的效力如何认定，是被撤销还是发生法律效力，法律并未明确规定。这样对于当事人的诉讼权利的保障，维护当事人的合法的实体性权利保护，无疑是极为不利的。

2. 法院审理人事争议案件的法律依据严重缺乏

法院审理人事争议案件，无论是在人事实体法方面还是在人事处理程序法方面，都没有太多可直接参照适用的法律依据。由于无法可依，法院在案件审理中无所适从，甚至许多法院只能选择不受理人事争议案件或者驳回当事人的起诉。最高法院为此制定了相关的司法解释，试图解决这种无法可依的尴尬处境，许多地方的高级人民法院也纷纷尝试对法律适用问题制定了一系列的司法性文件予以规定。但是，无论是最高法院，还是地方高院，都是试图在现有法律、法规中为司法审判寻找一些法律依据。然而，人事争议司法审判无法可依的局面并没有从根本上得到解决。

3. 将人事争议仲裁作为司法审判的前置程序备受质疑

当前，是否经过人事争议仲裁机构的实体裁决成为法院审查受理人事争议案件必定要考察的一个要件。而人事争议仲裁机构经常以当事人申请仲裁的事项不属于人事争议仲裁范围，或者以当事人已经超过申请仲裁的时效为由，作出不予受理的裁决、决定或通知。对此，当事人不服的，法院则以此不属于仲裁的实体裁决为由不予受理或驳回起诉，这就会导致当事人求救无门。比如，在北京理工大学图书馆某职工起诉北京理工大学人事争议一案中，法院就以仲裁委对此人事争议并未作出实体处理、原告起诉不符合"仲裁是诉讼的前置程序"的规定为由，驳回了原告的起诉。

当然，一些地方高院也已经认识到此弊端，并通过借鉴审理劳动争议案件的经验，尝试加以解决。如重庆、四川、云南、贵州等省市的高院司法性文件规定了，当事人对仲裁机构作出的不予受理的书面裁决、决定或通知不服的，向人民法院提起诉讼的，应当分别情况予以处理：（1）属于人事争议案件范围的，应当受理；（2）虽不属于人事争议案件范围，但属于人民法院主管的其他案件的，应当告知当事人按相关规定向人民法院另行提起诉讼；（3）不属于人民法院主管案件范围的，不予受理。但是，毫无疑问，如果不从根本上对此问题加以解决，当事人的诉权还很难获得更为完善的救济。

4. 人事争议仲裁裁决的效力在同司法审判的衔接上不够合理

目前，我国人事争议诉讼采取的与劳动争议诉讼完全相同的争议诉讼制度，即"一裁两审"。虽然人事争议仲裁机构作出的仲裁裁决一经送达当事人就发生法律效力，但其不具有终局性和强制执行力。一旦法院正式受理案件，那么，该裁决的效力就处于不确定状态。无论是撤销或者变更单位的人事处理决定还是驳回当事人的诉讼请求，法院都不会对仲裁机构作出的该仲裁裁决进行任何形式的评判，但原来的仲裁裁决实际上已成为一纸空文。先前经过的整个人事争议仲裁程序就成为徒劳无益，人事争议仲裁制度也会形同虚设。人事争议仲裁制度与司法制度相衔接的"一裁两审"原则客观上造成了同一案件重复处理，处理人事争议的期限拖得很长的情况，不仅浪费了国家有限的司法资源，也增加了当事人解决纠纷的成本。

5. 仲裁裁决和法院判决都存在执行困难的问题

目前，虽然一方当事人通过人事争议仲裁或者司法救济获得了胜诉，但是要执行该仲裁裁决或判决书都是相当艰难的。一方面，人事争议像一般民事案件、经济纠纷案件标的那样具有可供执行的内容，如有财产、实物等有形物体，人事争议主要是当事人要求恢复已经被用人单位解除的人事关系，争议标的是行为，靠一般的强制执行达不到理想的救济效果。另一方面，并不是人事争议仲裁机构作出的所有的仲裁裁决都可以向法院申请强制执行，而仅仅是包括事业单位与其工作人员之间因辞职、辞退以及履行聘用合同、聘任制公务员与其所在机关之间因履行聘任合同发生的人事争议。如果申请人事仲裁机构仲裁的人事争议范围与法院受理人事争议案件的受案范围不一致时，即使一方当事人不履行该裁决，对方当事人也不能就此申请法院强制执行该裁决，法院肯定会不予受理。而且，有关强制执行的时效、管辖、法律适用、程序等内容没有法律的明确规定。近来，地方高院纷纷就人事争议的强制执行做了一些规定，比如，在申请时效方面，《云南省高级人民法院关于审理事业单位人事争议案件的指导意见》规定，当事人应当自履行期限届满之日起六个月内以书面形式提出申请；《江苏省高级人民法院审判委员会关于审理事业单位人事争议案件若干问题的意见》则规定，申请执行的期限为一年；在执行管辖方面，《云南省高级人民法院关于审理事业单位人事争议案件的指导意见》规定了，当事人可以向对方住所地或聘用合同履行地的基层人民法院申请强制执行；在法律适用方面，《江苏省高院审委会关于审理事业单位人事争议案件若干问题的意见》规定，法院执行仲裁裁决应当按照《民事诉讼法》规定的执行程序办理。但是，从总体上讲，各地的规定很不统一，不利于对当事人合法权益的保护。

三、境外公务员权利救济的理论与实践

（一）境外公务员权利救济机制的发展——以特别权力关系理论及其发展为主

1. 境外公务员权利救济的概况

境外有关国家和地区对于公务员权利往往都在行政系统内部设有相应的救济机制，就这一点而言，虽然不同的国家和地区在行政救济方面有各不相同的制度设计，但基本都为公务员提供了相应的诉求渠道。而所不同的是，在公务员权利的司法救济方面，有关国家和地区间在历史发展与现状上则存在很大的差异。比如，在英美法系国家和地区中，普通法院可以管辖一切案件，任何案件原则上都可以诉至法院，请求获得司法救济，公务员的权利受到损害后也不例外。而在大陆法系国家则存在很大的差别，其中，法国有行政法院与普通法院的区分，行政法院对一切行政事务拥有审判权，包括可以对公务员同所属机关之间的争议进行审理。而在大陆法系的另一个代表性国家——德国以及深受其影响的日本和我国台湾地区，公务员与所属机关的争议早期无法通过诉讼寻求解决，此种限制只是在近年逐步被放宽。德国等的此种情况与著名的"特别权力理论"有着密切的关系。

2. 特别权力关系的内涵

特别权力关系是一项创始于德国的行政法学理论，之后对日本及我国台湾地区产生了重大影响。该理论由德国学者博尔·拉贝德（Paul Laband）提出，由奥托·梅叶（Otto Mayer）建立了完整的体系。基于该理论，相对于普通公民与国家之间所确立的适用于所有人的权利义务关系，特定的公民与国家之间可以基于特定的法律事实形成特别的权力关系。这一特别权力关系可以根据法律规定、行政行为或者对公共设施的利用等而产生，其中最为典型的当属公务员与所属行政机关之间的工作关系。一旦形成特别权力关系，公民便负有特别的服从义务，其自由也将受到特别的限制，依法行政、法律保留等原则不适用于此种关系，且当事人不能就此提起行政争讼。该理论被认为是以19世纪宪政国家法和行政法为基础，与君权主义的维持有着密切关系，被认为是为了维护君权的绝对性和优越性，按照该理论，处于特别权力关系之中的公民具有很强的依附性和从属性。

　　之后，该理论被日本及我国台湾地区所继受并予以进一步发展。特别权力关系所适用的领域涉及公法上的勤务关系（如公务员关系）、公法上营造物利用关系（如公立学校与学生之关系）、公法上的特别监督关系（如国家对特许企业等的监督关系）以及公法上的社团关系（如公共团体与其成员之间的关系）等。基于上述特别权力关系，行政机关等可以制定特别的规则限制特别权利关系的相对人，而不需要法律的授权，并对对方当事人享有概括性的命令支配权，对方当事人对此负有服从义务，否则，将可能因此受到惩戒处分，同时，对于涉及特别权利关系的事项，当事人既不能提起民事诉讼，也不能提起行政诉讼。

　　受到特别权力关系理论的影响，在过去相当长的时期内，德国、日本及我国台湾地区在行政法事务上都贯彻了该理论，仅就公务员权利救济领域而言，对于所属行政机关对自身作出的各种影响自身权益的决定，公务员几乎没有寻求法律救济的途径。以我国台湾地区为例，过去公务员因自身权利受到所属机关侵害而请求救济时，如提起民事诉讼，则当局法院均以案件属于公法案件为由不予受理，如申请行政复议或者提起行政诉讼，则当局则一律以案件涉及特别权力关系为由，予以驳回。可见，在该理论影响之下，公务员很难通过法律途径获得有效救济。

　　3. 特别权力关系理论的发展与演变

　　但是，随着社会进步与发展，特别权利关系的理论受到诸多质疑，有关国家和地区对其进行了极大的修正，甚至在制度上也进行了很大的改革。以德国为例，在第二次世界大战之后，《基本法》对法治与人权的贯彻极大地冲击了特别权力关系理论，学者尝试对该理论进行修正，实务中也逐步减少该理论的不利影响。首先，特别权力关系的范围有所缩小，除公法上之勤务关系仍旧指公务员关系及军事勤务关系外，公共营造物利用关系则限于学校关系和刑罚执行关系。其次，要求凡涉及对当事人基本权利进行限制的，都应当有法律依据。德国联邦宪法法院通过一系列判例，得出结论：在特别权力关系范围内，设计基本权利时，仍应当有法律依据，国会不应放弃制定法律的任务。最后，进一步划分了是否可以就特别权力关系事项提起行政争讼的问题。德国联邦行政法院以相关措施是否产生某种法律效果并足以影响个人地位作为标准，来判断有关处理是否可诉。在此基础上，其特别权力关系的适用范围大大缩小。

　　而日本在第二次世界大战之后也同样对特别权力关系进行了质疑与批判，当前，有影响的观点认为，任何公权力都应当有法律的依据并适用司法救济，特别权力关系亦无例外。同时，日本《宪法》对基本人权作了全面的规定，同时，其《国家公务员法》和《地方公务员法》也为公务员因工作关系遭受不利处分提供了提起诉讼等获得救济的途径。因此，日本的主流观点一般认为，公务员既是日本《宪法》所规定的全体国民的服务者，也是劳动者，其基本权利也应受到保障。更有观点认为，公务员关系等同于劳动合同关系，公务员与一般的劳动者没有本质差别，只不过其薪俸、工作条件等不是以合同形式规定的，而是由法律予以规定的。

在我国台湾地区，特别权力关系事项不得争讼的限制也自20世纪80年代开始被突破。台湾当局先后通过"大法官解释"的形式放宽了公务员关系中有关不得争讼的限制，对足以限制公务员身份之处分、对公务员有重大影响之惩戒处分、公务员各种福利待遇、影响公务员官制或薪俸的调职处分等，允许公务员提起行政争讼。

这样，特别权力关系理论及其对公务员权利救济的限制得以被逐步突破，公务员获得救济的权利日渐得到更为全面的保障。

从世界范围内看，公务员权利救济的机制正趋于不断完善，这一过程与诸多因素有着紧密的关联。其中，人权观念的发展对此起到了至关重要的作用。由于对第二次世界大战期间践踏人权的种种行为的反思，第二次世界大战后，各国、各地区普遍重视对人权的尊重和保障，人权的观念普遍地得到了人们的认同，并相继反映到立法、行政与司法活动中。而且，根据对人权进行普遍保障的原理，除了普通的公民之外，公务员、军人等处于所谓特别权力关系之中的当事人的基本权利也应受到法律的同等保护，而不能有所例外。其次，法治国家的原则也是不可忽视的一个重要方面。按照法治国家的原则，行政权的行使要有法律依据，并应当接受司法权的监督，并且，"有权利必有救济"，所有公民应有权就与其基本权利相关的纠纷申请获得救济。而特别权力关系所支持的、排除司法对公务员等实施救济的做法是不能为法治国家的思想所接受的。

（二）境外公务员权利的救济机制

境外许多国家和地区都针对公务员的权利保障问题，设定了有关的救济机制，这些机制既包括专门的行政救济措施，也包括有关的司法救济措施。

1. 行政救济机制

公务员权利的行政机制是指，公务员对于所属机关对自己做出的影响其权利义务的决定不服的，可以向所属机关之外有关的行政机关申请救济。该机制主要是类似于我国的行政复议机制，是司法救济之外较为正式的公务员权利救济机制。当前，许多国家和地区都允许公务员在就所属机关对自己做出的不利处理不服时向有关机关申请行政救济。

在美国，公务员不服行政处分的，可以向考绩制保护委员会提出申诉。该委员会地位较为独立，其委员均有总统提名，由参议院同意后任命，除非委员出现不称职、玩忽职守、有违法行为等情形之外，总统不能予以罢免。在对申诉进行审理过程中，委员会应当举行听证，由作出行政处分的行政机关对作出处分决定的实质性证据等进行说明，公务员则可以通过证明行政机关作出决定的程序有错误或其行为属于应予禁止的人事管理做法，证明行政处分决定对自身产生了不利影响。

在日本，为了对公务员的权利进行救济，在国家公务员方面设有人事院，在地方公务员方面设有人事委员会或者公平委员会，两者在机构设置、运行机制上大致相同，主要差别在于前者负责处理与国家公务员有关的事务，后者处理与地方公务员有关的事务，以下以人事院为例进行介绍。人事院设于内阁之下，人事院的三名人事官均由内阁总理大臣经参、众两院同意后予以任命。其任免还需要由天皇予以认证。担任人事官，必须人格高尚，熟悉人事管理制度，并在人事管理方面拥有 35 年以上的工作经验，且非有身体状况不适宜从事工作、有违法犯罪行为等不得被免职。国家公务员受到降职、降级、免职及有关的惩戒处分的，可以依照日本《行政不服审查法》的规定向人事院申请行政复议。受理申请后，人事院应当就案件进行公开的口头审理，由所有案件当事人、委托代理人、证人等出席参与审理。经审理认定，对公务员的处分不当的，人事院应当决定撤销处理决定，并采取适当措施，消除公务员所遭受的不利处分。

而在法国，公务员不服纪律处分的，可以向有纪律处分权的行政机关或者上级行政机关申诉。行政机关的纪律处分和纪律委员会的建议不符合且适用警告和申诫以外的惩戒时，公务员对该处分不服的，可以向国家公务员或者地方公务员最高委员会申诉，由该委员会向行政机关作出维持或者撤销、变更处分决定的建议。

2. 司法救济机制

当前，在许多国家和地区，公务员遭受到来自所属机关的不利处分后，均有权申请获得司法救济。比如，在美国，公务员在受到考绩制保护委员会命令或者裁定的不利影响后，可以就此申请司法审查，以考绩制保护委员会或者对有关行政处分有责任的行政机关为报告。在日本，国家公务员受到降职、降级、免职及有关的惩戒处分的，可以在人事院经过审理作出决定后，向法院提起行政诉讼。此时，原则上应当以原行政机关作出的处分为对象。而在法国，公务员不服行政机关作出的纪律处分的，也可以向行政法院提起撤销之诉和损害赔偿之诉。

3. 行政救济与司法救济的关系

在许多国家和地区，公务员权利的行政救济和司法救济机制并存，公务员一般可以通过这两种途径寻求对自身权利的救济。所不同的是，在有些国家和地区以及在有些情况下，行政救济是司法救济的必经程序，只有经过行政救济之后，公务员才可以利用司法救济的机制，而有的国家和地区则没有此种限制。

比如，在美国，由于司法审查遵循"成熟原则"、"穷尽司法救济原则"等的要求，当事人在没有利用一切行政救济手段之前，不得申请法院就对其不利的行政决定进行裁决。在公务员权利救济方面也不例外，公务员只有用尽了行政救济机制后，方可以申请司法审查。而在日本，无论是国家公务员，还是地方公务员，法律都明确规定，未经人事院或者地方人事委员会、公平委员会的裁决，公务员不得就所属机关对其作出的处分提起行政诉讼。也就是说，日本在公务员权利救济方面明确采取行政复议前置的做法。而在法国，行政救济并不是司法救济的先决条件，而只有公务员提起的赔偿之诉才必须在先向行政机关申请行政救济并在未获得满意结果后，才能向行政法院起诉。

四、未来完善我国人事争议仲裁与司法救济机制的建议

鉴于我国人事争议仲裁及司法救济机制的现状、存在的主要问题以及境外有关国家和地区相关制度的状况，我们认为，为了进一步完善人事争议中有关当事人的合法权益，有必要从多个方面对我国的人事争议仲裁制度以及司法救济机制进行完善。

（一）完善人事争议处理的相关立法

为了妥善处理人事争议案件，要尽快确立人事争议处理机制方面的立法。如前所述，当前我国在人事争议的处理方面正在探索推行人事争议仲裁制度以及司法救济机制，但是，这两项制度主要还是依靠国家的有关政策、人事部门的有关规范性文件、最高法院司法解释以及地方各级法院的司法文

件。但是，按照《立法法》的规定，诉讼和仲裁制度只能由法律加以规定，因此，严格地说，当前在人事争议处理方面的实践难免有越权立法之嫌。而且，立法上的缺失的确已经使人事争议处理机制面临诸多难以处理的问题。特别是，由于没有统一的立法，各地方在推行人事争议仲裁和进行司法救济过程中所采取的做法不完全相同，缺乏统一的标准和做法，使得人事争议处理制度发展极不平衡。同时，由于缺乏相关的立法，也使人事争议仲裁机构和司法机关在处理案件时缺乏明确的依据。因此，我们认为，必须加快人事争议处理方面的立法工作。应当在总结现有人事争议仲裁及司法救济过程中的经验教训，吸收借鉴其他国家和地区有关经验的基础上，通过立法确立符合我国国情的人事争议处理机制。

在立法中，应当明确人事争议仲裁的法律地位、仲裁机构的设置与人员配备、仲裁的审理程序、仲裁裁决的效力、人事争议的司法救济以及人事争议仲裁同司法救济之间的关系。在此基础上，再授权有关部门和有关地方就相关的细节问题作出规定，最终形成由法律、法规、司法解释以及规章组成的完整的人事争议处理法律体系。除了通过立法对人事争议处理的有关问题进行规定之外，还有必要逐步完善我国在人事管理方面的立法，因为，当前，人事争议仲裁和司法审判中无明确的实体法律依据可供适用也是制约人事争议处理机制健康发展的一大难题。所以，在根本上，还要将我国的人事管理逐步纳入法治化轨道。

另外，在此方面，不仅仅涉及将现有的《人事争议处理暂行规定》上升为法律的问题，还涉及要统一地对人事争议仲裁、人事争议司法救济的实体和程序问题作出相应的规定，特别是要对人事争议的概念、属性等作出明确的界定。从世界有关国家和地区的实践和发展趋势看，包括公务员在内的所有公职人员同所属机关之间因履行职务而发生的纠纷都应当可以通过公正、公平的机制予以处理，特别是，应当允许由司法机关对此类纠纷进行审理。而在我国，从近年的实践看，人事争议已经有了相对明确的范围，主要是指当事人与用人单位之间在人事管理过程中因录用、辞职、辞退、奖惩、履行聘用（任）合同等而引发的纠纷。随着我国行政体制改革和人事制度改革的逐步推进，在此类关系中，当事人与用人单位之间的人身依附性、从属性越来越弱化，双方之间的关系更类似于普通劳动合同关系，并已经表现出众多不同于普通公务员同所属行政机关之间关系的特点。而从《公务员法》的规定看，该法是将公务员同所属机关之间的纠纷与聘任制公务员同所任职机关之间的纠纷加以区分的。所以，虽然从未来的发展趋势看，普通公务员的权利救济问题也应当进一步加以完善，并有必要考虑将其纳入司法救济的渠道，但是，考虑到普通公务员的权利救济与人事争议处理之间在属性等方面的差异，将来有必要对两者分别加以规定，在未来立法中可仅就当前的人事争议作出规定，同时，在公务员制度逐步完善和改革的过程中，逐步探索公务员权利救济机制的合理构建。

（二）增强人事争议仲裁机构的独立性和专业性

为了确保人事争议仲裁的公正性，必须进一步增强人事争议仲裁机构的独立性和专业性。人事争议仲裁的活力在于其裁决具有公正性，否则，设置人事争议仲裁非但不能起到保障人事争议当事人合法权益的目的，还会使有关的当事人的合法权益受到侵害，并影响人事管理工作。而其关键在于人事争议仲裁机构是否具有相应的独立性和专业性。当前，从中央到地方，人事争议仲裁机构都设在人事行政管理机关内部，所有人员也都来自人事行政管理机关。由于人事行政管理机关与人事争议的双方当事人必然存在着一定的利害关系，因此，由这样的机关来处理人事争议，很容易使当事人对其裁决的公正性产生质疑，也难免会影响其对案件的处理。另外，人事争议仲裁是一项涉及法律、人事管理等诸多方面的专业性工作，来自于人事行政管理机关内部的工作人员并不一定能够较好地胜任其工作。因此，改革的方向必然是要进一步增强人事争议仲裁机构的独立性和专业性。

为此，首先可以考虑提高人事争议仲裁机构的地位。在中央方面，将人事争议仲裁委员会直接设在国务院，委员会主任、副主任及有关委员由国务院直接任免。同时，各地的人事争议仲裁机构则相应地设在同级人民政府之下，相关人员由同级人民政府任命。其次，进一步增加担任仲裁委员会委员的人员来源。除了从人事管理部门吸收一部分优秀人才到仲裁委员会工作外，更应当吸收律师、学者、其他方面优秀的社会人士以兼职或者专职的身份参与仲裁委员会。并且，来自外部的人员应当达到一定的比率，每次组成的仲裁庭中必须有一半以上仲裁员是来自外部的人员。最后，进一步提高仲裁委员会人员的任职条件。相关人员，尤其是仲裁委员会主任、副主任、委员等必须具有法律、行政管理、人事管理等方面的专业知识，且必须具有一定工作经历，比如，担任学者的必须具有副教授以上资历，担任律师的必须有若干年的执业经验等。

（三）拓宽受案范围并注意司法救济和人事争议仲裁在受案范围上的衔接

今后要想进一步完善人事争议的处理机制，必须适时地统一并扩大人事争议仲裁的受案范围，并在此基础上进一步使司法救济的受案范围与人事争议仲裁的受案范围全面衔接。如前所述，现在人事争议仲裁的受案范围还比较窄，各地的受案范围也不一致，并且，法院受理人事争议案件的受案范围也并没有完全与人事争议仲裁接轨。所以，未来为了使司法救济与人事争议仲裁能够更好地衔接，首先必须处理好两者受案范围相接轨的问题。

首先，有权利必须有救济，有纠纷必须要依法进行处理，因此，今后必须要通过立法逐步将所有的人事争议均纳入到人事争议仲裁的范围之内。当然，不断发展的人事制度改革必然会引发一些新的人事争议，但这并不是拒绝将其纳入法律救济渠道的借口。其次，将现行的以企业为对象的人事争议从人事争议处理机制中剥离出去，纳入劳动争议处理机制。再次，为了贯彻司法最终解决纠纷的原则，还要使司法救济的受案范围能够与人事争议仲裁的受案范围相接轨，原则上，所有可以进入人事争议仲裁的案件都可以获得司法救济。可以说，这些问题的解决都必须依靠立法，仅仅靠部门规章和司法解释很难胜任。

（四）从一裁两审向或裁或审过渡

今后人事争议处理的一大方向应当是逐步改变一裁两审、当事人只能经过人事争议仲裁之后才能提起诉讼的做法，允许当事人在人事争议仲裁和司法救济之间进行选择。现在实行的一裁两审的做法实质上是实行人事争议仲裁的诉讼前置，其结果是限制了当事人在选择救济途径方面的自主权，并且，由于法院往往在实务中将是否经过人事争议仲裁作为受理案件的一项要件，这在很大程度上限制了当事人的诉权。对于设置人事争议仲裁前置的做法，不应当一概地予以否定，但必须要确保其具有充分的合理性。我们认为，要想维持人事争议仲裁前置的做法，必须满足下述条件，即人事争议具有极强的专业性和技术性；人事争议仲裁的机制足以保证仲裁裁决的公正性。但从现实的情况看，人事争议所具有的所谓专业性并非高得连司法机关都不能胜任其审判工作，而且，人事争议仲裁裁决的公正性距离普通民商事仲裁还有很大差距。那么，维持所谓的一裁两审机制就缺乏足够的理由，也不利于及时有效地对当事人的合法权益进行救济。

因此，未来的改革必然要向或裁或审过渡。在此过程中，必须对人事争议仲裁制度进行彻底的改造，使其在机构的独立性、人员的专业性、裁决的公正性等方面达到民商事仲裁的水平。在此基础上，要赋予当事人充分的选择权，如果当事人选择进行仲裁，那么，仲裁就具有排除司法的效力，仲裁裁决就应当具有终局性，同时，有仲裁庭组织不合法、仲裁违反法定程序等情形的，法院可以对仲裁裁决进行监督；如果当事人选择司法救济，则可以直接提起诉讼。

关于诉讼的类型，虽然有的地方将其作为行政案件进行审理，但从人事争议的属性和未来发展的趋势看，该争议从本质上讲只不过是平等主体就提供劳务所产生的纠纷，不涉及行政权的行使，因此，可以作为民事案件进行审理，而无需纳入行政诉讼进行救济。

当然，另外一种备选方案就是将人事争议仲裁定位为行政裁决或者行政调解，并将其作为当事人自愿选择的途径。人事争议仲裁机构对人事争议所作出的处理决定只被视作当事人之间就争议所达成的合意，当事人与用人单位之间无异议的，可由仲裁机构将案件提交有关法院进行审查，经审查后的处理决定具有等同于法院生效判决的效力，一方当事人反悔的，另一方当事人可以申请强制执行。这样一来，既简化了程序，又能够确保处理结果的公正。当事人与用人单位之间就争议的处理达不成一致意见，则视作人事争议仲裁机构的处理结果不成立，当事人和用人单位可以直接向法院起诉。此时，当事人和用人单位为诉讼原被告，仍作为民事案件进行审理。

（五）完善人事争议处理的证据规则

人事争议处理的证据规则无论是在人事争议仲裁中，还是在人事争议的司法审判活动中，都是十分重要的问题，对此，应考虑当事人与用人单位在人事争议中地位上的差别，特别是，当事人在其中一般所处于的弱势地位，因此，证据规则的设计要充分考虑处于弱势地位的当事人在举证等方面所受到的制约，一般的案件中所适用的"谁主张、谁举证"的证据规则并不能完全套用到人事争议的处理之中。我们认为，用人单位作出开除、除名、辞退、处罚或降低待遇、单方解除合同等行为的，由于当事人对此很难或者根本无法掌握有利于自身的证据，因此，可以考虑实行由用人单位承担举证责任的做法。而至于其他案件，比如当事人辞职、请求工伤赔偿等，则可以适用谁主张、谁举证的规则。

论民事纠纷处理的行政介入机制

吕艳滨

对于行政法以及行政机关在民事纠纷处理过程中究竟是否可以发挥一定的作用,长期以来并未受到太多的关注,并存在一定的争议。尤其是自法治理念盛行以来,处理民事纠纷一直被认为是专属于司法机关的权限,只能通过诉讼程序并由司法机关作为公正的裁决者对民事纠纷中不同的利益进行调节和处理。另外,基于对行政权具有扩张和被滥用之倾向的恐惧,人们更是极力反对行政过多地介入私人生活。但是,随着社会生活的不断复杂化,民事纠纷在质上和量上都有了空前的发展,通过诉讼外的手段处理民事纠纷在世界范围内正演变为一种潮流,民事纠纷处理行政介入机制也逐步占据了重要的地位。有鉴于此,本文试图从行政法的视角探讨民事纠纷处理行政介入机制的有关问题,并分析行政组织究竟能否以及能在怎样的程度上介入民事纠纷的处理。

对于这一过程,"纠纷处理"与"纠纷解决"之说法常被通用。依本文的理解,所谓"解决",乃是指处理某事并使其有结果。因此,纠纷解决则可认为是指对利益对立双方的利害关系加以调整,并相对消除其对抗状态。而"处理"则显然较为宽泛,是为了解决纠纷而进行的各种活动的过程。就广义而言,除了纠纷产生后的各种以终结纠纷为目标的处理活动外,纠纷处理还包含为了预防纠纷而进行的各种活动。因此,本文最终采用"纠纷处理"的概念,并重点对民事纠纷的处理加以考察。

一、对"行政不介入民事纠纷处理"原则的反思

在近代国家之中,司法机关专门对发生于平等主体之间的纠纷加以处理,其他任何机关特别是行政机关不得染指。特别是对于行政权介入私人事务,人们一直极为排斥。这一观念主要是来源于传统行政法上的不介入原则。

传统行政法上的不介入原则又被称作"不干涉民事上法律关系之原则",主要涉及警察权的行使,是约束警察权的诸原则中警察公共

（Öffentlichkeit）原则的下位概念，① 是指个人财产权之行使、亲属权之行使、民事上合同之履行等只涉及私人关系，而对于此类权利所遭受之侵害、对合同之不履行等的救济，则应专属于司法权的掌控范围，而不属于警察权可干预之事项。作为其例外，一旦上述民事关系影响到公共安全与秩序，才可以成为警察权可以介入的领域。

行政不介入原则的产生和权力分立理论上行政权与司法权的分立有关，也和传统行政法上"行政——公民"的二元模式以及行政法的产生与发展过程中始终贯穿着的如何控制行政权、防止行政权滥用的理念有关。

长期以来，人们普遍认为，司法权与行政权有着严格的界限，民事纠纷的处理专属于司法权的管辖范围，这成为人们主张行政不介入民事纠纷的主要原因。鉴于权力的过分集中必然导致权力的滥用，在反对封建专制制度的过程中，以洛克、孟德斯鸠等为代表的资产阶级启蒙思想家逐步发展了分权学说，主张司法权应当同立法权和行政权相分离。受该学说的影响，近代各国资产阶级在取得了资产阶级革命的胜利之后，也都纷纷确立了分权的原则，并据此组建政府。现在，司法权与行政权的分立已经成为西方法治国家中的重要原则。

同时，由于封建专制主义的影响，近代政治学往往主张政府不应过多干预私人事务，而且，传统行政法往往基于对行政权力的极度不信任而将关注的重点置于行政机关与公民之间的二元关系，主张限制行政权，使其能够中立于普通的民事关系，以防止其非法干涉和限制公民的合法权益。这也成为传统行政法上不介入原则存在的重要原因。

传统国家中的行政观念认为，管得最少的政府才是最好的政府，政府的职责只限于消极地维护最低限度的公共安全和秩序。由于政府权力具有扩张和滥用的倾向，人们对其是不信任的，所以，人们认为，应当对政府权力加以限制，如果国家不对个人的自由领域加以干涉，那么，人权便可以得到保障。于是，行政机关的活动范围被严格地加以限定。因此，行政法的产生与发展过程中始终贯穿着如何控制行政权、防止行政权滥用以保护公民权益不受其侵害的理念。行政法中所体现的乃是"行政对公民"的二元模式，所关注的主要是行政机关与其行政活动所指向的公民之间的关系，目的在于要求行政机构依法行使职权。在严格区分公共行政和市民社会间界限的情形

---

① 关于警察权诸原则，可参见［日］美濃部達吉《警察権ノ限界ヲ論ス》，载［日］《法学协会雑誌》第 31 卷第 3 号。

下，行政权被认为仅能为了国家的公共利益才可以发动，而对于发生在平等主体之间的私人纠纷则必须保持中立的立场，其对市民社会的介入仅限于消极地制止违反社会秩序的行为，而积极地介入社会生活、特别是私人生活的做法也是被强烈的予以否定的。①

随着社会的不断发展，自由放任的思想越来越不能适应现实的需要，人们越发认识到，行政不应限于消极地维护公共安全与公共秩序，还需要积极地保护公民的权益。

现代社会，由于科学技术不断发展、社会关系不断趋于复杂，各种各样的社会矛盾与社会问题层出不穷。坚持自由放任、由市场这一"看不见的手"发挥作用的做法已经跟不上时代的要求，并越发不能应对市场失灵等所带来的难题。资本主义国家为了应对频繁且大量发生的社会矛盾及社会问题，不断增设行政机构和行政人员对社会生活进行干预。面对社会现实的需求，政府开始广泛地介入过去并不被认为属于行政事务范畴的诸如贸易、金融、交通、环境保护、劳资关系等的领域，开始担负起保障公民特别是社会生活上的弱者权益的职责。"从摇篮到坟墓"——这往往被用以形容行政同私人生活关系之密切，也表明行政对私人生活之介入正不断加深。在此过程中，行政除了继续履行其保障公共利益与秩序的职责之外，还大量地为公民提供各种服务，增加了"给付行政"之职能。因此，现代行政法一方面仍旧具备着传统行政法控制行政权的特点，另一方面，还要对公民的给付请求权进行保障。现在，人们需要政府做的已经不再是谨小慎微地维持公共秩序和抽象的公共利益，而是希望其运用手中的权力主动对社会生活进行干预。管得最少的政府已经不再被认为是称职的政府，国家权力开始越来越多地介入私人生活领域，并越来越多地将许多过去被认为无需或者不应由政府管理的社会事务纳入其行使职能的范围之内。

在此背景下，在德国、日本等国家出现了所谓的"国家的基本权利保障义务理论（或保护义务论）"。该理论采取了"国家—基本权利受害人A—基本权利侵害人B"的三方构造，认为国家为了保护受害人A的基本权利，可以对侵害人B的行为进行限制。所以，国家开始介入诸如反家庭暴力、反歧视、保障个人隐私权等传统上属于纯私人事务的领域，利用国家权

---

① 参见［日］原田尚彦：《行政と纷争解决》，载《基本法学8-纷争》，［日］株式会社岩波书店1983年10月版，第336页。

力对平等主体之间的法律关系进行调整。① 基本人权不再被认为仅仅具有防御权的色彩、只能用以对抗国家权力,而是属于应当由国家权力进行保护的权利。虽然该理论强调立法者对于履行国家的基本权利保障义务负有首要的责任,但不可否认,行政机关在此过程中也担负着重要的责任,甚至许多领域都设有专门的行政执法机关确保相关制度的实施。②

与此同时,科学技术急速发展在普及着城市生活模式的同时,也使得人与人之间的关系趋于复杂,并使得其间的摩擦与对立呈现多样化。传统上,一般应由民事法律规范加以解决的、发生在平等主体之间的一部分利益对立,开始逐步由行政机关以中间人、调停人的身份予以介入。这促使行政法律关系由传统上的二元关系向现代的多元关系转变,显示出现代行政法的一大特征。③ 于是,行政法在强调控制行政权的同时,还具备了调整利益关系的功能。

基于行政法律关系的多元化,人们认为,对于行政机关而言,公民除了有权请求其排除对自己的违法管制和请求其给予一定给付之外,还应当有权请求行政机关发动一定的公权力。④ 也就是说,应当承认公民在行政机关怠于行使行政权、履行预防纠纷的责任时可以依法请求行政机关发动行政权,这被称之为"行政介入请求权"。⑤

从行政活动与民事纠纷间的关联看,行政机关首先要发挥预防民事纠纷发生的作用,其次,对于已经发生的某些具体的民事纠纷而言,行政机关还可以在一定程度上参与解决该纠纷,之后,针对民事纠纷产生以及解决过程

---

① 关于这一问题,可参见〔日〕户波江二《"不受国家干涉之自由"抑或"在国家保障下之自由"——人权理论在当代之发展及保护义务论》,2005 年 6 月 11—12 日中国社会科学院法学研究所主办"人身权保护与法制改革国际研讨会"论文;〔日〕西原博史著,吕艳滨译:《日本基本人权概念的发展》,载田禾主编《亚洲法论坛第一卷——法律与亚洲社会的变革》,中国公安大学出版社 2006 年 1 月版,第 114—120 页。

② 以近些年来广受关注的隐私权保障为例,为了适应信息化背景下个人信息批量处理给隐私权带来的种种威胁,许多国家和地区都制定了个人信息保护法,动用行政权力对个人信息的处理行为进行管制,在欧盟及其成员国中,往往还设立专门的执法机构对个人信息处理行为进行监管,这实际上是国家权力(尤其是行政权力)介入纯民事关系的典型事例。

③ 关于行政法律关系的变迁问题,请参见〔日〕大桥洋一:《行政法 现代行政过程论》,株式会社有斐阁 2001 年 3 月版,第 15 页。

④ 参见〔日〕盐野宏《行政法 I》(第二版),〔日〕株式会社有斐阁 1999 年 10 月第 2 版增补,第 278—281 页。

⑤ 参见〔日〕原田尚彦:《行政と纷争解决》,载《基本法学 8 - 纷争》,〔日〕株式会社岩波书店 1983 年 10 月版,第 345—350 页。

中所发现的行政管理中存在的问题，行政机关还要及时加以完善，以便更好地预防纠纷，提高行政管理的绩效。

行政对民事纠纷的预防功能表现为行政机关可以通过相关活动排除妨害民事关系和谐、损害他人合法权益的危害行为或危险状态，借此，使得相关民事关系当事人之间失去产生利益对立的因素，包括一般性地预防纠纷的作用和个别性的预防功能。行政的一般性纠纷预防作用是指有关的行政活动并不是直接以处理民事纠纷为目的，而只是其为了实施行政管理。但是，由于其管理行为可以在一定程度上防范和制止被管理人实施具有危险性的行为，因而，可以在一定程度上预防该被管理人同其他不特定的平等主体发生纠纷。这其中既包括行政机关预先设定一定的行为规则或标准的有关活动，又包括其在行政管理过程中、在维护公共利益和公共秩序的同时所起到的预防民事纠纷的作用。后者主要是某些具体行政行为，其中最为典型的当属行政许可、行政处罚、行政强制等。此类具体行政行为通过授予或者剥夺行政相对人的利益从而可以起到调节其同其他平等主体之间关系进而预防民事纠纷的作用。行政的个别性地预防民事纠纷的作用是指在特定当事人之间利害关系上的对立有可能演化为具体的民事纠纷的情况下，行政机关及时介入并对相关利害关系人的利益关系进行调整往往可以使一部分纠纷被化解于萌芽状态。与一般性纠纷预防作用不同，个别性纠纷预防作用是行政机关的活动直接地、个别地作用于特定的民事主体之间，对双方关系进行直接地、有针对性地调整，而不是泛泛地约束一方当事人的活动。

同时，行政在解决民事纠纷方面也正发挥着越来越大的作用，该作用既包括行政机关在进行行政管理过程中通过消除导致纠纷产生的危害行为与危险状态而附带性地介入处理民事纠纷，也包括以调解、仲裁、裁决等形式直接地介入处理有关纠纷。现代社会中，除了对于民事纠纷的预防作用之外，行政机关还开始扮演类似于司法机关的纠纷裁决者的角色，基于法律的授权，在坚持司法最终解决的原则之下，对既已产生的民事纠纷进行处理。

二、民事纠纷处理行政介入机制的合理性分析

由于现代社会民事纠纷的发展及现代行政在功能上的变化，在保障由司法机关对纠纷进行最终裁判的前提下，由行政介入处理某些民事纠纷不但已经是一种实然的状态，而且也具有一定的必要性。

首先，民事纠纷处理行政介入机制是公共行政目的得以实现的重要方

面。公共行政的目的在于保障公共安全和公共秩序，但是，这一目标的实现与对私人合法权益的保护和对私人间关系的调节之间是一种辩证统一的关系，只有私人的合法权益得到了保障，私人间的纠纷得到了妥善解决，也才能更好地实现保障公共安全与公共秩序的目的。

现代社会的发展已经使公共利益的内涵有了很大的扩展，为社会成员提供社会福利与公共服务也逐步成为公共行政的重要部分，对公民的合法权益实施积极主动的保障已经逐步成为公共行政所不可回避的任务。而且，确保公民尤其是弱势群体的生存权、发展权也是现代国家公共行政的重要职责。特别是，现代社会中，诸如环境污染、消费者保护、产品责任、医疗事故等许多涉及高度技术性的纠纷层出不穷，如何对此类复杂的利益关系进行调整以预防私人间的纠纷并保护公民合法权益免受危害已经成为现代公共行政的重要职责。①

另外，由现代公共行政所引发的法律关系已经扩展到所谓的"公民——行政——公民"的三方关系，往往每一项行政处理在授予一方当事人利益的同时，便会限制另一方当事人的利益，在限制某一当事人行为的同时，也会使相关的当事人的合法利益得到维护。行政权与公民权之间有的不再仅仅是对立，还存在互相依存、互相促进的关联，公民权的实现要依靠行政权的合法行使，而行政权的运用也必须要以保障和实现公民权为其重要目标之一。就民事纠纷而言，其出现本身就是对社会秩序的一种冲击。许多纠纷往往会涉及公共行政，如果不能及时加以处理，必然会妨害公共行政目的的实现。特别是，现代社会中，民事纠纷的受害人除了希望加害人终止加害行为并对既已造成的损害进行赔偿之外，更希望能够有效地预防纠纷，排除可能给自己造成损害的因素，而这恰好是国家应当承担的责任，这也是国家积极保护公民合法权益的重要方面。

其次，充分发挥民事纠纷处理行政介入机制的作用有利于构建和谐社会目标的实现。民事纠纷处理的行政介入机制一方面可以及时有效地预防民事纠纷，防止相关矛盾的激化，另一方面也可以较为专业、较为高效地对既已存在的民事纠纷进行调处，使紧张的民事关系得到恢复，这可以极大地促进社会稳定，确保和谐社会的构建。

通过行政机关在进行行政管理中发挥相关作用，许多民事主体之间的利

---

① 参见［日］原田尚彦《行政と纷争解决》，载《基本法学 8－纷争》，［日］株式会社岩波书店 1983 年 10 月版，第 338 页。

益对立可以被消除和化解，无疑可以在很大程度上避免有关民事主体之间关系上的对抗。而对于已经产生的民事纠纷而言，最佳的状态是由双方当事人通过互谅互让的方式使纠纷得到化解。通过诉讼解决纠纷固然是一种维护权利的重要途径，但诉讼往往是当事人间的对抗进一步升级的表现。尤其是在中国这样的崇尚"和为贵"的国家中，纠纷一旦进入诉讼，便意味着双方对立的升级。同时，诉讼往往将其重点放在当事人间是否存在相关权利以及该权利是否受到侵害上，而很难关注当事人实际地位的差别。① 而且，现实中发生的纠纷往往不是可以通过简单机械地划分对与错就可以得到圆满解决的，必然需要双方间的妥协和互让。就这一点而言，诉讼对于恢复当事人之间的和谐关系并不一定全都是正面的作用。②

而行政机关除了可以通过相关措施有效预防纠纷的产生之外，在处理与行政管理有关的民事纠纷时，由于纠纷的一方当事人往往还是行政机关的监管对象，因此，行政机关往往可以基于公正的考虑对处于被监管地位的当事人施加一定的影响，以增强弱势一方当事人的地位。另外，行政参与解决民事纠纷往往以调解为主，强调的是双方当事人在法律允许的范围内进行利益上的协调和互让，这可以在一定程度上避免纠纷当事人之间产生进一步的对抗，确保当事人之间恢复融洽的关系。特别是，在大量的监管领域，行政机关及其工作人员无疑是该领域相关事务的专家，可以较为专业地对有关纠纷所涉及的事实和法律问题做出判断，使该纠纷得到妥善解决。

再次，民事纠纷处理行政介入机制有利于合理配置司法资源。通过有效发挥民事纠纷处理行政介入机制的作用，可以有效地预防民事纠纷的产生，而且，行政机关以调解、仲裁、裁决等形式介入处理已经产生的民事纠纷，可以使相当一部分民事纠纷无需进入诉讼程序即可得到圆满解决。这可以极大地减少司法机关的负担，使其能够集中力量解决各种具有复杂法律问题的

---

① 比如，现在广受关注的小区业主拖欠物业服务费的问题在很大程度上起因于业主最初签订物业管理合同对于选定哪家物业公司、物业服务价格如何还无选择的余地，对物业管理公司日常的服务质量等更无制约的力量。而在诉讼过程中，法院所关注的仅仅是物业管理合同是否合法有效、业主是否存在欠费事实等，而很难关注业主实际的地位。

② 以北京市 2005 年 11 月前后发生的法院强制执行业主偿付物业管理费的事件为例。本来，物业管理公司和业主之间应当相互扶助、相互依存，但由于业主往往只能从购房时就被动地接受物业管理公司及其服务价格，再加上开发商遗留问题、物业服务质量参差不齐等，除了个别恶意欠费的以外，更多的业主往往因为维权无门而选择了拒交物业费。对此，法院对拒不履行生效判决的业主采取强制措施固然符合法律规定，但是，强制执行的做法往往只能使物业管理公司同业主本已经紧张的关系更为激化，不利于改变业主的弱势地位，而且，无助于居民小区的和谐发展。

纠纷。还有一点不容忽视，许多民事纠纷与行政管理的关系极其密切，纠纷一方当事人的行为在引发民事纠纷的同时，往往还会构成行政违法。行政机关为了追究其行政违法的责任，往往会在对其违法事实进行了充分调查取证的基础上决定对其进行相应的处理。在此基础上，如果能够在一定程度上允许行政机关同时对因同一违法事实所引发的民事纠纷进行调解、处理，则既可以避免案件进入司法程序后法院再次就案件事实重复进行调查，也可以使当事人的权利及时得到救济。

最后，发挥民事纠纷处理行政介入机制的作用有利于优化行政管理。而现实中，许多领域中民事纠纷的出现往往同此领域中有关行政机关的监管缺位或者不科学有着直接或者间接的关系，是相应的行政管理不完善或者不健全造成的，因此，通过对有关民事纠纷处理过程的介入，行政机关可以及时发现自身管理中存在的问题，并及时予以改进。

三、民事纠纷处理行政介入机制的制度形式

（一）民事纠纷处理行政介入机制的模式

本文的重点在于研究行政机关参与解决民事纠纷的机制。而该活动是在确保当事人可以通过司法途径最终寻求救济、解决纠纷的前提下，由行政机关依照法律的授权，通过相关活动化解民事纠纷当事人的矛盾和对立，使既已存在的民事纠纷归于消失。对此问题，我国的相关理论探讨多数是限于"行政机关处理民事纠纷"、"民事纠纷的行政处理"、"民事纠纷的行政救济"等范畴，而且，一般认为，行政机关的此类作用主要包括行政调解、行政仲裁、行政裁决。[①] 但是，本文认为，从行政机关的相关活动与民事纠纷的关系来看，民事纠纷处理的行政介入机制并不仅限于此。特别是，随着现代社会中行政权的不断扩张以及行政法上"公民——行政——公民"的三方关系受到人们的关注，行政机关的活动对民事主体间关系的影响也在逐步扩大，许多行政活动正在逐步发挥着处理有关民事纠纷的作用。因此，本文主张，在探讨民事纠纷处理的行政介入机制这一问题时，为了更好地概观行政机关相关活动同民事纠纷处理之间的密切关系，可以持更为开放和灵活

---

① 对此，可参见阮防、吴顺勇《论行政机关处理民事纠纷》，载《政法学刊》1998 年第 2 期；崔凤友、柏杨：《环境纠纷的行政处理机制探析》，载《学术交流》2004 年第 6 期；孟俊红：《民事纠纷的行政救济研究》，载《中国民航飞行学院学报》2005 年第 4 期等。

的态度，将行政机关的所有活动均纳入此问题的研究视野之中。本文认为，行政机关面对有关的民事纠纷，除了调解、仲裁、裁决之外，还可以通过其他一些活动介入民事纠纷的处理过程。

本文认为，根据行政机关相关行政活动与民事纠纷处理之间的关系，不妨将民事纠纷处理的行政介入机制分为附带性地介入处理民事纠纷和专门性地介入处理民事纠纷两种模式。

所谓附带性地介入处理民事纠纷是指行政机关依法行使其行政职权对某一当事人做出某行政处理的过程中，间接地使该当事人与其他民事主体之间的民事纠纷得到解决。也就是说，行政机关做出某行政处理的本意仅仅是依法进行相应的管理活动，而并不以处理民事纠纷为其首要目的。但是，由于许多行政处理活动的直接效果是制止各种危害性行为，所以，如果该危害性行为导致行政相对人与其他当事人之间产生利益上的对立，那么，毫无疑问，通过制止该危害性行为必然可以使得上述纠纷得到一定程度的化解。另外，类似于受害人救济这样的行政给付制度也可以间接的使受害人与加害人之间的损害赔偿关系归于消灭，起到化解双方纠纷的作用。现代行政法中，"行政—公民"的两方关系越来越多地为"公民—行政—公民"的三方关系所取代，行政活动与民事活动的关系越来越密切，特别是，随着公民的"行政介入请求权"以及国家对公民权益的保障义务得到人们的认可，行政机关附带性地介入处理民事纠纷的地位和作用必将越来越重要。

而至于专门性地介入处理民事纠纷则是指有关行政机关依照法律授权，以解决民事纠纷为目的，以中立的第三方的身份，利用调解、仲裁、裁决等形式对有关的民事纠纷进行处理。在此方面，特定行政机关进行相关活动的主要目的乃是处理相应的民事纠纷，这些活动对于有关民事纠纷的解决具有直接的效果。这样的制度在很多的国家和地区中都被广为采用，而且，随着纠纷数量的不断攀升以及解决相关纠纷对各种专业性知识、政策性考量的需求不断提高，其作用也越来越受到人们的关注，并且，该制度也已经成为现在广为关注的替代型纠纷解决机制（ADR）中的重要方面。

（二）民事纠纷处理行政介入机制的制度形式

从世界主要国家和地区的实践看，行政调解、行政介入的仲裁、行政裁决乃至受害人救济机制以及其他在事实上具有解决民事纠纷的行政作用等都属于民事纠纷处理行政介入机制的重要方面。

1. 行政调解

行政调解和一般调解的主要区别就在于主持调解的第三方乃是行政机关或者某些行使行政权的组织。行政调解在现实中应用比较广泛，比如，英国的咨询调解仲裁局（Advisory Conciliation and Arbitration Service）就负责解决劳动纠纷、对雇用方和劳动者之间的劳动纠纷进行调解。而日本、韩国以及我国台湾地区也都在环保、建筑、消费者保护、知识产权等领域设有行政调解机制。行政调解无非有两种结果，即调解成立与调解失败。在调解失败的情况下，纠纷当事人仍旧可以通过行政裁决、仲裁或者诉讼等途径寻求救济。而在调解成立的情况下，调解机关应当基于调解过程制作调解书，并由双方当事人签收。从有关国家和地区的实践来看，行政调解所做出的调解书在法律效力上是有区别的，至少可以划分为无执行力的调解书和有执行力的调解书。前者如日本的行政调解制度以及韩国软件事业纠纷调解委员会、电子商务纠纷调解委员会、产业财产权纠纷调解委员会等主导的行政调解制度。在此类机制下，调解协议仅属于一般的民事合同，不具有申请法院强制执行的效力。后者则如韩国计算机程序审议调解委员会、著作权审议调解委员会、消费者纠纷调解委员会等进行调解所形成的调解协议，以及我国台湾地区的调解机制所形成的调解协议，① 其在效力上相当于在法院主持下形成的调解书，具有强制执行力。

2. 行政介入的仲裁

而行政介入的仲裁则是由纠纷当事人事前以协议的形式同意将纠纷提交有仲裁权的行政机关，并同意服从该行政机关处理结果的制度。一般认为，仲裁机构应属于民间组织，而不应当与任何国家机关有隶属关系。但是，事实上，在有些国家和地区，行政介入的仲裁还是大量存在。比如，日本的公害纠纷处理机制和建筑工程承包合同纠纷处理机制中就包含行政介入的仲裁。此类仲裁机制的共性是：仲裁程序的启动必须基于纠纷当事人将纠纷提交仲裁的合意，为此，当事人一般要共同提出仲裁申请，或者要提交双方当事人签订的仲裁协议；仲裁员原则上由当事人选定，当事人未选定的，由上

---

① 在韩国，有些机构进行调解所形成的调解协议本身就具有强制执行效力，而在我国台湾地区，《乡镇市调解条例》、《消费者保护法》、《公害纠纷处理》等均在行政调解方面规定了送交法院审核的程序，即都必须在调解成立之日起一定期限之内将调解书送交管辖法院审核。经法院核定之后，相关的调解结果便具有同法院民事的确定判决相同的效力。

述机构予以指定；仲裁的审理均由在身份上较为独立且具有相关专业知识的人士担任；仲裁裁决一裁终局，且具有等同于法院确定性判决的效力，当事人不得再就此寻求其他的救济途径。这些特点表明行政介入的仲裁在本质上仍旧是一般而言的仲裁，而并非因为由有关行政机关担任仲裁机构而使其成为非仲裁的纠纷解决方式。

该机制不同于我国的"行政仲裁"。就劳动争议仲裁而言，我国实行仲裁程序前置，劳动争议仲裁委员会设于县、市、市辖区的劳动行政主管部门。劳动争议仲裁应由争议的一方当事人向劳动争议仲裁委员会提交书面申诉书。由此可见，我国的劳动争议仲裁不具备仲裁所应具有的基本特征，不具有仲裁的性质，徒具仲裁之名，而无仲裁之实。此种仲裁只是由所谓的仲裁委员会基于纠纷一方当事人的申请，对该纠纷进行审查处理，对处理决定不服的，当事人仍需通过民事诉讼寻求解决纠纷，因此，严格地讲，它应不属于仲裁的范畴，而是具有类似于行政裁决的地方。① 而农业承包合同纠纷的仲裁与此类似。因此，本文认为，我国现在所谓的行政仲裁在本质上属于行政裁决的范畴。如果这一观点可以成立，则我国现阶段并不存在由行政机关介入的仲裁机制。

3. 行政裁决

行政裁决是由具有较强独立性的专门性行政机关以类似于诉讼的正式程序对民事纠纷进行审理、做出裁决的制度，是由行政机关主导的最为正式的纠纷处理机制。这一制度在日本被称为"行政审判"。其行政审判制度包括事前程序和事后程序：事前程序类似于美国独立行政委员会做出的正式程序，是为保障行政决定的公正性，而在作出该决定之前进行的审查程序；事后程序则是以解决纠纷为目的的程序，包括解决行政纠纷的行政复议程序和解决民事纠纷的程序。② 前述日本的公害纠纷处理制度中就包含这一机制。根据日本《公害纠纷处理法》的规定，公害等调整委员会负责承担"责任裁定"和"原因裁定"两项工作。责任裁定是对一方当事人是否就另一方当事人因公害遭受损害负有损害赔偿责任以及应赔偿的数额进行判断的活

---

① 关于行政仲裁属性的分析，亦可参见马永双主编《仲裁法导论》，中国社会出版社 2005 年 5 月版，第 6 页。

② 参见 [日] 植松勲、青木康、南博方、岸田贞夫《行政审判法》，[日] 株式会社ぎょうせい 1997 年 8 月版，前言部分。

动。原因裁定则是对一方当事人的行为是否同另一方当事人因公害遭受损害有因果关系进行判断。

而在印度，其基于《消费者保护法》（The Consumer Protection Act, 1986）所确立的消费者纠纷救济机制则属于一种更为接近司法程序的行政裁决机制。其中央消费者纠纷救济委员会（National Consumer Disputes Redressal Commission）、州消费者纠纷救济委员会（National Consumer Disputes Redressal Commission）及县消费者纠纷救济委员会（Consumer Disputes Redressal Forum）形成了类似法院三审制的准司法机制，在消费者保护领域发挥着重大作用。印度的消费者纠纷救济委员会所进行的裁决实际上是在对案件进行审理之后，针对有关当事人发布一定的命令，命令内容包括：要求经营者消除商品或者服务的缺陷、退货、换货、对受害人进行赔偿、中止其不公正交易行为或者限制性交易行为、禁止其出售危险商品、向当事人支付适当的成本等，而且，当事人不遵守该命令的，将被处以一定的拘留或者罚金。

行政裁决在我国也是存在的，比如：《土地管理法》规定的土地权属争议裁决制度、《森林法》规定的林木林地权属争议裁决制度、《草原法》规定的草原权属争议裁决制度、《渔业法》规定的养殖用水域滩涂权属争议裁决制度、《商标法》规定的注册商标争议的裁定等。

4. 受害人救济制度

除了上述机制之外，民事纠纷受害人的救济制度也是民事纠纷处理行政介入机制方面不可忽视的制度。这一制度是指为了防止因侵权纠纷中加害人不能确定、侵害行为的责任不能明确、加害人无赔偿能力等原因导致因加害人加害行为而遭受损害的当事人不能及时得到救济，而专门由有关机关依照法律规定公正、适当地给予受害人一定的补偿，对其实施相应救济的制度。这一制度主要适用于特定的侵权纠纷，是将加害人的赔偿责任转嫁给国家和社会，进而保障受害人权益能够得到一定程度的维护、所遭受之损害得到一定程度填补。有关的受害人一旦符合相关受害人救济制度所规定的要件，则可以获得相应的救济和补偿，并相应地免除加害人对其应承担的赔偿责任，因此，事实上可以使部分特定的侵权纠纷得到解决。

受害人救济制度在许多国家和地区已经得到了广泛的应用。比如，在日本，行政上的受害人救济制度就在许多领域广为应用，现在至少包括：汽车损害赔偿保险、公害健康受害补偿、原子力损害赔偿补偿、医药品副作用受害救济、犯罪受害补偿等。① 我国台湾地区的《药害救济法》也规定了"药害救济"制度。

这一制度是以社会连带思想为其存在的重要依据,② 在根本上是为了举全社会之力量对在特定领域遭受损害的当事人进行适当救济,以维持社会基本的公平与秩序。而且,不可否认,这一制度在司法救济之外,对于预防和解决民事主体之间的纠纷可以发挥重要的作用,因此,也是民事纠纷处理行政介入机制中的一个不容忽视的领域。从性质上讲,这是一种行政给付行为,也是行政机关以行政给付的形式介入解决民事纠纷的比较典型的例子。

5. 其他机制

除此之外,行政机关还可以以其他多种方式介入民事纠纷的处理。比较典型的当数行政机关对某些危害的制止或者排除。行政机关及时制止加害行为或者排除危害事实,可以起到民法上排除妨害的作用,并进而使相应的民事纠纷得到及时的处理。无论是行政处罚、行政强制,还是对行政许可的撤销等诸多行政行为都同时可能起到排除危害、使已经现实存在的民事纠纷失去存在基础进而使其得到解决的作用。但是,由于加害行为或者危害事实既可以使有关当事人面临合法权益受到侵害的风险,又有可能该风险已经转化为现实的侵害,还有可能已经使有关当事人的合法权益遭受现实的损害,因此,事实上,对于行政活动在防患于未然、预防民事纠纷方面的作用与解决既已出现的民事纠纷方面的作用,往往是很难明确地划清界限的。但毋庸置疑的是,行政机关的许多具体行政行为的确对于民事纠纷的处理发挥着不可或缺的作用。

(三) 民事纠纷处理行政介入机制的组织结构

从组织形式方面看,在现有有关国家和地区专门性的民事纠纷处理行政介入机制中,相关的行政机关既包括各种专门性的行政机关,又包括各种普通的行政机关。专门性的行政机关往往是为了解决某一类特定民事纠纷而设立的,解决相应的纠纷是其主要的职责,而且,在其地位、机构设置、人员

---

① 参见〔日〕原田尚彦《行政と纷争解决》,载《基本法学－纷争》,〔日〕株式会社岩波书店 1983 年 10 月版;〔日〕新井隆一:《民事纷争の行政の处理》,载雄川一郎、塩野宏、园部逸夫编《现代行政法大系》第 5 卷,〔日〕株式会社有斐阁 1986 年版,第 14—16 页。

② 参见〔日〕小林奉文《我が国における犯罪被害者支援の现状と今後の课题》,载〔日〕《レファレンス》(日本国立国会图书馆出版),2003 年 4 月号;〔日〕吉木荣:《犯罪被害者救济に关する一考察―犯罪被害赔偿基金设立への展望―》,载〔日〕《立命馆法政论集》2004 年第 4 号。

配置等方面往往具有较高的独立性和专业性。而普通的行政机关则属于一般而言的承担相应行政管理职能的行政机关，但是，基于法律的授权，此类行政机关既肩负着就相关领域实施行政管理的职责，又可以对相关的民事纠纷进行处理，其在独立性和专业性方面一般不如专门性的行政机关。

普通行政机关直接介入有关民事纠纷处理的例子，比如，我国台湾地区《电信事业网路互连管理办法》中规定的电信总局，该机构对电信经营者涉及互联互通的纠纷进行裁决的制度；又比如日本的《矿业法》规定的经济产业局，该局可以介入调解涉及因矿产开采造成他人损害所引发的纠纷的制度。但是，即便如此，此类机关也往往会设立专门机构或者专职人员具体负责有关工作，如我国台湾地区的《电信事业网路互连管理办法》中允许电信总局设立裁决委员会负责裁决互联互通方面的纠纷；日本的经济产业局则设有"仲介员"负责调解有关纠纷。

由专门性机关承担某些民事纠纷处理职能的，在日本大体包括：公害等调整委员会和都道府县公害审查会，中央建设工程纠纷审查会和都道府县建设工程纠纷审查会，电气通信事业纠纷处理委员会，原子力损害赔偿纠纷审查会等。在韩国则包括：计算机程序审议调解委员会，电子商务纠纷调解委员会，个人信息纠纷调解委员会等。在我国台湾地区，除了某些特定领域中特别设立的行政性的纠纷处理机构之外，《乡镇市调解条例》还规定，在乡镇市公所之下还设有调解委员会，对民事纠纷进行调解。

为了确保民事纠纷处理行政介入机制的公正性、专业性等，上述专门性行政机关的地位以及有关人员的任职条件往往均有相应的专门规定。首先，有关国家和地区往往均注意从人员任免等方面确保机构的独立性。比如，日本公害等调整委员会的委员会委员长及委员应由参、众两院同意后，由内阁总理任命，且非因法定理由不得被违背本人意志地解除职务。美国国家劳动关系委员会（National Labor Relations Board；NLRB）委员也需要总统取得上院承认后予以任命。① 其次，几乎所有的此类机构都对其成员的任职条件作了专门性的规定。比如，明确要求成员应当具备相关的专业知识和背景。

毫无疑问，民事纠纷处理行政介入机制的组织情况是研究该问题的重要方面。这是因为，人们一般倾向于认为，一个独立的、专门性的机构更能独

① 参见［日］劳働政策研究报告书《諸外国における集団的労使紛争処理の制度と実態—ドイツ、フランス、イギリス、アメリカ—》No. L—9（2004 年）、独立行政法人労働政策研究所研修機構 2004 年 8 月 31 日发行，第 149 页。

立地、公正地就有关纠纷做出裁断。尤其是对于行政机关而言，由于人们往往倾向于认为行政机关在行使行政权过程中难免有滥用权力的趋势，因此，在行政机关介入处理纠纷这一问题上，无论是行政复议，还是民事纠纷处理行政介入机制，如何提高相关行政机关的独立性和专业性都是十分重要的问题。

四、我国民事纠纷处理行政介入机制的问题与完善

在我国，民事纠纷处理的行政介入机制广泛存在于众多领域，根据笔者对截至 2006 年 3 月份我国现行法律、行政法规及行政规章所进行的不完全整理和分析，我国有关行政机关以行政调解、行政裁决方式介入处理民事纠纷的制度约有 48 项，涉及一般民事纠纷、资源权属纠纷、消费纠纷、环保纠纷、知识产权纠纷等。可以说，我国民事纠纷处理行政介入的机制在许多领域发挥着作用。通过这些机制，有相当一部分民事纠纷得到较为及时的处理，对于防止矛盾激化，降低财产损失，减轻诉讼压力起到了一定的作用。

但是，由于种种原因，该机制还存在着各种各样的问题，在很大程度上制约着相关机制在处理民事纠纷方面发挥应有的作用。

首先，人们对于民事纠纷处理行政介入机制的观念还有待于扭转。当前，人们对于民事纠纷处理的行政介入机制往往还是持反对、消极的态度，往往认为行政权力只能用于行政管理，而不能过多地介入处理民事纠纷，且民事纠纷应主要通过诉讼途径加以解决，否则便有违法治的原则，也会为行政权的滥用创造条件。这样一种认识在实务界和学术界均有一定的影响，无形中制约了我国民事纠纷处理行政介入机制的健康发展。近些年来在"维权"口号的号召下，纠纷的司法解决被过分地加以强调，我国公民传统上求"和"的心理往往多为好诉情结所取代，民事纠纷处理行政介入机制受到很大的批判和否定，以至于大量的案件往往径直涌至法院。在此背景之下，小额的诉讼大量涌现，甚至于为了几元钱、几毛钱而诉诸司法的事件层出不穷，并在较长时期内被广为宣扬和正面评价。本文并不否认，我们并不可以武断地凭借诉讼数额之多寡评价进行诉讼之必要性及其推动社会变革的意义，并且，许多小额诉讼的确具有一定的公益性，的确起到了冲击各方面不完善管理体制并推动其完善的作用。但是，客观地讲，放任大量纠纷直接诉至法院，并不利于合理配置司法资源，更为重要的是，由于诉讼成本偏高等因素致使纠纷解决机制不畅，则必然影响社会安定。有关国家和地区及我

国关于民事纠纷处理行政介入机制的实践已经证明，在保障司法最终解决纠纷的前提下，在特定领域由行政机关介入处理有关的民事纠纷不但是可行的，而且，该机制同民间的纠纷解决机制共同作用，对于推进社会稳定和谐，减轻法院负担是有帮助的。

其次，由于对民事纠纷处理行政介入机制的理解尚不统一，我国现行法律、法规中关于该机制的规定也各不相同，甚至有的规定很不明确，给实际适用带来困难。

现阶段，我国民事纠纷处理的行政介入机制主要集中表现为行政调解、行政裁决等。但是，我国现行法律、法规中对此所作的规定比较随意和不统一。以行政裁决为例，现行法律、法规中有的采用"处理"，有的采用"裁定"，有的则采用"行政决定"，有的则是规定"责令赔偿"，也有的明确采用"裁决"一词。甚至连行政调解的规定也是比较多样化的，比如有的用"协调"，有的甚至用"处理"。法律、法规规定上的混乱来源于多种原因，既涉及各个行政管理领域中的特殊性问题，也涉及人们对民事纠纷处理行政介入机制观念认识上的不统一。但是，这确实在一定程度上影响我国民事纠纷处理行政介入机制发挥应有的作用。由于法律、法规规定上的混乱，执法者和当事人往往很难判断现行法中规定的措施和机制的属性，这必然影响处理民事纠纷的效果，而且，还会因人们理解上的差异，而对行政介入处理之后的救济手段与方式的选择带来各种问题。

再次，我国民事纠纷处理行政介入机制中有关行政机关的独立性和专业性还有待提高。我国民事纠纷处理行政介入机制普遍存在的问题在于，长期以来忽视在机构设置和人员配备方面如何确保其具有相应的独立性和专业性，这往往导致人们对该机制下处理民事纠纷的效果缺乏信心，并会实际左右其处理结果的公正性。从机构设置本身来看，我国现有的以行政调解或者行政裁决方式介入处理民事纠纷的各类行政机关中，绝大多数仍属于普通的行政机关。在行政裁决方面，虽然设有许多专门性机构，但是，其在地位上也往往只不过是有关行政机关下属的部门。另外，从人员编制上看，就连专门设立的相关机构的人员也绝大多数是来自所属的行政机关。而且，对于这些参与处理纠纷的人员，有关的法律、法规并没有专门为其设定身份保障方面的相关规定。行政介入处理民事纠纷的机构中相关人员在人事地位上对有关行政机关及相关行政首长的依赖性必然影响其独立行使职权，进而影响该机构在办理案件中的独立性。同时，在专业性方面，从我国民事纠纷处理行政介入机制的现状看，就连各种专门性的机构也还不能很好地确保这一点。

现行法律、法规中仅仅要求聘请相关的专业人员，但是，聘请与否完全是由有关机构裁量决定，而且，对于外部人员的比例以及各类专业人士的比例也没有硬性的规定。

另外，我国民事纠纷处理行政介入机制的程序还存在着许多问题。重实体、轻程序是我国相关制度设计中存在的主要问题，该问题也存在于民事纠纷处理行政介入机制中。在此方面，既缺乏有关行政机关运用民事纠纷处理行政介入机制的方法、时限等方面的详细规定，又缺乏如何在该机制中确保各方当事人的参与以保障其合法权益、确保纠纷处理公正性的相关规定。这对于实务中应如何运用行政调解或者行政裁决介入处理民事纠纷不能起到应有的规范和指导作用。而且，就现有的相关制度来看，民事纠纷处理行政介入机制仍旧保留着较强的行政化色彩，不重视纠纷当事人的参与。在案件处理过程中，相关行政机关多以书面审理为主，且倾向于采用类似于办理内部审批事项的程序，层层报批，行政首长对于案件审理的干预度较大。而且，人们往往受法律、法规用语的影响，将行政介入民事纠纷处理的活动等同于行政处理，因此，往往只注重行政机关的单方性，而不顾及当事人的主张和理由。往往不重视纠纷当事人对纠纷处理过程的参与，只关注通过行政机关内部的处理程序。对于当事人而言，相关的纠纷处理程序缺乏必要的透明度，很容易导致当事人对该纠纷处理机制公正性等缺乏信心，影响该机制的亲和力，而且，也不利于对当事人的实际程序权利关注和保障。

再有，我国在行政调解结果的效力方面并没有特殊规定，调解结果的履行主要依靠当事人的自觉和自律。调解结束后，一方当事人反悔或者拒不履行调解协议，就只能将纠纷推入行政裁决程序或者仲裁、民事诉讼程序。从尊重当事人自治、维护当事人诉权的角度看，这确实是有其合理性，但是，这也会带来许多负面影响。第一，这显然是国家资源严重的浪费。相关的行政机关必须要为案件调解投入一定的行政管理资源，如果当事人不能自觉履行，必然会造成相应行政资源的浪费。第二，这会进一步加重司法机关解决纠纷的压力。调解效力的有限性首先会严重地打消当事人通过调解处理其纠纷的积极性，进而使其倾向于直接将纠纷提交法院。而这也会打消行政机关进行行政调解的积极性，使其不愿在行政调解方面投入过多精力。这最终必然会导致调解制度逐步走向萎缩。第三，调解结果不具有执行力也不利构筑社会诚信。因为，面对自己自愿签署的调解协议，如果任何人都可以随意反悔而不需要承担任何责任的话，则只能助长社会不良风气，使人们对社会诚信越发丧失信心，并会进一步增加交易的成本。

还有，我国现行的行政监督机制不利于提高相关机关工作人员介入处理民事纠纷的积极性。现有的观念往往不愿意接受行政机关做错事的结果，对于行政机关在行政诉讼中当被告甚至败诉往往给予消极评价，这也容易导致行政机关工作人员消极对待介入处理民事纠纷的问题。这一问题主要发生在行政裁决方面。一般而言，行政机关如因行政裁决而在行政诉讼中当被告并在诉讼中败诉或者在行政复议中被确认违法，相关负有责任的工作人员的业绩就会受到极大的影响甚至面临行政处分。比如，《贵州省行政执法过错责任追究办法》（贵州省人民政府第 86 号）中就规定，行政执法机关做出的具体行政行为在行政复议和行政诉讼中被确认违法或者被变更、撤销的比例较高的，行政执法过错责任追究机关可以责令其限期整改，情节严重的，可以给予通报批评或者取消评比先进资格（第 25 条）。这种规定的出发点固然是非常好的，但是，该做法在逻辑上是有问题的，它是以行政机关及其工作人员应当是圣人这样一种假定为前提的。而且，不可否认，类似的规定会产生很大的副作用，至少在行政裁决方面，就很容易导致裁决机关因担心其裁决在行政复议和行政诉讼中被确认为违法或者被变更或者撤销而不积极地进行裁决。因此，要推进我国的民事纠纷处理行政介入机制，也需要在此方面完善相关的制度。

最后，行政调解和行政裁决之外的民事纠纷处理行政介入机制在我国还未受到充分关注。特别是受害人救济机制在介入处理民事纠纷方面的功能并没有受到人们的重视。我们只重视如何直接地使纠纷得到化解，却很少关注如何通过发挥简洁的处理纠纷机制的作用构筑全方位的纠纷处理机制。

鉴于上述我国民事纠纷处理行政介入机制的现状与存在的问题，本文认为，有必要从多个方面对我国民事纠纷处理行政介入的机制进行完善。

第一，应当正确看待民事纠纷处理行政介入机制，并将其纳入研究的视野。行政对民事关系的不介入这一理念从历史上反对行政过分干预私人生活的角度来看是有其积极意义的，但是，随着社会的发展，行政权所作用的不仅仅是行政相对人的权益，还涉及其他当事人的利益，而行政法所要处理的也不再仅仅是行政机关与行政相对人之间的关系，而是更多地要介入处理三方或者多方关系。在确保行政权不侵害行政相对人合法权益的同时，行政机关还需要及时保障公民合法权益不遭受侵害。行政机关在某些领域介入处理民事纠纷对有关当事人之间的关系进行调整并保障有关当事人的合法权益同样也是现代行政的重要内容。因此，应当重视民事纠纷处理行政介入机制的问题，特别是，有必要在行政法学研究以及行政法学同相邻学科的交流与合作中加强对此问题的研究，而不能一味地、简单地对该机制加以否定和拒绝。应当通过不断完善民事纠纷处理行政介入的机制，发挥其专业性，提高民事纠纷处理行政介入的公正性，逐步取得人们对该机制的信赖。借此，形成民事纠纷处理行政介入机制与诉讼解决民事纠纷之间以及行政执法和民事纠纷预防处理之间的良性互动。

第二，要逐步完善民事纠纷处理行政介入机制方面的立法，逐步在立法中明确民事纠纷处理行政介入机制的地位，适时提高其立法的层级，避免实定法规定中的不明确与混乱状况。应当及时对既有的民事纠纷处理行政介入的机制进行梳理和评估。凡属于计划经济下行政过渡干预私人生活、专业性要求不高、可通过民间自律等途径获得解决的或者因现实的发展导致已经很少被适用的机制，应当及时予以清理，该废止的及时废止。同时，对于现阶段乃至今后相当时期有必要由行政介入处理的民事纠纷，应当结合其所处领域的实际情况、该类纠纷的本身特点等判断究竟是适宜采取行政调解的方式，还是适宜采用行政裁决的方式，抑或者采取其他方式，并及时予以调整。另外，在此后的法律、法规修订过程中，逐步对有关机制的定性加以明确和统一。

第三，应当注意加强民事纠纷处理行政介入机制中相关机构的独立性和专业性。首先，应当使介入处理民事纠纷的相关机构同相关的行政机关乃至纠纷当事人等均保持一定的独立性。为达到这样的目的，就要使其在设置与地位上不同于其他普通的行政机关或者内部机构，至少，它应当是一个专门为介入处理民事纠纷而设立的机构。而且，介入处理民事纠纷机构应当适当吸收外部专家，并且，对于所有参与处理纠纷的人员，应引入一定的身份保障机制。为了保障相关机构的专业性，有必要对其人员的任免设定明确的条件。而且，应当明确各方面专业人士的比例，比如，应有几名法律界人士，几名涉及专业领域的人士。特别是，为了确保此类机构的独立性和专业性，在人员的来源上，除了从行政机关内部遴选之外，还需要吸收该机关外部的具有相关学识和经验的专家参与。同时，为了确保有关人员能够在介入处理民事纠纷过程中独立地行使职权，有必要对相关工作人员的身份保障事项做出相应规定，包括任职、免职条件等，并需要明确规定，相关工作人员在处理案件过程中，除有渎职、枉法等情形之外，不因其他事由被免职、降职等。

第四，应当进一步完善民事纠纷处理行政介入的程序。要细化民事纠纷处理行政介入程序方面的具体规定。对每一个环节的具体过程、时限乃至纠纷当事人的权利义务及介入处理纠纷的行政机关的职权等均需要尽可能细致地加以规定。另一方面，在程序的具体设计方面，既要发挥相关行政机关依职权进行调查的优势，又要在必要的限度内贯彻当事人主义，发挥当事人的主动性和积极性，尊重当事人主张和证明的权利。特别是，对于以行政裁决的方式处理民事纠纷的，应当逐步扩大非书面审理的适用范围，可以视情况确立以书面审理为原则、以当事人申请时必须有裁判机构开庭审理为例外的做法。甚至，对于某些特定的纠纷，也可以采用以确立开庭审理为原则、不开庭审理为例外的做法，并妥善地将行政机关依职权调查和当事人参与有机地结合起来。

第五，应当尝试改进关于行政调解效力方面的规定。为了提高行政调解的适用效果，可以考虑参考韩国等的做法，对于特定领域的行政调解，在确保相关行政调解机构独立性、专业性和调解程序公正性的基础上，直接赋予该调解协议等同于法院调解的效力，即允许其具有强制执行力。当然，也可以考虑采取我国台湾地区的做法，增加法院对调解结果进行审核的制度。当然，设置上述制度的前提是进行行政调解的行政机关具有相应的独立性和专业性，其调解程序充分确保了纠纷的当事人各项程序权利，以至于一般而言能够保障纠纷处理结果的公正性。否则，设置上述制度便必然会适得其反。但是，只要制度设计合理并能够保障调解的公正性，这样做就可以极大地提高纠纷解决的效率。这并不是要剥夺纠纷当事人的诉权，而是要求当事人慎言慎行，对自己的承诺负责。而且，这样做也可以切实发挥调解的功能，并有效地减轻法院的负担。

第六，应当确立行政裁决的具体办案人员不因裁决结果被提起诉讼或者复议而受到纪律追究的机制。这一点和前文提到的加强对相关工作人员的身份保障的问题相关。既然我国的行政裁决是有执行力的，那么，纠纷当事人对行政裁决不服的，必然可以通过行政诉讼或者行政复议请求有权限的机关对该裁决进行审查，这也是对相关当事人合法权益加以保护所必不可少的。正如任何善良的法官都难免会有判错案的情形发生一样，有关行政机关的工作人员在进行行政裁决的过程中，也难免会有失误的可能性。如果因其所做出的行政裁决在行政诉讼或者行政复议中被确认违法或者被撤销，就毫不问理由地一律对办案人员做出否定性评价，则只能使相关人员在进行裁决时畏首畏尾，甚至于为了明哲保身而推诿责任，不积极进行接受和处理裁决申请。因此，只要没有证据表明相关人员在裁决过程中有贪赃枉法、徇私舞弊、以权谋私等行为，就不能因其所做出的裁决被确认违法或者被撤销而一律地追究其责任。只有确立这一原则，才能确保行政裁决的裁决者能够秉公执法，保障裁决的公正性。

第七，应当逐步完善受害人救济制度等间接介入处理民事纠纷的制度。受害人救济制度主要适用于特定的侵权纠纷。对此，国家可以通过国家出资和向从事特定的高度危险作业的当事人收取一定费用的方式形成特定的救济资金，用以对符合条件的受害人发放救济金。这样，既可以避免从事特定的高度危险作业的当事人因面临巨大的索赔而债台高筑而不愿从事此类作业，又可以避免受害人索赔无门，因此，该机制从总体上是有利于维护社会稳定的。

5. 附录

国外 3G 时代电信监管政策的归纳与总结

本报告共分为六个部分，第一部分对国外监管政策主要专题进行专门介绍，后面的部分选择几个有代表性的国家或地区，分别进行介绍。

一、国外监管政策的最新发展

1. 竞争的发展

各国电信市场开放以后，出现了许多新进入者。截至 2004 年 1 月 1 日，所有经合组织国家均实现了打破垄断，引入竞争（土耳其是最后一个打破电信垄断的国家）。尽管以新进入者的接入线路份额来衡量，PSTN 不同网络之间的竞争仍很缓慢。但是，英国和美国的发展非常引人注目，其新进入者接入线路的市场份额已经分别占 19.8% 和 10%。固话领域英、美两国不同网络之间的竞争格局能够形成，主要归功于其有线电视网络所提供的电话服务。在整个经合组织国家，通过有线电视获得电话服务的 2/3 用户集中在英国。在德国，由于新进入者充分利用了租用线路、批发、自建线路等方式，使电话线路份额增长很快，2002 年，汉堡达到 12%，科隆 21%，奥登伯格 23%。

与市话相比，长话领域的竞争更为成功或充分。这是因为：长话投资相对较少；客户对价格更为敏感；技术上可以使客户更换运营商的成本很低等等。例如，德国于 1998 年开放市场竞争以后，新进入者很快就拿到了 40% 的长话市场份额，比开放竞争早的英国还要抢眼。

移动通信领域的竞争和发展比固定电话更快，在位运营商的市场份额近年来迅速下降。在经合组织国家，几年前，许多在位移动运营商的市场份额还超过 70%，和今天中国市场上移动与联通的市场份额类似。但是，几年以后，在位运营商的市场份额普遍下降，目前，只有两个国家还能保持这一比例（冰岛 72%、墨西哥 78%），大部分国家的市场都更为均衡（澳大利亚 47%、日本 57%、韩国 41%、英国 27%、德国 41%、法国 48%、加拿大 37%）。当然，这种格局与各国的市场结构有关，一般国家的移动运营商都是超出两家以上（美国有 70 多家）。其中，前两家往往占据市场主要份额。

2. 政企分离与监管机构的独立性

为保障独立监管制度的实现，使政策职能、监管职能、政府管理者职能与所有者职能分开，各国电信改革中普遍对国有企业进行了政企分离改革，推进私有化。但是，在有些国家，这个过程一直比较缓慢，尤其是网络泡沫对股市的影响使私有化进程受到更大的影响。1998 年末，七个经合国家的在位运营商 100% 由国家持股；2000 年末，下降到三个；2002 年末，仍有两个（卢森堡与土耳其）。并且，还有些国家（法国、挪威、瑞士）法律仍明确要求国家必须控股。

相比放开竞争而言，私有化问题上的缓慢改革，似乎证明了监管制度建立以前所有制结构可以成为监管的某种替代。

3. 外资政策

16 个经合组织国家对外资入股电信运营商没有任何限制，如奥地利、比利时、丹麦、捷克、芬兰、德国、意大利、英国等。在维持限制的国家，有些只适用于在位 PTO（公共电信运营商），有些国家仍维持某种形式的控制，以防止主导电信运营商被某一个投资者（国内或国外）所控制。

加拿大对外资控制比较严格，外资对任何带网络的运营商的股权（有投票权）最高为 20%，至少 80% 的董事必须是加拿大人。

澳大利亚，所有外资在 Telstra 的股份上限为 35%，单个外资投资者为 5%。法律要求董事会主席与大部分董事必须是澳大利亚公民，公司的注册地、主要营业地以及总部必须保持在澳大利亚。

法国，外国（欧盟以外）对移动通信直接投资的上限是 20%，不过，对于间接参与电信投资没有限制。

日本，对于外资对在位 PTO 的投资没有限制，但是，外资投资 NTT 的股份限制是必须少于总股份的三分之一。

韩国，外国政府、外国人以及股份的 80% 以上被外国政府或外国人控制的国内企业，持有韩国公司的股份不得超出 49%。

美国，电信法授权 FCC 可以拒绝颁发无线电执照给外资超过 25% 的公司，只要该种拒绝有利于公共利益就可以。但是，固定电话运营商不受此种限制。

4. 互联互通与资费政策

互联互通是各国管制者最头疼的问题。在 EU 国家，在位运营商必须公布经管制者批准的互联互通条件要约，该要约包括内容广泛的承诺与保证。

其他运营商可以与之达成互通协议，如果必要，可以寻求管制者作出裁决。一般而言，比较普遍地使用长期增量成本 LRIC 作为互通结算的依据。如果管制者不能使用 LRIC，则通常使用国际类比的标准确定互通价格或者使用 FDC（Fully Distributed Cost）确定价格。

澳大利亚，PSTN 的呼出与终止接入资费由商谈、管制者批准的接入承诺、或者仲裁三种方式之一确定。一旦诉诸仲裁，管制者可以使用全部服务（full service）LRIC。

加拿大，在位运营商的互联费率由 CRTC 批准，CRTC 要求所有市话运营商相互联通，并且与所有长话运营商和无线服务提供商互联。市话公司之间的互联成本平均分摊。

韩国，互联价格由商业谈判形成，使用 FDC。

美国，比较复杂，市话互联费率通过商业谈判确定，但是，州公用事业委员会需制定定价指南。洲际之间接入费率根据 FCC 价格上限公式确定。市话互联大部分情况下根据全要素 LRIC 确定；州内费率由州委员会根据价格上限或回报率确定。州内接入费率使用基准 FDC 方法，非捆绑网络元素费率使用全服务 LRIC。

近几年来，固话到移动的互通问题日益引起更多的关注，网间来话（terminating call）移动运营商被视为占有瓶颈位置。在有些经合组织国家，移动网络终止通话的费率几年来逐步在下降，不过，另外一些国家的管制者则加大了对移动终止通话费率的压力。在欧盟，移动运营商一旦被认定为在互通市场上居有重要市场支配力，就会被要求以成本收取终止通话费。

5. 地方环路非捆绑

从 2000 年开始，大部分经济合作组织国家才开始考虑地方环路非捆绑问题，以加速地方环路竞争，为采用高速接入提供激励。日本在这方面增长尤其迅速，新进入者借此提供 DSL（digital subscriber line）服务。许多国家使用 LRIC 方法确定非捆绑环路的价格。

6. VOIP 管制政策

IP 电话早期一直被视为是电信增值服务，政府不加管制。近年来，一些国家认为，如果向一般公众提供 IP 电话服务，就应该受到管制。另外一些国家则认为 IP 电话仍然是增值服务，政府不应该管制，美国 FCC2004 年 2 月的裁决也确认了 IP 电话的增值服务性质，政府不加管制。在日本，有几个 ISP 提供 VOIP 服务，宽带用户可以免费拨打同一 ISP 的用户，也可以以很低的价格拨打 PSTN 用户。

　　法国，法国法将向公众提供电话服务界定为与其所使用的技术无关，因此，不论是使用互联网还是其他平台，向公众提供电话服务，均受相同规则的制约，需要得到部长的批准。新西兰，通过因特网提供国内、国际语音服务均被视为是 PTO。荷兰，通过因特网提供国际电话服务的组织，被视为是公共电信运营商，需要登记。

　　德国，通过互联网提供语音通信不是电信法或欧盟所规定的语音电话服务，因此不需要许可，只要通报即可。

　　加拿大，CRTC 认定，大部分 ISP 不是基于设施（facilities-based）的电信运营商，引出不需要管制。如果某一 ISP 希望变成基于设施的运营商，则要受到和其他基于设施的运营商同样的条件和义务的约束。澳大利亚与加拿大的做法类似。

　　英国，OFTEL 认定，VOIP 具备以下条件之一的，就应该像公共电话服务一样受到管制：该种服务作为代替传统 PSTN 的服务被推销；在消费者看来，该种服务是公共语音服务的一种替代；或者，该种服务为消费者提供了获得传统回路交换 PSTN 的唯一方法。

7. 有线电视

　　有线电视提供电话服务近年来得到了一定的发展，主要是英国，有线电视电话服务最为突出。美国也有一定程度的提高。其他许多国家尚未开展这项服务。未来，这个领域的竞争可能会对市话领域的竞争产生重要的影响。

8. 码号资源

　　从 1998 年底开始，一些国家就开始实施 PSTN 运营商号码可携带，它对市话竞争具有重要的意义。墨西哥是迄今为止唯一开放市场竞争但没有引入号码可携带的国家。最初，移动运营商没有实施号码可携带，但近几年也开始有许多国家采用。例如，美国 FCC 分别于 2003 年 10 月 7 日和 11 月 10 日公布了移动到移动、固定到移动号码携带规定，并于 2003 年 11 月 24 日起首先在人口最稠密的 100 个城市地区实施，2004 年 5 月 24 日后，扩展到所有地区。有些国家还打算在 2G 与 3G 移动通话之间引入号码可携带。

　　大部分经合组织国家也实行了对所有距离的通话实施事先选择运营商的制度，只有少数国家不能选择市话运营商，如澳大利亚、芬兰、德国、匈牙利、韩国、新西兰、墨西哥、波兰。

二、欧盟的监管政策

欧盟在电信领域的改革虽然起步并不早，并曾经长期维持国有电信公司的垂直垄断经营体制，但其发展势头与具体监管制度目前已经成为许多国家效仿的榜样，产生了重要的影响。

1. 欧盟的立法程序

欧盟的立法程序是多层级体制。居于中心地位的是欧盟委员会，其任期为五年，非经选举产生，只有它有权启动欧盟的立法。但是，这种立法必须是有关一个以上成员国的问题，并且，是为了实现欧盟条约所规定的目标。其他事项由成员国政府处理，这就是欧盟所谓的附属性立法原则。

欧盟委员会立法的最常见程序如下：委员会准备一份草案并送交欧洲议会提出看法；然后，委员会提出修正后的议案，再由欧洲议会审议。只要意见一致，最终会由欧洲议会和欧盟部长理事会以指令的形式立法。整个过程很长，一般需要 18 个月到两年，争议问题时间要更长。由于这种指令是委员会、议会与理事会根据欧盟条约第 96 条合作的成果，通常被称为协调性指令。一旦指令在欧盟层面生效，就要根据各个成员国的法律制度由成员国议会通过立法转化为成员国法。当然，欧盟指令一旦正式在欧盟官方公报上公布，就对成员国有直接的效力，成员国法院可以加以适用。欧盟指令适用上的这种"双轨制"经常会使法律程序产生一些拖延。委员会虽然有权在欧盟法院对成员国启动违约诉讼，但这些程序耗时很长，也缺乏制裁手段，只能罚款。

与上述程序不同的是，当委员会认为有必要维护欧盟条约关于竞争的规定时，如避免可能滥用支配地位等，也可以自己直接制定指令。这种指令被称为自由化指令，其基础是欧盟条约第 86 条。

在推进电信市场自由化过程中，欧盟委员会实际上使用了上述两种不同的立法方式。通常，先根据欧盟条约第 96 条，制定一个框架指令；经过一段时间以后，委员会发现某些国家的立法阻碍了指令的实行，于是又根据条约第 86 条制定其他的指令，消除障碍。当然，在电信自由化过程中，更多的指令是委员会自己主动制定的。

2. 1998 年电信自由化监管框架

欧盟在 1998 年推出自由化立法框架以前的十多年时间里，推出过一系列的举措。但是，只有 1998 年才真正要求成员国政府承担开放电信市场准人的义务。同时，欧盟竞争法的规定与放松管制同时并存，共同推进电信市场的改革。当然，指令给成员国政府留出了一定的变通空间。例如，牌照指令允许对新进入者设定不同的要求；同样，尽管互联指令要求互联收费基于成本，但各国的费率水平有很大的差别。

自由化的早期阶段，重点是限制以前的垄断者，然后，随着竞争的形成和管制逐步放松，逐步转向正常状态。这个过程中，核心要求是，只要不存在技术限制，如频率的稀缺性，就应该对新进入者设定最低的发放牌照要求。

在自由化的早期阶段，三个方面的要求尤其重要：

——控制零售价格。这个阶段，居支配地位公司对于零售价格有市场支配力，必须对零售价格进行控制，否则消费者会实质性地受损。随着供给的增加，管制零售价格的必要性会逐步消失。

——控制接入价格。早期阶段，新进入者需要大量使用支配在位运营商的网络，为防治滥用支配地位，必须对接入价格进行管制。但是，随着基础设施建设的重复投资，对某些网络设施的直接价格管制也会消失。

——普遍服务义务。政府通常要求主导电信运营商承担普遍服务的义务，保证国家的所有部分都能以统一的价格享受电信服务。为防治新进入者规避普遍服务义务，就要建立成本补偿机制，由所有运营商分担。

（1）固话领域对监管框架的实施

牌照。根据牌照指令，牌照制度应该低度和透明，更多地用一般许可而不是单个许可，发放牌照应该及时，收费保持最低。实践中，各国情况有很大的差别，从低度干预、登记到非常严格的单个牌照制度，应有尽有。当然，尽管有这种不平衡，牌照在实践中一般并未对固话领域的市场准入构成障碍。

互联。新进入者接入网络对于竞争的开展尤其重要，其中最为重要的是公平的接入价格。接入价格可以说是反垄断法中"关键设施"原则最为核心的部分。政府要干预，就必须对成本有仔细的了解，最好是基于边际成本制定接入价格。互联指令要求互联收费必须遵守透明度和基于成本的原则。透明度原则要求公开互联条件的要约，对于有市场支配力的运营商，还要求对网络或批发业务与其他业务分别建账。基于成本原则要模糊得多，指令规定了长期增量成本、边际成本、闲置成本、直接成本等概念，每个概念都可以根据历史成本或未来成本加以测算。但是，由于各国会计标准不同，税法不同，使其适用非常困难。同时，分析成本数据非常技术化，而大部分管制机构成立时间有限，缺乏经验，使成本核算更加困难。这样，许多情况下，基于成本只是原则，操作中难以实现。实务中，委员会根据各国接入收费的情况，公布一个中间标准，作为推荐。

地方环路非捆绑。在所有欧洲国家，尽管有许多运营商提供市话网络服务，但市话接入市场缺少竞争。委员会希望通过强制要求，非捆绑地方环路。

普遍服务。普遍服务最初有三个要求：地域覆盖，全地域平均价格，以及以合理的价格获得基本电信服务。后来，还要求对某些社会弱势群体提供某种特别价格以及接入互联网等普遍服务目标。

租赁线路。欧盟租赁线路的费用远较美国高，主要原因是管制当局无法掌握成本资料。

（2）移动领域实施监管框架

牌照。GSM 牌照发放于 20 世纪 90 年代中期，所有的固话在位运营商都得到了一张移动牌照，每个国家至少发放两张牌照，并且，牌照的经营范围都是全国性。GSM 牌照根据选美法发放，被许可人大多只支付很少的费用。英国决定对 3G 牌照进行拍卖以后，牌照的发放方式发生了变化，被许可人需要支付大量的资金。

互联与最终价格管制。移动领域的互联问题在欧洲不太受关注，而是给无线运营商很大的定价自由。通常，对于模拟系统，移动到固话的价格由管制者确定，而数字方面移动到固话给运营商更大的定价自由。更大的自由则给予了移动到移动，由运营商协商确定。固话到移动也给予了同样的自由。这种做法对于欧洲移动通信的发展起到了很大的作用。

3. 2003 年新的监管框架

2002 年 4 月 24 日发布，从 2003 年 7 月 25 日开始，欧盟各国实行了新的电子通信管制框架。如果说 1998 年管制框架是为了创造一个竞争的市场，新的管制框架则是为了运作这个正在成长的、充满活力的市场。随着竞争的引入，对于支配运营商的管制需要逐步减少，新的市场需要低度管制。

新的管制框架由一个框架指令和四个特殊指令构成，包括牌照指令、接入与互联指令、普遍服务指令、数据保护指令。其中，框架指令更像是欧盟电信法，它规定了政策目标，明确各国管制机构的权力与责任，上诉的权利等。指令尤其对 SMP 进行了规定，要求其基于成本定价以及分别财会账户，显然与竞争法的衔接更为合理。

新的管制框架要求管制机构分析相关市场，确定竞争水平。如果运营商占有重要市场力量，管制机构必须施以相应的管制。新的监管框架的另一个特点是以系列的一般许可代替单个的电信执照，相当于从审批制过渡到了核准制（更为准确地说是登记制）。通信提供商不再需要单个执照经营网络或者提供服务，新的许可规定了所有网络运营商与服务提供商必须遵守的一般管制要求。当许可的数量有限时，可以使用公开、非歧视、平等的方式颁发。牌照费也被行政收费所代替。争议解决的期限规定为四个月，特殊情况除外。

4. SMP 监管制度

欧盟认为在开放竞争的环境下，有必要减少对电信市场的专门管制，而更多地采取一般竞争监管的方式。只有在竞争法不能解决问题的情况下，才能适用行业特殊管制。新的管制体系明确把是否具有 SMP 作为是否对运营商施加行业特定管制（sector-specific regulation）的衡量标准，并对 SMP 的定义、评估标准和程序做出了系统的规定。

（1）1998 年管制体系中的 SMP

SMP（Significant marker power，即重要的市场力量），最早出现在欧盟1997 年的互联指令中。根据互联指令第 4 条的规定，在欧盟成员国内，如果一个运营商占有某个特定电信市场 25% 以上的市场份额应被认为具有重大市场支配力。同时，管制机构需要综合考虑运营商影响市场的能力、相对于市场规模的营业额、对接入终端用户手段的控制、掌握的经济资源和提供产品和服务的经验等因素。一国的监管机构也可以决定一个市场份额少于25% 的运营商具有重大市场支配力，也可以决定市场份额高于 25% 的运营商不具有重大市场支配力。

这一定义主要有以下缺陷：

①缺乏灵活性。该定义主要根据市场份额来评估是否具有重大市场支配力，尽管规定了在某些情况下可以背离 25% 市场份额的标准，但这一个固定的门槛相对于变化迅速的电子通信市场还是显得过于僵化。

②缺乏可操作性。该规定只是笼统地提出决定重大市场支配力的原则，并没有规定评估的标准，程序等。

③缺乏透明性。缺乏操作性的规定将同时具有缺乏透明性的问题。由于规定的比较笼统，缺乏实施的具体标准和程序要求，监管机构在对运营商的评估中，就会具有更多的自由裁量权。

（2）2002 年新管制体系中的 SMP

框架指令 14 条把 SMP 定义为：如果一个企业或单独或与其他运营商联合具有相当于主导的地位，也就是说其经济实力赋予了在相当大程度上独立于竞争者、客户和最终消费者而采取行动的能力，这个企业应该被认为具有 SMP。

这一定义和以前相比具有以下几个方面的变化：

①与竞争法中"主导地位"的定义相联系。框架指令 14 条规定的 SMP 定义和欧共体条约 82 条中欧洲法院关于"主导地位"的定义相同。因此，SMP 运营商取代了过去电信领域"主导运营商"概念。把 SMP 和竞争法相联系反映了欧盟把监管政策向竞争政策靠拢的意图。

②由竞争法中的事后评估发展到事先评估。EC 条约 82 条关于市场"主导地位"定义的是事后评估，主要考察的是过去发生的行为。而新的框架指令中规定国家监管机构对市场的分析必须具有前瞻性，充分考虑未来市场发展的趋势。比如，即使现在不是有效竞争的市场，而市场的竞争会逐渐增加，也不能把运营商确定为具有重大市场支配力。

③提出联合主导地位。1998 年监管体系中只规定了评价一个运营商是否具有 SMP，新的管制体系除了规定了单一主导地位，也规定了具有联合主导地位的运营商也应被确定具有 SMP。

④规定了在紧密相关市场具有 SMP。框架指令 13（3）规定在某个市场具有 SMP 的运营商，可能在紧密相关的市场也具有 SMP，两个市场之间的联系可以使运营商在一个市场中的支配力影响到另外一个市场。

⑤政策含义不一样。1998 年监管体系中的 SMP 侧重于互联互通的监管，要求 SMP 运营商全面履行互联接入义务；而新监管体系中的 SMP 目的是维护公平竞争，涉及电信监管和竞争监管的各方面，不仅包括提供互联的义务。

（3）SMP 认定的基本程序与标准

欧盟 SMP 管制体系的基本程序是：

第一步，界定"相关市场"。因为 SMP 运营商只存在于特定的市场上，不能笼统地称某个运营商具有市场主导力量或 SMP 地位。

第二步，根据一定的标准，评价特定"相关市场"上各个运营商的市场影响力，从而找出该市场上的主导运营商。

第三步，根据该主导运营商可能实施反竞争的可能，对其施加额外的管制义务，以防止不正当竞争行为的出现，

界定"相关市场"是判定 SMP 运营商的第一步。这和以往笼统的判定"主导运营商"完全不同。主导运营商，一般是对电信市场上原来居于垄断地位的运营商的称谓。比如英国电信、法国电信、德国电信、澳大利亚电信等。而 SMP 最大的不同是，SMP 运营商只存在于特定的细分市场上，不同

的细分市场有不同的 SMP 运营商。因此，细分市场十分关键。

每一个"相关市场"或者"特定市场"都是由产品市场和地理市场两种维度共同构成的。因为运营商总是在不同的地理区域内提供各种不同种类的电信服务。所谓市场认定就是通过确定构成"相关市场"的产品或服务以及地理范围来划分不同的、可能需要事先管制的市场。

参与认定市场的主体主要是欧盟委员会和成员国的监管机构。欧盟委员会主要是认定需要管制的产品和服务类别的主体。成员国监管机构主要是认定地理类别的主体。根据《框架指令》15（1）欧盟委员会通过公布《建议》确定主要的、可能需要事先管制的产品和服务市场，另外，《框架指令》15（4）规定对于跨国市场的认定权属于欧盟委员会。然后，成员国的监管机构主要是根据欧盟委员会建议的产品和服务市场，确定这些市场在成员国内的地理范围。但《框架指令》15（3）规定成员国监管机构也可以根据本国具体情况认定在欧盟委员会《建议》以外的市场。

①产品市场的认定

认定产品或服务市场和认定地理市场就是要找到在一定区域内的可充分替代的产品或服务市场。产品市场的划分通过需求替代和供给替代来进行。

首先看需求替代。需求替代性是衡量在多大程度上消费者准备用其他产品或服务替代现有产品或服务。如果不同的产品或服务可以持续满足消费者相同的使用需要和价格需求，即为可充分替代的产品或服务，从而属于同一个市场。比如：用户可以使用有线，也可以使用无线来实现本地话音接入，如果两者可以完全替代，那么有线本地接入和无线本地接入就属于一个市场。再比如互联网接入，通过 ADSL、电力线、有线电视都可实现宽带接入，因而被看作一个市场。相反，部分替代的产品或服务不能被划分为同一市场，比如寻呼和移动通信虽然都可以传送短消息，但因为寻呼无法替代通话功能，它们就不能被定义为同一市场。

其次是供给替代。供给替代性是指其他供应商是否能迅速或在短期内改变生产线或提供相关产品和服务，并且没有产生大量的额外成本。还是前面的例子，如果在宽带接入市场上，ADSL 的运营商提高接入价格，消费者转向其他接入方式，其竞争者 Cable TV 运营商或电力宽带运营商能迅速增加宽带接入供给，而成本不增加很多，那么上述三种接入市场被看作一个市场。

欧盟委员会强调细分市场划分的方法应该是动态的，而不是机械的、静态的。有些业务目前并不是完全替代关系，但是不排除将来会形成完全替代的竞争，因为有些市场存在着潜在的竞争。例如，在大多数地方，无线宽带对有线宽带的竞争是潜在的。潜在竞争和供给替代的区别是供给替代将会随着价格上涨迅速做出反应，而潜在竞争者需要更长的反映时间。另外，供给替代不需要大量额外的成本，而潜在竞争者的进入会产生大量成本。

欧盟采用一种"假定垄断者试验"的方法来对竞争性约束力进行检验。具体方法是：假定某个特定市场上某个企业占据市场主导地位，假设它把服务的价格略微提高一点，但却是很重要的、持续性的上涨（比如上涨 5%—10%），并假定其他产品和服务的价格不变，然后监管机构考察消费者或企业的反应。如果存在替代性产品或服务，即可以和主要产品或服务确定为同一个市场。

举例说明：假定一家固定电话运营商把固定本地电话的价格提高 10%，如果消费者马上做出反应，大量的通话转移到移动网上，同时移动运营商可以在不增加很大成本的前提下，迅速增加移动通信能力来满足这部分增加的话务量，那么可以认定固定本地电话和移动本地电话属于同一市场。

实践中，认定相关市场是从尽可能窄的一个产品或服务市场开始，然后通过需求和供给替代逐步扩展相关市场，直到没有可替代的产品或服务。

②地理市场的认定

地理市场的认定很好理解。因为运营商的 SMP 总是在所经营业务的一定地理范围内发生的，不可能无限制的存在。从需求方面看，消费者是在这一地理范围内购买电信产品和服务；从供给方面看，运营商能够在此范围内提供服务。例如，英国 Kingston 通信公司在赫尔（Hill）地区提供电信业务，出于提供特定电信业务的考虑，Oftel 认为相关地理市场被限制在金斯顿运营的地理范围内。

当然有些电信业务和地理范围关系不大，比如电子邮件业务，中国消费者可以选择北京的 263 信箱，也可以选择服务器位于美国的 Yahoo 邮件。

在通信产业，传统上，相关市场的地理范围主要由两个标准决定：一是网络覆盖的范围；二是法律和其他监管工具的存在。第二个标准的意思是，在该地理范围内存在一个统一的电信监管和法律体系。比如，Vodafone 在全球各地都拥有移动网络并提供服务，但是不能认定为一个地理市场，而要根据国家和地区来划分。

综上，通过产品市场和地理市场两种维度，就可以划分和认定细分市场了。首先是产品（业务）市场，比如本地电话市场和长途通信市场；其次是地理市场，比如北京本地电话市场、全国长途通信市场。在产品市场方面，欧盟委员会在《建议》中认定的市场主要区分为终端用户的服务市场

（零售）和为运营商提供基础设施接入市场（批发）。固话零售服务市场按服务对象分为居民和商业用户。提供网络基础设施的服务（批发）包括固话始发、终接、转接、宽带接入、本地环路、线路出租。移动通信网络批发业务包括始叫、终接和国际漫游等（见图1－1）。

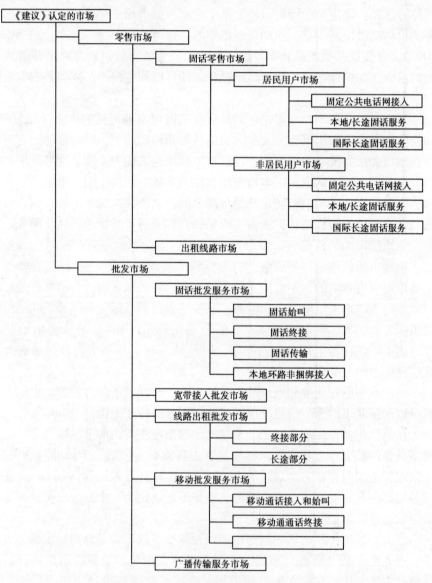

图1－1　欧盟建议的产品市场划分

（4）SMP 制度的意义

SMP 的提出反映了欧盟乃至全球电信管制的一种趋势，就是竞争政策与电信监管的融合。

在管制理论中，管制和竞争被视为两种可以互相替代的资源配置手段。随着世界范围内电信市场开放竞争，放松管制已经成为一种管制的趋势。比如，越来越多的国家放松了市场准入的限制，价格控制也只被限制在网络批发业务上，而零售资费则几乎完全放开。但是，放开竞争之后却出现了许多新的问题，主要是不正当竞争问题。这是由电信网络的产业特征决定的。

由于电信网络需要巨大的固定资本投入，带来了显著的规模经济和范围经济性。这样的产业特征决定了，电信业无论如何放开竞争，最终都是一种垄断竞争或者寡头垄断竞争的市场格局。那么在这样一种市场结构下，少数几家大公司通常有很大的市场主导权，它们可以单独或者联合起来提高价格或限制产量。另外就是滥用市场主导权，打击中小竞争者。这显然不利于社会福利的提高和总体产业发展。

因此，如何在放松专门电信管制的情况下，保证电信市场竞争的公平有序性，是全球管制者面临的一个新的问题。欧盟 2002 年新的管制框架的确立和 SMP 的提出指明了管制的方向，即未来的电信管制越来越效法一般竞争法原则，同时又承认特殊行业管制的必要性。管制框架应当使管制者更加贴近不同的市场，更详细了解市场在竞争环境下的多样性，从而采取正确的干预措施来保证竞争的公平性。

实际上，在管制理论上，有关竞争监管与专门的电信监管之间的关系问题一直是理论界关心的一个热点问题。传统的电信监管着眼于对垄断企业的监管，譬如市场准入限制、价格控制、服务质量规定等，主要通过事前的规则和程序制定来达到特定的目标。而竞争监管主要是为了防止市场权力的滥用，它通过事后的调查和取证，来对反竞争行为作出处罚。

竞争监管和电信监管在执行机关上也不同。许多国家同时具有统一的竞争监管机构和电信监管机构，比如美国，由司法部来负责反竞争的调查和起诉；欧盟许多国家设有公平交易委员会担负竞争监管的任务。另外一些国家只有电信监管机构，没有统一的竞争监管机构，譬如，我国工商部门有部分的竞争监管机构，但局限于微观层面。还有一个极端的例子是新西兰，曾经在一段时间里只有竞争监管机构，没有专门的电信监管机构。

在两套政策法律体系的协调问题上，欧盟 SMP 的提出表明了电信监管向竞争法靠拢的趋势。例如，新的 SMP 的定义和欧共体条约 82 条中欧洲法院关于"主导地位"的定义相同。表 1－1 是竞争监管与专门电信监管的区别。

表 1－1　　　　　　　　　竞争监管与专门电信监管的区别

不同点	竞争监管	专门的电信监管
时间	事后监管，对违反竞争行为作出处罚；一般是 Case by case 的调查	做出事前规定和事后监管结合；一般是做出具有普遍约束力的决定
程序	通过正式的司法程序	正式和非正式的程序混合使用
监管范围	所有经济领域	电信领域
监管机构	统一的竞争监管机构，例如公平竞争委员会或司法部门	专门的电信监管机构

同时，SMP 又不是单纯的用竞争法来代替电信监管，更确切的是在电信监管中融入竞争监管的理念。比如，SMP 不是竞争法的事后调查，而是一种事前的评估方法。EC 条约 82 条关于市场"主导地位"定义的是事后评估，主要考察的是过去发生的行为。而新的框架指令中规定国家监管机构对市场的分析必须具有前瞻性，充分考虑未来市场发展的趋势。这也是两种政策法律体系融合的一种表现。

欧盟也认识到，在目前的情况下，还不能用竞争法完全来代替专门的电信管制。现实的做法是逐步在电信领域扩大对反垄断、反不正当竞争的应用。在许多情况下，依照电信管制政策和依据竞争法评估的结果是相同的，但并不意味着不会存在差异，这是因为：第一，行业特殊监管政策和竞争法所要解决的问题是不同的，前者主要是保证完成互联互通、普遍服务等规定的目标，而后者是要解决如何惩罚共谋和滥用市场权力的问题；第二，行业特殊监管政策要求进行前瞻性、周期性地评估，而竞争法一般只是事后地、一次性地评估。

应该说，欧盟 SMP 概念及其政策体系的提出是适应电信管制新环境，管制进一步科学化、专业化的结果。它反映了世界范围内电信管制发展的新思想。实际上，这种思想已经在和正在欧盟外的许多国家得到应用。比如，美国早就有反垄断和电信管制两套体系，司法部的反垄断调查和联邦司法系统在电信管制中发挥了重要的作用；加拿大的 CRTC（加拿大广播电视电信委员会）依据《竞争法》也确立了进行市场竞争评估、决定市场权力的程序和方法，与欧盟的做法基本相同；澳大利亚的 ACCC（竞争和消费者委员会）和电信监管机构 ACA（澳大利亚通信管制局）联合对电信实施管制，而 ACCC 主要负责对电信市场的不正当竞争行为进行调查和处罚。以上例子表明，竞争监管和电信监管正在越来越多地联合起来共同发挥作用。

三、美国(加拿大)的监管政策

1. 基本制度

1984 年 AT&T 分拆后，地区 Bell 运营公司希望进入长话市场，而长话公司也希望进入市话。于是，1996 年的电信法开放了所有领域进行竞争，并且，在位（incumbent）市话公司必须通过出租或非捆绑其网络元素与新进入者互联。

在加拿大，1993 年通信法规定，CRTC 对于所有非省政府拥有的电话公司均有管制权力。1992 年，CRTC 首度允许进入长话交换市场，1995 年，又允许市话竞争。当然，加拿大对于在位运营商网络非捆绑的要求不如美国那么严厉。

美国电信政策不仅是立法的结果，也交织着法院的决定。实际上，MCI 进入长话市场，就是法院的判决（FCC 败诉）决定的。当然，美国的电信政策主要还是决定于历经 20 年才制定的 1996 年电信法，其立法目的是为了减少规制、鼓励竞争，放开电信所有领域的竞争。1996 年电信法内容广泛，非常宏大，篇幅达 128 页。并且，虽然立法目的是放松管制，但实际上为 FCC 规定了许多管制手段。

（1）1996 年电信法的主要内容

1996 年电信法的主要内容在于三个方面的放松管制：

——长话市场服务。主要手段是允许地区 Bell 符合条件后（必须得到所在州公用事业委员会的认可；得到司法部与 FCC 对 14 点要求的认可，保证地方市场对竞争者开放；得到 FCC 的认可，其进入长话市场有利于公共利益）进入长话市场。法律希望通过对 BELL 的这些条件，来促进市话领域的竞争。

——市话市场服务。除了上述对 Bell 公司的要求外，还有三个措施，一是禁止任何州或地方立法限制州际之间或州内的电信竞争；二是要求在位运营商就其网络，在技术上任何可行的点，以合理、公平、非歧视的价格和条件（全要素长期增量成本），为新进入者提供"非捆绑接入"；三是允许新进入者以批发折扣价购买整个服务后，转售其零售服务。

——地方有限电视市场服务。废除限制电话公司进入该市场的规定，同时规定了废除价格管制的时间表。

（2）长话竞争

从分拆 AT&T 开始，Bell 被禁止进入长话领域，因此，美国长话竞争是通过纵向分拆实现的。即使 1996 年法律制定后，也对 Bell 进入长话领域规定了严格的条件。一般认为，纵向分拆是长话竞争的充分条件，但不是必要条件。加拿大未采用纵向分拆，在位运营商现在仍然继续提供市话与长话业务，同样也实现了长话领域的竞争，但是，加拿大建立了基于边际成本的平等接入机制。加拿大的做法比较简单，就是鼓励不同网络之间的互联，而不是为在位运营商设施的转售商或租用者规定互联。就结果来看，美国放开长话市场的时间虽然有二十多年，而加拿大只有十来年，但加拿大长话市场竞争的结果并不落后于美国。因此，不是纵向分拆，而是平等接入，创造了长话市场竞争的结果。

（3）市话竞争

1996 年之前，市话被视为是自然垄断行业。改革以后，进入放松，新生了大量的市话运营商，并且其股市表现非常抢眼，对市场的资本投入也增加了。但是，鉴于政治考虑，商业用户仍然比居民用户付更高的市话费用。相比之下，加拿大市话竞争政策更少政府管制，更多地依靠网间的竞争，而不是依靠新进入者使用在位运营商的设施。

一些人对于 1996 年电信法的批评，主要是针对其非捆绑的全面要求和全要素长期增量成本的资费政策。这两个政策降低了新进入者建设自己的设施的激励。同时，由于依据长期增量成本出租其设施不能弥补在位运营商的沉淀成本，使在位运营商也失去投资的动力。2003 年 2 月 20 日，FCC 通过本地电话竞争新规则。新规则规定，本地电话主导运营商仍然必须以非捆绑的方式向其竞争对手开放其本地电话环路，但不必以非捆绑方式开放其拥有的宽带接入网络。各州可以自行决定强制地方 Bell 公司低价出租本地网络的期限和价格。

（4）移动领域的竞争

在无线领域，带网络的运营商进入是推动竞争的主要动力。并且，与市话领域对新进入者的管制保护不一样，无线领域的新进入者并没有管制方面的优惠措施。在美国，很长时间里，每个市场只有两个无线（cellular 蜂窝电话）运营商，因为 FCC 对每个市场只颁发两张 25 - MHz 执照。并且，与欧洲、加拿大不同，美国的无线服务执照，地域范围非常小。不过，从1990 年开始，FCC 开始为个人通讯服务（personal communications service,

PCS）颁发微波频率，可以替代 cellular。1995 年，在 A、B 频段（每个 30MHz）通过拍卖配置了 PCS 执照，后来又在 C、D、E、F 频段颁发了执照。另外，一家公司——Nextel——成功地从 FCC 获得了许可，经营 enhanced specialized mobile radio（ESMR）的频率，可以与 cellular 和 PCS 进行无线竞争。这样加起来，在无线电话市场上，可以有九张牌照，价格也基本不受管制。执照可以进行合并，但鉴于 FCC 对于频率的上限管理（45MHz），每个市场都可以保持四家或更多的竞争者。由此使资费大幅下降。

1996 年电信法对无线领域的唯一新管制措施是要求无线与固话之间互联必须"相互补偿"。1996 年之前，两者之间互联的费率每分钟超过 2 美分，到 2001 年，每分钟为 0.5—0.7 美分。无线公司获得了市话新公司同样的互联费率。除此之外，没有诸如非捆绑、转售或者其他形式的新管制措施。对于无线的零售价格，基本没有管制。美国的无线普及率低于欧洲，主要原因有：牌照经营范围分割，以及由此造成的漫游收费，还有双向收费；另外，美国的居民用户市话收费较低。

2. 当前发展趋势

2004 年，美国移动通信市场的几大并购事件改变了市场格局：年初，Cingular 以 410 亿美元并购 AT&T 无线公司，成为该国最大的移动通信运营商；为了应对挑战，年中，原先排名第一位的 Verizon 无线公司购买了更多的频谱牌照，扩大自己的业务范围；Sprint 并购 Nextel 也终于在 2004 年 12 月 15 日尘埃落定。至此美国市场上全国性的移动通信运营商只剩下了四个：Cingular、Verizon wireless、Sprint/Nextel 以及 T-Mobile。其中，Cingular 的用户数为 4700 万；Verizon wireless 紧随其后，为 4200 万；Sprint/Nextel 排名第三，为 3540 万；排名第四的 T-Mobile 与前三名相比，用户基数相对较小，仅为 1600 万左右。而此前 Nextel 的用户数仅为 1300 万左右。2005 年，美国电信市场又刮来并购之风：1 月 9 日美国第六大无线运营商 Alltel 与美国西部无线公司的董事会进行了深入谈判并就 Alltel 收购后者一事达成了一致，预计交易金额约为 40 亿美元。两家公司的业务主要集中在美国的乡村，合并后 Alltel 公司将成为全美第五大无线服务公司，其网络将覆盖美国一半的国土和 1/4 的人口。

2005 年 1 月，擅长经营本地业务的 SBC 公司以 160 亿美元收购它以前的母公司 AT&T，而 AT&T 是美国最大的长途电话公司。2005 年 2 月，美国最大的运营商 Verizon 以 67 亿美元的代价获得美国第二大长途电话公司

MCI。在本地电话公司并购长途公司之前，本地业务和长途业务以及移动业务是分开的。比如 AT&T 有移动业务 AT&T 无线，也有传统的长途业务，还曾经试图通过收购有线电视网络进入本地市场（但是失败了），但这些都是由独立核算的子公司经营。

美国的宽带接入服务市场主要包括 xDSL、电缆调制解调器、T1/T3 数字专线和 ISDN 等细分市场。而提供宽带接入的服务商则多达一百多家，这些公司当中既有贝尔南方、AT & T 这些全国性的基础电信运营商，也有传统的地区性电信服务提供商（IELCS）和竞争性的地区电信服务提供商（CELCS），当然也包括 ISP 和有线电视服务提供商等等。目前，电缆调制解调器仍是美国最主要的宽带接入方式，可以提供最大 3M 的接入速度；但是近两年来，DSL 方式的接入数也越来越多。

美国电信市场众多的并购事件，反映了美国管制机构对市场准入态度的改变。FCC 在 2004 年 10 月正式批准了 Cingular 和 AT&T 无线的巨额购并案，就预示着其主导的美国电信业监管政策发生巨大改变。在此之前，FCC 依然对电信垄断持警惕态度，拆分大型运营商和鼓励新兴运营商一直是 FCC 最热衷的事情。受到 FCC 态度转变的影响，其他运营商纷纷寻求兼并之路，以收购等方式优化资源配置，希望在新的一轮"洗牌"之中脱颖而出。尽管 SBC 并购 AT&T、Sprint 并购 Nextel、Verizon 并购 MCI 三案仍然在 FCC 的审查之中，但是投资界相信 FCC 批准合并案仅仅是时间早晚的事情，而华尔街也用股票大涨来对并购事件实施"鼓励"。

四、日本的监管制度

1. 电信市场基本情况

随着日本 NTT 公司的民营化和电信市场的自由化，1985 年日本开放了电信市场，电信运营商也随之而逐年增加。1995 年度日本第一类电信运营商 126 家，第二类电信运营商 3134 家；到 2000 年度第一类电信运营商增加至 249 家，第二类电信运营商增加至 7651 家。截至 2004 年 3 月末，电信运营商的总数量达到 12518 家，2003 年度的新增运营商为 1562 家，较上年度（2002 年度的新增运营商 995 家）的数量又有增加。

到 2003 年 3 月 31 日，电信业务的销售额共 18.66 万亿日元，其中，第一类电信运营商 16.83 万亿日元，第二类电信运营商 1.83 万亿日元。新兴运营商占有的长途通话量为 52.8%，占有的本地电话份额为 39%，占有的国际电话量为 60.5%。

表 1-2 是近五年日本电信运营市场的运营商数量增长情况：

表 1-2		各类电信运营商数量增长情况			
年　　度	2000.4.1	2001.4.1	2002.4.1	2003.4.1	2004.3.31
第一类电信运营商	249	342	384	413	422
NTT	3	3	3	3	3
KDD	1	—	—	—	—
NTTDoCoMo 等	9	9	9	9	9
NCC（新兴运营商）	236	330	372	401	410
其中：长途/国际	21	32	35	32	31
本地公司	159	274	319	349	359
卫星公司	5	5	5	6	7
移动公司	51	19	13	14	13
第二类电信运营商	7651	9006	10137	10904	12096
其中：特别类	101	113	112	115	113
一般类	7550	8893	10025	10789	11983
合计	7900	9348	10521	11317	12518

注：日本年度为当年 4 月 1 日—次年 3 月 31 日。

2004 年 3 月末前日本电信运营商分为第一类和第二类，其中第二类运营商又分为特别类与一般类。

到 2001 年 5 月，日本共有第一类电信运营商（拥有电信设施的电信运营商）347 家，第二类电信运营商（没有电信设施的电信运营商）9214 家，其中，主要由 NTT、KDDI（由 KDD、DDI、IDO 三家公司组成）和日本电信（在日本铁路通信基础上发展起来的）三大全业务综合运营商主导市场竞争。

在本地电话市场，NTT 公司的市场占有率为 94.5%；国内长途电话市场中，NTT 的市场份额已降到 53%，KDDI 和 JT（日本电信）则分别为 29% 和 17%；国际长途电话市场中，原有主导者 KDDI 的市场份额已降至 51%。

日本的移动电话用户已超过固定电话，达到 6788 万户，NTT、KDDI 和日本电信三家公司的市场占有率分别为 57%、27% 和 15%，在日本，以 i-mode 为代表的移动互联网业务发展很快，有 54.4% 的移动通信用户使用移动互联网业务。

在宽带接入市场，NTT、KDDI、JT 三家公司分别拥有 230 万、180 万和 140 万 ADSL 用户。

2004 年 4 月起取消了对电信运营商的分类。

从各类电信运营商数量来看，主导运营商的数量除 1999 年由于 NTT 的重组，使 NTT 公司一分为三外，近十年来几乎没有变化。而 NCC（新兴电信运营商）第一类电信运营商的数量则从 1995 年度的 126 家迅速增至 2004 年 3 月末的 410 家，增长了近 3.3 倍。第二类电信运营商的数量增加更为可观，从 1995 年度的 3134 家增至 2003 年度的 12096 家，增长了约 3.9 倍，近十年增加了运营商 8962 家，自 2002 年起就已形成了万家以上的电信运营商一起提供电信业务的运营市场格局，而且这种势头持久不衰。

根据日本总务省 2004 年 4 月 16 日公布的《通信产业基本调查》报告，近五年日本电信市场规模状况见表 1-3：

表 1-3　　　　　　　　　　日本电信市场规模　　　　　　　　单位：亿日元

年　　度	2000.4.1	2001.4.1	2002.4.1	2003.4.1	2004.3.31
电信业务	163117 (10.1)	175938 (7.9)	190554 (8.3)	162195 (-14.9)	161614 (-0.4)
第一类电信运营商	153929 (11.2)	162187 (5.4)	176086 (8.6)	143876 (-18.3)	145856 (-1.4)
第二类电信运营商	9188 (-5.2)	13751 (49.7)	14468 (5.2)	18319 (26.6)	15758 (-14.0)

注：（　　）内为与上年度比的增长率。

日本在开放电信市场的 20 年间，电信运营商的数量大幅增加，市场竞争日益激烈。

日本在电信领域实行竞争评价制度：2003 年 11 月，总务省阐明并发布了关于在电信业务领域竞争状况评价的基本方法，对于竞争状况进行了一个总体的评估。

2. 电信市场准入政策

（1）2003 年修改 NTT 法

提高 NTT 东、西公司的经营自由度：扩大 NTT 东、西公司的业务领域，规定 NTT 东、西公司可灵活使用经营资源（设备、技术或职工），在确保原有业务的顺利进行、并不影响公平竞争的情况下，允许进入互联网的业务市场等。通过放松或取消外资管制、发行新股及处理 NTT Com 公司的股份，提高运营 NTT 集团的灵活性。

修改前	修改后
⊙ NTT 东、西公司的业务领域限于地区通信业务 ⊙ NTT 控股公司的外资限制 20% 以下 ⊙ NTT 控股公司的新股发行认可制 ⊙ 处理 NTT Com 公司的承继股份认可制	⊙ NTT 东、西公司的业务领域追加互联网业务等新的电信业务（认可制） ⊙ NTT 控股公司的外资限制 1/3 以下 ⊙ NTT 控股公司的新股发行到达一定的股份时实行特别报备 ⊙ 处理 NTTCom 公司的承继股份，取消认可制

　　扩大 NTT 东、西公司业务领域的公平竞争原则：要求 NTT 东、西公司提出有关以下七项的资料，同时鉴于公正竞争原则，判断是否满足认可条件：开放网络；公开网络信息；确保对不可缺少的信息公平性；建立营销方面的防火墙；防止不正当的内部互补（财务分离等）；对相关运营商的公平待遇；汇报实施情况等。

　　（2）2004 年实施新《电信事业法》

　　2002 年 8 月总务省收到了电信理事会提交的新竞争框架，该框架提出了对一些重大管制政策的调整建议。这些新建议在得到日本国会批准后，作为《电信事业法》等电信法律的修正案于 2004 年 4 月日开始实施。新竞争框架主要管制政策建议如下：

　　废除第一类电信事业和第二类电信事业之间的区别。随着电信市场的发展，第一类电信事业和第二类电信事业之间的区别越来越不明显。最初的第一类电信经营者是一些以自建电路设施主要提供 PSTN（电话）业务的大的电话公司。随着电信技术的发展，出现了一些经营范围十分有限的第一类经营者如有线电视公司、无线 LAN 经营者和中央商务区（CBD）接入经营者。最初的第二类电信经营者是通过租赁电路设施，主要向集团用户如公司用户等提供数据业务等增值业务的经营者。后来，逐渐产生了一些向众多公众用户提供 ISP、IP 电话及 ADSL 业务的第二类经营者。新的第一类和第二类电信经营者的出现，使两类电信事业之间的区别日益模糊和没有必要，人为区分二者的界限徒增管制负担，实际管制效果也不理想。鉴于此，总务省决定废除第一类和第二类的分类，按电信设施经营者和电信业务提供者这两个分类来进行管制。

废除第一类电信事业的市场准入许可制度。为减轻事前管制，日本改变了过去对第一类经营者实行许可制、对特殊第二类经营者实行登记制和对一般第二类经营者的通知制度，改采对安装有大型电路设施的经营者实行登记制，对其他经营者仍实行通知制度。这样做的结果是使得所有的经营者能快速发展业务，抓住新出现的市场机遇并且及时满足用户的需求。

废除第一类电信事业中止经营或停业的批准制度。要求所有的电信经营者在中止或停业时，应提前通知用户并在事后报监管机构。同时，制定了用户利益保护规则，要求所有的运营商在中止经营或停业时都必须遵循此规则。

（3）对外资的管制

1992年日本制定的《日本电信通讯事业法》规定不允许外国电信运营商进入第一种电信通讯事业市场。1997年《基础电信谈判协议》中日本政府对外资进入基础电信业务市场的限制为20%，即1/5。同年，经过修改的《日本电报电话公司法》对外资进入的限制规定有所改变：NTT公司不允许"外国公民投票权比例"达到或超过1/5。《国际电报电话有限公司法》，又称KDD法，对外国人的投资规定与NTT法中的规定是一样的。之后日本政府取消了KDD的外资限制，对NTT仍维持原来的承诺。

WTO协议于1998年正式生效，同年，日本修改了电信事业法，废除了供需调整方面条款，该条款规定运营公司即将在某地提供的业务如果不是当地所需要的，或如果运营公司在此地提供业务将会造成此地网络设备的过剩时，邮政省有权拒绝运营公司进入该地市场的规定，并于2月与美国最终达成了WTO的服务贸易协议。

事业法的修改和WTO服务贸易协议的达成最终打破了市场准入的界限，通信运营公司开始进入了彼此的经营领域。外国电信公司也可进入日本电信市场。

2005年3月美国贸易代表办公室（USTR）发布的电信业贸易壁垒评估报告中将日本也列为特别关注对象之一，报告称日本宣布由于没有新的频谱资源而限制新的外资进入无线市场。

3. 其他监管政策

（1）非对称管制政策

2001年修改的《电信事业法》中对主导运营商行为进行了规定。第一类指定电信设备主导运营商要求固话终端的传输设备数占有率超过50%的运营商（各都道府县），仅指 NTT 东、西公司；

第二类指定电信设备主导运营商要求移动终端设备数占有率超过 25% 的运营商（各业务地区），仅指 NTT DoCoMo 集团及冲绳蜂窝公司；

第三类指定运营商要求利润占有率超过 25% 的运营商（各业务地区），加上考虑占有率的推移及其他情况，仅指 NTT DoCoMo 集团。

主导运营商禁止下列行为：

①滥用通过互联业务获得的信息；

②电信业务方面对特定电信运营商进行不正当的优先待遇及提供利益，或者进行不正当的不利待遇及不提供利益；

③对其他电信运营商（包括内容提供商）、电信设备制造商及销售商的业务实施不正当规定或干涉。并实行电信业务的收支情况等财务信息的公示义务。

2003 年修改的《电信事业法》中完善了非对称管制政策，对非主导运营商的管制大幅度放松，对主导运营商的管制尽量放松资费、业务方面的管制，只限于对本地固定通信及移动通讯的管制，长途及国际通信除外。明确主导运营商反竞争行为的类型，论述了防止及取缔的措施。

（2）资费政策

对于不同类型的电信运营商，日本有着不同的资费管制政策，对于一般性二类运营商，没有任何资费管制。对于特殊性二类运营商，只需向电信管制机构通报有关资费，对于一类运营商，在 1998 年前一类运营商的资费必须得到 MPT 的核准才能得以实施。1998 年 5 月 MPT 修正了《电信事业法》，使核准制度为通报制度，但同时引进价格上限制度，即对那些垄断性的电信业务规定合理的基本价位。

2004 年《电信事业法》废除对非主导运营商的资费管制。要求所有的电信经营者承担向用户解释与资费有关的重要事项的义务，并且在产生资费争议时要快速、恰当的加以解决。同时，对普遍服务（基本收费、本地电话、紧急电话等）资费实行通知制度。主导经营者的业务价格上限管理仍然保持。

（3）互联互通政策

日本政府考虑到电信运营商互联互通问题的重要性，故在打破垄断、开放市场前就制定了《日本电信电话株式会社法》（简称《NTT 法》）和《国际电信电话株式会社法》（简称《KDD 法》），对当时占垄断地位的 NTT 公司和 KDD 公司的权利、义务等各方面，从法律角度做出了明确的规定。随着日本电信市场的进一步开放，竞争格局的演变，原主导运营商的身份、地位也随之有所改变。为此，原日本邮政省自1997年起对《电气通信事业法》（简称《事业法》）和《NTT法》、《KDD法》的部分内容进行了修改，又根据KDD公司的变化，于1998年废止了《KDD法》。

由于近年来电信运营商的数量大幅增加，各运营商对互联互通、网间结算的要求也大不相同。因此总务省每年都要应电信业各方呼声，对其中的条款和结算费用进行多次修改。近两年修改最为频繁的是网络使用费，从2002年的1月31日至2004年12月21日期间共修改了20次，从修改次数上也充分反映出互联互通、网间结算问题的复杂性，而且网络使用费比其他相关的结算费用更加受到广大运营商的关注。正因如此，日本总务省每年都要组织专家，反复讨论网间结算问题。日本政府正试图通过完善法律，解决互联互通、网间结算这一敏感的问题。

2004年《电信事业法》废除了对非主导运营商关于网间互联的事前管制。比如过去要求非主导运营商在达成互联协议后，要向管制机构报告。废除通知义务有利于减少运营商的管制负担。维持对主导运营商的非对称管制，以防止其不正当地利用优势地位实施不正当竞争。这主要体现在网间互联的管制上。

五、韩国

1. 市场基本情况

在移动通信市场方面，韩国目前有SK Telecom、KTF、LG Telecom三家。均是全国范围的经营商。其中SK Telecom占有大约51%的市场份额，KTF占有32%，LG Telecom占有17%的份额。

固定电话业务方面，KT是目前韩国最大的固定电话运营商，它拥有98.3%的市场份额，在宽带市场份额也高达51%。Hanaro作为新进入者于1999年开始商业化服务，只占有1.7%的份额，影响力有限。两者都是全国性运营企业。

在长途业务方面，共有KT、DACOM、温塞三家经营长途业务。

韩国的宽带服务提供商，主要有韩国电信KT（ADSL和以太网）、Hanaro电信（ADSL和Cable modem技术）和Thrunet（有线电视网络），还有DACOM、温世通信、SKT、DREAMLINE几家小的宽带接入公司，这些小型ISP往往从大运营商如KT那里租用线路来提供互联网服务。其中KT在宽带市场份额也高达 45.8%，Hanaro 电信为 28.6%，Thrunet 为 13.1%，其他公司占有剩余的市场份额。2004 年 12 月在破产法院对 Thrunet 公司进行拍卖的过程中，Hanaro 电信以 4.72 亿美元的出价击败了竞争对手 Dacom 公司和美林证券，获得了胜利。

在韩国的电信市场，KT 是拥有全业务经营的企业，它的无线分部 KTF 是韩国第二大移动运营商，在长途，本地和宽带领域都是第一大的运营商。

2. 市场准入政策

韩国从 1997 年开始开放本地环路市场，到现在为止，电信设施和服务市场全部开放竞争。韩国制定政策确保必要的管制措施以激励新进入者和公平竞争，这些政策包括以成本为基础的互联框架、主导运营商本地环路和租用线路服务的价格上限管制、普遍服务的成本分配、号码可携带以及透明的频谱分配机制等。

韩国对所有的电信服务都有执照要求，不仅包括固定电话、移动电话服务，也包括数据传输、电报以及租用线等业务，不过这些执照发放服务都是免费的，只要有资格，获取这些执照都是无需花钱的，而且一旦获得了这些经营电信业务的"许可证"，一般都可以无限期地拥有经营资格。除了有线电视服务执照发放以外，其他的执照发放都是由信息通信部负责的。

韩国解除管制和开放市场的过程是一个渐进的过程。韩国政府通过在每个服务市场（手机服务、本地服务、长途服务）均引入多于两家的服务商以促进竞争，从而促使电信运营商将价格下调，并加大对网络的投资和提高服务质量。另外，韩国政府通过采取对 KT 的私有化、有线与无线服务的合并以及通信与广播的合并等一系列措施构建新的管制框架。

韩国还通过严格的非对称管制和号码可携带政策来促进市场竞争。比如 1999 年底 SKT 提出要兼并新世纪通信。当时 SKT 的市场占有率为 43.2%，新世纪公司的市场占有率为 13.8%。如果直接兼并，那么新的 SKT 的市场占有率将达到 57%。SKT 的兼并计划遭到了竞争对手 KTF 和 LGT 的强烈反对。韩国公正交易委员会到 2001 年 4 月才批准 SKT 的兼并，但是附带的条件是：SKT 公司要在 2001 年 6 月份之前使 SKT 和新世纪通信的市场占有率之和降低到 50% 以下。

按照韩国政府制定的新规则，SK 电信从 2004 年 1 月 1 日起开始实行号码携带，允许用户携号转移到 KTF 或 LG 电信。相同的强制政策要求 KTF 在 2004 年 7 月实施，而 LG 电信要等到 2005 年才实施号码携带。韩国政府在制订时间表的过程中，充分考虑了三大移动运营商各自市场份额的不同，希望利用合适的时间差，帮助弱小的运营商迎头赶上。

六、英国

1. 电信市场基本情况

根据运营商向 OFCOM 上报的数据，从 2004 年 10 月到 2005 年 9 月 30 日，英国电信市场零售收入为 372 亿英镑，比上年增长 6%。固定电话收入为 103 亿英镑，比上年下降 9%，与此形成鲜明对比的是，移动市场收入增加 16%，为 136 亿英镑。到 2005 年 9 月 30 日，因特网接入用户 1550 万，其中 57% 是宽带接入用户。而根据最新数据显示，到 2005 年 12 月，宽带接入互联网的用户已经达到了 980 万。2005 年第一季度，LLU（local loop unbundled 本地环路非绑定）线路数量为 5 万条，到 2005 年底，增长到 20 万多条，根据最新数据，到 2006 年 2 月增长到 25 万条。

在移动市场，2001 年 11 月，BT 和 O2 分拆，2005 年 O2 被 Telefonica 并购。到 2005 年，英国移动市场有用户 6400 万，普及率达到总人口的 106.4%，其中 66% 为预付费用户。根据 Ofcom 所做的消费者调查显示，大约 80% 的英国成年人使用移动业务，其中相当一部分人有两个或两个以上的手机号。2005 年年底，3G 用户数为 52 万，普及率为总人口的 8.6%。通过从运营商处租用网络容量的方式提供移动零售业务的移动虚拟网络运营商（MVNO），现在在英国已经有了 550 万用户。

英国移动运营商的用户数份额如下：

移动运营商	用户比例
Orange（法国电信控股）	24.8%
O2（Telefonica）	25.8%
Vodafone	24.4%
T-Mobile（德国电信控股）	25.0%

2. 通信市场的特点

（1）融合正在加速

从 OFCOM 设立时起，英国就已经初步实现了广播、电视、电信和互联网的融合。广播电视运营商和电信运营商之间不存在政策上的进入壁垒，双方可以通过互联互通实现网络的融合，从而提供融合的业务。具体体现在以下三个方面：第一，业务平台层面的融合：如通过从模拟到数字的转换，为 VOIP 业务提供了平台，固定和移动业务实现了融合的趋势；第二，业务层面的融合：如宽带电视业务、通过融合网络提供的移动和固定电话业务；第三，设备融合：通过一个固定和移动终端能接收多项服务、移动电视、通过个人电脑接入语音和互联网业务；第四，运营商的融合：原来的不同行业运营商之间跨行业并购。

（2）市场竞争比较充分，各种业务替代趋势明显

英国的电子通信市场竞争比较充分，目前已经有 300 多家电信运营商和 200 家广播电视提供商。通过融合，这些运营商大部分都可以提供传统的电信业务。而且，技术的多样性使得传统的电信业务可以通过多种方式提供，业务替代趋势非常明显。

（3）新技术成为市场发展的主要动力

政府和管制机构为市场竞争和新技术的研发利用创造了广阔的空间和有利的环境，使传统运营商和新进入者都有压力和动力开发新技术，并利用新技术质优价廉等特点赢得市场，从而成为通讯市场发展的主要推动力量。比如通过 LLU、MVNO 等技术创新的方式对原有的服务提供方式产生比较强的替代效应。

3. 电信监管制度

（1）监管主体——OFCOM

OFCOM 是英国的通信管制机构，负责对电视、广播、电信和无线通信业务实施监管，是融合的管制机构。OFCOM 于 2003 年 12 月 29 日依据英国 2003 年《通信法》成立，由原来的五个信息通信管制机构合并而成，这五个机构是分别是电信办公室（Office of Telecommunication）、广播标准委员会（the Broadcasting Standards Commission，BSC）、无线通讯局（the Radiocommunications Agency）、无线管制局（the Radio Authority）、独立电视委员会（the Independent Television Commission，ITC）。

OFCOM 是完全独立于政府的监管机构，依法设立，直接向议会负责。与一般的政府机构设置不同，OFCOM 的组织机构设立更加商业化，这样便于根据市场变化情况实时进行机构调整。OFCOM 设董事会，董事会由非行政主席和经理及非行政成员组成。经理（the executive）负责机构的运作并向董事会报告。另设多个咨询机构（advisory bodies）为董事会和经理的工作提供信息咨询。OFCOM 共有工作人员 801 人，称为公众服务人员（public servants），而非平常意义上的公务员（civil servants）。OFCOM 经费来源是

频谱收入。

根据 2003 年《通信法》第三条的规定，OFCOM 的主要任务是履行以下职责：①提高国民在通信事务方面的福利；②通过促进竞争，提供消费者在相关市场的福利。具体来说，OFCOM 承担的责任可以归纳为以下六条：

第一，确保电磁频谱资源的优化利用；

第二，确保在全英国范围内电子通信业务，包括高速数据业务的广泛覆盖；

第三，确保在全英国范围内提供高质量的广播和电视业务，及便捷的投诉；

第四，保持广播提供的多样性；

第五，提供足够的保护，让用户远离有害资料和信息；

第六，采取足够的措施保护用户的公平权和隐私。

（2）监管依据——2003 年《通信法》

英国于 2003 制定了新的《通信法》，取代了 1984 年的《电信法》。新《通信法》共六章，411 条，分别是：第一章，OFCOM 的职能；第二章，网络、业务和无线频谱；第三章，电视和无线业务；第四章，电视接收的许可；第五章，通信市场的竞争；第六章，杂则和补充规定。

2003 年《通信法》的主要内容概括为以下几点：

☞ 成立 OFCOM，规定 OFCOM 的职能；

☞ 用新的电子通信网络和业务管制框架代替现有的电信系统许可体制；

☞ 根据 OFCOM 制定的规则和频谱接入规划，使频谱资源能够交易；

☞ 针对有关网络、业务和使用频谱的权利，决定申诉程序；

☞ 调整现有的广播领域的管制体制以适应技术的发展，广播技术已由传统的模拟向数字发展，公众服务广播的管制需要理性化；

☞ 设立消费者协会（Consume Panel），建议和协助 OFCOM，并代表和保护消费者的利益；

☞ 设立内容委员会（Content Board）作为 OFCOM 的建议机构，并且代表他们承担有关广播或其他以电磁通信网络方式传输的内容以及与媒体文化相关的内容的管制职能；

☞ OFCOM 将同时行使《1998 年竞争法》和《2002 年企业法》规定的与整个通信领域（包括广播）相关的管制职能；OFCOM 将对《2002 年企业法》中规定的有关报纸和其他媒体企业行使管制权力。

（3）主要监管领域

①市场界定和市场分析

根据欧盟的统一要求，英国 OFCOM 对电子通信市场进行市场界定和市场分析，在分析的基础上界定具体市场上是否存在具有市场显著力量的运营商（SMP，significant market power）。在确定 SMP 的基础上，对他们施加管制。

在英国，对 SMP 的管制措施包括：强制互联的义务、提供线路租用、LLU（本地环路非绑定，目的是开放接入瓶颈从而促进竞争）、批发资费控制、间接接入、公布价格、非歧视、号码携带、运营商预选。

②对 BT 的管制措施

根据英国市场分析的结果，在接入网市场的竞争不充分，BT 是接入批发市场的 SMP，是垂直的综合运营商，而且与零售市场有直接的联系。基于以上原因，界定 BT 有能力和动力对下游批发业务的竞争者构成歧视。

因此，OFCOM 要求 BT 为竞争者在接入业务批发市场提供与 BT "完全平等的接入"，且产品的质量、价格、系统、产品研发程序等也必须平等，从而达到促进竞争的目的。为此，要求 BT 内部分拆，将提供瓶颈接入产品的部分独立出来，让使用接入批发产品的部分与其他竞争者进行公平竞争。

BT 接受了这个义务，并主动提出分拆建议，将 BT 分拆为 BT 和 Openreach。Openreach 于 2006 年 1 月正式成立，有独立的总部、品牌和大约 3 万员工。Openreach 主要经营 BT 原有的构成接入瓶颈的业务，比如管线、光纤、电缆、铜缆及其他非电子资产。在完全平等的基础上为 BT 和其他竞争者以同样的价格、质量、程序，透明和非歧视地进行交易。同时，BT 和 Openreach 实行财务独立。OFCOM 每个季度发布 BT 义务执行报告，每年发布年报，对实施情况进行评估。

③频谱交易

OFCOM 在成立之初，其主要任务之一就是优化频谱资源的配置，实现频谱有效利用。OFCOM 对频谱资源的管制方式，完全体现了"技术中立"的原则。具体来说，英国的频谱分配实行以市场为导向的机制，包括：

第一，按照需要使用频谱；

第二，频谱使用权可以自由交易；

第三，用拍卖方法向市场发放新的频率资源；

第四，推出"行政激励价格"（AIP，administrative incentive pricing）。

④互联互通

英国规定主导运营商的互联义务包括：透明：要求主导运营商公布互联手册。例如，BT 的互联手册的内容包括：BT 标准合同、服务标准、价格、网络收费调整通知、为新接入者服务的互联热线；非歧视；会计独立；通过转售、共址、界面共享等方式接入和使用特殊网络设施；价格控制和成本计算义务：BT 用长期增量成本法计算接入价格。

⑤普遍服务和消费者权益保护

在欧盟成员国，普遍的一个认识是，在竞争充分的市场，消费者的权益会被市场充分考虑，甚至普遍服务也可通过竞争的方式提供。因此，他们通过促进竞争，达到提高消费者福利的目的。

OFCOM 设立的基本目的之一就是通过对电子通信市场进行专业性监管，达到保护和提高消费者福利的目的。OFCOM 设立了专门的消费者协会，对消费者的投诉进行处理。

在英国，普遍服务由 BT 提供。BT 承担的普遍服务的义务包括：根据需要提供电话服务；为有特殊社会需求的消费者提供业务；提供公用电话业务；提供文本电话业务；提供电话清单。

中华人民共和国国家高新技术产业开发区条例(专家建议稿)

第一章　总则

[立法目的]

第一条　为实施科教兴国战略，发展高新技术产业，实现资源集聚效应，提升自主创新能力，创造局部优化环境，制定本条例。

[适用范围]

第二条　本条例适用于依法成立的国家高新技术产业开发区。

本条例所称国家高新技术产业开发区，是指符合本条例所规定的设立条件，并经法定程序由国务院批准设立的以高新技术产品的开发制造或研究发展为目的的国家级产业聚集区域。

[基本原则]

第三条　实施科教兴国战略，促进高新技术产业发展，增强企业的自主创新能力，构建国家创新体系，事关国家的前途和命运，是政府与全社会的共同责任。

国家高新技术产业开发区是促进技术进步和增强自主创新能力的重要载体，是带动区域经济结构调整和经济增长方式转变的强大引擎，是高新技术企业参与国际竞争的服务平台，是抢占世界高新技术产业制高点的前沿阵地。国家高新技术产业开发区应为培育自主创新能力，形成有效制度安排，为个人、法人或者其他组织的创新、创业活动创造局部优化的环境。

企业是自主创新的主体，人才是自主创新的源泉，市场是自主创新的基础，政府是自主创新的保障。国家高新技术产业开发区应以企业创新为中心，以人尽其才为目标，以市场竞争为主导，以政府推动为手段，搭建持续自主创新的平台。

[权利保护]

第四条　国家高新技术产业开发区内个人、法人或者其他组织的法律权利受法律的保护，有权从事法律没有明文禁止的任何活动。任何对权利的限制或剥夺必须有明确的法律依据。

限制或剥夺国家高新技术产业开发区内个人、法人或者其他组织的法律权利的，应严格履行法定程序，向当事人说明理由并赋予其陈述意见或申辩的机会。

因为公共利益需要对国家高新技术产业开发区内个人、法人或者其他组织的财产进行征收、征用的，当事人有权要求举行听证，并应按照被征收、征用财产的市场价值给予公正的补偿。

权利受到限制或剥夺的个人、法人或者其他组织寻求司法救济的权利不得被限制或剥夺。

[服务型政府与政府职能范围]

第五条　政府机关及其工作人员应忠实履行宪法和法律赋予的职责，保护个人、法人或者其他组织的合法权益，提高行政管理效能，降低管理成本，创新管理方式，增强管理透明度，为个人、法人或者其他组织在国家高新技术产业开发区从事创新、创业活动提供优质服务。

政府机关在国家高新技术产业开发区应全面履行经济调节、市场监管、社会管理与公共服务的职能，形成有利于创新、创业活动的良好环境。

在国家高新技术产业开发区内，凡是个人、法人或者其他组织能够自主解决的，市场竞争机制能够调节的，行业组织或者中介机构通过自律能够解决的事项，除法律另有规定的外，行政主体不应通过行政管理去解决。

[与其他法律的关系]

第六条　国家高新技术产业开发区的设立、管理与运行，适用本条例。本条例未规定的，适用其他有关法律的规定。其他法律的规定比本条例对于发展国家高新技术产业开发区更有利的，适用最有利的规定。

国家高新技术产业开发区应严格遵守国家有关规划、土地管理、环境保护、卫生、城建、工商、税务、公共安全等方面的法律规定。

第二章　国家高新技术产业开发区的设立、变更与撤销

[权力来源]

第七条　国家高新技术产业开发区的设立、变更或撤销，由国务院决定。

根据国务院授权，国务院科技行政主管部门具体负责办理国家高新技术产业开发区的设立、变更或撤销有关的事项。

［设立条件］

第八条　设立国家高新技术产业开发区，应符合以下条件：

（一）国家高新技术产业开发区应有功能完善的依托城市；

（二）拟设立国家高新技术产业开发区的区域已经初步形成了产业聚集的优势；

（三）拟设立国家高新技术产业开发区的区域形成了一定的科技、高等教育与人才优势；

（四）拟设立国家高新技术产业开发区的依托城市制定了完备的发展高新技术产业的规划和计划；

（五）国务院科技行政主管部门规定的其他条件。

［设立程序］

第九条　设立国家高新技术产业开发区，应由省、自治区、直辖市人民政府就依托城市的科技实力，工业基础、经济、社会发展状况，基本投资环境和对外开放条件，以及拟定区域的发展现状和前景等，向国务院提出申请报告。

高新技术产业开发区专家咨询委员会与国务院科技行政主管部门分别对第 1 款所规定的申请报告进行评估，并提出评估意见。

国务院根据第 2 款的评估意见，作出是否设立国家高新技术产业开发区的决定。

［范围控制与变更程序］

第十条　国家高新技术产业开发区应立足于高新技术产业聚集的区域，不得盲目扩大范围。

已经设立的国家高新技术产业开发区需要调整或变更区域范围的，应经国务院事先批准，其程序与本条例规定的设立程序相同。

［法定撤销］

第十一条　高新技术产业开发区不再符合本条例规定的设立条件的，由国务院予以撤销。

［主动申请撤销］

第十二条　省、自治区、直辖市人民政府可以申请国务院撤销其辖区内国家高新技术产业开发区，其程序与本条例规定的设立程序相同。

［信赖利益保护］

第十三条　撤销国家高新技术产业开发区后，区域内的各种优惠政策措施停止执行。

因国家高新技术产业开发区被撤销给区内个人、法人或者其他组织的权益造成明显不当损失的，国家高新技术产业开发区所在市人民政府应给予合理补偿。

第三章　行政主体与行政改革

第一节　行政主体

[国务院科技行政主管部门]

第十四条　国务院科技行政主管部门负责指导、管理和协调国家高新技术产业开发区的工作，其主要职责包括：

（一）依据国家法律、行政法规和有关科技政策、产业政策，会同国务院有关部门制定和组织实施国家高新技术产业开发区的总体发展战略、建设规划及专项计划，并对实施情况进行监督和检查；

（二）指导国家高新技术产业开发区的综合配套改革；

（三）划定高新技术范围；

（四）制定高新技术产品目录；

（五）受理和承办国家高新技术产业开发区设立、变更或撤销的申报、审批工作，审定区域范围和面积；

（六）指导和监督国家高新技术产业开发区认定高新技术企业的工作；

（七）核准国家高新技术产业开发区管委会主任人选；

（八）召集和主持高新技术产业开发区发展联席会议；

（九）为高新技术产业开发区专家咨询委员会的工作提供各种支持；

（十）负责国家高新技术产业创新基金的筹集与使用；

（十一）制定本条例的实施细则。

[国务院有关部门]

第十五条　规划、土地、工商、财政、税务、教育、文化、卫生、商贸、技术监督、海关、统计、国防科技等国务院有关部门，在各自职权范围内，负有促进国家高新技术产业开发区发展的责任。

国务院有关部门应积极创造各种条件，促进国家高新技术产业开发区的发展，并作为成员单位参加高新技术产业开发区发展联席会议的活动。

[高新技术产业开发区发展联席会议制度]

第十六条　国家建立高新技术产业开发区发展联席会议制度。

国务院科技行政主管部门负责人为高新技术产业开发区发展联席会议主

席，国务院有关部门分管科技政策的负责人以及高新技术产业开发区专家咨询委员会主任委员、副主任委员为联席会议成员。

高新技术产业开发区发展联席会议定期、不定期召集会议，每年应至少召集一次定期会议。高新技术产业开发区发展联席会议举行会议的，应于会议召开之前最迟不少于 15 日内，将会议时间、讨论主题以及其他相关会议材料送交联席会议成员单位。

高新技术产业开发区发展联席会议研究、讨论国家高新技术产业开发区发展中的重大政策问题以及跨部门协调问题，并向国务院提出决策建议。

高新技术产业开发区发展联席会议举行会议，可以邀请地方政府、国家高新技术产业开发区管委会、企业以及其他方面的代表参加。

[高新技术产业开发区专家咨询委员会]

第十七条 国家设立国家高新技术产业开发区专家咨询委员会。专家咨询委员会委员由国务院聘任，每届聘期三年，可以连任。

专家咨询委员会委员的总数不得超过 21 名，由经济、科技、管理、法律等不同方面的专家所组成。专家咨询委员会设主任委员一名、副主任委员二名，主任委员、副主任委员由全体委员投票选举产生。

专家咨询委员会是非常设机构，国务院科技行政主管部门负责专家咨询委员会的日常联络工作。

专家咨询委员会的职责包括：

（一）对国家高新技术产业开发区发展的重大问题提出咨询意见；

（二）对申请设立、变更或撤销国家高新技术产业开发区的报告进行评估；

（三）向国务院科技行政主管部门提出制定高新技术行业目录与高新技术产品目录的意见或建议；

（四）国务院交办或者国务院科技行政主管部门委托承办的其他事务。

高新技术产业开发区专家咨询委员会的工作制度与程序，由首届高新技术产业开发区专家咨询委员会制定。

[省级人民政府]

第十八条 省、自治区、直辖市人民政府是其辖区内的国家高新技术产业开发区的领导机关与政策制定机关，其主要职责包括：

（一）向国务院提出设立、变更或撤销国家高新技术产业开发区的申请；

（二）确定本辖区内国家高新技术产业开发区管委会的职能与法律

地位；

（三）提出国家高新技术产业开发区综合执法体制方案；

（四）制定高新技术企业认定的实施细则；

（五）把握国家高新技术产业开发区的办区方向，落实国家的有关政策，制定地方性的扶植政策；

（六）推动国家高新技术产业开发区综合改革，对重大事项进行决策。

省、自治区、直辖市人民政府可以委托科技行政主管部门具体承办第 1 款所规定的全部或部分事宜。

省、自治区、直辖市人民政府科技行政主管部门负责认定高新技术企业并颁发高新技术企业证书。

[国家高新技术产业开发区所在市人民政府]

第十九条　国家高新技术产业开发区所在市人民政府是国家高新技术产业开发区政策与法律的执行机关与监督机关，其主要职责包括：

（一）向省级人民政府提出设立、变更或撤销国家高新技术产业开发区的建议；

（二）完善国家高新技术产业开发区的公共基础设施建设；

（三）设立国家高新技术产业开发区管理委员会，并任命高新技术产业开发区管委会主任及主要部门负责人；

（四）制定促进国家高新技术产业开发区发展的规划并负责规划的落实；

（五）为省级人民政府制定国家高新技术产业开发区政策提供意见或建议；

（六）制定吸引人才的优惠政策；

（七）监督检查国家高新技术产业开发区执行政策、法律的情况，并对违法行为加以纠正和处理。

[高新技术产业开发区管委会]

第二十条　国家高新技术产业开发区管委会是国家高新技术产业开发区所在市人民政府的派出机构，是国家高新技术产业开发区的管理与服务机关。

国家高新技术产业开发区所在市人民政府应设立国家高新技术产业开发区管委会，并任命高新技术产业开发区管委会主任及主要部门负责人员。

市人民政府任命高新技术产业开发区管委会主任之前，应将候任人选的相关材料报国务院科技行政主管部门核准。

[管委会的职能与模式]

第二十一条　高新技术产业开发区管委会在法律授权与市人民政府委托的范围内行使其职权，高新技术产业开发区管委会的主要职责包括：

（一）贯彻落实国家和地方有关国家高新技术产业开发区的政策与法律；

（二）建立完善的统计、信息系统和高新技术产业发展所需要的支撑服务体系；

（三）具体办理高新技术产业开发区内高新技术企业的认定事宜；

（四）向上级人民政府反映高新技术产业开发区内个人、法人或者其他组织的意见和建议；

（五）向国务院科技行政主管部门提交高新技术产业开发区发展年度报告；

（六）负责园区高新技术产业创新基金的筹集与使用；

（七）吸引投资并对外宣传高新技术产业开发区；

（八）裁决民事争议；

（九）处理有关行政争议的投诉；

（十）强制执行公法上的金钱给付义务；

（十一）处理并向社会公开高新技术企业提供的信息；

（十二）法律授权或市人民政府委托行使的其他职责。

省、自治区、直辖市的人民代表大会及其常务委员会应通过地方性法规，明确高新技术产业开发区管委会的职能与法律地位，建立精简、统一、高效的管理体制和运行机制。

第二节　行政改革

[放松管制]

第二十二条　行政主体认为法律、行政法规、地方性法规或规章的规定对于高新技术产业开发区内个人、法人或者其他组织的创新、创业活动产生不当负担的，可以直接向法律规范的制定机关提出在国家高新技术产业开发区内先行修改或废止相关规定的具体建议。法律规范的制定机关也可以主动修改或废止相关规定。

第1款所规定的负担可以是限制、要求或者条件，未能遵守这种限制、要求或者条件的制裁，以及与制裁相关的程序规定。

根据第1款规定进行的法律规范修改或废止，其地域效力范围仅限于国家高新技术产业开发区的部分或全部。

行政主体或法律规范的制定机关采取第 1 款所规定的措施之前，应广泛征求利益相关方的意见，并在此基础上形成具体的建议或决定。

[外包机制]

第二十三条　除下述行政职能之外，行政主体可以通过公平、公开、公正的程序，采取外包机制，委托其他主体在国家高新技术产业开发区内行使自己的部分职能：

（一）行政主体所行使的争议裁决职能，包括仲裁、行政复议与信访等；

（二）行使或不行使必然会影响到个人人身自由的职能；

（三）进入、搜查或扣押任何财产的权力；

（四）行政立法的权力。

外包合同应明确规定受托人行使行政职能的范围、方式、条件、责任与期限。外包合同的最长期限不得超过十年，行政主体有权提前终止外包合同。行政主体提前终止外包合同的，应赔偿受托人的损失。

外包合同不得排斥行政主体行使与外包事项相关的行政职能。

外包合同存续期间，受托人的行为视同行政主体的行为，行政主体应对受托人的行为承担法律责任。但是，有下述情形之一的除外：

（一）受托人为行使行政职能与行政主体签订外包合同的行为；

（二）受托人的犯罪行为；

（三）受托人明显超越委托权限或滥用委托权限的其他行为。

[特许经营]

第二十四条　鼓励对国家高新技术产业开发区城市基础设施采取特许经营制度，特许经营的范围限于具有自然垄断特征的环节或业务。

对特许权人所从事的不具有自然垄断特征的环节或业务，应采取非绑定政策，分离垄断业务与非垄断业务，保证其他经营者对城市基础设施的公平接入，促进自由竞争。

行政主体应加强对特许经营的监管，维护消费者利益。

除本条例另有规定外，特许经营应遵守行政许可法的规定。

[电子政务]

第二十五条　行政主体应积极创造条件，在尊重自由选择交流方式的前提下，便利国家高新技术产业开发区内个人、法人或者其他组织与行政主体的电子政务往来。

行政主体应通过政府门户网站、一站式服务窗口、呼叫中心、数字电视、电子签名、电子身份证、网上认证等多种接入方式或技术手段，推行电子政务。

国家高新技术产业开发区管委会应以个人、法人或者其他组织的需求为中心，设计并运行国家高新技术产业开发区统一政府门户网站，并实现与其他行政主体网站的有效链接。

国家提倡并鼓励行政主体首先在国家高新技术产业开发区逐步实现无纸化办公的目标。

[**决策参与**]

第二十六条 行政主体制定有关国家高新技术产业开发区发展的重大政策之前，应通过多种方式保障利益相关方的参与。

行政主体制定有关国家高新技术产业开发区的规章或其他规范性文件之前，应至少提前 30 日将规章或其他规范性文件的草案予以公告，并征集社会各界对草案的评论或意见。

除有紧急事由外，有关国家高新技术产业开发区的法律、法规、规章或其他规范性文件的公布之日与正式实施之日的时间间隔不得少于 30 日。

行政主体作出对个人、法人或者其他组织的不利决定之前，应赋予其陈述意见或申辩的机会。

其他法律、法规、规章要求行政主体举行听证的，从其规定。

[**重要立法的成本效益分析**]

第二十七条 行政主体草拟或制定有关国家高新技术产业开发区发展的重要法律、法规、规章，应进行立法的成本效益分析，分别量化评估立法的执法成本、社会成本与效益。

行政主体根据第 1 款进行成本效益分析，应提出立法的主要选择方案与替代选择方案。

行政主体根据第 1 款进行成本效益分析，应专门评估立法对中小企业所造成的影响。

[**综合执法体制**]

第二十八条 行政主体应在国家高新技术产业开发区推行综合执法体制，设立综合执法机构，减少执法层次与执法权限交叉。

国家高新技术产业开发区综合执法体制方案由省级人民政府提出，报国务院批准后实施。

国家高新技术产业开发区的执法主体及其执法权限应予公示。未经公示的主体执法，个人、法人或者其他组织有权拒绝配合。

国家高新技术产业开发区应推行行政执法人员任职前培训与执法人员资格制度，没有通过任职前培训或取得执法资格的不得从事行政执法工作。

[居所与营业场所的检查]

第二十九条　执法主体对国家高新技术产业开发区内个人、法人或者其他组织的居所或者营业场所进行检查的，执法人员应事先出示由执法主体负责人签署的检查通知书。检查通知书应当载明检查依据、检查事由、检查时间、检查事项、实施检查的人员及其负责人。执法检查不得干扰被检查对象的正常生活、经营活动。

执法主体对被检查对象不得以同一事由进行重复检查。

执法主体应建立并保存执法检查案卷，由执法检查人员当场填写并交由被检查对象签名确认。

[行政收费]

第三十条　国家高新技术产业开发区内行政事业性收费的项目、范围、标准和程序，应当符合法律、法规与国家收费管理制度的规定，并予以公开。

在国家高新技术产业开发区内开征新的行政事业性收费项目的，应事先召开听证会，听取社会各界的意见。

对违反法律、法规与国家收费管理制度的行政事业性收费，被收费对象有权拒绝缴纳。

[行政强制执行]

第三十一条　国家高新技术产业开发区内的个人、法人或者其他组织对行政主体作出的作为或者不作为义务的决定，在法定期限内不提起诉讼又不履行的，作出决定的行政主体应强制执行。

国家高新技术产业开发区内的个人、法人或者其他组织对行政主体作出的公法上的金钱给付义务的决定，在法定期限内不提起诉讼又不履行的，由国家高新技术产业开发区管委会统一强制执行。

行政强制执行应兼顾公共利益与被执行人的权利保护，执行机关采取的强制执行手段应与行政强制执行的目的相符。

行政强制执行过程中，执行人员发现被执行人的财产已经被其他机关先行查封的，不得对该财产进行重复查封。

[减少信息负担]

第三十二条　行政主体应最大限度实现信息共享、业务协同，减轻国家高新技术产业开发区内个人、法人或者其他组织重复提供信息的负担。行政主体采集国家高新技术产业开发区内个人、法人或者其他组织的信息，应考虑行政成本与被采集对象的成本。行政主体不得要求国家高新技术产业开发区内个人、法人或者其他组织提供与实现行政管理目的不相关的信息。

国家高新技术产业开发区管委会应建立统一的信息平台，整合不同行政主体所掌握的国家高新技术产业开发区内个人、法人或者其他组织的信息资源。

行政主体确需向国家高新技术产业开发区内个人、法人或者其他组织采集信息的，应事先征求高新技术产业开发区管委会的意见。

[个人信息保护]

第三十三条　行政主体只能在其法定职权范围内，为履行其职责收集国家高新技术产业开发区内的个人信息。行政主体收集个人信息，必须有明确、合法和特定的使用目的。行政主体收集个人信息，不得超出实现使用目的的范围。

行政主体只能在收集个人信息时所明确的使用目的范围内处理个人信息。符合以下条件之一的，政府机关可以在使用目的的范围之外处理个人信息：

（一）信息主体同意或者向信息主体提供；

（二）履行政府机关法定职责必须使用该个人信息；

（三）为维护国家安全或其他公共利益；

（四）为履行国际法义务提供给外国政府或者国际组织；

（五）有利于信息主体的合法权益；

（六）有利于防止他人重大权益受到损害；

（七）以不能识别特定个人的形式，供学术研究或统计之用；

（八）有正当理由并且仅供政府机关内部使用；

（九）法律、法规规定的其他情况。

行政主体将第2款所规定的个人信息提供给信息主体之外的第三人的，应当同时就使用目的、使用方法、再交换条件以及其他重要事项，做出明确的限制。接收个人信息的第三人必须遵守这些限制条件。行政主体认为对于保护个人权利和利益有必要的，可以将在使用目的之外处理个人信息限定于该机关内的特定部门。

信息主体有权要求行政主体公开其所掌握的关于本人的个人信息。信息主体发现个人信息记录的内容有错误或不准确的，可以要求行政主体予以更正或者停止使用。

［行政程序与办事时限］

第三十四条　行政主体应严格遵守法律、法规、规章以及其他规范性文件对行政程序的规定。没有明文规定行政程序的，行政主体应遵守公平、公开、公正原则的要求。

对于个人、法人或者其他组织的申请，行政主体应明确规定并公开办事时限。没有规定或规定不明确的，一律视为最长不超过 15 个工作日。未在法定时限内完成的，视为拒绝申请，申请人可以申请行政复议或者提起行政诉讼。

第三节　信息公开

［信息公开义务］

第三十五条　行政主体有公开政府信息的义务。政府信息以公开为原则，不公开为例外。

行政主体应通过公报等官方出版物、政府网站或者以放置在办公场所供公众查阅的方式主动公开其信息。

除第 2 款规定以外的政府信息，个人、法人或者其他组织可以通过申请的方式，要求行政主体予以提供。

行政主体提供政府消息，只能向申请人收取预先确定标准的成本费用，不得收取其他费用。

个人、法人或者其他组织行使获得政府信息的权利，不得侵犯他人的个人信息、商业秘密、国家安全与其他社会公共利益。

［行政改革措施说明制度］

第三十六条　自本条例实施的第二年起，国务院有关部门每两年应分别发布一次行政改革措施说明报告，就其对国家高新技术产业开发区的基本管理制度与政策、过去两年的行政改革举措以及改革的实际效果等情况做出详细的说明。

第 1 款所规定的报告应于当年 4 月 1 日之前发布，并通过政府网站或政府公报等形式向社会公开。

［高新技术产业开发区发展年度报告制度］

第三十七条　国家高新技术产业开发区管委会，应于每年 4 月 1 日之前，向国务院科行政主管部门报送高新技术产业开发区发展年度报告，就高新技术产业开发区发展基本情况，尤其是高新技术企业发展以及自主创新能力情况作出详细说明。

国务院科技行政主管部门应于每年5月1日之前，发布国家高新技术产业开发区发展年度综合分析报告。

第1款、第2款所规定的报告，应同时通过政府网站或政府公报等形式向社会公开。

[高新技术产业开发区技术创新能力排名]

第三十八条　自本条例实施的第二年起，国务院科技行政主管部门每两年应根据事先确定的各项指标，对国家高新技术产业开发区的技术创新能力进行综合排名，并于当年6月1日之前，向社会公布排名结果和依据。

国务院科技行政主管部门应事先确定衡量创新能力的各项指标，并严格根据各项指标进行排名。

国家鼓励其他组织或个人对国家高新技术产业开发区技术创新能力或其他方面能力进行各种形式的社会评价。

[高新技术企业信息披露制度]

第三十九条　经认定的高新技术企业，应于每年4月1日之前，向高新技术产业开发区管委会报送企业基本信息，包括主要产品、技术人员构成、研发投入、专利情况、纳税情况、主要技术在国内外的领先性、企业盈利情况等。

高新技术产业开发区管委会应向社会公开第1款所规定的信息。

对于第1款信息中涉及企业商业秘密的内容，高新技术产业开发区管委会应不予公开。

第四章　市场主体与创新环境

[法人登记与非法人团体]

第四十条　任何个人、法人或者其他组织可以依法在国家高新技术产业开发区设立法人或者非法人团体，从事法律、法规和规章没有明文禁止的活动。

在国家高新技术产业开发区设立企业法人，凡具备设立条件的，企业登记管理机关应当直接核准登记。除法律、法规规定限制经营的项目外，企业登记管理机关对企业法人的经营范围不作具体核定。企业法人的注册资本可以按照出资人的约定分期到位。

在国家高新技术产业开发区设立企业法人之外的其他法人的，法人登记管理机关应当依法办理登记手续。

　　除法律、行政法规外，其他任何规范性文件不得设定国家高新技术产业开发区内法人或者非法人团体的设立登记及其前置性行政许可。

　　未经登记的企业或者其他非法人团体不享有独立法人资格，不得以法人身份对外开展活动。

[出资]

第四十一条　出资人在国家高新区内可以用货币、实物、工业产权、非专利技术、土地使用权、股权、债权和法律认可的其他权益出资。

　　在国家高新技术产业开发区内以高新技术成果作价出资占企业法人注册资本的比例，可以由出资各方协商约定，但以国有资产出资的，应当按照国家有关国有资产管理的规定办理。

[要素市场]

第四十二条　鼓励在国家高新技术产业开发区内设立产权、人才、技术、资源、资本以及其他生产要素市场，促进产权、人才、技术、资源、资本以及其他生产要素有序流动。

　　行政主体不得对生产要素的流动设置人为障碍。

[市场准入政策]

第四十三条　除法律、法规明确限制或禁止进入的领域以外，个人、法人或者其他组织有权在国家高新技术产业开发区的任何行业或领域投资。

[投资自主决策权]

第四十四条　对于在国家高新技术产业开发区内不使用政府投资建设的项目，个人、法人或者其他组织享有投资的自主决策权。行政主体除对重大项目和限制类项目从维护公共利益的角度依法进行事先核准外，对其他项目实行备案制。

　　需要进行核准的项目，行政主体应明确列入投资核准目录，并适时进行调整、更新。

[收益分配制度]

第四十五条　国家高新技术产业开发区内的企业法人和其他市场主体，可以实行股份期权、利润分享、年薪制和技术、管理以及其他智力要素参与收益分配的制度。经批准的上市公司，可以实行股票期权。

[中介服务机构]

第四十六条　国家高新技术产业开发区应当办好创业服务中心，建立有关金融、外贸、运输、物流、法律、保险、审计、会计、知识产权、资产评估、计算、测试、信息咨询、人才交流与培训等中介服务机构。

境内外具有执业资格的中介服务机构和执业人员，可以依法在国家高新技术产业开发区内开展业务。

鼓励国家高新技术产业开发区内的企业采用多元会计制度。对于从国际资本市场获得资金的企业，应采用国际通行会计标准。

[风险投资]

第四十七条　鼓励境内外各种投资主体在国家高新技术产业开发区内开展风险投资业务。鼓励境内外民间资本在国家高新技术产业开发区内设立风险投资机构。

风险投资机构可以采取有限合伙形式。有限合伙的合伙人由有限合伙人和普通合伙人组成。投资人为有限合伙人，以其出资额为限承担有限责任；资金管理者为普通合伙人，承担无限责任。有限合伙的合伙人应当签订书面合同。合伙人的出资比例、分配关系、经营管理权限以及其他权利义务关系，由合伙人在合同中约定。有限合伙的所得税由合伙人分别缴纳。属于自然人的合伙人，其投资所得缴纳个人所得税；属于法人的合伙人，其投资所得缴纳企业所得税。

风险投资机构可以以其全额资本进行投资。

风险投资机构可以通过企业购并、股权回购、证券市场上市以及其他方式，回收其风险投资。

[创新基金]

第四十八条　国家设立国家高新技术产业创新基金，推动、扶植、鼓励高新技术产业的发展。国家高新技术产业创新基金的筹集与使用，由国务院科技行政主管部门负责。

国家高新技术产业开发区管委会设立园区高新技术产业创新基金，推动、扶植、鼓励本区域内高新技术产业的发展。园区高新技术产业创新基金的筹集与使用，由高新技术产业开发区管委会负责。

除了财政资金以外，创新基金的来源应实现多元化，鼓励社会各界为创新基金提供捐助。

创新基金应重点支持国家高新技术产业开发区内的中小企业从事技术创新的创业活动。创新基金的收入及支出管理制度，由国务院科技行政主管部门与财政部门另行制定。

[其他扶植政策]

第四十九条　政府机关可以通过注入资本金、贷款贴息、地方财政支持、税收优惠等政策手段，扶植国家高新技术产业开发区内中小企业的发展。

对于国家高新技术产业开发区内具备法定条件的企业，政府机关应支持其境内外公开发行股票、可转换债券或企业债券，筹集发展资金。

在同等条件下，政府采购应优先考虑中小企业和拥有核心自主知识产权的高新技术企业。

行政主体制定国家标准过程中，应充分听取国家高新技术产业开发区内高新技术企业的意见和建议。没有国家标准的，应鼓励由行业协会先行制定行业标准。

[信用担保融资]

第五十条　鼓励企业和其他市场主体在国家高新技术产业开发区内依法设立信用担保机构，为中小企业提供以融资担保为主的信用担保。

国家高新技术产业开发区鼓励征信业的发展，为企业和个人提供信用评估或评级服务。

[人才政策]

第五十一条　国家高新技术产业开发区鼓励人才的自由流动，创造条件吸引各类人才到国家高新技术产业开发区创新、创业。国家高新技术产业开发区鼓励海外留学人员回国创新、创业。

国家高新技术产业开发区所在省、自治区、直辖市或市人民政府不得以户籍政策、进城指标、收费、子女入学或其他歧视性的政策，限制人才在国家高新技术产业开发区内的创新、创业活动。

[高等学校与科研机构人才创业]

第五十二条　高等学校、科研机构的教师和科研人员可以离岗或者兼职在国家高新技术产业开发区创新、创业。凡离岗创业的，经所在单位与本人以合同约定，在约定期限内可以保留其在原单位的人事关系，并可以回原单位重新竞争上岗。

高等学校、科研机构的学生可以在国家高新技术产业开发区创办高新技术企业，或者在企业从事技术开发和科技成果转化工作。需要保留学籍的，经所在单位同意，可以保留一定期限的学籍；保留学籍的期限，由所在学校或者科研机构与学生以合同约定。

[知识产权保护]

第五十三条　行政主体应为国家高新技术产业开发区内的个人、法人或者其他组织进行专利申请、商标注册、软件著作权登记提供便利或减免收费。鼓励个人、法人或者其他组织取得自主知识产权，并对知识产权采取保护措施。

禁止国家高新技术产业开发区内的国家机关、个人、法人或者其他组织使用盗版的软件和电子出版物。

国家高新技术产业开发区内的个人、法人或者其他组织的商业秘密受法律保护，任何组织和个人不得以任何方式侵犯他人的商业秘密。雇主与雇员可以在劳动合同中约定保密条款或者单独签订保密合同。雇员在职期间或者离职后，依照法律规定或者合同约定承担保密义务。

[竞业限制]

第五十四条 国家高新技术产业开发区内的雇主与雇员可以在劳动合同或者保密合同中约定竞业限制条款，也可以订立专门的竞业限制合同。竞业限制条款或者竞业限制合同应当明确竞业限制的范围和期限。竞业限制的期限除法律、法规另有规定外，最长不得超过三年。商业秘密进入公知领域后，竞业限制条款或者竞业限制合同自行失效。

知悉或者可能知悉商业秘密的雇员应当履行竞业限制合同的约定，在合同关系期间以及合同终止后一定期限内不得自营或者为他人经营与原雇主有竞争的业务。

雇主应当依照竞业限制合同的约定，向负有竞业限制义务的原雇员按年度支付一定的补偿费，补偿数额不得少于该雇员劳动合同最后一年年收入的二分之一。

[禁止垄断行为]

第五十五条 禁止在国家高新技术产业开发区内从事垄断行为。垄断行为包括：

（一）经营者之间排除或者限制竞争的协议、决定或者其他协同一致的行为；

（二）经营者滥用市场支配地位的行为；

（三）经营者之间排除或者限制竞争的集中行为；

（四）政府及其所属部门滥用行政权力，排除或者限制竞争的行为。

[国际合作]

第五十六条 鼓励国家高新技术产业开发区内的个人、法人或者其他组织开展跨国经营和研究开发活动，进行国际经济、技术、人才的交流与合作。

鼓励境外个人、法人或者其他组织在国家高新技术产业开发区创办合资、合作或者独资企业。境外法人或者其他组织可以在国家高新技术产业开发区设立分支机构或代表机构。

境外个人、法人或者其他组织在国家高新技术产业开发区投资的，应遵守我国外商投资管理方面的法律规定。

[行业协会]

第五十七条 鼓励国家高新技术产业开发区内的企业和其他市场主体依法设立同业协会和商会。经登记的同业协会和商会是自律性、非营利性的社团法人。

同业协会和商会应当依照章程维护会员的权益，对会员进行服务、指导和管理，促进会员与政府的沟通，调解会员之间以及会员与其他市场主体之间的民事争议。同业协会和商会的行为不得排斥、限制正当的商业竞争。

[舆论监督和社会监督]

第五十八条 国家高新技术产业开发区鼓励舆论监督和社会监督，行政主体与其他国家机关有责任为舆论监督和社会监督创造宽松的环境。

第五章　高新技术企业

第一节　高新技术企业认定

[高新技术企业认定制度]

第五十九条 国家实行高新技术企业认定制度，鼓励在国家高新技术产业开发区兴办高新技术企业和研究开发机构。

凡符合高新技术企业条件的企业，均可以提出认定申请。

经依法认定的高新技术企业，享受本条例以及其他法律、法规、规章所规定的各项优惠政策。

[认定高新技术企业的条件]

第六十条 高新技术企业，应符合我国的产业发展政策和环境保护要求，研发经费占营业额的一定比例，具有相当的研究实验仪器设备，并符合下列条件之一：

（一）具有生产成品的设计能力并有产品的整体发展计划；

（二）产品已经经过初期研究发展，正在成长之中；

（三）产品具有发展及创新的潜力；

（四）企业设有研发部门从事高级创新研究工作；

（五）生产或研发过程中可引进或培养高级科技人员，并需要较多研发经费；

（六）从事国务院科技行政主管部门划定的高新技术范围内的一种或多种高新技术及其产品的研究开发、生产或技术服务；

（七）对我国经济建设或国防事业有重大帮助。

［国家高新技术产业开发区管委会审核程序］

第六十一条　高新技术企业的认定申请人，须向国家高新技术产业开发区管委会提出认定申请。国家高新技术产业开发区管委会应自受理认定申请之日起三十日内作出是否予以认定的审核决定。

国家高新技术产业开发区管委会作出认定高新技术企业的审核决定的，应告知申请人并报省级人民政府科技行政主管部门批准。

国家高新技术产业开发区管委会作出不予认定高新技术企业的审核决定的，应书面告知申请人并说明理由。

［省级人民政府科技行政主管部门批准程序］

第六十二条　省级人民政府科技行政主管部门应自接受国家高新技术产业开发区管委会报送批准材料之日起20日内作出是否批准的决定。

省级人民政府科技行政主管部门作出批准决定的，应告知申请人并向申请人颁发高新技术企业证书。

省级人民政府科技行政主管部门作出不予批准决定的，应书面告知申请人并说明理由。

［简易认定程序与自动认定程序］

第六十三条　对在高新技术行业具有国际、国内知名度，或者连续三次以上被认定为高新技术企业的认定申请人，可以采用简易认定程序进行高新技术企业认定。

对实现国家自主创新战略具有重大意义的认定申请人，可以采用自动认定程序进行高新技术企业认定。

采用简易认定程序或自动认定程序的具体认定条件与办法由国务院科技行政主管部门制定。

［认定期限与重新认定］

第六十四条　高新技术企业认定的有效期限为两年，以高新技术企业证书上载明的有效期限为准。

企业需要延长高新技术企业认定的有效期的，应当在高新技术企业证书上载明的有效期限届满50日前向国家高新技术产业开发区管委会提出重新认定的申请。

行政机关未能在高新技术企业证书上载明的有效期届满前作出是否重新

认定的决定的，视为准予重新认定。

除本条例另有规定外，重新认定的程序与认定程序相同。

[复议前置原则]

第六十五条 申请人或利害关系人认为高新技术产业开发区管委会或者省级人民政府科技行政主管部门的认定决定侵犯其合法权益的，有权向作出认定决定机关的同级人民政府或上级人民政府科技行政主管部门申请行政复议。

申请人或利害关系人对行政复议决定不服的，有权向人民法院提起行政诉讼。

[行政许可法的适用]

第六十六条 除本节另有规定外，高新技术企业的认定或重新认定，适用行政许可法的有关规定。

第二节 税收优惠

[优惠税率]

第六十七条 高新技术企业从被认定之日起，按 15% 的税率征收所得税。

[双重优惠]

第六十八条 高新技术企业出口产品的产值达到当年总产值 70% 以上的，经税务机关核定，按 10% 的税率征收所得税。

[免征所得税]

第六十九条 新办的高新技术企业，经企业申请，税务机关批准，从投产年度起，二年内免征所得税。

对新办的中外合资经营的高新技术企业，合营期在十年以上的，经企业申请，税务机关批准，可从开发获利年度起，头二年免征所得税。

[内资企业优惠]

第七十条 对内资办的高新技术企业，其进行技术转让以及在技术转让过程中发生的与技术转让有关的技术咨询、技术服务、技术培训的所得，年净收入在 30 万元以下的，可暂免征收所得税；超过 30 万元的部分，按适用税率征收所得税，对其属于"火炬"计划开发范围的高新技术产品，凡符合新产品减免税条件并按规定减免增值税的税款，可专项用于技术开发，不计征所得税。

［核算管理］

第七十一条　对内资办的高新技术企业减征或免征的税款统一作为国家扶持基金，单独核算，由有关部门监督专项用于高新技术及产品开发。

［联营企业］

第七十二条　高新技术企业属联营企业的，其分给投资方的利润，应按投资方企业的财务体制，扣除高新技术产业开发区缴纳的税款后，补缴所得税或上缴利润。

第三节　其他优惠政策

［关税优惠］

第七十三条　高新技术企业进出口货物的关税优惠执行以下规定：

（一）高新技术企业为生产出口产品而进口的原材料和零部件，免领进口许可证，海关凭出口合同以及高新技术产业开发区的批准文件验收；

（二）经海关批准，高新技术企业可以在高新技术产业开发区内设立保税仓库、保税工厂。海关按照进料加工的有关规定，以实际加工出口数量，免征进口关税和进口环节增值税；

（三）高新技术企业生产的出口产品，除国家限制出口或者另有规定的产品以外，都免征出口关税；

（四）保税货物转为内销，必须经原审批部门批准和海关许可，并照章纳税。其中属于国家实行配额和进口许可证管理的产品，需按国家有关规定报批补办进口手续和申领进口许可证；

（五）高新技术企业用于高新技术开发而国内不能生产的仪器和设备，凭审批部门的批准文件，经海关审核后，免征进口关税。

海关认为必要时可在高新技术产业开发区内设置机构或派驻监管小组，对进出口货物进行管理。

［进出口业务优惠］

第七十四条　高新技术企业进出口业务的优惠执行以下规定：

（一）经国务院商务主管部门批准，可授权符合条件的高新技术企业经营实行国营贸易管理的货物进出口业务。

（二）按国家有关规定，对出口业务开展较好的高新技术企业，根据其业务需要，经有关部门批准，可以在国外设立分支机构。

［资金支持］

第七十五条　政策性银行对高新技术企业，应给予积极支持，尽力安排其开发和生产建设所需资金。

有关部门可给高新技术产业开发区安排发行一定额度的长期债券，向社会筹集资金，支持高新技术产业的开发。

[限制同类产品、技术进口]

第七十六条　高新技术企业所开发的高新技术产品、技术，凡是各项指标达到同种进口产品、技术的水平，并具备一定的生产规模，经国务院科技行政主管部门同有关部门审定后，根据《对外贸易法》第十六条第（七）项的规定，列入国家限制进口货物、技术目录，实行进口配额、许可证管理。

[价格自主权]

第七十七条　高新技术企业开发的属于国家控制价格（包括政府定价和政府指导价）的新产品，除特定品种须报物价部门定价外，在规定的试销期内，企业可自行制定试销价格，并报物价部门和业务主管部门备案。

[快速折旧]

第七十八条　高新技术企业用于高新技术开发和高新技术产品生产的仪器、设备，可实行快速折旧。

[人才优惠政策]

第七十九条　高新技术企业招收高等院校、科研机构的应届毕业生，可以直接办理城市常住户口，不受进城指标的限制。

高新技术企业的商务、技术人员一年内多次出入境的，简化出入境审批手续。境外人员在高新技术企业工作期间，简化居留与入出境手续。境外人员在高新技术企业工作期间取得的合法收入依法纳税后，可以全部购买外汇，并按照规定携带出境或者汇出境外。

国家高新技术产业开发区所在市人民政府负责制定高新技术企业具体的人才吸引优惠政策。

第六章　争议解决

[行政复议与行政诉讼]

第八十条　除本条例另有规定外，个人、法人或者其他组织认为行政主体的具体行政行为违反本条例的规定，侵犯了自己的合法权益的，可以依法申请行政复议或者直接向人民法院提起行政诉讼。

[投诉机制]

第八十一条　国家高新技术产业开发区内的个人、法人或者其他组织认为其合法权益受到行政主体的侵害的，可以向国家高新技术产业开发区管委会投诉。

国家高新技术产业开发区管委会应配备专门的机构和人员，统一受理和处理国家高新技术产业开发区内的各种投诉。

国家高新技术产业开发区管委会对属于其职权范围内的投诉事项，应当自接到投诉之日起十个工作日内进行处理。属于其他行政主体处理的，应当及时移送有关机构处理，并书面告知投诉人。有关机构应当自接到移送投诉之日起十个工作日内进行处理，并书面告知投诉人和移送机关。

［替代争议解决机制］

第八十二条 除法律、行政法规另有规定外，国家高新技术产业开发区内的个人、法人或者其他组织之间以及国家高新技术产业开发区内的个人、法人或者其他组织与国家高新技术产业开发区外的个人、法人或者其他组织之间的民事争议，可以由当事人按照共同约定的替代争议解决机制，选择行政裁判、仲裁或者调解方式加以解决。

当事人之间约定了多种替代争议解决机制，且分别向不同的替代争议解决机制提出救济申请的，由最先受理争议的机构负责处理。

［民事诉讼］

第八十三条 当事人之间就其民事争议没有约定替代争议解决机制的，可以直接向人民法院提起民事诉讼。

［行政裁判］

第八十四条 国家高新技术产业开发区管委会应按照独立、公正、专业的原则，设立若干行政裁判所，裁决市场主体之间的民事争议。行政裁判所为非常设机构，其日常联络机构为国家高新技术产业开发区管委会或者其工作部门。

行政裁判所的行政裁判官由行政主体的工作人员与独立专家所构成。独立专家的人数应占行政裁判官总数的三分之一以上。独立专家每届任期五年，可以连任。

行政裁判所接到裁判申请后，应组成裁判庭，裁判庭组成人数为奇数，但不得少于三人，独立专家不得少于三分之一。裁判庭根据多数意见作出裁判决定。

行政裁判所应参照民事诉讼法和仲裁法的规定制定裁判规则，并公布行政裁判官名册和裁判规则。

当事人对行政裁判所的裁判决定不服的，可以向人民法院提起行政诉讼。人民法院受理行政诉讼后，只对行政裁判所的决定进行法律审查。经过审查后，人民法院可以维持、撤销或者变更行政裁判所的裁判决定。

[仲裁]

第八十五条　当事人达成仲裁协议的，可以选择国家高新技术产业开发区所在市仲裁委员会或者其他仲裁机构进行仲裁。符合法定条件的，也可以选择国际仲裁。

当事人在我国仲裁机构进行的仲裁，可以选择仲裁员名册中的仲裁员仲裁，也可以选择仲裁员名册之外的人员进行仲裁。

在我国仲裁机构进行的仲裁，应遵守仲裁法的规定和仲裁机构的仲裁规则。

[调解]

第八十六条　民事争议一方或双方当事人属于国家高新技术产业开发区行业协会会员的，争议双方可以约定选择行业协会进行调解。

国家鼓励个人、法人或者其他组织提供调解服务。

调解必须坚持自愿的原则，不得强迫。调解协议不得违反法律规定和善良风俗。

经调解后争议双方签署调解协议的，调解协议具有法律效力，当事人必须执行。一方当事人不执行调解协议的，另一方当事人可以申请人民法院强制执行。

经调解后无法签署调解协议的，争议双方当事人可以提起民事诉讼。

第七章　法律责任

[侵犯市场主体权利的责任]

第八十七条　违反本条例第四条以及其他条款的规定，非法限制或剥夺国家高新技术产业开发区内个人、法人或者其他组织的法律权利的，有关机关应当责令改正或者予以撤销。情节严重的，对直接负责的主管人员和其他责任人员依法给予行政处分；构成犯罪的，依法追究刑事责任。

[行政违法的法律责任]

第八十八条　行政主体违反本条例规定，有下列情形之一的，由其上级行政机关或者监察机关责令改正；情节严重的，对直接负责的主管人员和其他责任人员依法给予行政处分；构成犯罪的，依法追究刑事责任：

（一）未经国务院批准，擅自扩大国家高新技术产业开发区的范围的；

（二）国家高新技术产业开发区违反国家有关规划、土地管理、环境保护、卫生、城建、工商、税务、公共安全等方面的法律规定的；

（三）无正当理由不参加国家高新技术产业开发区发展联席会议活动的；

（四）不按时报送或公开相关政府信息的；

（五）不尊重市场主体自由选择交流方式的权利，拒绝采用电子政务的；

（六）决策过程中不当剥夺或限制利益相关方的参与权的；

（七）行政主体之间信息封锁或不当增加市场主体的信息负担的；

（八）违反本条例规定处理个人信息的；

（九）对符合法定条件的法人登记申请不予登记或对不符合法定条件的法人登记申请予以登记的；

（十）限制人才在国家高新技术产业开发区内正常流动的；

（十一）滥用行政权力，排除或者限制竞争的；

（十二）没有合法理由限制或禁止舆论监督与社会监督的；

（十三）违反法定条件或程序认定高新技术企业的；

（十四）其他不履行或不当履行本条例规定的法定职责的行为。

［谋取不当利益的法律责任］

第八十九条　行政主体工作人员履行本条例规定的职责，索取或者收受他人财物或者谋取其他利益，构成犯罪的，依法追究刑事责任；尚不构成犯罪的，依法给予行政处分。

［违反外包合同的行政法律责任］

第九十条　外包合同的受托人有本条例第二十三条第 4 款第（三）项所规定的行为的，行政主体应给予警告、罚款、没收违法所得、责令停业整顿的行政处罚；情节严重的，行政主体可以终止外包合同；构成犯罪的，依法追究刑事责任。

［特许权人的责任］

第九十一条　城市基础设施的特许权人违反本条例第二十四条第 2 款的规定，拒绝公平开放其基础设施，妨碍公平竞争的，行政主体应强制其开放基础设施，并可以给予警告、罚款的行政处罚；情节严重的，行政主体应决定终止特许经营权，更换特许权人；构成犯罪的，依法追究刑事责任。

城市基础设施的特许权人违反其他特许经营的法律义务的，根据行政许可法的规定追究法律责任。

[市场主体违法的行政法律责任]

第九十二条　个人、法人或者其他组织违反本条例的规定，有下列情形之一的，行政主体应给予警告、罚款、暂扣或者吊销许可证、暂扣或者吊销执照的行政处罚；有违法所得的，没收违法所得；构成犯罪的，依法追究刑事责任：

（一）拒绝配合行政主体的执法检查的；

（二）拒绝交纳行政事业性收费的；

（三）向行政主体提供虚假信息的；

（四）违反本条例规定处理个人信息的；

（五）不具备法人资格的组织以法人身份对外活动的；

（六）违反法律规定进行中介活动的；

（七）以不正当手段骗取创新基金或其他优惠政策的；

（八）违反本条例规定限制人才流动的；

（九）使用盗版软件和电子出版物的；

（十）从事垄断行为的；

（十一）以欺骗、贿赂等不正当手段获得高新技术企业资格的；

（十二）其他违反本条例规定的行为。

[市场主体违法的民事法律责任]

第九十三条　个人、法人或者其他组织违反本条例的规定，有下列情形之一，给他人合法权益造成损害的，应依法承担民事法律责任：

（一）外包合同的受托人明显超越委托权限或滥用委托权限的；

（二）城市基础设施的特许权人拒绝公平开放其基础设施的；

（三）违反本条例规定非法处理他人个人信息的；

（四）出具虚假中介报告的；

（五）侵犯他人商业秘密的；

（六）违反竞业限制的合同义务的；

（七）从事垄断行为的；

（八）其他违反本条例规定的行为。

[国家赔偿责任]

第九十四条　行政主体及其工作人员违反本条例规定行使职权，给个人、法人或者其他组织的合法权益造成损害的，依法承担国家赔偿责任。

[责任的衔接]

第九十五条　违反本条例的行为，其他法律、行政法规已有明确规定的，依照其规定追究责任。其他法律、行政法规没有明确规定的，依照本章规定追究责任。

第八章　附则

[实施规定]

第九十六条　除本条例另有明确规定外，国务院科技行政主管部门，国务院相关部门，省、自治区、直辖市以及国家高新技术产业开发区所在市分别制定实施本条例的地方性法规和规章。

[补办手续]

第九十七条　本条例施行后，现有国家高新技术产业开发区视为已经符合本条例规定的设立条件。

本条例施行后六个月内，现有国家高新技术产业开发区应向国务院科技行政主管部门补办本条例规定的相关手续。

[施行日期]

第九十八条　本条例自　　年　月　日起施行。